Islam und Bildung

Heiner Barz · Klaus Spenlen
(Hrsg.)

Islam und Bildung

Auf dem Weg zur Selbstverständlichkeit

2., überarbeitete Auflage

 Springer VS

Hrsg.
Prof. Dr. Heiner Barz
Heinrich-Heine-Universität
Düsseldorf, Deutschland

Dr. Klaus Spenlen
Heinrich-Heine-Universität
Düsseldorf, Deutschland

ISBN 978-3-658-26228-0   ISBN 978-3-658-26229-7   (eBook)
https://doi.org/10.1007/978-3-658-26229-7

Die Deutsche Nationalbibliothek verzeichnet diese Publikation in der Deutschen Nationalbiblio-
grafie; detaillierte bibliografische Daten sind im Internet über http://dnb.d-nb.de abrufbar.

Springer VS

Springer VS ist ein Imprint der eingetragenen Gesellschaft Springer Fachmedien Wiesbaden
GmbH und ist ein Teil von Springer Nature.
Die Anschrift der Gesellschaft ist: Abraham-Lincoln-Str. 46, 65189 Wiesbaden, Germany

Geleitwort

Als ich zur Grundschule ging, gab es in meiner ersten Klasse einen weiteren Schüler nicht-deutscher Herkunft. Heute hingegen hat fast jeder dritte Schulanfänger in Deutschland eine Einwanderungsgeschichte. Viele von ihnen, nicht selten mit deutschem Pass, haben einen muslimisch geprägten Hintergrund. Das sagt uns zwar noch nichts darüber, welche Rolle der Islam im Leben dieser Kinder und ihrer Familien tatsächlich spielt. Doch wenn man unvoreingenommen in die Klassenzimmer der Republik schaut, dann erscheint die hitzig diskutierte Frage, ob der Islam nun zu Deutschland gehört oder nicht, lebensfern. Genau das ist der vorliegende Band nicht. Denn die Herausgeber und Autoren packen Fragen an, auf die wir in der gesellschaftspolitischen Debatte über die Integration des Islam in Deutschland Antworten brauchen.

Ich verstehe Integration als eine Aufgabe, die von allen eine Bereitschaft zur Veränderung verlangt. Wenn Menschen verschiedener Herkunft, Religion und Kultur in einer offenen Gesellschaft zusammenleben, sind Konflikte und Irritationen eher die Regel als die Ausnahme. Entscheidend ist für mich, dass wir zivilisiert damit umgehen, uns dabei stets auf einem gemeinsamen Fundament bewegen und dies auch von allen einfordern, gleich ob hier geboren oder eingewandert. Mit einem Blick in unser Grundgesetz werden natürlich nicht alle moralischen Fragen gleichsam automatisch beantwortet. Doch ist es die Grundlage unseres Zusammenlebens in Freiheit.

Es reicht aber nicht aus, bloß auf das Grundgesetz zu verweisen. Denn seine Akzeptanz lebt von Voraussetzungen, die wir als Gesellschaft aktiv schaffen müssen. Genau dabei spielt Bildung eine herausragende Rolle. Die Schule ist ein Ort, wo die Vielfalt an sozialen Herkünften, Weltanschauungen und Glaubensrichtungen der bei uns lebenden Menschen zusammenkommt. Das stellt die Lehrerinnen und Lehrer vor pädagogische Herausforderungen. Deshalb sollten wir den Mut haben, gerade Kitas und Schulen in Stadtteilen mit vielen benachteiligten Menschen besonders gut auszustatten. Nur so schaffen wir es, dass alle Kinder eine faire Chance bekommen, etwas aus ihren Talenten machen zu können – und das ist nicht nur ein moralisches Gebot, sondern auch im Interesse einer Gesellschaft, die ihren Wohlstand bewahren möchte.

Hinzu kommt, dass viele derjenigen muslimischen Jugendlichen, die zu religiös-extremen Positionen neigen, geprägt sind von einer „Folklore religiösen Halbwissens". Diese Erkenntnis verdanken wir der muslimischen Religionspädagogin Lamya Kaddor, eine der Autorinnen dieses Bandes. Doch das Wissen über die islamische Religion und ein demokratisches Islamverständnis können bedeutende Bausteine für die Prävention gegenüber einem religiösen Extremismus sein. Es ist daher wichtig, dass auch muslimische Schüler sich mit ihrer Religion in einem bekenntnisorientierten Schulfach auseinandersetzen können. Es geht darum, dass sie sich die Lerninhalte in einem freien Diskurs aneignen und kritisch hinterfragen können.

Unser Grundgesetz bietet Religionsgemeinschaften an, hierfür in ein Kooperationsverhältnis einzutreten. Bevor mit einer solchen umfassenden und dauerhaften Zusammenarbeit begonnen werden kann, stellt unsere Verfassung gewisse Anforderungen, da etwa mit Blick auf die Ausbildung und die Anstellung von Religionslehrern mithilfe des Staates eine umfassende Infrastruktur aufgebaut werden muss. Allerdings erfüllen die vier großen muslimischen Verbände aus meiner Sicht derzeit nicht die Voraussetzungen an eine Religionsgemeinschaft, um ein solches Kooperationsverhältnis zu begründen. Dabei geht es beispielsweise um die fehlende Bekenntnisförmigkeit der Verbände, aber auch um die Schwierigkeit der Verbände und der Moscheegemeinden, klar darzulegen, wer tatsächlich von ihnen als Mitglieder vertreten wird. Hinzu kommt, dass mitunter auch ein Islamverständnis vermittelt wird, dass der Integration in unsere demokratische Gemeinschaft entgegensteht.

Daher halte ich auf dem Weg zur Herausbildung muslimischer Religionsgemeinschaften pragmatische Zwischenlösungen für wichtig, wie sie heute schon in Nordrhein-Westfalen und Baden-Württemberg umgesetzt werden. Dort wurde ein Beirat installiert, der dem Staat als Ansprechpartner bei der Organisation des gewünschten islamischen Religionsunterrichts dient. In diesen Beiräten finden neben den islamischen Verbänden auch unabhängige Muslime Gehör, die immerhin die Mehrheit der Muslime in Deutschland darstellen.

Doch Bildung und Erziehung zur Demokratie ist nicht nur Aufgabe der Schulen. Wer verhindern will, dass junge Menschen sich von unserer Gesellschaft abwenden oder diese gar ablehnen, der muss sie stark machen und aktiv für die Werte und die Chancen unserer offenen und demokratischen Gesellschaft

begeistern. Heranwachsende mit familiären Einwanderungsgeschichten sollten erleben, dass sie mit ihrer Biographie und ihrer Identität dazugehören. Der
Wunsch nach Anerkennung, Wertschätzung und Zugehörigkeit ist nicht nur
gerechtfertigt – in ihm steckt auch eine große Chance. Wer sinnvolle Bildungs-
und Präventionsarbeit leisten will, muss hier ansetzen. Dazu gehört für mich
auch, dass wir die emotional empfundene Verbundenheit fördern und unmissver-
ständlich klarmachen, dass Muslime dazugehören. Das beinhaltet auch, dass muslimisch geprägte Kultur, Geschichte und Identität eine gleichberechtigte Rolle
spielt etwa bei Freizeitangeboten und der Jugendsozialarbeit. Relevant ist schließlich auch der Aufbau einer muslimischen Wohlfahrtspflege und Seelsorge.

Aber auch hier gilt: Das alles funktioniert nur beidseits. So stehen meiner
Meinung nach auch die islamischen Verbände und Moscheegemeinden in der
Pflicht, sich selbst zu prüfen. Sind unsere Gemeinden und die Imame wirklich
imstande, muslimische Jugendliche adäquat anzusprechen, an die Lebenswelt
der Jugendlichen anzuknüpfen und die Zugehörigkeit zu unserer Gesellschaft
zu fördern? Sind sie auch in der Lage, Radikalisierungstendenzen frühzeitig zu
erkennen? Diese Fragen zu stellen ist nicht anmaßend. Genau hinzuschauen und
auf etwaige Probleme oder Hindernisse für eine gedeihliche Zusammenarbeit
hinzuweisen, ist nicht ausgrenzend. Zumindest solange nicht, wie der Kompass
stimmt. Das Ziel ist Integration und Gleichstellung. Den Weg weist uns das
Grundgesetz.

Meine Erwartungen an die islamischen Verbände sind dabei nicht größer oder
kleiner als meine Erwartungen an andere Glaubensgemeinschaften. Warum sollte
es hier unterschiedliche Maßstäbe geben? Von allen religiösen Gemeinschaften,
die in Kooperation mit dem Staat sind oder stehen wollen, darf verlangt werden,
dass sie die positive und negative Religionsfreiheit, Meinungsfreiheit, Gleichberechtigung von Frauen und Männern sowie demokratische Willensbildungs-
prozesse anerkennen und achten. Muslimische Gemeinschaften in Deutschland
sollten gleichberechtigte Dialogpartnerinnen bei der Erörterung gesellschaftlicher
Fragen werden, ähnlich wie es heute die christlichen Kirchen oder der Zentralrat der Juden sind. Es wäre aus meiner Sicht ein Gewinn, wenn in zentralen
gesellschaftlichen Debatten, bei ökologischen und sozialen Fragen künftig immer
auch gleichberechtigt und glaubwürdig die Stimme muslimischer Religionsgemeinschaften gehört würden.

Cem Özdemir

Inhaltsverzeichnis

Herausgeber- und Autorenverzeichnis

Über die Herausgeber

Prof. Dr. Heiner Barz Leiter der Abteilung für Bildungsforschung und Bildungsmanagement an der Universität Düsseldorf, zuletzt erschien die Studie „Große Vielfalt, weniger Chancen" (2015) und das „Handbuch Bildungsreform und Reformpädagogik" (2018).

Dr. Klaus Spenlen Islamforscher und Lehrbeauftragter an der Heinrich-Heine-Universität Düsseldorf, Herausgeber und Autor zahlreicher Aufsätze und Bücher zu Islam und Bildung.

Autorenverzeichnis

Prof. Dr. Heiner Barz Abteilung für Bildungsforschung und Bildungsmanagement, Heinrich-Heine-Universität, Düsseldorf, Deutschland

Dr. Marc Dietrich Fachbereich Angewandte Humanwissenschaften, Hochschule Magdeburg-Stendal, Hansestadt Stendal, Deutschland

Magnus Frank Martin-Luther-Universität Halle-Wittenberg, Halle/Saale, Deutschland

Prof. Dr. Matthias Franz Klinisches Institut für Psychosomatische Medizin und Psychotherapie, Universitätsklinikum, Düsseldorf, Deutschland

Dr. Thomas Geier Martin-Luther-Universität Halle-Wittenberg, Halle/Saale, Deutschland

Dr. Uwe Gerrens Evangelische Stadtakademie, Düsseldorf, Deutschland

Lamya Kaddor Liberal-Islamischer Bund e. V., Bendorf, Deutschland

PD Dr. phil. habil. Navid Kermani Köln, Deutschland

Sineb El Masrar Herder Verlag, München, Deutschland

Cem Özdemir Der Erzieher und Diplom-Sozialpädagoge ist Mitglied des Deutschen Bundestages und seit 2008 Bundesvorsitzender von Bündnis 90/Die Grünen.

Dirk Sauerborn Polizeipräsidium, Düsseldorf, Deutschland

Martin Seeliger Institut für Gesellschaftswissenschaften und Theologie, Europa-Universität, Flensburg, Deutschland

Dr. Klaus Spenlen Abteilung für Bildungsforschung und Bildungsmanagement, Heinrich-Heine-Universität, Düsseldorf, Deutschland

Prof. Dr. Peter Tepe Institut für Germanistik, Heinrich-Heine-Universität, Düsseldorf, Deutschland

Einleitung

Heiner Barz und Klaus Spenlen

Wahrscheinlich ist in den letzten Jahren über keine Religion so viel gesprochen und gestritten worden, wie über den Islam. Neben Stichworten wie islamistischer Terror, Salafismus und Scharia, Frauenrolle und Kopftuch, Beschneidung und Kinderehe, ist es auch immer wieder die Frage, ob dem Islam eine Art struktureller Vernachlässigung oder sogar Feindschaft gegenüber Bildung und Wissenschaft inhärent sei. Der vorliegende Band greift diese Themen auf. Er ging aus einer von den Herausgebern konzipierten Vortragsreihe an der Heinrich-Heine-Universität Düsseldorf hervor, die in Zusammenarbeit mit dem Haus der Universität in der Stadt, der Evangelischen Stadtakademie Düsseldorf sowie dem Institut für Internationale Kommunikation (IIK e. V., Düsseldorf und Berlin) realisiert wurde. Ergänzt wurden die unter dem Reihentitel „Herausforderung Islam – Sozialwissenschaftliche Perspektiven" gehaltenen und verschriftlichten Vorträge für diese Publikation um einige weitere wichtige Facetten der aktuellen Debatte, für die wir ausgewiesene Islamkenner gewinnen konnten.

Man kann zwar mit guten Gründen behaupten, der Islam sei auch eine Weltreligion wie die anderen großen Religionen, Christentum, Judentum, Buddhismus, Hinduismus. Allerdings stellt sich die gegenwärtige gesellschaftliche Situation doch in Bezug auf den Islam gerade in den westeuropäischen Gesellschaften als eine besondere dar. Es gibt zum Beispiel die Behauptung, demokratiefeindliche, gewalttätige Islamisten offenbarten den wahren Charakter des Islam; Europa müsse

H. Barz (✉) · K. Spenlen
Abteilung für Bildungsforschung und Bildungsmanagement,
Heinrich-Heine-Universität, Düsseldorf, Deutschland
E-Mail: barz@phil.hhu.de

K. Spenlen
E-Mail: spenlen@phil.hhu.de

© Springer Fachmedien Wiesbaden GmbH, ein Teil von Springer Nature 2019
H. Barz und K. Spenlen (Hrsg.), *Islam und Bildung*,
https://doi.org/10.1007/978-3-658-26229-7_1

sich aus dem Würgegriff einer gewaltaffinen Religion befreien und den Islam „eindämmen". Auf der anderen Seite betonen viele Muslime, dass das, was Islamisten predigen und praktizieren, nichts mit „dem Islam" zu tun hätte; die mit gewalttätigen Koran-Zitaten gerechtfertigten Untaten einiger Splittergruppen würden das Bild einer im Ganzen friedlichen Religion verzerren und den Islam missbrauchen. Wie aber ist die schweigende Mehrheit der Muslime einzuschätzen? Dass sie ihren Glauben als Bestandteil ihrer Kultur friedlich leben will, ist eine Hauptthese des Bandes, der gleichwohl Konfliktlinien auch im Erziehungsalltag nicht ausblendet.

Es bleibt eine wichtige gesellschaftliche Herausforderung, wie die Polarisierung zwischen Islamophobie und islamischem Fundamentalismus unterlaufen werden kann. Das Buch vermittelt vertiefte Informationen über aktuell in der Öffentlichkeit vieldiskutierte Aspekte des Islam. Expertinnen und Experten aus Wissenschaft und Praxis beschreiben und analysieren die vielfältigen Erscheinungsformen muslimischen Glaubens in Deutschland. Die nach den jüngsten Attentatsserien auch in Europas Metropolen erneut angefachte Angst vor terroristischer Bedrohung durch selbsternannte islamistische Glaubenskämpfer ist dabei ein Aspekt. Behandelt werden die sozialpsychologisch interpretierbaren Motive von Tätern sowie Präventionsmöglichkeiten. Auch wird die kontrovers diskutierte Frage des möglichen Zusammenhangs von Islam und islamistischem Terror nicht ausgespart. Die Berührungspunkte von Islamismus und Pop-Kultur werden ausgelotet. Schließlich werden Konfliktfelder des europäischen Islam ebenso analysiert, wie die Frage der Vereinbarkeit von islamischen und europäisch-abendländischen Werteordnungen diskutiert wird. Das generell ambivalente Verhältnis von Bildung und Religion wird auf neuere und traditionelle Phänomene der islamischen Welt hin untersucht. Damit wird die gängige These, dass der Islam mit moderner Bildung und Wissenschaft unvereinbar sei, problematisiert. Die Reihe greift auch Entwicklungen des Islam jenseits von Islamismus und Salafismus auf. Welche Integrationsperspektiven bietet der Reformislam? Auch kommen Vertreter der jungen, selbstbewussten Muslime zu Wort, für die religiöse Orientierung und selbstverständliche aktive Teilhabe am zivilgesellschaftlichen Leben keinen Widerspruch darstellen. Die auch in Deutschland sehr aktive Hizmet-Bewegung bezieht sich auf den in den USA im Exil lebenden türkischstämmigen Prediger Fethullah Gülen. Dessen Motto „Baut Schulen statt Moscheen" mündete – von der Öffentlichkeit erst nach der Hexenjagd gegen „Gülenisten" in der Türkei nach dem Putschversuch im Juli 2016 bemerkt – in zahlreiche Schulgründungen auch in Deutschland. Schließlich wird nach der gesetzlichen Regelung (2012) ein kritischer Blick auf die deutsche Diskussion über die Beschneidungspraxis geworfen.

Im Mittelpunkt der Islam-Debatte sollte nicht eine abstrakte Religion mit ihren Regeln, ihren Geboten und Verboten stehen. Im Mittelpunkt können nur die Menschen mit ihrer z. T. aus Traditionen, z. T. aus selbstgestrickten Ritualen bestehenden religiösen und spirituellen Praxis stehen. Dabei sollte allerdings eines nicht übersehen werden: Auch wenn es im Islam heute im Vergleich zum „Verdunsten" des Christentums noch ein höheres Maß an praktizierter Religiosität und eine strengere Befolgung von Lebensregeln gibt, finden sich auch unter den Muslimen inzwischen viele, die nur noch einzelne Elemente dieser Religion aufgreifen. Die religionssoziologische Forschung liefert über die Bedeutung der religiösen Orientierungen und Rituale übrigens disparate Ergebnisse, die der Beitrag über den gelebten Islam näher vorstellt.

Naive Multikulti-Romantik ist in Deutschland durchaus nicht grundlos in Misskredit geraten; die Vereinbarkeit der verschiedenen religiös und kulturell geprägten Lebensweisen wird immer weniger als selbstverständlich und immer mehr als zu gestaltende Aufgabe verstanden. Der Band will dabei helfen.

Prof. Dr. Heiner Barz Leiter der Abteilung für Bildungsforschung und Bildungsmanagement an der Universität Düsseldorf, zuletzt erschien die Studie „Große Vielfalt, weniger Chancen" (2015) und das „Handbuch Bildungsreform und Reformpädagogik" (2018).

Dr. Klaus Spenlen Islamforscher und Lehrbeauftragter an der Heinrich-Heine-Universität Düsseldorf, Herausgeber und Autor zahlreicher Aufsätze und Bücher zu Islam und Bildung.

Gelebter Islam

Deutungskonkurrenzen und alltägliche Glaubenspraxis

Heiner Barz

Die islamische Religion erfährt seit dem Terroranschlag am 11. September 2001 auch in Deutschland eine verstärkte Aufmerksamkeit. Im Rückblick erscheint es, als sei von einer Sekunde auf die andere mit dem Islam die interessanteste, weil problematischste Religion zum Dauerthema geworden. Denn: Der Glaube der Muslime war zuvor in der öffentlichen Diskussion in Deutschland auch in den Jahrzehnten eines verstärkten Zustroms von sogenannten Gastarbeitern aus der Türkei nur wenig thematisiert worden. Jenseits der pflichtgemäßen Beschäftigung etwa der für Sekten, Weltanschauungen und fremde Religionen zuständigen Referate der evangelischen und katholischen Kirchen fanden bestenfalls Schriften der Islamwissenschaftlerin Annemarie Schimmel gelegentlich den Weg zu einem etwas größeren Publikum. Als Annemarie Schimmel 1995 mit dem Friedenspreis des deutschen Buchhandels geehrt wurde, rief das bereits prominente Kritiker auf den Plan, die Schimmels in Interviews geäußertes Verständnis für die Empörung vieler Muslime über die Satanischen Verse von Salman Rushdie als Einverständnis mit den gewaltsamen Methoden des politischen Islam verstehen wollten. Die sich anschließende Kontroverse konnte die Preisverleihung nicht verhindern, zu der der damalige Bundespräsident Roman Herzog die Laudatio in der Frankfurter Paulskirche hielt. Diese Kontroverse zeigte jedoch bereits prototypisch einen Hang zu einem fatalen Rigorismus, wenn immer es um den Islam und seine Anhänger geht. Einfache Schwarz-Weiß-Bilder und simple Entweder-Oder-Schablonen dominieren die Debatten. Wer Muslime verteidigt, muss damit rechnen, alsbald als Islamist verrufen zu werden, wer Muslime kritisiert, steht ebenso schnell im Verdacht der Islamophobie.

H. Barz (✉)
Abteilung für Bildungsforschung und Bildungsmanagement,
Heinrich-Heine-Universität, Düsseldorf, Deutschland
E-Mail: barz@phil.hhu.de

© Springer Fachmedien Wiesbaden GmbH, ein Teil von Springer Nature 2019
H. Barz und K. Spenlen (Hrsg.), *Islam und Bildung,*
https://doi.org/10.1007/978-3-658-26229-7_2

Dabei ist der Islam selbst alles andere als eine Religion aus einem Guss – auch wenn eine differenzierte Wahrnehmung in der deutschen Öffentlichkeit immer noch überhaupt nicht selbstverständlich ist. In die Schlagzeilen der Publikumsmedien jedenfalls schafft es die Unterscheidung zwischen Islamismus und Islam, also die zwischen politischem Islam und dem als persönliche Religion gelebten Islam noch immer nur im Ausnahmefall – und von politischen Gruppierungen wird sie sowieso nur allzu gerne ignoriert. So kommt es dazu, dass für einen großen Teil selbst des gebildeteren Publikums die fundamentalistischen Salafisten und die terroristischen IS-Dschihadisten oftmals als vielleicht besonders radikale, aber doch als irgendwie typische Vertreter des muslimischen Glaubens gelten.

Der Islam unterscheidet sich nicht nur in wesentlichen Punkten vom Christentum – etwa dadurch, dass es keine kirchenartigen Strukturen und etwa auch keinen Klerus im christlichen Verständnis gibt – es gibt auch wesentliche Parallelen. Eine wichtige Parallele ist, dass es sehr unterschiedliche Glaubensrichtungen gibt, die sich unter den Sammelbegriffen Christentum und Islam wiederfinden. Das Christentum hat sich in eine abendländische und eine orthodoxe Variante, erstere in Katholische Kirche und Protestantismus und dieser wiederum in Lutheraner, Calvinisten, Unierte und weiter in Freikirchen wie die Methodisten, die Mennoniten, die Baptisten etc. ausdifferenziert. Und oft haben sich die schlimmsten politischen Feindschaften – siehe Dreißigjähriger Krieg, siehe Nord-Irland-Konflikt – aus den verschiedenen Konfessionen ergeben. Ähnlich zerfällt „der" Islam in große und kleinere Richtungen wie Aleviten, Schiiten, Sunniten – und letztere wiederum in unterschiedlich radikale Ausprägungen, von denen die in Saudi-Arabien dominierenden Wahhabiten vielleicht die einflussreichsten sind. Und wie das christliche Bekenntnis heute längst in Auflösung und Zerfaserung begriffen ist und sich neue Kristallisationskerne herausbilden, die sich um einzelne Intellektuelle (Beispiele: Eugen Drewermann, Pater Anselm Grün, Dorothee Sölle, Margot Käßmann) oder bestimmte Initiativen (Kirchenvolksbewegung) ranken, so finden sich auch im deutschen Islam sehr unterschiedliche Neu-Interpretationen des islamischen Glaubens.

Konkurrenz der Islam-Deutungen

Exemplarisch sei hier nur auf drei Exponenten intellektueller Islamauslegung hingewiesen: „Islam ist Barmherzigkeit" (2012) sagt etwa der Münsteraner Islamwissenschaftler Mouhanad Khorchide, und propagiert einen auf Großmut, Gottesliebe und Freiheit basierenden Islam. Der Koran ist demnach für den Soziologen Khorchide ein Buch aus dem siebten Jahrhundert, dessen einzelne Erzählungen und Gebote nicht mehr wörtlich ins heutige Leben übertragen werden können. Vielmehr sollte anstelle der wortwörtlichen Auslegung eine historisch-kritische Koranexegese treten – ohne jedoch die eigentlichen Glaubensinhalte zu verlieren. „Islam ist Poesie" könnte man die Kernthese des Schriftstellers Navid Kermani zusammenfassen, der mit seinem Wirken den interreligiösen und interkulturellen Dialog produktiv gestalten will. Sein Buch „Gott ist schön: Das ästhetische Erleben des Koran" (1999) versucht die Erfolgsgeschichte des islamischen Glaubens auch und vor allem mit der suggestiven Wirkung der Sprachkunst des Korans zu erklären und die ästhetisch-erbauliche Dimension des religiösen Erlebens stark zu machen. Stark zu machen gegen einseitig auf Ritual und Normierung des Lebens ausgerichtete Interpretationen ebenso wie gegen fundamentalistische Verabsolutierungen des politischen Islam.

„Islam ist Faschismus", so lässt sich dagegen das Motto des in Deutschland nicht weniger prominenten Islamkritikers Hamed Abdel-Samad zusammenfassen. Seine Diskussionsbeiträge – einschlägig zum Beispiel das Buch „Der islamische Faschismus: Eine Analyse" (2014) – zielen alle darauf ab, die Aspekte in den Vordergrund zu rücken, die den Islam insgesamt als eine gefährliche, gewalttätige und expansive Religion erscheinen lassen – zusätzlich bekräftigt durch die Tatsache, dass er als Sohn aus einem strengen muslimischen Elternhaus, sein Vater war Imam, gewissermaßen besondere Insiderkenntnisse und besondere Glaubwürdigkeit beanspruchen kann. Abdel-Samad sieht Parallelen zwischen Islam und Faschismus insofern er beide als politische Ideologien bezeichnet und auch dem Faschismus Züge einer „politischen Religion" attestiert. Gemeinsam sei beiden die Unterteilung der Welt in Gut und Böse, in Freund und Feind sowie die Anstiftung der jeweiligen Anhänger zu Ressentiments und Hass gegen Andersgläubige und Andersdenkende. Das Streben nach Weltherrschaft und die Überzeugung des eigenen Auserwähltseins kommen hinzu, ebenso wie der Antisemitismus. Es bedarf kaum der Erwähnung, dass natürlich alle drei Lesarten auf teilweise äußerst heftigen Widerstand gerade auch unter den Muslimen selbst stoßen. Khorchide etwa wirft Abdel-Samad eine einseitige, ahistorische Interpretation des Koran und anderer zentraler Quellen des Islams vor (vgl. Khorchide/Abdel-Samad/Orth 2016). Khorchide selbst wird von Ditib-Funktionären die modernistische Verwässerung des Islam vorgehalten, der eben keine „unverbindliche Wohlfühl-Esoterik, mit der sich jeder seine Aussichten im Jenseits schönfärben kann", sei[1].

---

[1]Online abrufbar unter: http://ditib-nord.de/content/offener-brief-prof-dr-mouhanad-khorchide-als-erwiderung-auf-seine-klarstellung (zul. abg.: 10.04.2019).

Kermani: „Der Koran ist Poesie"

Foto: © Heike Huslage-Koch

Khorchide: „Islam ist Barmherzigkeit"

Foto: © blu-news.org

Abdel-Samad: „Islam ist Faschismus"

Foto: ©JCS

Dabei ist die Diskussion um das „richtige" Verständnis keineswegs ein Spezi-
fikum der islamischen Religion. Dass bedeutende Religionen sich für diametral
unterschiedliche Auslegungen und Bewertungen heranziehen lassen, kann man

nicht zuletzt am Christentum und seiner zentralen Offenbarungsschrift erleben: Für die einen ist die Bibel eine nie versiegende Quelle von Weisheit, Trost und Zuversicht. Für sie ist sie die Grundlage des abendländischen Humanismus ebenso wie einer weltumspannenden caritativen Hilfsbereitschaft und Barmherzigkeit. Andere wiederum sehen in der Heiligen Schrift des Christentums die Gräuel von zwei Jahrtausenden Ketzerverfolgung, Inquisition, Kreuzzügen und Religionskriegen vorformuliert (vgl. z. B. Deschner 1986; Buggle 1992). Sie finden in der Bibel falsche Ideale, religiösen Wahn und Tugendterror, Aufrufe zu Fremdenhass, Verfolgung Andersgläubiger und Massenmord. Welche Lesart, welche Interpretation ist die richtige? Welche lässt sich besser begründen? Über die kontroversen Auslegungstraditionen lässt sich endlos streiten – je nach Interesse des Interpreten lassen sich fast beliebig Beispiele und Belege anführen. Eine Aufforderung zur Nächstenliebe kann man in der Tat in Sätzen wie den folgenden tatsächlich nur schwer entdecken:

> „Denkt nicht, ich sei gekommen, um Frieden auf die Erde zu bringen. Ich bin nicht gekommen, um Frieden zu bringen, sondern das Schwert. Denn ich bin gekommen, um den Sohn mit seinem Vater zu entzweien." (Matthäus 10, 34/35[2])

Und dennoch gilt vielen die Bergpredigt mit dem Gebot der Feindesliebe als Herzstück des christlichen Selbstverständnisses: „Wenn dich jemand auf die rechte Wange schlägt, dann halte ihm auch die andere hin." (Matthäus 5, 39).

Was hier nur angedeutet werden soll in Bezug auf die durchaus sehr kontroversen Auslegungen der Bibel, gilt umso mehr für den Koran. Auch im Koran finden sich friedfertige und aggressive Töne, Aufrufe zur Versöhnung und Anstiftungen zum heiligen Krieg. Anstiftungen, für die nicht immer eindeutig und zweifelsfrei zu entscheiden ist, ob sie „nur metaphorisch" oder durchaus konkret realistisch gemeint waren und verstanden werden sollen.

Die Frage, ob der Islam eine insgesamt friedliche und sozial verträgliche Religion sei, kann also – je nach Interessenlage der Interpreten – durchaus sehr gegensätzlich beantwortet werden, wenn wir auf der Ebene der reinen Textexegese bleiben. Wenn wir nun statt nach Textüberlieferungen nach gelebter Religion fragen, dann stellt man schnell fest: Auch hier gibt es eine durchaus alles andere als eindeutige Quellenlage. Je nach Interesse und Ausrichtung der Forscher und Interpreten finden wir einmal das Bild eines friedlich-frommen

---

[2]Online abrufbar unter: https://www.bibleserver.com/text/EU/Matth%C3%A4us10 (zul. abg.: 10.04.2019).

Mehrheitsislam, der einerseits eine starke innerlich-erbauliche Komponente, andererseits eine hohe Anpassungsfähigkeit an gesellschaftlich vorgefundene Werte und Normen hat – jedenfalls einer Integration der Muslime in die westlichen Gesellschaftsordnungen keinesfalls im Wege steht. Daten und Befunde aus empirischen sozialwissenschaftlichen Untersuchungen werden in großer Zahl als Belege für diese Interpretationsrichtung angeboten.

Andere Forscher zeichnen demgegenüber das Bild einer doch in wesentlichen Aspekten gerade nicht demokratie- und toleranzkonformen muslimischen Bevölkerungsminderheit in Europa. Auch sie untermauern ihre Diagnose mit aktuellen empirischen Untersuchungsergebnissen. Welche der beiden Interpretationsrichtungen trifft die Wirklichkeit besser? Für welche der beiden Seiten wird man sich nach einer vorurteilsfreien Überprüfung entscheiden? Vielleicht müssen wir uns damit abfinden, dass keine Seite in dieser Kontroverse die absolute Wahrheit für sich beanspruchen kann. Vielleicht müssen wir auch die verbreiteten Reflexe zurückstellen, nach denen jeder, der sich skeptisch zur Demokratiekompatibilität des Weltbildes von in Deutschland lebenden Muslimen äußert, zum Islamfeind, zum Fremdenhasser und zum Rechtsradikalen gestempelt wird. Und umgekehrt jeder, der auf die friedfertige muslimische Mehrheit verweist, als politisch korrekter Verharmloser. Vielleicht ist es gerade in unserer heutigen komplizierten und durch vielfältige wechselseitige Abhängigkeiten unübersichtlich gewordenen Situation wichtig, zunächst einmal eine nüchterne Bestandsaufnahme zu versuchen: Was also denken, was glauben, wie leben Deutschlands Muslime?

Widersprüchliche Befunde

Der Religionsmonitor der Bertelsmann Stiftung (2015; vgl. auch Halm/Sauer 2014) sieht die in Deutschland lebenden Muslime auf dem besten Weg, sich in Demokratie und offene Gesellschaft zu integrieren. Muslime in Deutschland zeigen sich mehrheitlich fromm und liberal zugleich, lautet eine seiner Kernbotschaften. Im Einzelnen:

- 90 % der hochreligiösen Muslime halten die Demokratie für eine gute Regierungsform. (vgl. Abb. 1)
- 90 % haben in ihrer Freizeit Kontakte zu Nicht-Muslimen.
- 63 % der deutschen Muslime, die sich als ziemlich oder sehr religiös bezeichnen, überdenken regelmäßig ihre religiöse Einstellung (zum Vergleich: Muslime in der Türkei tun das nur zu 30 %).

Führende Vertreter der Religionen sollten auf die Entscheidungen der Regierung Einfluss nehmen.

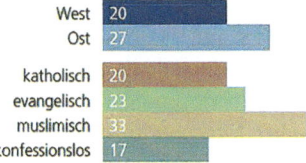

West 20
Ost 27

katholisch 20
evangelisch 23
muslimisch 33
konfessionslos 17

Die Demokratie ist eine gute Regierungsform.

West 88
Ost 76

katholisch 86
evangelisch 90
muslimisch 80
konfessionslos 80

4er-Skalen (stimme gar nicht zu – stimme eher nicht zu – stimme eher zu – stimme voll und ganz zu); Anteil derjenigen, die „eher" bzw. „voll und ganz" zustimmen

| BertelsmannStiftung

Abb. 1 Einstellungen zum Verhältnis von Religion und Politik und zur Demokratie in Deutschland nach Glaubensrichtung. (Quelle: Pollack/Müller 2013, S. 24)

- 40 % auch der hochreligiösen Muslime hinterfragen ihre Glaubensgrundsätze.
- 60 % aller Muslime stimmen einer Heirat unter homosexuellen Paaren zu (Vergleich Türkei: 30 %).
- Muslime in Deutschland sind mit Staat und Gesellschaft eng verbunden – unabhängig von der Intensität muslimischen Glaubens.
- Das Leben als religiöse Minderheit prägt religiöse Orientierungen und Werthaltungen der Muslime in Deutschland. Diese denken häufiger über Glaubensfragen nach und sind insgesamt liberaler als Muslime in der Türkei.
- Der offenen Haltung vieler Muslime in Deutschland steht aber eine zunehmend ablehnende Haltung der Mehrheit der Bevölkerung gegenüber. Die 4 Mio. in Deutschland lebenden Muslime leiden unter einem negativen Image, das vermutlich durch die kleine Minderheit der radikalen Islamisten (weniger als ein Prozent aller Muslime) geprägt wird.
- Islamfeindlichkeit ist keine gesellschaftliche Randerscheinung, sondern findet sich in der Mitte der Gesellschaft.

Man kann die Aussagen des Bertelsmann Religionsmonitors also in der Tendenz so zusammenfassen, dass nicht die Muslime, sondern die Angehörigen der
vorurteilsbehafteten deutschen Aufnahmegesellschaft das eigentliche Hauptproblem darstellen. Demgegenüber kommt der am Wissenschaftszentrum Berlin
forschende niederländische Soziologe Ruud Koopmans zu ganz anderen Ergeb-
nissen und Interpretationen. Für die von Koopmans durchgeführte Studie wurden
im Jahr 2008 Personen (n = 9365) türkischer Herkunft sowie eine einheimische
christliche Kontrollgruppe in sechs westeuropäischen Ländern (Deutschland,
Frankreich, Holland, Belgien, Österreich, Schweden) befragt. In den ersten
vier dieser Länder wurden zusätzlich Personen marokkanischer Herkunft einbezogen (in Österreich und Schweden gibt es jeweils nur eine zu kleine Zahl von
Zuwanderern aus Marokko). Die Herkunftsländer Türkei und Marokko wurden
ausgewählt, weil diese die beiden wichtigsten Herkunftsländer von Muslimen in
Westeuropa sind. Aus den Befunden auf europäischer Ebene berichtet Koopmans
(2015):

- Fast 60 % der befragten Muslime sprechen sich für eine Rückkehr zu den religiösen Wurzeln aus.
- 75 % meinen, dass es nur eine Auslegung des Koran gebe, die für alle verbindlich sei.
- 65 % der Befragten halten religiöse Regeln für wichtiger als Gesetze.
- 44 % der befragten Muslime stimmten allen drei genannten Einstellungs-Items
  zu.
- Die Unterscheidung nach Konfession und Herkunftsland zeigt beträchtliche
  Differenzen: Während 45 % der sunnitischen Muslime mit türkischem Hintergrund allen drei Aussagen zustimmen und bei den sunnitischen Muslimen mit
  marokkanischem Hintergrund sogar 50 %, sind es bei den Aleviten nur 15 %,
  die allen drei Aussagen zustimmen.
- Fast 60 % der muslimischen Einwanderer in Westeuropa lehnen Homosexuali-
  tät ab.
- 45 % artikulieren, dass man Juden nicht trauen kann.
- 45 % meinen, dass der Westen den Islam zerstören wolle, was Koopmans als
  „Phobie gegen den Westen" („Occidentophobie") interpretiert.

In der Konsequenz lautet die Diagnose des von Koopmans verantworteten „Six
Country Immigrant Integration Comparative Survey" (SCIICS 2013) des Wissen-
schaftszentrums Berlin für Sozialforschung, dass religiöser Fundamentalismus
nicht als Randphänomen in westeuropäischen islamischen Gemeinden anzusehen
sei. Ein von ihm als besonders besorgniserregend eingestuftes Detail der Befunde

lautet, dass anders als bei den befragten einheimischen Christen, bei der Gruppe der muslimischen Befragten der religiöse Fundamentalismus und die damit oft einhergehende Fremdgruppenfeindlichkeit (gegen Juden, Homosexuelle) nicht nennenswert mit dem Alter der Befragten korreliert. Anders herum: Während in den christlich geprägten westeuropäischen Gesellschaften Überzeugungen wie die von der Überlegenheit der eigenen Religion oder Ressentiments gegenüber Juden oder Schwulen in der jüngeren Generation deutlich schwächer ausgeprägt sind als in der älteren, gilt dies nicht für die muslimisch geprägten gesellschaftlichen Gruppen. In der muslimischen Stichprobe gibt es keine signifikante Verbindung mit dem Alter (Koopmans 2015, S. 475). Die gefundenen Unterschiede zwischen den Generationen (vgl. Abb. 2) lassen sich als Effekte der unterschiedlichen sozialen Zusammensetzung der Generationen erklären. Das heißt unter Berücksichtigung von Bildungs- und Arbeitsmarktstatus verschwinden sie weitestgehend (a. a. O., S. 483).

Es muss an dieser Stelle offen bleiben, ob auch die deutlich stärkeren Unterschiede zwischen den Generationen hinsichtlich der religiös-politischen Einstellungen, die eine vom Exzellenzcluster „Religion und Politik" der Universität Münster in Auftrag gegebene Studie für Deutschlands türkischstämmige Muslime berichtet, sich relativieren, wenn man sozio-ökonomische Dimensionen berücksichtigen

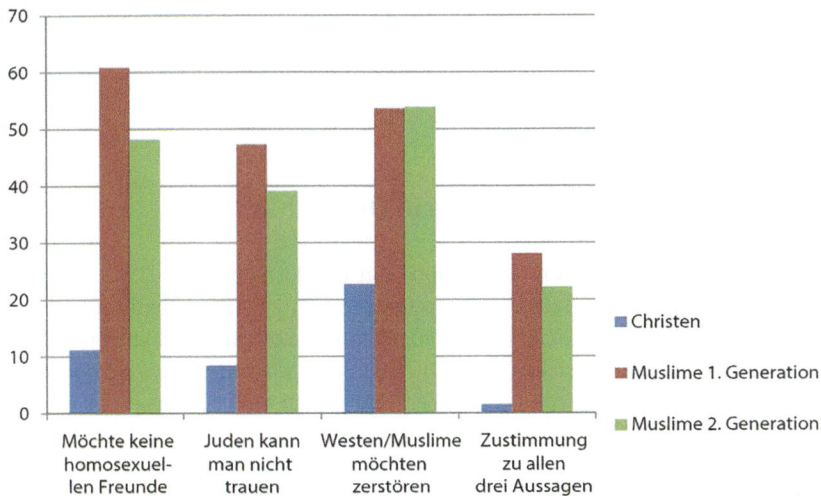

Abb. 2 Fremdengruppenfeindlichkeit bei Christen und Muslimen in Europa im Vergleich. (Quelle: Koopmans 2015, S. 478)

Abb. 3 Religiöser Fundamentalismus von türkeistämmigen Muslimen im Generationen-vergleich. (Quelle: Pollack u. a. 2016, S. 14)

würde[3]. Die Fundamentalismus-Neigung scheint diesen Daten zufolge jeden-falls beträchtlich abzunehmen. So werden etwa in der 1. Generation noch 18 % der Befragten als religiöse Fundamentalisten klassifiziert, in der 2./3. Generation dagegen nur noch halb so viele, nämlich neun Prozent (vgl. Abb. 3).

Glaubenspraxis der Muslime in Deutschland

Sicher ist die türkischstämmige Gruppe mit ca. der Hälfte der 5 Mio. Muslime in der BRD eine bedeutende Gruppe und es ist forschungspraktisch gut nach-vollziehbar, sie in den Fokus zu rücken. Allerdings sollten zwei Dinge nicht über-sehen werden: Einmal stehen den türkeistämmigen Muslimen zahlreiche andere islamische Herkunftsgruppen gegenüber. Zum anderen gibt es insgesamt im Islam

---

[3]Für die zwischen November 2015 und Februar 2016 telefonisch durchgeführte Inter-view-Erhebung mit 1.201 türkeistämmigen Befragten ab 16 Jahren liegt bislang (Anfang 2017) nur eine Grundauszählung vor (vgl. Pollack u. a. 2016).

im Vergleich zum „Verdunsten" des Christentums in westeuropäischen Gesellschaften heute sicher noch ein deutlich höheres Maß an praktizierter Religiosität und eine strengere Befolgung von Lebensregeln. Das zeigen etwa die Daten für türkeistämmige Muslimen (vgl. Abb. 4). Aber es finden sich auch unter den Muslimen inzwischen viele, die nur noch einzelne Elemente dieser Religion aufgreifen. Die nach wie vor als wichtigste Referenz geltende Studie „Muslimisches Leben in Deutschland" (Haug/Müssig/Stichs 2009 im Auftrag des Bundesamtes für Migration und Flüchtlinge, MLD) zeigt, dass je nach Herkunftsregion und islamischer Glaubensrichtung der Anteil etwa derjenigen Muslime, die das Gebet täglich verrichten, zwischen 14 und 40 % liegt. Das heißt im Umkehrschluss: Ein Großteil praktiziert diese als eine der fünf Säulen des Islam fest verankerte Regel nicht, zumindest nicht regelmäßig. 16 % der türkischstämmigen, 34 % der aus dem Nahen Osten und immerhin 54 % der aus dem Iran stammenden Muslime praktizieren das persönliche Gebet sogar überhaupt nie. Ein Drittel aller muslimischen Frauen und ein Viertel aller muslimischen Männer in Deutschland geben an, dass sie das gemeinsame Freitagsgebet oder andere religiöse Veranstaltungen nie besuchen.

Zweifellos versteht sich die Mehrheit der in Deutschland lebenden Muslime als gläubig. So schätzen sich insgesamt 36 % selbst als „stark gläubig" ein und weitere 50 % als „eher gläubig". Eine stark zum Selbstverständnis gehörende Religiosität ist vor allem bei den türkeistämmigen Muslimen und denjenigen aus Afrika anzutreffen. Dagegen geben die aus dem Iran stammenden Muslime, bei denen es sich fast ausschließlich um Schiiten handelt, einen deutlich geringeren

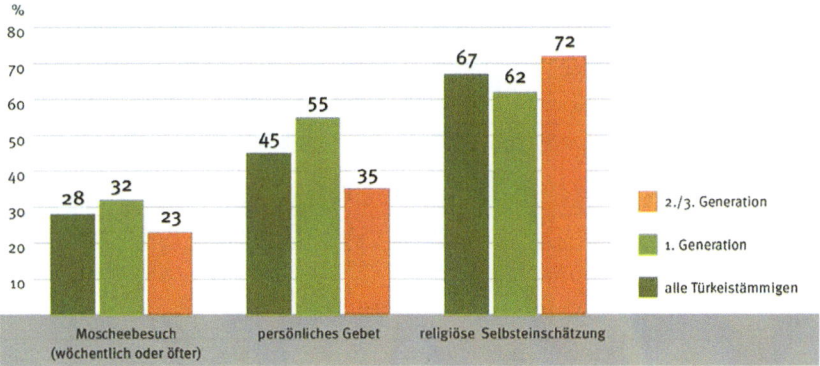

Abb. 4 Religiöse Praxis und Selbsteinschätzung von türkeistämmigen Muslimen im Generationenvergleich. (Quelle: Pollack u. a. 2016, S. 12)

Religionsbezug an: Nur zehn Prozent verstehen sich als sehr stark gläubig und ein Drittel sogar als überhaupt nicht gläubig. Dabei kann festgehalten werden, dass Frauen sich selbst stärker als Männer als religiös oder sehr religiös beschreiben – während der Besuch von religiösen Veranstaltungen nichtsdestotrotz eine Männerdomäne ist (vgl. Tab. 1). Sunniten berichten generell die stärksten Glaubensbindungen, während die Aleviten sich in großer Zahl deutlich säkularer präsentieren. Auch erweisen sich die aus der Türkei und die aus Nordafrika stammenden Muslime bei vielen Parametern der Glaubenspraxis als diejenigen mit den höchsten Zustimmungswerten, während etwa für die aus Südosteuropa (z. B. ehemaliges Jugoslawien) oder aus Zentralasien (GUS) stammenden Muslime religiös begründete Praxis einen deutlich geringeren Stellenwert zu haben scheint. Am Beispiel der Befolgung des islamischen Fastengebotes (Ramadan) erläutert, bedeutet dies, dass insgesamt 57 % der befragten Muslime angeben, sich uneingeschränkt an die religiösen Fastenvorschriften zu halten, während immerhin 24 % völlig darauf verzichten. Die Bandbreite der Anteile in den verschiedenen Herkunftsgruppen ist eindrucksvoll und reicht von neun Prozent der aus Zentralasien stammenden Muslime bis zu 78 % der aus Nordafrika stammenden, die sich zum uneingeschränkten Fastengebot im Ramadan bekennen (vgl. Abb. 5).

Die inzwischen vorliegenden empirischen Befunde zeigen auch, dass es schwierig bleibt, Vorstellungen und Zuordnungen, die für die christliche Religion

Tab. 1 Besuch religiöser Veranstaltungen der befragten Muslime nach Herkunftsregion und Geschlecht (in Prozent). (Quelle: MLD 2009, S. 161)

	Südost europa	Türkei	Zentral-asien/GUS	Iran	Süd-/Südost asien	Naher Osten	Nord-afrika	sonstiges Afrika	Gesamt
insgesamt									
Häufig	10,4	40,0	4,8	4,4	46,7	24,5	36,0	46,7	35,0
Selten	39,7	37,1	57,1	23,5	29,2	28,1	33,1	26,7	35,9
Nie	49,8	22,8	38,1	72,1	24,2	47,4	30,9	26,7	29,0
männlich									
Häufig	13,1	49,4	12,5	5,7	51,3	27,8	42,1	52,2	42,5
Selten	51,0	32,8	25,0	25,7	27,5	28,6	31,6	26,1	33,6
Nie	35,9	17,7	62,5	68,6	21,3	43,6	26,3	21,7	23,9
weiblich									
Häufig	7,5	30,5		3,0	37,5	17,5	25,0	28,6	26,4
Selten	28,1	41,5	76,9	21,2	32,5	27,0	36,7	28,6	38,7
Nie	64,4	28,0	23,1	75,8	30,0	55,6	38,3	42,9	34,9
Gesamt (N)	230	589	18	139	453	512	424	92	2.457

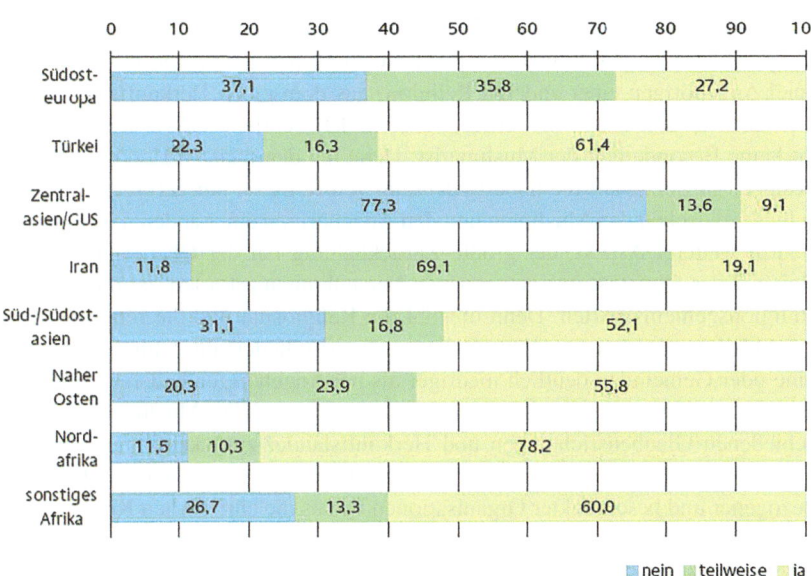

Abb. 5 Einhaltung islamischer Fastengebote der befragten Muslime nach Herkunftsregion (in Prozent). (Quelle: MLD 2009, S. 158)

und ihre Alltagsrelevanz zutreffen mögen, umstandslos auf den muslimischen Glauben anzuwenden. Beispielsweise wird man die Verbindung von im Alltag gültigen Verhaltensgeboten und religiösem Selbstverständnis vielleicht anders fassen müssen, weil sich manche Alltagspraxis mindestens so sehr aus Traditionen wie aus religiösen Orientierungen speist. Für Muslime hat die Kategorie des „rechtgeleiteten Verhaltens" eine hohe Bedeutung – Experten sprechen vom Islam als einer Religion der Orthopraxie –, in der nicht zwischen religiösem, privatem oder öffentlichem Verhalten unterschieden wird. Das führt dazu, dass sich kulturelle Traditionen oft kaum von ihren religiösen Komponenten unterscheiden und trennen lassen. Ein entsprechend nicht ganz leicht zu interpretierendes Ergebnis der Studie zum muslimischen Leben in Deutschland lautet: „Obgleich sich 30 Prozent der iranischen Muslime als ‚gar nicht gläubig' bezeichnen […], geben dennoch knapp 90 Prozent an, ganz oder teilweise die Fastengebote zu beachten […]." (MLD, S. 157).

Ein anderer Hinweis darauf, dass gängige Zuordnungen nicht immer tragfähig sind, liegt in der Tatsache, dass immerhin jede zweite Muslimin, die sich als stark religiös bezeichnet, kein Kopftuch trägt. Starke Gläubigkeit geht also nicht zwangsläufig mit dem Tragen eines Kopftuchs einher. Schließlich wird durch den Vergleich von muslimischen und nicht-muslimischen Migranten (also zum Beispiel Angehörigen einer anderen Religion) aus demselben Herkunftsland, wie er sich auch in den Daten der MLD-Studie findet, deutlich, dass starke Religiosität keine Besonderheit der Muslime ist. Denn bei den meisten Herkunftsgruppen bestehen in Bezug auf die hohe Bedeutung von Religion nur geringfügige Unterschiede zwischen den Muslimen und den Angehörigen einer anderen Religion.

Ein weiterer Aspekt, der größte Zurückhaltung bei der Übertragung der am Beispiel des Christentums gewonnenen Vorstellungen erfordert, ist die Rolle der Religionsgemeinschaften. Denn obwohl die Religiosität und die religiöse Praxis bei Muslimen stark ausgeprägt ist, liegen die Mitgliederzahlen für religiöse Vereine oder Gemeinden deutlich niedriger als bei Angehörigen anderer Religionen. Und dieser Umstand ist nicht nur auf die Zersplitterung der Muslime auf die verschiedenen Glaubensrichtungen und Herkunftsländer zurückzuführen – sondern auch strukturell bedingt durch das traditionelle Fehlen verbindlicher auf Religion bezogener und beschränkter Organisationen wie es die christlichen Kirchen sind.

Im Kontext der Schule sind immer wieder einzelne Bereiche und Aspekte Gegenstand von öffentlichen Debatten und von Konfliktlagen, mit denen sich Lehrerinnen und Lehrer auseinanderzusetzen haben. Dies gilt zum Beispiel für den Sportunterricht, insbesondere auch den Schwimmunterricht, den Sexualkundeunterricht, aber auch für Klassenfahrten. Die Autoren der Studie „Muslimisches Leben in Deutschland" weisen entschieden darauf hin, dass die Verweigerung von Unterrichtsangeboten kein „Massenphänomen" ist. Denn die überwiegende Mehrheit der muslimischen Befragten gibt an, dass die im Haushalt lebenden Schülerinnen und Schüler sowohl am gemischtgeschlechtlichen Sport- und Schwimmunterricht, Sexualkundeunterricht sowie an Klassenfahrten teilnehmen.

Allerdings gibt es deutliche Unterschiede zwischen den Geschlechtern. Die muslimischen Mädchen nehmen signifikant seltener als muslimische Jungen am Schwimmunterricht und an Klassenfahrten teil. Immerhin bis zu sieben Prozent bzw. zehn Prozent der muslimischen Schülerinnen bleiben bestehenden entsprechenden Unterrichtsangeboten fern. Ein interessantes Detail der Befunde ist, dass der Prozentsatz der Nicht-Muslime, die angeben, dass Schülerinnen dem Sexualkundeunterricht fernbleiben sogar höher ist als der Prozentsatz bei den befragten muslimischen Haushalten (vgl. Abb. 6). Hier wird wiederum der bereits oben genannte Aspekt relevant, dass viele Wertorientierungen und Verhaltensnormen offenbar in den Gesellschaftsordnungen der Herkunftskulturen verankert sind und sich kaum isoliert und exklusiv als religiös begründet verstehen lassen.

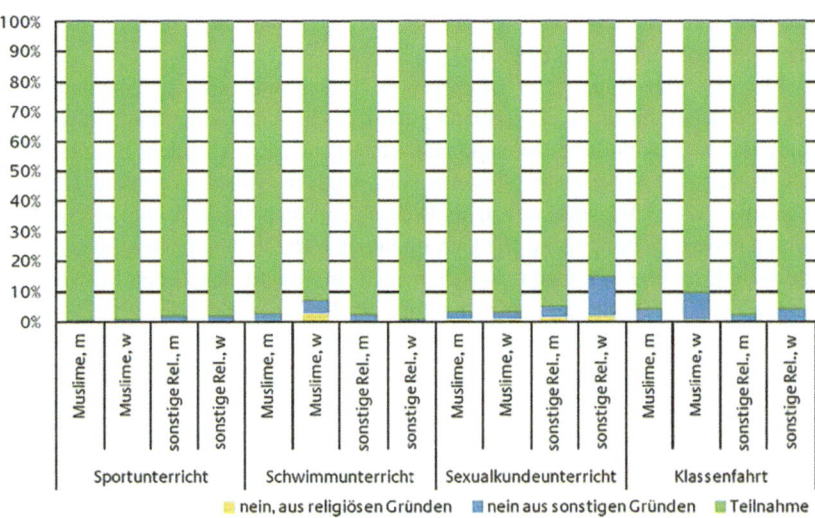

Abb. 6 Teilnahme an verschiedenen schulischen Angeboten nach Religionszugehörigkeit und Geschlecht (in Prozent). (Quelle: MLD 2009, S. 192)

Fazit

Es könnte sein, dass sich auch die zum Beispiel in den SCIICS (s. o.) sichtbar werdenden Einstellungsmuster nicht monokausal auf die Zugehörigkeit zur islamischen Religion zurückführen lassen. Sondern dass auch für Demokratieskepsis, Pochen auf männliche Überlegenheit oder Ressentiments zum Beispiel gegenüber Homosexuellen eine Gemengelage aus Anerkennungsdefiziten, sozialer Marginalisierung, Traditionsverhaftung sowie mangelnder Bildung als Ursachen benennen lassen. Für die Dimension der Homophobie jedenfalls lässt sich eindeutig am Beispiel von Russland belegen, dass sie nicht geradlinig auf den islamischen Glauben zurückzuführen ist. Übrigens dürfte ähnliches auch für das Wiedererstarken der russisch-orthodoxen Religiosität in Russland und ihren wieder steigenden Einfluss in der Politik gelten. Jedenfalls scheint eindeutig, dass die islamische Religion per se kaum als Allzweckerklärung dort geeignet ist, wo es gilt, problematische, unserem pluralistisch-toleranten Menschenbild zuwiderlaufende Einstellungsmuster zu verstehen. Ganz davon abgesehen gilt es, den nüchternen Blick für die realen Manifestationen des gelebten Islam in Deutschland zu pflegen. Der sich in regelmäßigen Intervallen wiederholende hochemotionale Streit um zwei Sätze beschreibt die diesbezüglich problematischen Befindlichkeiten in Deutschland wohl ziemlich genau.

Der eine Satz lautet: „Der Islam gehört zu Deutschland" (vgl. Spenlen 2013).

Dass der Islam heute zu Deutschland gehört, auch wenn die jahrhundertealte Prägung durch die kulturelle Dominanz der christlichen Kirchen nicht bestritten werden kann, wird inzwischen selbst im konservativen Milieu akzeptiert. Denn die Tatsache, dass 5 Mio. Menschen in Deutschland sich dieser Religion angehörig fühlen und sie weitestgehend friedlich im privaten Raum praktizieren, ist schwer zu leugnen. Dass diese Gruppe inzwischen auch im öffentlichen Leben Mitwirkungs- und Teilhabemöglichkeiten nutzt und sich in der Wohlfahrtspflege, im Bildungswesen, in Parteien, Politik und Medien engagiert und somit vermehrt konstruktive Signale von ihr ausgehen, kann man nur begrüßen. In letzter Zeit ist es vor allem der zweite Satz, der für Diskussionen sorgt: „Das hat nichts mit dem Islam zu tun". Über die Frage also, ob die Terroranschläge des Islamischen Staates (IS) etwas mit dem Islam zu tun haben oder nicht, kann man tatsächlich geteilter Meinung sein:

„Die politisch korrekte Empörung, dass der heutige Terror ‚nichts mit dem Islam' zu tun habe, ist also nicht völlig falsch, aber auch nicht vollkommen richtig: Der Terror wird zwar in der Regel von Leuten ausgeübt, die sich von Familie und Moscheegemeinde gelöst haben und einer radikalen, sektenhaften Resozialisierung bzw. ‚Konversion' unterlegen sind – dies geschieht oft im Gefängnis, was eher in sozialpsychologischen oder organisationsspezifischen als in doktrinär ‚religiösen' Zusammenhangen zu begreifen ist. Vollständig von religiösen Fragen zu lösen ist der im Namen einer Religion – derzeit vor allem des Islam – ausgeübte Terror aber auch nicht, denn die Religion bzw. eine fundamentalistische Interpretation des Koran dient ihm als Referenzrahmen und Terroristen als Legitimationsbasis für ihre Taten." (Sachverständigenrat deutscher Stiftungen für Integration und Migration 2016, S. 16)

Es bleibt von daher eine wichtige gesellschaftliche Aufgabe, die offene Auseinandersetzung über die unterschiedlichen Deutungsangebote zum Islam auf breiter Front zu führen – nicht nur in den Medien und in der Politik, sondern auch in der Sozialwissenschaft.

Literatur

Abdel-Samad, H. (2014): Der islamische Faschismus: Eine Analyse. München: Droemer.
Bertelsmann Stiftung (2015) [Hrsg.]: Religionsmonitor – verstehen was verbindet. Sonderauswertung Islam 2015: Die wichtigsten Ergebnisse im Überblick. Abrufbar unter: www.bertelsmann-stiftung.de/fileadmin/files/Projekte/51_Religionsmonitor/Zusammenfassung_der_Sonderauswertung.pdf (zuletzt geprüft am 13.06.2017).

Buggle, F. (1992): Denn sie wissen nicht, was sie glauben: Oder warum man redlicherweise nicht mehr Christ sein kann. Reinbek: Rowohlt.

Deschner, K. (1986–2013): Kriminalgeschichte des Christentums. 10 Bände. Reinbek: Rowohlt.

Halm, D./Sauer, M. (2014): Lebenswelten deutscher Muslime. Religionsmonitor – verstehen was verbindet. Gütersloh: Verlag Bertelsmann Stiftung.

Haug, S./Müssig, S./Stichs, A. (2009): Muslimisches Leben in Deutschland. Im Auftrag der Deutschen Islamkonferenz. Herausgegeben vom Bundesamt für Migration und Flüchtlinge. Nürnberg. [zitiert als MLD].

Kermani, N. (1999): Gott ist schön. Das ästhetische Erleben des Koran. München: Beck.

Khorchide, M. (2012): Islam ist Barmherzigkeit. Grundzüge einer modernen Religion. Herder: Freiburg im Breisgau.

Khorchide, M./Abdel-Samad, H./Orth, S. [Hrsg.] (2016): Zur Freiheit gehört, den Koran zu kritisieren. Ein Streitgespräch. Freiburg im Breisgau: Herder.

Koopmans, R. (2015): Religiöser Fundamentalismus und Fremdenfeindlichkeit. Muslime und Christen im europäischen Vergleich. In: Rössel, Jörg/Roose, Jochen [Hrsg.]: Empirische Kultursoziologie. Festschrift für Jürgen Gerhards zum 60. Geburtstag. S. 455–490.

Pollack, D./Müller, O. (2013): Religionsmonitor. Verstehen was verbindet. Religiosität und Zusammenhalt in Deutschland. Gütersloh: Bertelsmann Stiftung. Abrufbar unter: https://www.bertelsmann-stiftung.de/fileadmin/files/BSt/Publikationen/Graue-Publikationen/GP_Religionsmonitor_verstehen_was_verbindet_Religioesitaet_und_Zusammenhalt_in_Deutschland.pdf (zuletzt geprüft am 13.06.2017).

Pollack, D./Müller, O./Rosta, G./Dieler, A. (2016): Integration und Religion aus der Sicht von Türkeistämmigen in Deutschland. Repräsentative Erhebung von TNS Emnid im Auftrag des Exzellenzclusters „Religion und Politik" der Universität Münster.

Sachverständigenrat deutscher Stiftungen für Integration und Migration (Hrsg.): Viele Götter, ein Staat: Religiöse Vielfalt und Teilhabe im Einwanderungsland. Jahresgutachten 2016 mit Integrationsbarometer. Berlin 2016.

Spenlen, K. [Hrsg.] (2013): Gehört der Islam zu Deutschland? Fakten und Analysen zu einem Meinungsstreit. Düsseldorf: düsseldorf university press.

Prof. Dr. Heiner Barz Leiter der Abteilung für Bildungsforschung und Bildungsmanagement an der Universität Düsseldorf, zuletzt erschien die Studie „Große Vielfalt, weniger Chancen" (2015) und das „Handbuch Bildungsreform und Reformpädagogik" (2018).

Muslim Girls

Sineb El Masrar

Wer sind die? Woher kommen die? Was wollen die?

Da sind wir also! Diese Horde dahergelaufener Terrorismus-Sympathisantinnen. Die sich mit ihren muslimischen Männern wie die Karnickel vermehren, ein Kopftuchmädchen nach dem anderen produzieren und willenlos in der Küche des Hauses auf die Befehle ihrer Väter, Brüder und Ehemänner warten. Um dann noch schamlos das deutsche Sozialsystem wie eine reife Zitrone auszuquetschen. Wenn Sie derlei oder ähnliche Bekenntnisse auf den kommenden Seiten erwarten, dann sollten Sie dringend weiterlesen – zwecks Horizonterweiterung!

Wir sind heute überall. Wir, die Muslim Girls, die nicht nur in der islamischen Welt zu Hause sind, sondern seit Jahrzehnten auch in Deutschland. Ich zum Beispiel habe die Schallmauer der großen „Drei Null" durchbrochen, lebe genauso lange in Deutschland und wahrscheinlich werden es sogar noch ein paar Jahre mehr. Und da bin ich nicht die Einzige.

Die Chancen sind groß, dass Sie eine wie mich kennenlernen. Früher oder später trifft eigentlich jeder auf uns Muslim Girls. Doch wer uns nur verstohlen aus der Ferne in der Bahn, beim Einkaufen oder beim Arzt beobachtet, trägt meist einen Sack voll Fragen mit sich herum: Wer sind die? Woher kommen die? Was wollen die?

Der hier abgedruckte Text ist ein leicht redigierter Auszug aus der aktualisierten und erweiterten Neuauflage des Buchs „Muslim Girls. Wer sie sind, wie sie leben" (Freiburg, Basel, Wien: Herder Verlag 2016; S. 17–31, 149–151, 252–255).

S. E. Masrar (✉)
Herder Verlag, München, Deutschland

© Springer Fachmedien Wiesbaden GmbH, ein Teil von Springer Nature 2019
H. Barz und K. Spenlen (Hrsg.), *Islam und Bildung,*
https://doi.org/10.1007/978-3-658-26229-7_3

23

Muslim Girls sind alle so furchtbar schleierhaft

Ach je, seufzt der Laie, bei den Muslim Girls ist alles so furchtbar schleier-
haft. Prompt vergisst der deutsch-deutsche Kunde hinter uns an der Kasse, die
Tampons für seine Frau einzukaufen, während er aus dem Anstarrmodus nicht
mehr herauskommt. Aber wenn jetzt ein Drogerie-Manager glaubt, die Antwort auf seine sinkenden Umsätze gefunden zu haben, dann muss ich ihn leider enttäuschen: An uns liegt es definitiv nicht! Wir nämlich lieben Drogerien
und Parfümerien. Wir kaufen euch die Läden leer, wenn ihr nicht rechtzeitig
für Nachschub sorgt. Wenn etwas in unseren Herkunftsländern floriert, dann
Kosmetikprodukte. Achten Sie mal darauf, in Ihrem nächsten Badeurlaub in der
Türkei, in Tunesien und in Marokko oder in Ihrem Kultururlaub im Iran oder in
Ägypten. Die ganzen Fläschchen, Döschen und Tuben – die werden nicht nur
von Touristen gekauft.

Doch das ist nur eine Facette unserer Realität. Muslim Girls sind nicht nur
Kosmetik- und Modeliebhaberinnen mit unnachgiebiger Zupfgenauigkeit.
Nein, Wir lieben es auch, zu lauter amerikanischer, iranischer, türkischer, arabischer oder auch deutscher Musik zu tanzen. Wir lernen ununterbrochen für
unsere Schultests, Masterarbeiten, Ausbildungsprüfungen. Forschen bis zur
Erschöpfung für unsere Doktorarbeiten. Haben nach unbezahlten Praktika und
Jahren der Arbeitslosigkeit keine Lust mehr drauf. Fluchen auf dem Damenklo
in einer Mischung aus Deutsch, Arabisch, Türkisch oder Bosnisch über unseren
sexistischen Arbeitskollegen.

Nicht selten plagen uns auch noch Selbstzweifel, ob wir unsere Sache
überhaupt gut genug machen. Nach Mr. Right suchen wir nebenbei auch. Der
darf ruhig auch mal ein wenig Macho sein. Aber bitte auf keinen Fall in den
eigenen vier Wänden. Wir lieben unsere Heimatstädte wie Düsseldorf, Köln,
Duisburg oder Hamburg und finden, dass keine andere Stadt sie toppen kann.
Wir haben Heimweh, wenn es uns von Düsseldorf nach Berlin verschlägt, und
zählen die Tage, bis es wieder zurückgeht. Wir posten ununterbrochen bei
Facebook, stellen mehr oder weniger geistreiche Kommentare unter die Status-
meldungen unserer virtuellen Freunde und finden das mit erhobenem Daumen
zu allem Überfluss auch noch gut. Zudem gestehen wir widerspruchslos unsere
Internetsucht ein.

Eine homogene Gruppe sind wir schon mal gar nicht

Es gibt das erfolgshungrige High-Potential-Muslim-Girl. Immer mit einem Ziel vor Augen, arbeitet sie hart und viel. Wenn sie gläubig ist, dann lebt sie ihren muslimischen Glauben oft in Phasen; je älter sie wird, desto gläubiger wird sie. Familie und Kinder sind ihr genauso wichtig wie ihre Karriere. Wenn der Mann dabei nicht hilft oder sogar stört, wird er auch mal abserviert. Zur Not geht sie als Alleinerziehende ihren Weg. Modebewusst und konsumfreudig, ist sie der Traum eines jeden Warenherstellers. Sie will viel und das Beste – nicht nur für sich. Dabei ist sie stets kreativ und weiß Mode und auch Verhüllung in Form ihres Kopftuchs oder Schals immer zu kombinieren.

Es gibt das bodenständige Natural-Muslim-Girl. Sie möchte ebenfalls Familie und Beruf vereinen. Stößt sie dabei (meist beruflich) auf Hindernisse, bleibt sie pragmatisch und füllt im Zweifel einfach ihre Rolle als Mutter und Hausfrau mit viel Engagement und Energie aus. Wenn sie gläubig ist, bemüht sie sich, mit oder ohne Kopftuch, den Pflichten ihres Glaubens nachzukommen. Sie ist humorvoll, hilfsbereit und engagiert sich, wenn möglich, gerne sozial. Sie ist gepflegt, aber Mode ist ihr prinzipiell egal. Es gibt das stolze Black-Beauty-Muslim-Girl im langen Schwarzen. Sie trägt als Ausdruck ihres meist salafistischen Glaubens bewusst den Nigab oder Hidschab, einen überlagen und dunklen Überwurf, der nur die Augen oder das Gesicht unverhüllt lässt. Manche von ihnen verfügen über einen guten Bildungsgrad und praktizieren ihren Glauben entsprechend engagiert, manchmal auch ein bisschen übereifrig. Wenn sie will, kann sie sehr humorvoll sein. Berufstätig ist sie aufgrund ihrer abschreckenden Kleidung nur selten. Sie sieht sich ohnehin als Ehefrau und Mutter in ihrer vorbestimmten Rolle und bemüht sich, ihren Kindern viel über den Glauben beizubringen. Aber auch schulisch unterstützt sie ihren Nachwuchs.

Es gibt das nervtötende Muslim-It-Girl mit wenig Grips. Sie widmet die meiste Aufmerksamkeit ihrem Äußeren und den Männern, durchforstet die Mode- und Handyshops Deutschlands. Da wird gefeilt, geschminkt, operiert und vor allem „geposed", was das Zeug hält. Glücklich ist sie, solange sie sich präsentieren darf und man ihr dafür applaudiert. Berufswunsch ist Model, Moderatorin, Schauspielerin, It-Girl oder Frau eines reichen Mannes. Manche schaffen sogar einen Universitäts-abschluss, bei dem man sich aber nach einem kurzen Gespräch fragt, in welchem Shop sie diesen erstanden hat. Weil Regeln sie langweilen, spielt der Glaube in ihrem Leben keine Rolle. Wenn sie Kopftuch trägt, dann nur als Kompromiss, zum Schein für ihre Familie oder als modisches Accessoire – schließlich ist Aufmerksamkeit damit garantiert. Nicht selten ist sie egoistisch. Familie ist zwar eine schöne Idee, aber Kinder fordern in der Praxis definitiv zu viel Aufmerksamkeit. Berufstätig ist sie nur so lange, wie ihr der Job Spaß macht. Ansonsten hat sie kein Problem damit, von der öffentlichen Hand zu leben, solange das Geld für das neuste Handy, Schuhe, Solarium oder die Maniküre reicht und sich kein Mann findet, der das nötige Geld in die Beautykasse spült.

Dann gibt es auch noch das intrigante Heuchel-Muslim-Girl mit einem besonderen Hang zur Tristesse. Ihre Betrübtheit ist schier unüberwindlich. Frustriert, gehässig und eifersüchtig suhlt sie sich am liebsten in Selbstmitleid. Es sei denn, sie findet ein Muslim-Girl oder auch gerne mehrere, die sie ins Visier nehmen kann, um sie später nach allen Regeln der Kunst in der Öffentlichkeit zu diskreditieren. Sie ist nicht selten Mutter und Ehefrau, doch ihr Fokus ist stets auf andere gerichtet, um sie an den vermeintlichen Schwachstellen anzugreifen. Sie läuft ihren eigenen Problemen davon, indem sie den Fehlern und Schwächen anderer nachjagt. Sie kann beruflich recht erfolgreich sein, wenn sie Förderer hat. Endet aber nicht selten als frustrierte Hausfrau. Keine ihrer Familien- oder Freizeitaktivitäten verschaffen ihr Befriedigung. Sie hält sich für gläubig, realisiert aber nicht, dass ihr Verhalten oftmals dem Kern des Glaubens widerspricht.

Und es gibt noch viele weitere Varianten von Muslim Girls. Nicht alle lassen sich lustig-flott etikettieren. Manche sind von Kindesbeinen an zahlreichen Verboten ausgesetzt. Fremd bestimmt und einem archaischen Ehrbegriff ausgeliefert, müssen sie aufgrund ihres Geschlechts selbst kleinen Jungen Respekt zollen. Für die „Ehre" einem oder mehreren Männern das Ego aufzupäppeln, muss sie ihr Leben opfern – meistens im übertragenen Sinn. Jedes Stückchen Freiheit ist mit einem mühsamen Kampf verbunden. Nicht selten arrangiert sie sich resigniert mit den Forderungen der Familie und der Gemeinschaft. Mit Erlaubnis der Eltern oder des Mannes ist sie berufstätig. Ansonsten bleibt sie eine Haussklavin. Manche aber wechseln den Opferaltar und werfen sich den Medien zum Fraß vor, die ihre dramatischen Geschichten dankbar zu Schlagzeigen verwursten. Die dadurch gewonnene Freiheit entpuppt sich umgehend als Fluch, weswegen sich diese muslimischen Fragen dann nach neuem Halt umsehen müssen.

Ach ja. Unter uns Muslim Girls finden sich auch Konvertierte. Sie haben keine muslimischen Eltern und trotzdem keine Vorbehalte. Als Jugendliche und Erwachsene wurden sie – meist aus eigenem Antrieb – zu einem Muslim Girl, vielleicht, weil muslimische Freunde oder Freundinnen sie für den Islam begeistert haben. Da findet dann auch mal eine gefeierte Fernseh-Moderatorin den Weg „Von MTV nach Mekka", wie es zum Beispiel die Moderatorin Kristiane Backer in ihrem gleichnamigen Buch geschildert hat.

Muslim Girls sind vielfältig? So vielfältig wie alle Frauen. Unsere konkrete religiöse Praxis ist für uns genauso privat und persönlich wie für alle anderen, auch wenn einzelne Muslima ihren Glauben extrem öffentlich leben. Doch jedes Muslim Girl muss ihren eigenen Weg finden, ihren Glauben zu praktizieren – angepasst an die gesellschaftlichen Rahmenbedingungen, unter denen sie lebt. So wie einige Katholikinnen mit dem Rosenkranz in der Hand beten, werfen sich einige Muslim Girls nieder und verrichten ihr Gebet. So wie manche evangelische Frau im neuen Testament liest, liest manches Muslim Girl im Koran. Manche Frauen glauben weder an Gott noch an Allah. Andere beten und fasten nicht und bezeichnen sich dennoch als Muslima, genauso wie manche sich als Christin fühlt, obgleich sie nie in eine Kirche geht. Wieder andere haben sich vom Islam gelöst und ihren Frieden im Christentum oder im Hinduismus gefunden, genauso wie manche Atheistin oder Christin ihr Heil im Islam gefunden hat.

Uns Muslim Girls als Gruppe gibt es eigentlich nur in den Köpfen von Menschen, die in festen Kategorien denken. Auch ich bediene hiermit das ewige Schubladen- denken und entwerfe die Marke „Muslim Girls". Doch das tue ich nur, damit Sie uns nach der Lektüre in Ihren Köpfen als Individuen in die freie Welt entlassen.

Wer wirklich wissen will, wie wir Muslim Girls ticken, kommt um einen echten Kontakt nicht drumherum. Keine Sorge, wir gehen dabei auch nicht explosionsartig hoch.

„Ich bin Muslima und das ist auch gut so"

Uns Muslim Girls mangelt es eigentlich nie an Aufmerksamkeit. Schließlich ergötzt sich an uns eine ganze Nation. Es gibt genügend Geschichten und Skandale, die man hierzulande rund um Kopftuch, Zwangsheirat und Genitalverstümmelung nicht nur hinter vorgehaltener Hand aufgeregt diskutiert. Eine leise Andeutung reicht – etwa die harmlos gestellte Frage – „Ist da Schweinefleisch drin?" – und schon laufen die kleinen Vorurteilsmuster in den Köpfen auf Hochtouren. Im Vergleich zu muslimischen Männern, die oft schon etwas penetranter werden müssen „Ich möchte hier gern mal beten!", um für Empörung zu sorgen, brauchen wir Frauen nicht mal den Mund aufzumachen: Ein kleines Stück Tuch, locker um den Kopf gewickelt, genügt. Schon heißt es wieder: Herzlich willkommen zu einer neuen Folge von „Fatma – im Tal der Tränen!" Das Bekenntnis: „Ich heiße Fatma, bin Muslima, und das ist auch gut so", klingt in den Ohren mancher eher wie ein bemitleidenswertes Statement denn wie ein hippes Großstadt-Postulat, mit dem frau zur Regierenden Bürgermeisterin von Berlin aufsteigen kann.

In der Regel wird nicht mit uns geredet, sondern gern über uns. Würdest du deine Tochter auch beschneiden? Darfst du hier im Schwimmbad überhaupt schwimmen? Bist du schon jemandem versprochen? Wurde dein Mann von deiner Familie ausgesucht? Haben deine Eltern kein Problem damit, dass du hier im Ausland arbeitest? Oder ganz kreativ: Gehst du auch mit Kopftuch unter die Dusche?

Ja, so macht es Spaß, in Deutschland zu leben. Wer braucht schon einen Glückskeks mit Sprüchen, wenn frau stattdessen fortwährend Überraschungsfragen gestellt bekommt, die uns eigentlich auch nicht mehr überraschen.

Wer hat uns das Gehirn gewaschen?

Eine der Fragen, die man sich in diesem Land stellt, ist, wie gut ausgebildete, attraktive, humorvolle und sogar deutsch-deutsche Frauen sich für den Islam entscheiden können. Eine Religion, von der man doch „weiß", dass sie gewaltbereit und frauenverachtend ist …?! Eine andere Frage lautet, warum ausgerechnet Muslimas, deren Eltern aus den entlegensten und rückständigsten Ecken Marokkos, Pakistans oder der Türkei gekommen sind, sich Jahre später im freien Deutschland für das Tragen eines Kopftuchs oder – der absolute Horror! – einer „Burka" entscheiden.

Was ist da nur in unserer Erziehung schiefgegangen? Wer hat uns da das Gehirn gewaschen? Aber was ist, wenn nicht wir diejenigen sind, denen das Gehirn gewaschen worden ist? Denn wie kommt jemand auf solch brillante Fragen? Die, die solche Fragen formulieren, haben ja meist gar keinen oder nur flüchtigen und einseitigen Kontakt mit uns. Das vorherrschende Bild von uns wird von Meinungsmachern aus Politik und Medien mit schnellen Pinselstrichen auf eine Leinwand gemalt, mit Farben, die alles andere als bunt sind. Schließlich muss überall gespart werden. Schwarz und Weiß müssen genügen. Diese Bilder sind mittlerweile in den Köpfen so fest verankert, dass es manchen gar nicht mehr gelingt, sich davon zu treffen. So sehr man es auch versucht. Zu hartnäckig haben sich die Bilder von dem traurigen, gequälten Kopftuchmädchen mit Sekundenkleber fast für die Ewigkeit in den Köpfen festgeklebt. Immer abrufbar bei den Stichworten Muslime, Islam, Integration. Selbst wir Muslim Girls sind davon beeinflusst. Werden wir doch von klein auf von den ewig selben düsteren Geschichten begleitet, ja regelrecht verfolgt, von denen wir uns bis heute nicht so recht befreien konnten.

„Im Namen der Ehre" – leider gibt es das auch!

Ja, es gibt sie. Die Muslim Girls, die von ihren Eltern schlechter als ein Hund behandelt werden. Die mit niemandem sprechen, mit niemandem Kontakt halten dürfen und am besten immerfort schweigen sollen. Es gibt Ehemänner, die ihre Braut aus dem Heimatland einfliegen lassen und wie eine unterwürfige Haussklavin halten; weil ihre Mütter ihnen das von Kindesbeinen an eingetrichtert haben und sie ihre Macht später gleich an dem unschuldigen Ding ausleben können.

Es gibt Frauen, die die Schläge ihrer Väter, Brüder und Ehemänner nicht mehr aushalten und Hilfe in einem Frauenhaus suchen. Mädchen, die eben noch mit ihrer Puppe Kaffeekränzchen gespielt haben und im nächsten Moment im Flieger nach Mali oder Somalia neben ihrer Mutter sitzen, um einer Genitalverstümmelung unterzogen zu werden. Und ja, es gibt kleine Mädchen, die von ihren Eltern gezwungen werden, gegen ihren Willen ein Kopftuch zu tragen. Es gibt auch Mädchen, die zur Ehe mit einem ihnen völlig Fremden mitten in Deutschland genötigt oder im Namen der „Ehre" erschossen werden. Ich könnte die Liste noch weiterführen. Ich könnte auch ein ganzes Buch mit tragischen Schicksalen füllen, vielleicht sogar auch mehrere Bände. Es gibt solche Bücher schon zuhauf. Sie geben Zeugnis, was Frauen und Mädchen durchgemacht haben und immer wieder durchmachen. Es ist furchtbar, es ist kaum auszuhalten. Auch ich kann es nicht fassen, wie viel Elend, Gewalt und Trauer es auf der Welt und in unseren Reihen gibt. Und mit genau dieser Wut stehe ich nicht allein da.

Solche Schicksale berühren nicht nur deutsch-deutsche Herzen, sondern auch die Herzen von uns Muslim Girls und, man mag es nicht glauben, sogar Muslim Boys. Ja, wir sind genauso erschüttert und erbost darüber, wie Christinnen, Jüdinnen und Atheistinnen oder Feministinnen. Vielleicht sind wir sogar noch einen Tick aufmerksamer beim Zuhören und Mitfühlen, weil es uns indirekt ja irgendwie auch betrifft. Warum? Weil es sich um unsere Glaubensschwestern handelt. Sie stammen denselben Kulturkreis ab wie wir. Das harte Schicksal hätte uns genauso treffen können, gesetzt den Fall, dass es tatsächlich so ist, wie manche behaupten: nämlich, dass unser Glaube all diese Gewalt und Verachtung predigt.

Aber: Hatten wir etwa zwei verschiedene Konversationen? Ich kann mich nicht erinnern, dass man Menschen gegen den eigenen Willen heiraten soll oder eine Frau im Namen irgendeiner Schafherdenehre auf offener Straße erschießen darf. Werden die Heuchler nicht immerwährend im heiligen Buch der Muslime ermahnt? Können wir tatsächlich nur selbstbewusste, moderne und glückliche

Menschen sein, wenn wir uns von unserer Religion abwenden und zum Christentum konvertieren oder an gar keinen Gott glauben? Sind tatsächlich alle Muslime hinterwäldlerische, pädophile, frauenverachtende und gewaltbereite Irre, die sich in die Luft sprengen, um ins Paradies zu kommen? Liegen die Gründe für Gewalt gegen Frauen womöglich gar nicht in der Religion, sondern in der Psychologie der Täter? Denn wie sonst kann man erklären, dass derartige Gewalttaten in jeder Kultur, in jeder Religionsgemeinschaft, in jeder sozialen Schicht, in jeder Nation, in jedem Viertel und in jeder Gemeinde existent sind? Wie kann es sonst sein, dass in diesem christlich-abendländischen Land ein deutsch-deutscher Familienvater am Weihnachtsabend seine Frau und seine Kinder brutal niedersticht? Warum schießt ein deutsch-deutscher Junge christlichen Glaubens in seiner Schule wild um sich? Verletzt Mitschüler und Lehrer, tötet erst andere, dann sich selbst? Was ist mit den Kindern, die von Pfarrern und Priestern missbraucht werden? Ist das etwa die Botschaft Jesu Christi?

Dabei ist oft die Rede von der Befreiung und der Solidarität mit der muslimischen Frau. Ehrlich gesagt kennen wir sie nicht, diese eine muslimische Frau, von der hier immer die Rede ist. Soweit ich das überblicken kann, sind wir viele. Wir sind vielfältig. Wir müssen nicht befreit werden. Von was auch immer. Diese ach so viel beschworene Solidarität, tut mir leid, die führt leider allzu häufig ins genaue Gegenteil.

Unser Catwalk ist der Bürgersteig

Bei alledem werden wir von „Sex and the City" genauso inspiriert wie von türkischen oder arabischen Seifenopern. Wir blättern in Modezeitschriften und suchen nach den neuesten Neuigkeiten auf dem Modemarkt. Aufmerksam verfolgen wir, wenn Heidi Klum ihre Sprösslinge durch die absurdesten Aufgaben jagt, und noch aufmerksamer, wenn sich ein Muslim Girl darunter tummelt. Dabei achten wir mit Akribie darauf, was sie trägt und was sie bereit ist, nicht zu tragen.

In Österreich gewann im Februar 2010 sogar ein Muslim Girl den Modellwettbewerb: Aylin Kösetürk, 17-jährige Tochter eines türkischen Schneiders und einer Dolmetscherin. „Ich bin nicht das erste türkischstämmige Model, das sich im Bikini fotografieren lässt", antwortet sie selbstbewusst auf die üblichen Fragen nach muslimischem Kodex und westlicher Model-Kleiderordnung. Eine weitere Österreicherin schnappte sich im Juni 2010 in Deutschland den Titel: Alisar Ailabouni. Syrische Wurzeln, 25 Jahre alt, mit fast klassischer Muslim-Girl-Bio- grafie: als sieben Monate alte Tochter mit Eltern aus Syrien geflüchtet, illegal nach Österreich eingereist, auf die Hauptschule gegangen und als Verkäuferin gejobbt.

Bis 2011 machte sie uns den Gillette-Embrace-Damenrasierer schmackhaft. Also, wecken wir mal die Göttin in uns!

Wir Muslim Girls kaufen bei *H&M, Zara oder bonprix* eben nicht nur Kopftücher und Pashmina-Schals, die wir uns um den Kopf und den Hals wickeln, sondern gelegentlich auch Spaghettiträgerkleidchen und Bikinis. Die religiöse Tuchträgerin zieht unter dem schulter- und rückenfreien Kleid eben ein eng anliegendes und langärmliges Shirt an. Langweilig ist etwas Anderes. Alles andere wie orientalisches Parfüm mit Weihrauch oder ohne Alkohol, Niqabs sowie überziehbare Kopftücher wird via Onlineshop zum Beispiel bei www.imanstyle.de bestellt. Mode von Frauen für Frauen. Denn die meisten Onlineshops werden von Männern betrieben, und die Auswahl und Qualität lassen häufig zu wünschen übrig.

Wer dann doch lieber zum Schwimmen in gemischten Badeanstalten oder im offenen Meer Burkini trägt, bestellt online oder geht ins Orthopädiegeschäft. Ja, diese neopren-ähnlichen Badeanzüge gibt es sehr wohl im gut sortierten Fachhandel! Wer über derlei exotische (und vermeintlich frauenfeindliche) Badeklamotten hochnäsig schmunzelt, schaue sich Fotos aus den 1920er-Jahren in Deutschland an: Da sprangen Männer wie Frauen in verdammt ähnlichen Badeanzügen in den Wannsee. Wer jetzt hofft, beim schnellen Blick unter den Rock auf schrille Überraschungen zu stoßen, sei gewarnt: Er wird enttäuscht sein. Bei der Unterwäsche sind wir Muslim Girls genauso vielfältig wie Frauen auf der ganzen Welt. Während die eine nicht ohne ihre „Montag"-, „Dienstag", … „Sonntag"-Höschen auskommt, darf es bei der anderen so heiß und spitzenreich sein, wie es der Dessoushersteller.

„Agent Provocateur" in seinen Clips und Anzeigen bewirbt – und das gilt auch für so manche Niquabträgerin!

Mit Tuchträgerinnen assoziiert die Mehrheitsgesellschaft selten Schönheit und sexy Kleidung. Nur wer in Großstädten lebt, weiß, dass es nicht immer langweilig aussehen muss. Unsere Mütter haben mit ihrem Style lange das Bild geprägt. Auch weil sie außer langen Mänteln keine wirklich adäquate Alternative hatten. Auffällig wollten sich die wenigsten anziehen. Aber leicht abgeschreckt von ihrem Kleidungsstil bemühen wir uns dagegen umso mehr, Glauben und Modebewusstsein zu verbinden.

Lamis Hourani, Boutiquebesitzerin aus Berlin-Neukölln, selbst Tuchträgerin, bringt es treffend auf den Punkt: „Besonders in dieser schweren Zeit sollen die Menschen sehen, dass wir auch etwas Schönes machen können. Wir können uns modisch kleiden, wir können selbstbewusst sein. Das verbietet uns ja nicht der Glaube. Ganz im Gegenteil. Wir sollen uns schön kleiden."

Recht hat sie! Und so macht manches Muslim Girl – mit Tuch oder ohne Tuch – den Bürgersteig zu ihrem ganz persönlichen Catwalk.

Es gibt noch viel zu tun

Ganz oben auf der gesellschaftlichen To-do-Liste stehen Chancengleichheit im Bildungswesen und Chancengleichheit auf dem Arbeitsmarkt. Gleich darunter die Ausweitung der Kinderbetreuung und Erarbeitung von pädagogischen Konzepten zur Förderung und nicht nur zur Aufbewahrung aller Kinder. Mütter aller Konfessionen oder Nicht-Konfessionen wollen eine gezielte Förderung ihrer Kinder.

Es folgt die Diversität in den Medien, die doch eigentlich davon lebt, die Welt in bunten und schillernden Farben zu zeigen. Deshalb schalten wir den Fernseher ein, deshalb gehen wir ins Kino! We love to entertain you, heißt es bei ProSieben. Na, dann los! Macht, redet nicht! Weiter geht's im Gesundheitswesen. Hier fehlen nicht nur Arbeitskräfte, sondern auch neue Betreuungsmodelle für alte und kranke Gastarbeiter. Sie haben so viel für dieses Land geleistet; man könnte sich auf diesem Weg endlich bei ihnen bedanken. Wir Töchter und Söhne sind sehr belastbar. Das haben wir mehr als nur einmal in unterschiedlichsten Lebensbereichen unter Beweis gestellt. Aber irgendwann sind auch unsere Akkus leer, und dann beginnt der Kreislauf der psychischen wie physischen Krankheiten wieder von vorne – und zwar bei uns. Das wollen wir doch alle nicht.

Wir brauchen Selbsthilfegruppen für die gealterte Einwanderergeneration. Hier sind vor allem wir Muslim Girls und Boys selbst gefordert, solche Organisationen, die heute ein unverzichtbarer Teil des Gesundheitssystems sind, aufzubauen. Wir müssen in unseren Reihen für Gesundheitsthemen sensibilisieren und unsere Eltern und Großeltern für dieses ihnen fremde Modell der Selbsthilfe erwärmen: Ay ay ay, sich mit Fremden regelmäßig treffen, um sich über Probleme auszutauschen …? – Wir werden dabei helfen, dass unsere Eltern solche Ängste ablegen! In dieser Weise könnten wir weiterdenken, welche gesellschaftlichen Aufgaben noch erledigt werden sollten, von wem, in welcher Weise, bis wann. Wenn wir etwas zur Verbesserung dieser Gesellschaft beitragen können, sind wir dabei! Deswegen fordert uns! Aber bitte beteiligt euch auch selbst gleichermaßen daran. Denn es ist UNSERE ALLER Gesellschaft.

Nehmt uns wahr, erkennt unsere Fähigkeiten, Talente und Errungenschaften und hört euch auch unsere Ideen an! Wir beraten gerne und werfen all unser Fachwissen in Medizin, Wirtschaft, Finanzen oder Technik in die Waagschale! Lasst uns gemeinsam für ein weltoffenes politisches Bewusstsein in der heutigen jungen Generation sorgen, damit wir nicht die Fehler von einst wiederholen, die all unsere Eltern, die deutsch-deutschen wie die zugewanderten, vielleicht aus Ignoranz, viel leicht aus falsch verstandenem Stolz und aus Unwissenheit gemacht haben. Lasst uns zusammen die Zukunft in unserer Heimat gestalten – in

Wuppertal, Flensburg und Augsburg, in Deutschland, im Iran und in Afghanistan, in Europa, Afrika, ja am besten in der ganzen Welt. Think big!

2011 – 50 Jahre nach dem Abkommen „Zur Anwerbung und Vermittlung von Arbeitskräften" mit der Türkei – feierten wir in Deutschland ein Jubiläum. Vergessen wir dabei nicht auch die anderen Einwanderer. Migranten sind nicht nur Türken. Feiern wir das friedliche Miteinander aller hier lebenden Kulturen. 2013 jährte sich das Anwerbe-Abkommen zwischen der Bundesrepublik Deutschland, Marokko und Korea zum 50. Mal, – 2014 das mit Portugal. Die Feierlichkeiten waren schön, aber wahrgenommen wurde es von der breiten Masse in Deutschland nicht. Keine TV Dokumentationen, kein Straßenfest, keine Meldung in der Tagesschau. Als lebten sie nicht mitten unter uns. Als interessierten uns ihre Geschichten nicht auch. Oder sollte ich besser sagen, sie haben uns zu interessieren. 2015 könnten wir zum goldenen Miteinander die Tunesier und ihre Geschichte feiern, 2018 auch noch zahlreiche Menschen aus dem ehemaligen Jugoslawien.

Die Menschen, die damals in dieses Land eingeladen wurden, sie sind gekommen, sie sind geblieben. Ihre Töchter und Söhne, und oftmals schon ihre Enkel, sind hier geboren und hier aufgewachsen. Wir leben in diesem einen Land, in dieser einen Welt! Nicht dazwischen und auch nicht daneben. Sondern mittendrin. Gemeinsam mit allen anderen, die hier aufgewachsen sind, befinden wir uns in einen spannenden Prozess, in dem wir unsere deutsche Gesellschaft immer wieder neu erfinden. Lasst uns unsere Ideen, Erfahrungen, Erlebnisse und Sprachen zu neuen Lebensrealitäten verschmelzen. Lasst uns bewusst weiterführen, was unsere Eltern und die deutsch-deutsche Gesellschaft unbewusst begonnen haben. Längst ist aus dem unachtsamen Nebeneinander etwas gemeinsames Neues entstanden: Es könnte ein spannendes und fruchtbares Miteinander sein. Die heutige Generation der Deutschen zwischen 20 und 50 Jahren hat sich längst wechselseitig in Sprache und Lebensform von vielfältigen Kulturen und Traditionen inspirieren lassen. Gemeinsam sind wir Deutsch-Türken, Deutsch-Libanesen, Deutsch-Spanier und Deutsch-Deutsche. Wir Muslim Girls und Boys sind mitten unter euch. Wir sind längst angekommen. Wir sind aktiv da.

Es gäbe in den nächsten Jahren so viele Gelegenheiten, das bunte multikulturelle Leben in Deutschland zu feiern. Und zwar alle zusammen. Heißt es in Deutschland nicht, man soll die Feste feiern, wie sie fallen? – Also, wie schaut es aus? Arbeiten wir zusammen und feiern dann ausgelassen miteinander?

Literatur

El Masrar, S. (2016): Muslim Girls: Wer sie sind, wie sie leben. Freiburg: Herder.

Sineb El Masrar Herausgeberin des einzigen multikulturellen Frauenmagazins „Gazelle",
Autorin des Buches „Muslim Girls – Wer wir sind, wie wir leben" (Erweiterte Neuauflage
2015).

Islamischer Religionsunterricht

Klaus Spenlen

Vorbemerkungen

Wenn sich ein Nichtmuslim zum Islamischen Religionsunterricht (IRU) äußert, könnte ihm Anmaßung vorgehalten werden. Das ist nicht Absicht dieses Beitrags. Vielmehr richten sich Fragen und Anregungen zum IRU auch über ihn hinaus an alle Religionsunterrichte. Ziele von Religionsunterricht über die Konfessionen hinweg sind das Wecken und Reflektieren der Frage nach Gott, nach der Deutung der Welt, nach dem Sinn und Wert des Lebens, nach Normen für das Handeln des Menschen und dem Finden einer Antwort in dem jeweiligen Heiligen Buch sowie der Tradition.[1]

Wozu soll IRU, sollen alle Religionsunterrichte über diesen religiösen Kern hinaus dienen, um ihre Legitimation als staatlich verantworteter Schulunterricht zu erhärten? Leisten sie etwa einen gesellschaftlichen Beitrag, indem sie das Zusammenleben und die Integration der einzelnen Bevölkerungsgruppen fördern, die der jeweiligen Religion angehören? Die Antworten werden nicht leichter,

---

[1]Ähnliche Ausführungen finden sich auch in der Gemeinsamen Synode der Bistümer in der Bundesrepublik Deutschland (1971–1975), die als „Würzburger Synode" bekannt ist. Online abrufbar unter: https://www.dbk.de/fileadmin/redaktion/Synoden/gemeinsame_Synode/band1/synode.pdf (zul. abg.: 10.04.2019).

K. Spenlen (✉)
Abteilung für Bildungsforschung und Bildungsmanagement,
Heinrich-Heine-Universität, Düsseldorf, Deutschland
E-Mail: spenlen@phil.hhu.de

© Springer Fachmedien Wiesbaden GmbH, ein Teil von Springer Nature 2019   35
H. Barz und K. Spenlen (Hrsg.), *Islam und Bildung*,
https://doi.org/10.1007/978-3-658-26229-7_4

wenn man sich die Vielfalt religiöser Angebote in den Schulen der Länder am Beispiel Nordrhein-Westfalens ansieht: Hier werden neben katholischem, evangelischem, jüdischem auch – regional und lokal begrenzt – griechisch-, russisch-, serbisch-, ukrainisch-, georgisch-, rumänisch-, bulgarisch-, syrisch-orthodoxe Angebote, alevitischer Religionsunterricht und eben IRU angeboten.[2] In allen diesen Unterrichten werden Kinder und Jugendliche für zwei Wochenstunden separiert, um zu lernen, dass sie andere kulturelle und religiöse Grundlagen als ihre Mitschülerinnen und Mitschüler haben und dass ihre Einstellungen und ihr Verhalten an eben diesen Grundlagen auszurichten sind. Dieses „Andere" betont eher nicht eine Perspektive von Gemeinsamkeiten oder Ähnlichkeiten, sondern mehr die Kohäsion der jeweiligen Subgruppe. Trägt ein solcher Ansatz tatsächlich zu gedeihlichem Zusammenleben in multikulturellen und multireligiösen Gesellschaften bei?

Ein Blick in das Vorwort zum „Kernlehrplan für die Sekundarstufe I in Nordrhein-Westfalen Islamischer Religionsunterricht" bestätigt den spezifischen konfessionellen Anspruch, weniger den der Integration: „[…] Im Mittelpunkt des Unterrichts stehen das Kennenlernen und die Reflexion, aber auch das Erleben und Erfahren islamischer Glaubensinhalte und -praxis. Der Unterricht sensibilisiert für grundsätzliche religiöse Fragen und die Bedeutung von Religion im Leben der Menschen. Schülerinnen und Schüler lernen die Traditionen und Werte ihrer Religion kennen. Damit rücken im Unterricht Antworten des Islam etwa auf die Fragen nach der Beziehung des Menschen zu Gott, zu sich selbst, zu den Mitmenschen, zur Rolle von Frauen und Männern in der Gesellschaft sowie zur Natur in den Blick" (MSW NRW 2014, S. 2).

Unter der Überschrift „Aufgaben und Ziele des Faches" werden jedoch auch Bereiche benannt, die den engeren religionspädagogischen Rahmen verlassen: „[…] Innerhalb der von allen Fächern zu erfüllenden Querschnittsaufgaben trägt der Religionsunterricht im Rahmen der Entwicklung von Gestaltungskompetenz zur kritischen Reflexion geschlechter- und kulturstereotyper Zuordnungen, zur Wertereflexion, zur Empathie und Solidarität, zum Aufbau sozialer Verantwortung, zur Gestaltung einer demokratischen Gesellschaft, zur Sicherung der natürlichen Lebensgrundlagen, auch für kommende Generationen im Sinne einer

---

[2]IRU ist in NRW und weiteren Ländern Unterricht, der erst in Jahren flächendeckend angeboten werden kann, derzeit mangelt es vor allem noch an ausgebildeten Fachlehrkräften.

nachhaltigen Entwicklung, und zur kulturellen Mitgestaltung bei. Darüber hinaus leistet er einen Beitrag zur interkulturellen Verständigung, zur interdisziplinären Verknüpfung sowie zur Vorbereitung auf Ausbildung, Studium, Arbeit und Beruf [...]" (MSW NRW 2014, S. 2).

Beeindruckt solch schwere bildungspolitische Auftragskost? Ein Blick in den Bildungs- und Erziehungsauftrag zeigt Konkretes: „(7) Die Schule ist ein Raum religiöser wie weltanschaulicher Freiheit. Sie wahrt Offenheit und Toleranz gegenüber den unterschiedlichen religiösen, weltanschaulichen und politischen Überzeugungen und Wertvorstellungen [...]. Sie vermeidet alles, was die Empfindungen anders Denkender verletzen könnte. Schülerinnen und Schüler dürfen nicht einseitig beeinflusst werden" (§ 2 Schulgesetz (SchG) NRW). Diese Passage scheint im Widerspruch zu stehen zum Alleinstellungs-merkmal monotheistischer Religionen, das nicht zwischen dem Einen und den vielen Göttern unterscheidet, sondern zwischen „wahr" und „falsch", zwi-schen Glaube und Unglaube, der wahren Lehre und den Irrlehren, zwischen Wissen und Unwissenheit, was eine einseitige Beeinflussung impliziert.[3] Wird durch den Anspruch nach „Offenheit und Toleranz gegenüber den unter-schiedlichen religiösen, weltanschaulichen und politischen Überzeugungen und Wertvorstellungen" nicht die Quadratur des Kreises für konfessionelle Religionsunterrichte gefordert? Zumal Koranvers 3:19 „Als (einzig wahre) Religion gilt bei Gott der Islam [...]" dem Toleranzauftrag entgegensteht. Bevor diesen grundlegenden Fragen nachgegangen wird, soll zunächst ein Blick auf die potenziellen Nachfrager von IRU geworfen werden. In die Zah-len von Tab. 1 sind die von der Politik genannten aktuell ca. 300.000 minder-jährigen Flüchtlinge und Asylbewerber noch nicht eingerechnet, von denen die Mehrzahl Muslime sind und die die Anzahl der Muslime in den Schulen deutlich erhöhen wird (Tab. 1).

---

[3]Näheres siehe hierzu den Beitrag von Spenlen, Klaus „Religiöse Konflikte in multi-kulturellen Gesellschaften" in diesem Band.

Tab. 1 Muslime in allgemeinbildenden öffentlichen Schulen, 2016. (Eigene Datenerhebung)

Land	Anzahl Muslime	Ca. in %
Baden-Württemberg	Keine Erhebung; geschätzt: ca. 85.000	6,5
Bayern	Ca. 85.000	6
Berlin	Keine Erhebung; geschätzt: ca. 30.000	9
Brandenburg	Keine Erhebung	–
Bremen	Keine Erhebung; geschätzt: ca. 6000	7
Hamburg	Keine Erhebung; geschätzt: ca. 16.000	8,8
Hessen	Keine Erhebung; geschätzt: ca. 50.500	7,1
Mecklenburg-Vorpommern	Keine Erhebung	–
Niedersachsen	Keine Erhebung; geschätzt: ca. 45.000	4,8
Nordrhein-Westfalen	280.000	13
Rheinland-Pfalz	Ca. 30.000	7
Saarland	Keine Erhebung	–
Sachsen	Keine Erhebung; geschätzt: ca. 800	0,2
Sachsen-Anhalt	Keine Erhebung; geschätzt: ca. 575	0,3
Schleswig-Holstein	Keine Erhebung; geschätzt: ca. 780	0,2
Thüringen	Keine Erhebung; geschätzt: ca. 480	0,3

Bundesweit ist über die Schul- und ihre Rechtsformen hinweg einschließlich der Berufskollegs von ca. 850.000 Schülerinnen und Schüler auszugehen, die für IRU infrage kommen.

Religionsunterricht besitzt Verfassungsrang

Schulischer Religionsunterricht besitzt Verfassungsrang. Der ergibt sich aus Art. 7 Grundgesetz (GG):

„Der Religionsunterricht ist in den öffentlichen Schulen mit Ausnahme der bekenntnisfreien Schulen ordentliches Lehrfach. Unbeschadet des staatlichen Aufsichtsrechtes wird der Religionsunterricht in Übereinstimmung mit den Grundsätzen der Religionsgemeinschaft erteilt" (Art. 7 Abs. 3 Grundgesetz für die Bundesrepublik Deutschland).

Nach der häufig in der Rechtsliteratur verwendeten Umschreibung von Anschütz für die nahezu wortgleiche Vorgängernorm des Art. 149 Abs. 1 S. 3 der Weimarer Reichsverfassung (WRV) bedeutet dies, dass Religionsunterricht „in konfessioneller Positivität und Gebundenheit" (Anschütz, S. 691) zu erteilen ist. Das Bundesverfassungsgericht hat am 25.02.1987 Religionsunterricht als Verfassungsbegriff folgendermaßen definiert:

> „Er ist keine überkonfessionelle vergleichende Betrachtung religiöser Lehren, nicht bloß Morallehre, Sittenunterricht, historisierende und relativierende Religionskunde, Religions- oder Bibelgeschichte. Sein Gegenstand ist vielmehr der Bekenntnisinhalt, nämlich die Glaubenssätze der jeweiligen Religionsgemeinschaft. Diese als bestehende Wahrheiten zu vermitteln ist seine Aufgabe" (BVerfGE 74, 244, 252).

Damit hat das Gericht neben einer Positivdefinition zugleich Unterrichte beschrieben, die nicht Religionsunterricht im Sinne des GG sind, jedoch religiöse Themen zum Inhalt haben.[4] Zugleich sind damit auch die in den Vorbemerkungen aufgeworfenen Fragen rechtlich abschließend beantwortet: Es geht bei Religionsunterrichten wie dem IRU um Bekenntnisinhalte, also nicht um die Vermittlung gewünschter Gesellschaftsbilder, sondern um die Hinführung zu einem Glauben sowie dem Einüben in die Religionspraxis. Beim Religionsunterricht handelt es sich um eine res mixta, das heißt um eine gemeinsame Angelegenheit von Landesregierung und Religionsgemeinschaft. Die Länder haben dafür die sachlichen und personellen Voraussetzungen zu schaffen und zu finanzieren, die letztlich der Erfüllung religiöser Aufgaben dienen (etwa Ausbildung der Lehrkräfte, Einrichtung von Lehrstühlen). Diese Aufgaben erfüllen die Länder, indem sie unter anderem Personalausgaben, die bei einzelnen Religionsgemeinschaften anfallen, refinanzieren.

Auch wenn die Religionsgemeinschaften die Grundsätze des Religionsunterrichts festlegen und damit seinen Inhalt wesentlich bestimmen, bleibt er, wenn er als ordentliches Lehrfach an öffentlichen Schulen durchgeführt wird, staatlicher Unterricht, der nach Art. 7 Abs. 3 Satz 2 GG ausdrücklich der staatlichen Schulaufsicht unterliegt. Diese bezieht sich ebenso auf die Qualifikation der Lehrkräfte wie auf Vorgaben und Überprüfungen pädagogischer und wissenschaftlicher Standards.

---

[4]Ausgenommen von der Pflicht für die Einführung von Religionsunterricht sind durch Artikel 141 GG Länder, in denen am 1. Januar 1949 eine andere landesrechtliche Regelung bestand. Auf diese sog. „Bremer Klausel" berufen sich Bremen, Berlin und Brandenburg. Mithin besteht in den dreizehn anderen Ländern bei Vorliegen der Voraussetzungen ein Rechtsanspruch auf Einführung von Religionsunterricht.

Darüber hinaus ist der staatlichen Schulaufsicht gem. Art. 7 Abs. 1 GG die Befugnis des Staates zu entnehmen, in den Grenzen der Verfassung eigene Erziehungsziele für das Schulwesen zu formulieren. Ausdruck dieses Doppelstatus ist auch, dass in den Konkordaten mit der katholischen Kirche und den Staatskirchenverträgen mit den Evangelischen Kirchen eine kirchliche Einverständniserklärung bzw. ein konsultatives Votum der Kirchen vorgesehen ist. Vergleichbares gibt es im Hinblick auf den Islam bislang nur in wenigen Ländern.

Die Hürden für die Einrichtung von Religionsunterricht sind – abgesehen vom Vorhandensein einer Religionsgemeinschaft – relativ niedrig: Neben dieser bedarf es – je nach (Bundes-)Land in unterschiedlicher Höhe – einer Anzahl von Schülerinnen und Schülern, die den Unterricht nachfragen. Der Verfassungsrang von Religionsunterricht sichert ihn auch in den Zeiten als Bestandteil des Fächerkanons ab, in denen Forderungen laut werden, dass sich gesellschaftliche Entwicklungen in neuen Fächern konstituieren sollen (zum Beispiel Gesundheits-, Verbraucher-, Daten-, Umweltunterricht). Und das, obwohl sich in säkularisierten Gesellschaften wie der deutschen ein Abschmelzen konfessioneller Milieus abzeichnet, das in vielen Familien zu einem weitgehenden Verzicht auf religiöse Sozialisation führt.

Solche Entwicklungen scheinen in muslimischen Familien anders zu verlaufen, in denen religiöse Eltern ihr tradiertes Wissen und ihre religiösen Prinzipien an ihre Kinder weitergeben (vgl. Shell-Studie 2015, S. 20). Hinzu kommt, dass gerade in der Diaspora Religion ein identitätsstiftendes Moment ist, mithin der Glaube in der Fremde oft größere Bedeutung besitzt als im Herkunftsland. Vielleicht nehmen gerade deshalb verfassungsrechtliche und gesellschaftspolitische Fragen zur Religionspraxis von Muslimen zu, von denen einige auch hier reflektiert werden.

Bedingungen als Islamische Religionsgemeinschaft erfüllt?

Die gemeinsame zentrale politische Forderung der islamischen Verbände ist die Anerkennung des Islam als gleichberechtigte Religionsgemeinschaft in Deutschland, das heißt die Gleichstellung mit den christlichen Kirchen. Die Verbände möchten in Deutschland zum Beispiel islamische Riten praktizieren, Moscheen und Friedhöfe bauen und IRU in Schulen erteilen dürfen. Um IRU einzuführen, beantragten der Zentralrat der Muslime (ZMD – bzw. dessen Rechtsvorgänger) 1994 sowie der Islamrat durch Beitritt 1996 beim damaligen Ministerium für Schule und Weiterbildung Nordrhein-Westfalens dessen Einführung. Nachdem

die Anträge mit der Begründung, die Kläger stellten keine Religionsgemeinschaften dar, die Ansprechpartner des Landes für IRU seien, abgewiesen worden
waren, folgte ein jahrelanger Rechtsstreit vor der Verwaltungsgerichtsbarkeit (vgl.
Urteile des VG Düsseldorf vom 02.11.2001 – VG 1 K 10519/98, des OVG Münster vom 02.12.2003 – OVG 19 A 997/02 sowie des BVerwG vom 23.02.2005 –
BVerwG 6 C 2.04).[5]

An der Rechtssituation änderte auch die Gründung des Koordinierungs-
rates der Muslime (KRM) am 11. April 2007 durch DİTİB, ZMD, Islamrat und
VIKZ juristisch nichts. Denn der bundesweit agierende KRM erfüllt nicht bereits
durch den Zusammenschluss der vier Dachverbände die Voraussetzungen,
die das BVerwG 2005 beim ZMD und Islamrat als nicht erfüllt angesehen hat.
Zudem ist nach wie vor nicht erkennbar, ob es sich bei dem KRM lediglich um
einen losen Zusammenschluss weiterhin selbstständiger Dachverbände oder
um einen neuen Dachverband mit einer eigenen Rechtspersönlichkeit handelt
(vgl. Geschäftsordnung des KRM i. d. F. vom 28. März 2007). Diese rechtliche
„Hängepartie" hielt dennoch einige Länder nicht davon ab, IRU einzuführen, auch
wenn dazu, wie in NRW, eine „Übergangslösung" geschaffen werden musste:
Die fehlende Religionsgemeinschaft wird im Schulrechtsänderungsgesetz NRW
durch einen Beirat ersetzt, der wiederum innerhalb einer absehbaren Frist durch
eine Religionsgemeinschaft ersetzt werden soll. Dieses Engagement der Politik,
das zwischen der Ausgestaltung wohlwollender Neutralität und stärkerer Lai-
zität schwankt, könnte einer der Gründe werden, 2019 die Fortführung von IRU
grundsätzlich neu zu denken. Denn angesichts der politischen Entwicklungen in
der Türkei hat die Landesregierung NRW 2018 entschieden, die institutionelle
Zusammenarbeit im Rahmen aktueller konkreter Projekte mit DİTİB auszu-
setzen, weil diese nicht bereit sei, Bedingungen an Rechtstaatlichkeit als Voraussetzung für eine weitere Kooperation zu erfüllen. Umso größer ist das Interesse
an den abschließenden Evaluationsergebnissen des Zentrums für Türkeistudien

---

[5]Das OVG NRW in Münster ist am 09.11.2017 dem Auftrag des BVerwG nachgekommen
und hat entschieden, dass ZMD und IR keinen Anspruch gegen das Land NRW auf allgemeine Einführung islamischen Religionsunterrichts an öffentlichen Schulen hätten
(OVG 19 A 997/02). Hiergegen legten die Kläger erneut Rechtsmittel ein. Das BVerwG,
das hierüber zu befinden hatte, rügte in seinem Beschluss vom 20.12.2018 (BVerwG 6 B
94.18) die Entscheidung des OVG, es habe „tragende rechtliche Erwägungen" des höchsten deutschen Verwaltungsgerichts aus dem Urteil vom 23.02.2005 nicht hinreichend
beachtet. Es verwies deshalb das Verfahren zur abermaligen Prüfung der Angelegenheit
zurück nach Münster.

und Integrationsforschung (ZfTI). Dieses hatte – in Kooperation mit dem Institut für Islamische Theologie der Universität Osnabrück (IIT) – federführend die Evaluation von IRU in NRW durchgeführt und dabei vier Dimensionen des IRU zentral untersucht: die theologische sowie die pädagogisch-psychologische bei Lehrenden und den Schülern, die integrationspolitische Dimension bei Eltern und den Schülern und die Akzeptanz des Unterrichts bei Schülern, Eltern, Lehrern und eben dem wissenschaftlichen Beirat des islamischen Religionsunterrichts (vgl. Zwischenbericht des ZFTI 2015).

Ein IRU für alle islamischen Glaubensrichtungen?

Ein weiterer Vorbehalt könnte darin liegen, dass IRU als bekenntnisorientierter Unterricht unspezifisch als religionspädagogisches schulisches Angebot für Muslime verstanden wird. Da der Islam aber kein monolithischer Block ist und es allein in Deutschland ca. 70–80 Organisationen und Strömungen innerhalb des Islam gibt (vgl. Krech 2009, S. 11), stellt sich die Frage, nach wessen Glaubensgrundsätzen IRU unterrichtet werden soll.

Unstreitig ist, dass der Islam in seinen unterschiedlichen Ausprägungen eine Religion bzw. ein Bekenntnis ist. Die Deutsche Islamkonferenz hatte bereits 2008 dazu Grundlagen erarbeitet und unter anderem festgestellt, dass eine Religionsgemeinschaft auch Angehörige unterschiedlicher, aber verwandter Glaubensbekenntnisse umfassen kann, wie das in denjenigen evangelischen Landeskirchen in Deutschland der Fall ist, in denen es Gemeinden unterschiedlichen Bekenntnisses gibt (reformiert, lutherisch, uniert u. a. m.). Welche Bekenntnisse insofern „verwandt" sind, kann nur unter Zugrundelegung des Selbstverständnisses der jeweiligen Gemeinschaft bestimmt werden. Religion bzw. Bekenntnis werden durch das religiöse Selbstverständnis der Religionsgemeinschaften konstituiert bzw. definiert. Im Grundsatz können daher muslimische Gemeinschaften selbst darüber entscheiden, ob Angehörige einer bestimmten islamischen Glaubensrichtung ihnen angehören können oder nicht. Die Beschränkung auf die Anerkennung von Koran und Sunna als gemeinsame Glaubensgrundlage reicht aus. Eine weitergehende vollständige konfessionelle Homogenität der Gemeinschaft ist für den Religionsunterricht nicht erforderlich (vgl. die Entscheidung des Bundesverwaltungsgerichts vom 23.02.2005 – BVerwG 6 C 2.04).

Dennoch kann IRU, weil er als „bekenntnisorientierter Unterricht" auf das jeweilige Bekenntnis ausgerichtet ist, auf Schwierigkeiten stoßen: Können DİTİB als Behörde der Republik Türkei, die bislang Mitverantwortliche für IRU in NRW und weiterhin in Hessen ist, oder die Ahmadiyya Muslim Jamaat (neben DİTİB in Hessen verantwortlich) auch die Glaubensinhalte etwa nichttürkischstämmiger Sunniten zufriedenstellend vermitteln? Und stimmen Schiiten oder andere islamische Glaubensrichtungen damit überein? Die Frage ist also, ob die Landesregierungen sich zukünftig bei Angeboten zum IRU vom „Modell EKD", also einem einheitlichen Religionsunterricht verschiedener Bekenntnisse, leiten lassen. Dass diese Frage politisch bewegt wird, ist in Hessen offensichtlich geworden.[6] Sie schließt aber nicht aus, dass Religionsgemeinschaften unterschiedlicher Glaubensrichtungen innerhalb einer Religion zur Formulierung gemeinsamer Grundsätze für einen einheitlichen Religionsunterricht zusammenfinden.

Ähnliche Fragen beziehen sich auch auf die Lehrkräfte, die ungeachtet ihrer Herkunft und die ihrer Schülerschaft eingesetzt werden. Aus der Praxis sind Beispiele bekannt, in denen iranstämmige Eltern muslimischer Kinder und Jugendlicher mit Glaubensinhalten und (arabischstämmigen) Lehrkräften nicht einverstanden sind. Anders als die Evangelische Kirche Deutschlands (EKD) ein Mandat durch die Staatsverträge hat, einen evangelischen Religionsunterricht und eben nicht getrennte lutherische, reformierten, calvinistische unter anderem Angebote für Schulen vorzuhalten, gibt es Vergleichbares für den IRU (noch) nicht.

Integration durch IRU?

Ungeachtet unterschiedlicher islamischer Strömungen sind religionspädagogische Inhalte von IRU die Grundlagen der Religion *(uṣūl ad dīn):* das Glaubensbekenntnis; die Endlichkeit der Welt; die Geschaffenheit der Welt durch Gott; das Ende der Welt mit der Auferstehung; der Konflikt zwischen Gottes Allmacht und Gerechtigkeit. Neben dem Bekanntmachen mit den fünf Säulen des Islam *(ibâdât),* also dem Glaubensbekenntnis *(šahâda),* dem Gebet *(ṣalât),* die Abgabe für Bedürftige *(zakât),* dem Fasten *(sawn)* sowie der Pilgerfahrt *(hadj)* kennt der Islam sechs Glaubensgrundsätze: Glaube an Allah, die Propheten, die heiligen Bücher, die Engel, die Vorbestimmung sowie ein Leben nach dem Tod.

---

[6]Vgl. Punkt 8 der Absichtserklärung der hessischen Landesregierung: „Eine vollständige konfessionelle Homogenität der Gemeinschaft ist für den Religionsunterricht nicht erforderlich. Umgekehrt sind auch mehrere islamische Religionsunterrichte unterschiedlicher Bekenntnisse möglich" in dem Positionspapier „Auf dem Weg zu einem islamischen Religionsunterricht in Hessen. Zielsetzung der Landesregierung".

Unterricht und ihn unterstützende Lernmaterialien müssen Mindeststandards für (Erziehen und) Unterrichten in den jeweiligen Jahrgängen auf der Basis der Fachlehrpläne vermitteln und sichern. Sie müssen den Aufbau eines progredierenden fachlichen, überfachlichen und methodischen Kompetenzerwerbs unterstützen sowie die Schülerinnen und Schüler in entsprechende Arbeitstechniken einweisen. Dies gilt für jedwedes Unterrichtsfach und jede Jahrgangsstufe und dient dem Ziel, Kindern und Jugendlichen zu ermöglichen, selbstständig Lernprozesse zu organisieren, sukzessive ihre individuellen Lernstände zu vergrößern und die Ziele der jeweiligen Jahrgangsstufen zu erreichen. Wenn diese Mindeststandards zudem auch in Religionsunterrichten verfolgt werden, in denen die Schülerinnen nach Konfessionen getrennten Unterricht erfahren, ist dies die verbindende Klammer, über eine Vergleichbarkeit der Anforderungen gelingende Integration zu fördern (vgl. Spenlen 2012, S. 113–137).

Allerdings sieht der Islamwissenschaftler Michael Kiefer, dass die islamische Religionspädagogik, die in Deutschland eine sehr junge Fachwissenschaft ist, an den universitären Standorten seit wenigen Jahren in eher experimentellen Anordnungen gelehrt wird. Ein Hauptproblem sieht er darin, dass das neue Fach weitgehend von islamischen Wissenschaftlern vertreten wird, die über keine religionspädagogische Ausbildung verfügten (vgl. Kiefer 2012, S. 99).[7] Die Divergenz von Selbstkonzept und Bildungsstandards in Unterrichtswerken von IRU zeigt sich auch in den meisten der bisher erschienen Schulbücher. Diese Einschätzung scheint die Mehrheit der IRU-Lehrkräfte zu teilen (vgl. Uslucan 2015): Sie sind mit den Lehr-/Lernmaterialien überwiegend entweder nicht (42,9 %) oder wenig zufrieden (42,9 %) (vgl. ZfTI vom September 2015, S. 58). Eine zentrale und durch den Zwischenbericht des ZfTI auch nicht ansatzweise geklärte Frage ist der Umgang mit „heiligen" Texten im Unterricht. Diese Frage muss IRU jetzt klären, denn er wird seit Sommer 2016 auch in der Sekundarstufe II angeboten. Gemeint ist unter anderem, dass die islamischen Primärquellen mithilfe sekundärer Rechtsfindung sowie unter Berücksichtigung aktueller Gesellschaftsordnungen interpretiert werden müssen und damit Meinungspluralismus systemimmanent ist, bei dem exklusive Wahrheitsansprüche inakzeptabel sind.

---

[7]Weitere Probleme sieht er in der nicht geklärten Bandbreite des neuen Fachs, also in Fragen, wenn nach sunnitischer Glaubensrichtung unterrichtet werden soll, wie mit den Inhalten anderer Strömungen umgegangen wird und worin sich fachdidaktische Unterschiede zu katholischer oder evangelischer Religionspädagogik äußern. Auch die Schulbuchproduktion für IRU sieht er noch für etliche Jahre in einer „Laborsituation", die Fehlentwicklungen einschließt.

Ein solches Selbstverständnis geht nicht mit einem Verzicht auf islamische Tradition einher, denn im Koran wie in der Tradition des Islam gibt es hinreichend Belege, Texte für alle Zeiten nicht einfach wörtlich zu übernehmen, sondern in ihren jeweiligen Kontexten zu bestimmen: „Er ist es, der die Schrift auf dich herabgesandt hat. Darin gibt es (eindeutig) bestimmte Verse – sie sind die Urschrift – und andere, mehrdeutige […]." (vgl. Sure 3, Vers 7, Übersetzung von Rudi Paret). Daraus folgt notwendigerweise, dass es eine Reihe von Interpretationsmöglichkeiten gibt, je nach dem Stand menschlichen Wissens und nach den jeweiligen sozio-politischen und kulturellen Umständen der jeweiligen Interpreten. Die unterschiedlichen Bedeutungsebenen von Ausdrücken und Versen müssen Thema sein, ihre konkrete Bedeutung für ihre ursprünglichen Hörer als auch ihre Bedeutung, die spätere Zuhörer aus ihnen herauslesen können. So wird sich an vielen Stellen des Koran die Frage stellen, ob sie neben ihrer wörtlichen Bedeutung eine metaphorische Bedeutung besitzen, und wenn ja, welche (vgl. Ucar 2013).

Lehrkräfte und Imame: Religionspädagogische Modernisierer?

Die Qualitätskriterien machen deutlich, dass IRU mittelfristig von grundständigen Lehrkräften unterrichtet werden muss, die an deutschen Universitäten studiert haben und über beide Staatsexamen für Lehrämter verfügen, mithin fachliche und pädagogische Expertise aufweisen. Anders ausgebildetes Lehrpersonal kann lediglich übergangshalber mit IRU beauftragt werden. Wie es um die Qualität der Islamwissenschaften an deutschen Universitäten bestellt ist, soll eine Evaluation des BMBF von 2016 dokumentieren, deren Veröffentlichung jedoch zurückgehalten wird, was Spekulationen Tür und Tor öffnet. Durchgesickert sind Berichte von betroffenen Wissenschaftlern von übergriffigem Verhalten der Verbände sowie von Klagen, vielen Studierenden falle es schwer, zwischen Glauben und Wissenschaft zu trennen, und etliche seien zudem nicht studierfähig (vgl. Schenk 2016). Zudem wirft der Zwischenbericht des ZfTI Fragen zur Qualität der Lehrkräfte auf, deren Hauptanliegen offensichtlich Katechese ist: „Kenntnisse, dass Mohammed der Prophet Allahs ist, erwarben 97,6 Prozent, dass der Koran Allahs Wort ist, 96,7 Prozent, über das Leben des Propheten Mohammed 94,8 Prozent sowie über Moses und Jesus als Allahs Propheten 94,6 Prozent der Befragten. 49,3 Prozent der Schülerinnen und Schüler lernten ein Bittgebet, und 59,5 Prozent die für die islamische Gebetspraxis zentrale Sure Fatiha aufzusagen. Wissen über die Feste anderer Religionen erwarben 51,4 Prozent".

Neben den Lehrerkollegien sind Imame Ansprechpartner für Lehrkräfte im IRU. Über 90 % der Imame in Deutschland kommt aus dem Ausland. Etwa drei Viertel stammen aus der Türkei, die anderen aus dem ehemaligen Jugoslawien und aus Nordafrika und Saudi-Arabien. Ihr Arbeitgeber sind die Dachverbände, die sie für ca. drei Jahre in Deutschland anstellen und ihnen durchweg Themen ihrer Freitagspredigten aus ihrer Zentrale im Ausland vorgeben. Weitere Probleme ergeben sich daraus, dass aus dem Ausland importierte Imame weder Deutsch sprechen noch mit den Lebensgewohnheiten und Alltagsfragen ihrer Gemeinde vertraut sind, oftmals lediglich geringe Qualifikationen für das Amt mitbringen, die Gläubigen aber religiös und gesellschaftspolitisch beeinflussen und in den Gemeinden Koranunterricht für Kinder erteilen. Zudem brauchen Religion und die Unterweisung in religiöse Fragen Sprache, in Deutschland eben Deutsch, woran es den meisten Imamen mangelt.

Rauf Ceylan, Islamwissenschaftler der Universität Osnabrück, hat Interviews geführt, um die Vielfalt der Imame in Deutschland sichtbar zu machen. Dazu bildet er verschiedene „Imam-Typen" (Ceylan 2010, S. 51 ff.): Zunächst konstatiert er eine Gruppe „traditionell-konservativer" Imame, die nach seiner Einschätzung ungefähr 75 % der Imame in Deutschland ausmachen. Diese Imame sind werte- und strukturkonservativ; das heißt, sie möchten Werte wie Autoritätsgläubigkeit, Gehorsam sowie Patriotismus bewahren und halten an traditionellen Rollenvorstellungen innerhalb der Familie fest. Die zweite Gruppe bezeichnet er als „traditionell-defensiv". Diese Gruppe lehnt akademisches Wissen und die Wissenschaften in großen Teilen ab. Sie vertritt eine Geheimlehre und hält an Methoden wie Exorzismus und Okkultismus fest. Nationalismus, ein apokalyptisches Weltbild und das Warten auf den Mahdi (Messias) kommen in ihren religiösen Positionen zum Ausdruck. Diese Gruppe macht nach Ceylan nur eine Minderheit der Imame in Deutschland aus.

Den dritten Imamtyp bezeichnet Ceylan als „intellektuell-offensiv". Seiner Schätzung zufolge sind ungefähr 15 % dieser Gruppe zuzuordnen. Diese Imame befürworten eine kritische Auseinandersetzung mit dem Islam und eine (Neu) Interpretation des Koran. Besonders problematisch ist nach Ceylan der letzte Imamtyp, die „neo-salafistischen" Imame, die jedoch eine Minderheit unter den in Deutschland wirkenden Imamen bilden. Hier handelt es sich meist um Autodidakten, die mit den Moscheen und Dachverbänden gebrochen haben. Der Islam wird politisiert, der Ğihâd als kriegerische Lösung befürwortet.

Für Lehrkräfte ist es daher nicht immer leicht, vertrauensvoll mit dem Imam „ihrer" Gemeinde zu kooperieren. Bei Fragen, welcher Imam aufgeschlossen – nach Ceylan „intellektuell-offensiv" ausgerichtet ist – gibt es aber Möglichkeiten, etwa über die Lehrstühle der Universitäten oder die Kontaktbeamten der Polizei für Islamische Institutionen Näheres zu erfragen. Im Rahmen des Projekts „Imame für Integration", welches in Kooperation vom Goethe-Institut, dem Bundesamt für Migration und Flüchtlinge und der DiTiB durchgeführt wird, werden an verschiedenen deutschen Universitäten, so auch in Osnabrück, Weiterbildungsprogramme für Imame sowie für religionspädagogisches und seelsorgerisches Personal in Moscheegemeinden angeboten (vgl. BAMF 2011). Ausbildungsmodule sind unter anderem: „Alltag in Deutschland", „Gemeindepädagogik" sowie zu „Religion, Recht und Staat". Seit einigen Jahren zählen auch die Aufgaben des Extremismusbeauftragten dazu. Die Imame lernen Radikalisierungsprozesse junger Muslime möglichst frühzeitig zu erkennen und durch präventive Maßnahmen zu vereiteln (vgl. Universität Osnabrück 2011).

Diese Programme waren der Beginn davon, dass nunmehr an weiteren deutschen Universitäten für hier tätige Imame Studiengänge eingerichtet wurden, die zu den genannten Modulen eine solide theologische Weiterbildung hinzufügen. Zu dieser Weiterbildung kann ebenfalls religionspädagogisches und seelsorgerisches Personal in Moscheegemeinden zugelassen werden. Gerade das Ernstnehmen der Interessen und Voraussetzungen von Schülerinnen und Schülern eröffnet Chancen, unterschiedliche „Bindungskräfte des Islam für Jugendliche, die Diskrepanzen zwischen Anspruch religiöser Regeln und der Praxis des Alltagslebens etc." zu thematisieren und heraus zu arbeiten, was Islam für Jugendliche bedeutet (Weisse 2008). Auch die Scharia (šarî'a), das islamische kanonische Recht, sei eine Konstruktion der Nachwelt Mohammeds und in ihrem Gesamtumfang heute nicht mehr akzeptabel, so der renommierte, inzwischen verstorbene bosnische Kultur- und Religionswissenschaftler Smail Balić. „Der dynamische Charakter (von Koran und Sunna, Anmerkung des Verfassers) bleibt nur erhalten, wenn eine fortwährende Interpretation für eine textlich zwar abgeschlossene, jedoch in ihrer Anwendung fortlaufende Offenbarung möglich ist. Allein die Bemühungen darum stellen in der Praxis weit mehr als einen Iğtihad dar". Es sei nicht nur möglich, sondern unverzichtbar, „ein und denselben Vers geschlechtergerecht oder Frauen marginalisierend zu übertragen" – oder aber unter anderen Kriterien zu interpretieren (Balic/Ucar 2011, S. 44 ff.).

Extremismusprävention?

Extremismusprävention war als Aufgabe von IRU von politischer Seite bei der Einführung mit seinem religionspädagogischen Auftrag verknüpft worden, geriet dann deshalb einige Zeit in den Hintergrund, weil davon ausgegangen wurde, dass sich die Anfälligkeit junger Muslime in Deutschland für islamischen Extremismus dauerhaft mit Wertschätzung für die demokratische Grundordnung erledigen würde.[8] Erst jüngst hat der deutsche Schriftsteller, Islamwissenschaftler und Friedenspreisträger des Deutschen Buchhandels 2015, Navid Kermani, diese Erwartung ins Reich der Fabel verwiesen: „Wer so tut, als ob Gewalt und Religion nichts miteinander zu tun hätten, der macht sich geradezu lächerlich. Der europäische Faschismus hatte seine Ursachen auch in der europäischen Geistesgeschichte, und ebenso hat die islamische Spielart des Faschismus Ursachen auch in der islamischen Religion – was natürlich nicht heißt, dass beides identisch ist".[9]

Die zahlrechen Anschläge, die jeweils im Namen des Islam verübt werden, bestätigen ihn, ungeachtet der Frage, ob *Ǧihâdisten* neben der religiösen Dimension „ihren Nihilismus in die Verheißung des Paradieses uminterpretieren." (Roy 2016) Und von den Neo-*Salafisten,* die in Deutschland wie auch auf internationaler Ebene die zurzeit dynamischste islamistische Bewegung ist, ist der Großteil im Bereich des *ǧihâdistischen Salafismus* zu verorten, der die Umsetzung des *Ǧihâd*-Gedankens in Form von Anschlägen verbal gutheißt und unterstützt. „Nicht jeder Salafist ist ein Terrorist; aber jeder uns bekannte Terrorist war irgendwann in salafistischen Kreisen unterwegs" (Fromm in Sonntagsblatt 2012). Die Gefährdung durch die aktuell 10.000 Neo-*Salafisten* in Deutschland (Stand: Juni 2017) macht die folgende Tab. 2 deutlich: Sie sind Teil eines Bedrohungsszenarios von aktuell ca. 50.000 Islamisten hierzulande (vgl. Sarhan/ Rudolph 2015, pro Jahr kommen ca. 10 % hinzu).

---

[8]Dass eine Hinführung zur demokratischen Grundordnung für Religionsunterrichte bislang rechtlich ungeklärt ist, macht Heimann deutlich: „Der Weg zu einem genaueren Verständnis setzt die Klärung der Frage voraus, wie die Rechte für die Ausgestaltung des Religionsunterrichts zwischen Staat und Religionsunterricht verteilt werden" (Heimann 2011, S. 58).

[9]So in einem Interview mit der ZEIT am 20.08.2015 zum Thema „Religion ist eine sinnliche Erfahrung", vgl. Kermani 2015.

Tab. 2 Anzahl von Neo-Salafisten in einigen Ländern. (Eigene Datenermittlung)

(Bundes-)Land	Ca. Anzahl von Neo-*Salafisten*	Hochburgen
Baden-Württemberg	570	Pforzheim, Stuttgart, Sindel-fingen, Ulm, Karlsruhe, Frei-burg, Mannheim
Bayern	620	München, Augsburg, Kempten, Nürnberg, Weiden
Hessen	1550	Marburg, das Rhein-Main-Ge-biet sowie Nordhessen
Nordrhein-Westfalen	2220	Aachen, Bonn, Düsseldorf, Ruhrgebiet
Niedersachsen	430	Braunschweig, Hannover, zudem gibt es Unterstützungs-zentren in Osnabrück, Hildes-heim, Oldenburg
Rheinland-Pfalz	120	Koblenz, Ludwigshafen, Mainz, Speyer, Trier

Diese Zahlen enthalten keine Zuwächse der Neo-*Salafisten,* die möglicherweise im Zusammenhang mit der großen Anzahl von Flüchtlingen/Asylbewerber ent-stehen, die ab Spätsommer 2015 aus islamisch geprägten Staaten nach Deutsch-land kommen und von denen ein Großteil in das Beuteschema der Neo-*Salafisten* passt (vgl. dazu die Beiträge von Spenlen 2015): jung, ledig, männlich, musli-misch. Auch nicht eingerechnet sind die ca. 850 IS-Kämpfer aus Deutschland (Stand Dezember 2018), die ja nichts anderes als *ǧihâdistische Salafisten* sind und von denen sich gegebenenfalls einige auf den Fluchtrouten unter die Flüchtlinge gemischt haben. Allerdings gibt es bislang lediglich geringe Kenntnisse darüber.

Unbestritten leben die allermeisten Muslime in Deutschland friedfertig ihren Glauben. Erinnert wird hier an die zentralen Ergebnisse des Bertelsmann Religionsmonitors 2018, auch wenn diese auf Selbstbeschreibungen der Befragten basieren und gegebenenfalls zudem von politischen Interessen beeinflusst sein können (vgl. Hafez/Schmidt 2015). Jeder Form von Islamismus und islamis-tischem Extremismus muss radikal der Boden entzogen werden, und dazu muss IRU so lange einen eigenen Beitrag leisten, so lange sich andere dem verweigern. Damit sind einige Moscheen gemeint, die für einen Teil der sog. „Gefährder" oder Rückkehrer aus den Kämpfen im Mittleren und Nahen Osten oder aus Afghanis-tan erste Anlaufstellen sind, und für diese Islamisten sind sie Veranstaltungs- und

Schulungsorte. Schulungen, Indoktrinationen und Predigten etwa von Neo-*Sala-fisten* in ihren Räumen müssten die Imame und Moscheevorstände konsequent ablehnen. Völlig kontraproduktiv sind zudem Initiativen wie die exemplarische von DİTİB vom September 2016. Unter der Überschrift „Möge Allah unsere Märtyrer belohnen, mögen sie in Frieden ruhen" publizierte der Verband einen Comic von DIYANET, der Religionsbehörde der Türkei, in dem der Märtyrertod von Allah belohnt wird und der Todesschmerz „bloß so stark wie ein Zwicken" sei.[10]

Die Verbände, Moscheevorstände und Imame müssten – möglichst gemeinsam mit IRU-Lehrkräften – Konzepte für professionelle Jugendarbeit entwickeln, die auf eine Vereinbarkeit von Islam und gesellschaftlichen Grundwerten zielen, interreligiöse Kontakte knüpfen und Jugendliche stärken, sich den Verlockungen islamistischer Ideologien zu verweigern. Unterstützung dafür gibt es inzwischen vielfältig: So führt beispielsweise das Institut für Islamische Theologie der Universität Osnabrück ein bundesweites Weiterbildungsprogramm „Jugendarbeit in den Moscheegemeinden und Extremismusprävention" durch. Das Angebot richtet sich insbesondere an Imame und das seelsorgerische Personal in Moscheegemeinden.[11] Aber auch bei anderen Trägern kann Präventionsexpertise abgerufen werden.[12]

Es ist zudem entschieden zu wenig, wenn sich die islamischen Dachverbände in Deutschland, die sich ja als selbsternanntes Sprachrohr „der" Muslime verstehen und IRU mitverantworten, jeweils Anlass bezogen ebenfalls von Gewalt distanzieren. Denn eine Distanzierung von islamistischem Terror ist selbstverständlich, und sie muss auch nicht ständig von Nichtmuslimen eingefordert werden. Ihre Hauptaufgabe können die Dachverbände dennoch nicht länger in einer Zunahme ihrer politischen Einflussnahme sehen. Ins Zentrum ihrer Aktivitäten müsste vielmehr – gerade auch angesichts hoher Flüchtlingszahlen und zum Schutz von Flüchtlingen vor haltlosen Verdächtigungen –, das Anstoßen einer innerislamischen Bewegung rücken, die medinensischen „Gewaltsuren" endgültig in den „Giftschrank der Geschichte" einzuschließen und den Schlüssel wegzuwerfen, um islamistischen Terroristen jedwede religiöse Legitimation zu entziehen.

---

[10]Vgl. die Publikation des Comics online unter: http://www.rp-online.de/nrw/landespolitik/ ditib-spaltet-die-nrw-landesregierung-das-ende-der-zusammenarbeit-aid-1.6239515 (zul. abg.: 10.04.2019).

[11]Vgl. online unter: https://www.islamische-theologie.uni-osnabrueck.de/fileadmin/documents/public/Imamweiterbildung_2015.pdf (zul. abg.: 10.04.2019).

[12]Vgl. beispielsweise das Programm „MuslimOpenMind" online unter XY sowie die Aktivitäten von ufuq online unter https://www.ufuq.de/ (zul. abg.: 10.04.2019).

Und sie müssten gemeinsam mit den Moscheen (deren Träger sie ja sind), den Schulen und der Zivilgesellschaft Muslime ermutigen und darin unterstützen, eine europäische Identität auszubilden, deren Kern es ist, einen hohen Grad empfundener kognitiver und affektiver Gemeinsamkeiten zu entwickeln. Dieses Verständnis von Identität lebt von der Bereitschaft, dazuzugehören, zu partizipieren und das Gemeinwesen mitzugestalten. Diese zunächst eher normative Zugehörigkeit schafft einen einheitlichen gesellschaftlichen Bezugsrahmen, sie lebt von der Vielfalt im Gemeinsamen.

Resümee

Als zentrale Aufgabe verbleibt zudem die Reflexion von Sachverhalten, die IRU in den Blick des „gesellschaftlichen Wunschbildes Deutschland" rückt. Denn Integration bildet sich nicht nur in Familien, Moscheen und Schulen, sondern auch in mehr oder weniger aktiven Integrationsbemühungen der Aufnahmegesellschaft. Hier kann IRU eine gesellschaftlich bedeutsame Leistung erbringen. IRU muss dazu beitragen, dass sich eine Gesellschaft entwickelt, in der sich „die" Muslime und „die" Mehrheitsgesellschaft nicht gegenseitig als Kollektive gegenüberstehen, von denen gegenseitige Anpassungsleistungen gefordert werden. Notwendig erscheint vielmehr gesellschaftliche Kohäsion, insbesondere nach bestehenden und zu vermittelnden Gemeinsamkeiten sowie verbindlichen Wertvorstellungen, die die Gesellschaft zusammenhalten.

Dieser Prozess wird auch für IRU weder kurz- noch mittelfristig abgeschlossen sein. Wenn Integration in der Schule allerdings als offener Prozess verstanden wird, in dessen Verlauf Lehrkräfte, Schülerinnen und Schüler wie deren Eltern nach immer neuen Wegen suchen, auf Diversität zu antworten, ist das bereits eine solide Basis. Wenn zudem das Eigene nicht überbetont und Gemeinsames als vorrangig betrachtet wird, können damit Identitätsbildung und Sozialbindungen entscheidend gefördert werden. Damit wären zugleich die entscheidenden Voraussetzungen eines staatlich verantworteten Unterrichts geschaffen, dessen Ziel die Bildung eines reflektierenden kritischen Individuums und seiner Handlungskompetenzen, nicht aber die Herausbildung identitätspolitischer Positionen eines Kollektivs von Muslimen wäre. Ohne die Zivilgesellschaft und in besonderer Weise ohne Muslime in Deutschland können die positiven Aspekte, die von IRU ausgehen können, nicht sichtbar werden. Primäres Ziel nicht in den Dachverbänden organisierter Musliminnen und Muslime ist nicht die Gleichstellung der Verbände und Vereine mit den christlichen Kirchen, sondern eine grundsätzliche

Auseinandersetzung mit „den islamischen Verbänden und Vereinen, und zwar mit dem Ziel, sie und ihre Anhänger davon zu überzeugen, dass die Gesamtheit der demokratischen Werte und Normen von allen, die in dieser Gesellschaft leben, uneingeschränkt zu akzeptieren ist, und religiös begründete Partikularforderungen nur innerhalb dieses Rahmens eine Geltung haben können" (Spenlen/ Kröhnert 2012, S. 53).

Literatur

Balic, S./Uncar, B. (2001): Islam für Europa – Neue Perspektiven einer alten Religion. Köln: Böhlau Verlag.

BAMF – Bundesamt für Migration und Flüchtlinge (2011): Imame für Integration. Abrufbar unter: http://www.bamf.de/SharedDocs/Pressemitteilungen/DE/2011/110610-0017-pres-semitteilung-imame.html (zuletzt geprüft am 01.03.2017).

Ceylan, R. (2010): Die Prediger des Islam. Imame – wer sie sind und was sie wirklich wollen. Bonn: Herder.

Fromm, H. in Sonntagsblatt vom 22.04.2012. Abrufbar unter: http://www.sonntagsblatt.de/news/aktuell/2012_17_04_01.htm (zuletzt geprüft am 01.03.2017).

Hafez, K./Schmidt, S. (2015): Die Wahrnehmung des Islams in Deutschland. Religionsmonitor – verstehen was verbindet. Gütersloh: Verlag Bertelsmann Stiftung.

Heimann, H. M. (2011): Islamischer Religionsunterricht und Integration. Münster: LIT Verlag. Islamische Zeitung (2015): Niedersachsen: Staatsvertrag mit Muslimen bis Ende des Jahres. Abrufbar unter: http://www.islamische-zeitung.de/niedersachsen-staatsvertrag-mit-mus-limen-bis-ende-des-jahres/#sthash.RNyOb56C.dpuf (zuletzt geprüft am 01.03.2017).

Kermani, N. (2015): Religion ist eine sinnliche Erfahrung. Abrufbar unter: http://www.zeit.de/2015/34/navid-kermani-christentum-kunst-unglaeubiges-staunen (zuletzt geprüft am 01.03.2017).

Kiefer, M. (2012): „Saphir 5 / 6" und „EinBlick in den Islam 5 / 6" – kritische Anmerkungen aus islamwissenschaftlicher Perspektive. In: Spenlen, K./Kröhnert-Othman, S. [Hrsg.]: Integrationsmedium Schulbuch. Anforderungen an den islamischen Religionsunterricht und seine Bildungsmaterialien. In: Eckert. Die Schriftenreihe. Band 132. Göttingen: V&R unipress, S. 99–112.

Krech, V. (2009): Islam und Integration – 12 Thesen. In: Friedrich-Ebert-Stiftung [Hrsg.]: Policy Nr. 30. Migration – Religion – Integration. Berlin, S. 10–12.

Koordinationsrat der Muslime in Deutschland (2007): Geschäftsordnung des KRM i. d. F. vom 28. März 2007. Abrufbar unter: http://islam.de/files/misc/krm_go.pdf (zuletzt geprüft am 01.03.2017).

Ministerium für Schule und Weiterbildung des Landes Nordrhein-Westfalen (MSW) – [Hrsg.] (2014): Kernlehrplan für die Sekundarstufe I in Nordrhein-Westfalen. Islamischer Religionsunterricht. Düsseldorf.

Roy, O. (2016): Radikalisierung ist keine Folge gescheiterter Integration. In: ZEIT-Interview. Abrufbar unter: http://www.faz.net/aktuell/politik/ausland/islamforscher-im-ge-spraech-radikalisierung-ist-keine-folge-gescheiterter-integration-14145388.html (zuletzt geprüft am 01.03.2017).

Sarhan, A./Rudolph, E. (2015): Salafismus in Deutschland: Ideologie, Aktionsfelder, Gefahrenpotenzial in Zeiten des „Islamischen Staates". In: Backes, U./Gallus, A./Jesse, E. [Hrsg.]: Jahrbuch Extremismus & Demokratie (E & D). Baden-Baden: Nomos, S. 172–185.

Schenk, A. (2016): Islamische Theologie: Mission erfüllt? In: ZEIT-Online vom 25.02.2016. Abrufbar unter: http://www.zeit.de/2016/07/islamische-theologie-universi-taet-fach-stu-dium-bilanz (zuletzt geprüft am 01.03.2017).

Shell Deutschland [Hrsg.] (2015): 17. Shell Jugendstudie – Jugend 2015. Frankfurt am Main: Fischer.

Spenlen, K. (2015): Neo-Salafisten werben Schüler – Teil 1: Ideologie und Programmatik des Salafismus. In: SchulVerwaltung NRW. Heft 2. Kronach sowie in den Landesaus-gaben Hessen / Rheinland-Pfalz, Niedersachsen, Baden-Württemberg und Bayern ab 03/2015. Spenlen, K. (2015): Neo-Salafisten werben Schüler – Teil 2: Möglichkeiten schulischer Prävention. In: SchulVerwaltung NRW. Heft 3. Kronach sowie in den Lan-desausgaben Hessen / Rheinland-Pfalz, Niedersachsen, Baden-Württemberg und Bay-ern ab 04/2015.

Spenlen, K./Kröhnert-Othman, S. [Hrsg.] (2012): Integrationsmedium Schulbuch. Anforderungen an den islamischen Religionsunterricht und seine Bildungsmaterialien. In: Eckert. Die Schriftenreihe. Band 132. Göttingen.

Spenlen, K. (2012): „Saphir" und „EinBlick in den Islam" – kritische Anmerkungen aus pädagogischer Sicht. In: Spenlen, K./Kröhnert-Othman, S. [Hrsg.]: Integrationsmedium Schulbuch. Anforderungen an Islamischen Religionsunterricht und seine Bildungs-materialien. Göttingen: V&R unipress, S. 113–137.

SPIEGEL-Online (2016): Kauder will Moscheen vom Staat überwachen lassen. Abrufbar unter: http://www.spiegel.de/politik/deutschland/islam-kauder-fordert-staatliche-kon-trolle-von-moscheen-a-1089903.html (zuletzt geprüft am 01.03.2017).

Ucar, B. [Hrsg.] (2013): Islam im europäischen Kontext. Selbstwahrnehmungen und Außensichten. Reihe für Osnabrücker Islamstudien. Band 9. Frankfurt am Main: Peter Lang – Internationaler Verlag der Wissenschaften.

Universität Osnabrück (2011): Weiterbildung für Imame geht in die zweite Runde – Semesterauftakt mit Integrationsministerin Aygül Özkan an der Universität Osna-brück. Abrufbar unter: http://www.islamische-theologie.uni-osnabrueck.de/presse/aktuelles/pressedetail.html?tx_news_pi1%5Bnews%5D=4910&tx_news_pi1%5Bcon-troller%5D=-News&tx_news_pi1%5Baction%5D=detail&cHash=6764299fda789c9e-6c9ab17afb555afd (zuletzt geprüft am 01.03.2017).

Uslucan, H.-H. [Hrsg.] (2015): Zwischenbericht zur wissenschaftlichen Begleitung der Einführung des islamischen Religionsunterrichts (IRU) im Land Nordrhein-Westfalen. Abrufbar unter: https://www.landtag.nrw.de/portal/WWW/dokumentenarchiv/Doku-ment?Id=MMV16/3701 (zuletzt geprüft am 01.03.2017).

Weisse, W. (2008): Islamischer Religionsunterricht in Deutschland – ein Beitrag zur Integration? Religionspädagogischer Kommentar mit Bezug zu Alternativen in Deutschland und Europa. Abrufbar unter: https://www.zmo.de/muslime_in_europa/pressekit/material/Islamunterrichtveranstaltung/Vortrag%20Weisse.pdf (zuletzt geprüft am 01.03.2017).

Rechtsvorschriften

Die Verfassung des Deutschen Reichs („Weimarer Reichsverfassung") vom 11. August 1919. Grundgesetz für die Bundesrepublik Deutschland. Textausgabe. Stand: August 2014. Schulgesetz für das Land Nordrhein-Westfalen (Schulgesetz NRW – SchG – i. d. F. vom 25.Juni 2015.

Dr. Klaus Spenlen Islamforscher und Lehrbeauftragter an der Heinrich-Heine-Universität Düsseldorf, Herausgeber und Autor zahlreicher Aufsätze und Bücher zu Islam und Bildung.

Die Bildungsinitiativen der Gülen-Bewegung in Deutschland

Sozialwissenschaftliche Perspektiven

Thomas Geier und Magnus Frank

Vorbemerkung

Der Beitrag wurde vor dem Putsch-Versuch am 15.07.2016 in der Türkei und dem danach ausgerufenen Ausnahmezustand fertig gestellt. Das Netzwerk der Gülen-Bewegung und seine Akteure werden in der türkischen Politik und den öffentlichen Medien seitdem mit dem Label „FETÖ" (türk. Fethullahçı Terör Örgütü, dt. Fethullahistische Terrororganisation) bezeichnet. Darin kommt nicht nur der Vorwurf zum Ausdruck, verantwortlich für den gescheiterten Putsch zu sein, sondern ebenso „Parallelstrukturen" („paralelyapı") zum Zweck der gewaltvollen Machtübernahme des türkischen Staates gebildet zu haben (für die schon früher entwickelte These vom „tiefen Staat" vgl. auch Şik 2011). Anhand der einschlägigen Berichterstattung in der hiesigen Presse lässt sich allmählich erahnen, welches Ausmaß die von der türkischen Regierung angeordnete gesamtgesellschaftliche „Reinigung" („temizleme") des Staates für das Netzwerk und seine Akteure auch in Deutschland hat (vgl. auch Barz 2017). Damit hat sich die politische Positionierung des Netzwerks radikal gewandelt. In den kommenden Veröffentlichungen des von der DFG geförderten Projekts der Autoren (s. u.) wird dies stärker als in diesem Beitrag in Rechnung gestellt werden.

Es handelt sich hierbei um eine überarbeitete Fassung eines von den Autoren zum Thema Islam und Sozialisation verfassten Beitrags (vgl. Geier/Frank 2016b).

T. Geier (✉) · M. Frank
Martin-Luther-Universität Halle-Wittenberg, Halle/Saale, Deutschland
E-Mail: thomas.geier@zsb.uni-halle.de

M. Frank
E-Mail: magnus.frank@zsb.uni-halle.de

© Springer Fachmedien Wiesbaden GmbH, ein Teil von Springer Nature 2019
H. Barz und K. Spenlen (Hrsg.), *Islam und Bildung*,
https://doi.org/10.1007/978-3-658-26229-7_5

Zum Bildungsdiskurs um türkisch-muslimische Kinder und Jugendliche in Deutschland

Die bildungspolitischen Diskussionen in Deutschland sind mit Beginn des neuen Jahrtausends von zwei Diskursen bestimmt, durch die zum einen Kinder und Jugendliche mit sogenanntem Migrationshintergrund und zum anderen MuslimInnen in den Fokus des öffentlichen, politischen und medialen Interesses rückten. Seit PISA 2000 stellen quantitative Leistungsstudien (aktuell etwa Prenzel et al. 2013) und schulstatistische Erhebungen (vgl. aktuell Autorengruppe Bildungsberichterstattung 2016) regelmäßig heraus, dass Kinder und Jugendliche, die selbst, deren Eltern oder Großeltern nach Deutschland migrierten, in besonderer Weise bildungsbenachteiligt sind. Doch erlangt die auf diesem Wege eingeführte „statistische Kunstfigur" (Radtke 2013, S. 6) *Migrationshintergrund*[1] seitdem vermehrt auch *soziale* Realität: Sie wird in Schule und Unterricht nicht nur herangezogen, um mögliche Bildungschancen zu *beschreiben* (vgl. Hormel 2010), sondern zugleich, um ausbleibende Bildungserfolge zu *erklären* (vgl. Radtke 2013). Seit den Anschlägen vom 11. September 2001 sind es sodann MuslimInnen, die in Deutschland in den Fokus der Öffentlichkeit rücken. Aufeinander rekurrierende Headline-Elemente des öffentlich-medialen Diskurses wie „09/11", „Taliban", „Dschihad", „Salafismus", und „Islamischer Staat" sind zu zentralen Chiffren geworden, entlang derer der Islam und muslimisches Leben zunehmend stereotyp vor dem Hintergrund von Terrorismus und Islamophobie (vgl. Schneiders 2010a, b) als „Religion der Anderen" (Mecheril/Thomas-Olalde 2011) betrachtet werden. Diese monothematische Wahrnehmung ist umso erstaunlicher, wenn in den Blick genommen wird, dass zahlreiche empirische, quantitative und qualitative Forschungen zeigen, dass die alltagsweltliche Lebensgestaltung muslimischer Kinder und Jugendlicher höchst ausdifferenziert, ihre Lebensentwürfe divers und Religiosität innerhalb dieser „hybriden Identitäten" (Foroutan/Schäfer 2009, S. 11) eine je spezifisch sinnstiftende Bedeutung zukommt (vgl. etwa Boos-Nünning/ Karakaşoğlu 2005; Bertelsmannstiftung 2008 und 2015; Foroutan/Schäfer 2009; Wensierski/Lübcke 2012).

Mit Blick auf Kinder und Kindeskinder türkischer EinwandererInnen scheint sich dieses zweifache Interesse, an MuslimInnen einerseits und der Bildungssituation von Kindern mit Migrationshintergrund andererseits, zu verschränken.

---

[1]Zur kritischen Diskussion um die Definition und Operationalisierung von *Migrationshintergrund* in der quantitativen Forschung vgl. Settelmeyer/Erbe 2010.

So wird in Forschungen zu ihrer familialen, schulischen und peerspezifischen Bildungssituation seit dem vermehrt von „muslimischen Kindern und Jugendlichen" (Badawia 2005) oder „jungen Muslimen" (etwa Bukow 2007; Karakaşoğlu/ Öztürk 2007) gesprochen, die in „islamischen Familien" (Uslucan 2008) erzogen werden, einer „muslimischen Jugendszene" (Dantschke 2007), „islamischer Jugendkultur" (Nordbruch 2009), den „Pop-Muslimen" (Gerlach 2006) oder „Neo-Moslems" (Güvercin 2012) angehören, möglicherweise in einer „muslimischen Adoleszenz" (Tressat 2011) ein „islamisch-selektives Bildungsmoratorium" (Wensierski 2007 mit Bezug zu Zinnecker 1991) durchleben oder schlicht eine „islamische Identität" (Tietze 2001) unter Bedingungen von Migration ausbilden. Auch schulstatistische Erhebungen zeigen nun an, dass muslimische Kinder im Allgemeinen und türkisch-muslimische im Besonderen in hohem Maße benachteiligt sind (vgl. BAMF 2009).

Die in den 1960er und 1970er Jahren entstandene Figur des bildungsbenachteiligten „katholischen Arbeitermädchens vom Lande" wird im aktuellen bildungspolitischen Diskurs durch den „muslimischen Jungen aus der Trabantenstadt" (Barz/Liebenwein 2011) ersetzt und ausbleibende Bildungserfolge oftmals durch eine islamisch gebotene „Missachtung von Bildung" (de Winter 2007) erklärt. Insbesondere ist es die im öffentlichen Diskurs zu umstrittener Berühmtheit[2] gelangte Soziologin Necla Kelek, die offenkundige und anhaltende Bildungsbenachteiligungen etwa durch einen kollektiven „muslimischen Habitus" (Kelek 2002, S. 64) bzw. einen gesellschaftlichen „Konflikt mit den Muslimen" (Kelek 2007, S. 55) begründet. Verantwortlich dafür seien das „Menschen- und Weltbild des Islam" und die „religiös fundierten Traditionen und Lebensweisen der Muslime". Diese führten obendrein dazu, dass muslimische Familien „mehrheitlich nicht an den Zukunftsinteressen der Kinder orientiert" seien. Bei muslimischen Jungen bestünde zudem ein besonderes „Aggressionspotential", das „drei- bis viermal höher als bei vergleichbaren deutschstämmigen Jugendlichen" (Kelek 2007, S. 56) sei.

Mit diesen wenigen Zitaten lässt sich knapp illustrieren, welche Argumentationen und Narrative antimuslimischen Rassismus (vgl. Shooman 2014) den öffentlichen Diskurs bestimmen. Nicht erst in Folge der zwar umstrittenen aber nichtsdestotrotz äußerst folgenreichen Thesen Thilo Sarrazins (vgl. dazu kritisch Bade 2013) werden muslimische und türkisch-muslimische Kinder als Bildungsverlierer *identifiziert*

---

[2]Vgl. die Debatte zwischen Kelek und Bade in FAZ vom 09.05.2011 bzw. 18.05.2011 sowie Bade 2013.

und ausbleibende Bildungserfolge gern mit Verweis auf den Islam *erklärt*. *Unterstellt* wird damit insgesamt, dass es religiöse und kulturelle Orientierungen seien, aus denen die Situation der SchülerInnen resultiere. Insgesamt werden sie damit für die bundesdeutsche Gesellschaft als Problem *markiert*.

Zur Charakterisierung der ‚Gülen-Bewegung' in der Migrationsgesellschaft[3]

Mit der global verbreiteten sogenannten ‚Gülen-Bewegung' (vgl. Agai 2010; Ebaugh 2012) tritt vor diesem Hintergrund nun auch in Deutschland ein transnationales Bildungsnetzwerk zunehmend in Erscheinung, das durch die Ideen des namensgebenden türkisch-islamischen Predigers Fethullah Gülen geprägt und inspiriert ist. Deren Akteure versprechen, den Bildungserfolg türkisch-muslimischer Kinder und Jugendlicher „selbst in die Hand" (Badawia 2002, S. 115) zu nehmen.

Bereits in den 1960er Jahren formieren sich in Deutschland verschiedene migrantische Selbstorganisationen, um die Bildungssituation ihrer Kinder im deutschen Schulsystem durch Eigeninitiative zu verbessern. So sind etwa die, am Bildungserfolg ihrer Kinder gemessen, äußerst erfolgreichen, relativ frühen Aktivitäten der spanischen Elternvereine hinlänglich bekannt (vgl. etwa Otero 2004). Türkisch-muslimische Akteure organisieren sich mit dieser Absicht hingegen erst später (vgl. Pries/Sezgin 2010). Die Islamische Gemeinschaft Milli Görüş (dt. Nationale Sichtweise, kurz IGMG) und der Verband Islamischer Kulturzentren (VIKZ) sind in diesem Zusammenhang zu nennen (vgl. Schiffauer 2010; Boos-Nünning 2010). Beide Organisationen haben einen religiös-politischen bzw. religiösen Hintergrund, vor dem sie ihre Aktivitäten ausgestalten.

Obwohl es sich laut Christel Adick bei der ‚Gülen-Bewegung' um einen „global player" (Adick 2012, S. 90) unter den transnational operierenden Bildungsakteuren handelt, werden ihre Aktivitäten in der Erziehungswissenschaft bis

---

[3]Wir verstehen darunter in Anlehnung an Paul Mecheril et al. (2010, S. 11) eine Gesellschaft, die nicht nur durch die Dynamik verschiedenartiger nationalstaatliche Grenzen überscheitender Migrationen und durch die leiblich-soziale Anwesenheit Migrierender und Migrierter geprägt ist, sondern innerhalb derer Diskurse um Migration stattfinden, die mittels symbolischer Zuschreibungen und gesellschaftlicher Klassifizierungen über soziale Zugehörigkeiten und deren Praktiken, sie zuzuweisen, entscheiden.

auf wenige Ausnahmen (etwa Boos-Nünning 2011; Bukow 2011) bislang nicht erforscht. Dies ist umso erstaunlicher, wenn in Betracht gezogen wird, dass sich ihre Akteure neben privatwirtschaftlichen Firmengründungen[4] und sozialpolitischem Engagement doch vor allem der weltweiten Bildungsarbeit widmen. In der deutschen Migrationsgesellschaft wenden sie sich mit ihrem Angebot hauptsächlich an türkisch-muslimische Bevölkerungsgruppen. Gesellschaftlichen Aufstieg durch Vermittlung von Bildung zu erreichen, wird nicht nur in den bewegungseigenen Publikationen (Tageszeitung ZAMAN, Zeitschrift FONTÄNE, diverse Internetseiten) als zentrales gesellschaftspolitisches Ziel formuliert, sondern ebenso auch als sozialreligiöse Verpflichtung des Islam im Sinne von *hizmet*[5] (türk. Dienst, hier zu verstehen als Dienst am Menschen für die Sache Gottes) interpretiert. Durch Prägung eines „modernen islamischen Gedankenguts" (vgl. Agai 2004) versucht die Bewegung in Deutschland zudem, das medial und gesellschaftspolitisch diskursiv erzeugte Bild der „rückständigen Muslime" (kritisch Kiefer 2010, S. 150) zu korrigieren. Mittels Gründung von Nachhilfezentren, Kindergärten und allgemeinbildenden Schulen in privater Trägerschaft, wie sie sich in verschiedenen Großstädten (etwa Berlin, Köln oder Stuttgart) finden lassen (vgl. Geier/Frank 2018), landesweit operierenden Dialogvereinen sowie der bundesweiten Einrichtung religiöser Gesprächsgruppen (türk. *sohbetler*[6] pl., *sohbet* sg.) wissen die Akteure der Bewegung ihrer Programmatik auch institutionell in formeller und nicht formeller Weise Nachdruck zu verleihen.

Ihre Aktivitäten gelten im öffentlichen Diskurs als umstritten. Die von den Akteuren geübte Verschwiegenheit in Bezug auf die Zugehörigkeit ihrer Institutionen zum Bildungsnetzwerk nährt den Vorwurf von Intransparenz und Konspiration (vgl. Rüssmann 2013), die nicht zuletzt auch den Ruf nach einer Beobachtung durch den Verfassungsschutz laut werden lässt. Sowohl in der Türkei, dem nationalen Herkunftskontext der Bewegung, als auch in den vor allem durch Arbeitsmigration global verstreuten türkischen Communities ist sie immer

---

[4]Die Firmen im Finanz- und Medienbereich finanzieren den Bildungsbereich in Teilen (vgl. Ebaugh 2012).

[5]Im Folgenden werden türkischsprachige Begriffe durch Kursivschreibung hervorgehoben. In Klammern wird bei der ersten Verwendung die jeweilige deutsche Übersetzung angegeben.

[6]Wir übersetzen sohbet (türk. Gespräch, Unterhaltung) im Folgenden mit ‚Gesprächsgruppe' oder ‚Gesprächskreis'.

wieder der Kritik ausgesetzt. Den Akteuren wird vorgeworfen, lediglich auf der Vorderbühne soziale Mobilität durch Bildung zu ermöglichen. Sie verfolgten insgeheim jedoch ein islamistisches Programm, das nicht nur im Besonderen zu einem laizistisch-republikanisch ausgerichteten türkischen Staat sondern zu einer säkularen Orientierung moderner Gesellschaften im Allgemeinen im Widerspruch stehe. Einige sehen den türkischen Staat seit Jahren infiltriert durch VertreterInnen des Gülen-Netzwerkes.[7]

Während die Akteure hingegen nicht müde werden, öffentlich zu bekunden, Bildung ins Zentrum ihrer sozialreligiösen Aktivitäten zu stellen („Unser Dschihad ist die Bildung", KStA 2010), bewegt sich die öffentliche Diskussion auch in Deutschland zwischen dem Extrem rigoroser Ablehnung und teils vorsichtiger teils sogar bewundernder Befürwortung. So schätzt Kelek (2008) die ‚Gülen-Bewegung' etwa als eine „Sekte mit Konzernstruktur" ein. Andere versprechen sich hingegen von ihr, eine „Brücke zwischen den Kulturen" (Homolka et al. 2010) bauen zu können, oder eine Bewegung „türkische[r] Bildungsbürger" (Wrangel 2008) zu sein. Im besonderen Fokus stehen dabei auch die in unserem Beitrag zu diskutierenden *sohbetler*. In diesen getrenntgeschlechtlichen Treffen werden die Schriften und Predigten Gülens und seines Vordenkers Nursis[8] unter Leitung eines *ağabey*[9] (türk. älterer Bruder) vermittelt. KritikerInnen befürchten dort eine islamische Indoktrination der daran Teilnehmenden.[10] Befürworter hingegen sehen diesen Vorwurf als haltlose Behauptung an (vgl. Thies 2013).

---

[7]Die Diskussion und der Prozess um den Autor Ahmet Şık im Jahr 2011, dessen Gülen-kritisches Skript ‚İmamın Ordusu' (dt. ‚*Die Armee des Imam*') im Jahr 2011 in der Türkei beschlagnahmt und verboten wurde sowie der aktuelle Vorwurf des türkischen Ministerpräsidenten Recep Tayyip Erdoğan, das Netzwerk plane für die Errichtung eines ‚parallelen Staats' einen Komplott gegen seine Regierung (vgl. etwa Topçu 2014), können als Belege für die politische Brisanz des Themas gelten.

[8]Die ‚Gülen-Bewegung' ist eine von mehreren islamischen Gruppierungen, die sich auf den Sufisten Said Nursi (1876–1960) beziehen und insgesamt als *Nurcu* bezeichnet werden (vgl. Şahinöz 2009).

[9]In den *sohbetler* für Mädchen und Frauen übernimmt diese Funktion eine *abla* (türk. ältere Schwester).

[10]Vgl. etwa die Dokumentation ‚Der lange Arm des Imam – Das Netzwerk des Fethullah Gülen', WDR vom 15.04.2013.

Methodische Erläuterungen zum Projekt „Die Pädagogik der ‚Gülen-Bewegung'"[11]

Unser Forschungsprojekt nimmt hiervon ausgehend seinen Anfang. Einerseits, so zeigt sich, greift das Netzwerk der ‚Gülen-Bewegung' in das Bildungssystem durch Schulgründungen *ein* und andererseits greift es Bildung innerhalb muslimischer Lebenswelten vor allem in den *sohbetler* auf. Wir fragen aus erziehungswissenschaftlicher Perspektive daher erstens, was die Akteure unter Bildung verstehen, indem wir aus praxeologischer Perspektive[12] untersuchen, wie dieses Verständnis alltäglich gelebt, vermittelt und auf diese Weise in der sozialen Praxis hergestellt wird. Zweitens nehmen wir in den Blick, welche individuelle biografische Bedeutung die Akteure diesem Konzept von Bildung beimessen und in welchen lebensgeschichtlichen Phasen es besondere Attraktivität erlangt. Gegenüber den durch das Netzwerk finanzierten Schulen, in denen kein Religionsunterricht stattfindet, erscheint uns der informell organisierte Bereich der Gesprächskreise ausschlaggebend dafür zu sein, das spezifische Bildungsverständnis des Netzwerkes rekonstruieren zu können. Denn hier kommen die im Netzwerk zirkulierenden Botschaften einerseits und die Lebenslagen und Lebenswelten der Teilnehmer andererseits zusammen.

Methodisch beruht unsere Forschung auf einer offen teilnehmenden Beobachtung in einem wöchentlich stattfindenden *sohbet* für männliche Studierende[13] im universitären Umfeld. Das erhobene Datenmaterial besteht aus Beobachtungsprotokollen und Feldnotizen des dort teilnehmenden Forschers. Diese ethnografische Herangehensweise (vgl. Geertz 1987; Amann/Hirschauer 1998, Breidenstein et al. 2013) gestattet es uns, eine möglichst große Offenheit und

---

[11]Die hier vorgestellten Ergebnisse sind Teil der Vorstudie zum DFG-Projekt „Die Pädagogik der Gülen-Bewegung". Online abrufbar unter: http://gepris.dfg.de/gepris/projekt/283235178 (zul. abg.: 10.04.2019).

[12]Praxeologische Zugänge zielen darauf ab, Handlungsmuster und Verhaltenserwartungen sozialer Praktiken eines Feldes herauszuarbeiten und darin implizite Logiken der Praxis zu rekonstruieren (vgl. Reckwitz 2003).

[13]Aufgrund der muslimisch gebotenen Geschlechtertrennung haben wir als männliche Forscher auch nur Zugang zu den Gesprächskreisen der jungen Männer (vgl. zu den weiblichen Zirkeln Dohrn 2011).

Reflexivität[14] im Forschungsprozess zu erzielen. Die Praktiken des Feldes sollen angesichts kontroverser Diskurse um den Islam und das Netzwerk in ihrer Alltäglichkeit verstanden und nachvollzogen werden. Im Sinne Pierre Bourdieus (2009) begreifen wir das *sohbet* folglich als ein soziales Feld, dessen soziale Ordnung im Medium praktischer Logiken zu rekonstruieren ist. Die mit der Anwesenheit des Forschers gegebene Gleichzeitigkeit und Gleichörtlichkeit ermöglicht es uns, Sinnbildungen in ihrer Prozesshaftigkeit, das heißt in ihrem Entstehen im zeitlichen Verlauf, nachvollziehen zu können.

Während dies zulässt, sequenziell zu rekonstruieren, wie das netzwerkspezifische Konzept von Bildung *in praxi* prozessiert, führen wir zusätzlich dazu biografisch-narrative Interviews (vgl. Schütze 1983) mit den teilnehmenden Studenten. Damit wollen wir deren lebensgeschichtliche Aneignungsweisen des Bildungskonzeptes stärker in den Blick bekommen. Hier geht es uns zum einen um den subjektiven Sinn, den die Akteure mit ihrer Teilnahme an den Gesprächskreisen verbinden, und zum anderen darum, sehen zu können, in welchen Lebensabschnitten ihre Teilnahme ihnen als sinnvoll erscheint. In Anlehnung an die Biografieanalyse nach Gabriele Rosenthal (1995) zielen wir, wiederum mittels eines sequenziellen Verfahrens darauf ab, die „volle Konkretheit des Falls" (1995, S. 210) nachzuzeichnen, um die Gesamtgestalt biografischer Selbstpräsentation im Kontext von Migration und Bildung in der Teilnahme am Netzwerk zu verstehen. Folglich geht es auch um Kontexte des subjektiven Sinns. In einer Triangulation der biografischen Erzählungen mit den Daten der Ethnografie wird dabei zum einen nachvollziehbar, welche Praxislogiken des Feldes auf welche Weise in den lebensgeschichtlichen Erzählungen erscheinen, und zum anderen, auf welche biografischen Ressourcen in der Praxis zurückgegriffen wird (vgl. Dausien/Kelle 2005).

Zur praxislogischen Hervorbringung eines islamischen Bildungssubjektes in den *sohbetler*

Heuristisch sind die Praktiken des *sohbet* auf diesem Wege nicht ausschließlich als ein Bildungsraum zu verstehen, in dem – gegebenenfalls auch transformierende – Sinnbildungsprozesse (vgl. Koller 2009) ermöglicht werden,

---

[14]Um das Feld, seine Praktiken und deren Logiken zu verstehen, können dabei nicht nur das beobachtete Geschehen, sondern zugleich auch die Rolle des Forschers im Feld sowie seine in der Verschriftlichung zutage tretenden Fokussierungen im und Deutungen über das Feld analysiert werden (vgl. Breidenstein et al. 2013).

sondern ebenfalls als ein sozialer Raum zu betrachten, in dem sich Soziali-
tät vollzieht. Das *sohbet* ist damit ein Ort von Vergesellschaftung, an dem sich
Sozialisationsprozesse beobachten lassen. Dort werden nicht nur bewusst Normen und Regeln in einem pädagogischen Verhältnis im Sinne von Erziehung
und Bildung intentional vermittelt und angeeignet, sondern die sozialen Regeln
und Orientierungen werden insgesamt durch die Akteure in der Praxis selbst
eher beiläufig, nicht unbedingt bewusst, leiblich-mimetisch nachvollzogen und
auf diesem Wege erworben. Umgekehrt wird die Praxis durch die Akteure und
ihr Handeln allererst hervorgebracht. Es handelt sich also um ein wechselseitiges
konstituierendes Verhältnis von Akteur und Praxis.

In dieser Perspektive kann die „strukturierende [...] und strukturierte Struktur"
(Bourdieu 1982, S. 279) der Praktiken des Feldes bzw. seine „sozial konstituierte
Verfasstheit" (Kramer et al. 2013, S. 17) fokussiert werden. Aus den ethno-
grafischen Beobachtungen und biografischen Interviews gilt es damit, feldspezi-
fische soziale Erwartungen und gelebte Routinen im interaktiven und diskursiven
Umgang der Teilnehmer und *ağabeyler* mit- und untereinander zu rekonstruieren.
Diese werden von uns als Habitualisierungen[15] verstanden, anhand derer über die
Zeit feldspezifische Denk-, Handlungs- und Wahrnehmungsschemata entstehen
können (vgl. Krais/Gebauer 2013, S. 33).

Konkret fragen wir daher und insbesondere für den vorliegenden Beitrag: Wie
lässt sich entlang der Praxislogiken eine feldspezifische „Selbstverständlichkeit
der sozialen Ordnung" (Krais/Gebauer 2013, S. 73) des *sohbet* beschreiben? Auf
welche Art und Weise kommt es in dieser sozialen Ordnung zu Subjektivierungen,

---

[15]Für Bourdieu (2009) hat der Begriff des Habitus die Funktion, innerhalb seiner Theorie die Schwerkraft gesellschaftlicher Strukturen, also ihre mangelnde Veränderbarkeit,
zu erklären. Entscheidend ist die Homologie von Habitus und Feld. Akteure, die über den
zum Feld passenden Habitus verfügen, werden dort auch unproblematisch agieren können. Bourdieus Ausführungen zum Erwerb des Habitus sind hingegen spärlich und eine
Sozialisationstheorie, die sich seines Vokabulars bedient, Desiderat geblieben (vgl. etwa
Kramer und Helsper 2011). Habitualisierungen verstehen wir vor diesem Hintergrund,
darin etwas ungeschützt, vor allem als explorativen und heuristischen Begriff. Damit dre-
hen wir die bourdieusche Perspektive um, weil wir nach Sozialisationsprozessen, die durch
das Feld ausgelöst werden, fragen und nicht danach, welche Habitus dazu passen. In unserem Vorgehen soll methodisch an dieser Stelle also stärker die Eigenlogik des Feldes in den
Blick kommen als dies etwa mit einem im Prinzip vergleichbaren Verfahren einer Habitus-
hermeneutik möglich ist, die den Habitus vor allem anhand theoretisch-vorgefasster Kategorien im empirischen Material identifiziert und in einem Milieuansatz verortet (vgl. dazu
Bremer/Teiwes-Kügler 2013).

die für die Teilnehmer im Kontext der bundesrepublikanischen Migrationsgesellschaft plausibel sind und die für sie gegebenenfalls sinnvoll erscheinen, etwa biografische Krisen zu bearbeiten?

Das sohbet als soziales Feld – Praxislogiken und Habitualisierungen

Das *sohbet* (türk. Gespräch, Erzählung) findet einmal wöchentlich an einem vom
ağabey mit den Studierenden gemeinsam vereinbarten abendlichen Termin in
einer privaten Wohnung statt. Diese wird von einigen teilnehmenden Studenten
zugleich als Wohngemeinschaft genutzt. Oftmals werden die Zimmer dafür auch
von Akteuren des Netzwerks angemietet. Zu den abendlichen Treffen erscheinen
für gewöhnlich zwischen zehn und zwanzig männliche junge Erwachsene. Die
Zahl der Anwesenden schwankt von Woche zu Woche. Es sind auch nicht immer
dieselben, die kommen. Vornehmlich handelt es sich um Studenten naturwissen-
schaftlich-mathematischer Fächer, denen sie im Rahmen eines Lehramtsstudiums
nachgehen. Ihr Erscheinungsbild entspricht keineswegs dem stereotypen Bild
vom frommen Muslimen mit Bart und Kaftan, wie es meistens in medialen Kli-
schees gezeichnet wird. Vielmehr tragen die jungen Erwachsenen Kleidung, die
als gewohnt oder gewöhnlich bezeichnet werden kann. Der Abend, in dessen
Verlauf das *sohbet* stattfindet, lässt sich in verschiedene Phasen einteilen. Auf
eine Versammlungsphase der Studierenden, bei der der *ağabey* meist noch nicht
zugegen ist, folgt je nach Zeit des Sonnenuntergangs das gemeinsame Gebet.
Daran anschließend beginnt erst das namensgebende *sohbet*. Beendet wird der
Abend mit einem Essen und Gesprächen bei Tee und Nachspeise.

Die studentischen Praktiken des *sohbet* sind insgesamt geprägt durch eine
spezifische soziale Ordnung. Sie ist durch Arbeitsteilung und Ritualisierung
gekennzeichnet, die sich vor allem im wöchentlich wiederkehrenden Ablauf
der verschiedenen Phasen zeigt. Die arbeitsteilige Praxis besteht unter anderem darin, verschiedene Rollen einzunehmen. Ein jüngerer *ağabey* ist für den
Ablauf verantwortlich, die anderen verlassen sich darauf. Partiell nimmt er auch
die Rolle eines Lehrers ein, von dem die Übrigen etwas lernen wollen. Ein jüngerer *ağabey* organisiert den reibungslosen Verlauf, indem er die studierenden
Teilnehmer meistens per SMS oder Whatsapp via Handy einlädt. Für den Fall,
dass der das *sohbet* leitende *ağabey* einmal nicht kommen kann, wird entweder
für eine Vertretung gesorgt oder etwas anderes unternommen. Man widmet sich
dann gemeinsamen sportlichen Aktivitäten oder geht ins Kino bzw. schaut sich

miteinander eine Predigt Gülens auf DVD an. Damit unterscheidet sich das *sohbet* etwa von muslimischen Jugendszenen (vgl. Gerlach 2006), deren Vertreter sich eher in loser Folge und spontan treffen (vgl. Hitzler/Niederbacher 2010, S. 15 f.). Beide Parteien adressieren sich mitunter wechselseitig als Schüler und Lehrer. Darüber hinaus übernehmen vor allem die regelmäßig teilnehmenden Studenten Verantwortung für die Organisation des gemeinsamen Abends. Sie kümmern sich darum, dass gemeinsam gebetet wird, verteilen das Essen, empfangen und verabschieden Teilnehmer an der Tür und unterhalten sich mit Neudazukommenden, um ihnen einen atmosphärisch gelungenen Einstieg in die Gruppe zu ermöglichen.

Nicht nur den am Projekt beteiligten Forschern fällt in der Rekonstruktion stets eine besondere Höflichkeit zwischen den Teilnehmern des *sohbet* auf. Wunschformeln und Danksagungen kennzeichnen die stattfindenden Kommunikationen, was ein ausgeprägtes Formgefühl der Akteure signalisiert. Fortwährend ist ein aneinander interessierter und auch körperlich relativ naher Umgang miteinander, bei aller gebotenen Distanz, zu beobachten. Sich gegenseitig nach dem eigenen bzw. dem Wohlbefinden der Familie zu erkundigen und sich für die jeweilige Lebenssituation des Anderen zu interessieren, um bei Bedarf die eigene Hilfe anzubieten, gehören genauso zur Alltagskultur des *sohbet* wie äußerst herzlich begrüßende und verabschiedende Umarmungen zwischen den Teilnehmern.

Die Akteure nutzen hauptsächlich den bewegungsinternen Begriff *sohbet* für den gemeinsamen Abend. Darüber hinaus werden allerdings noch zwei weitere Begriffe gebraucht: *muhabbet* (türk. Unterhaltung, Plauderei) und *ders* (türk. Unterricht, Lehre). Bei allen drei Begriffen handelt es sich um feldspezifische in-vivo-codes[16], mit denen je unterschiedlich ausgestaltete Praxisformen bezeichnet werden, die sich über den Abend verteilt finden lassen. Es handelt sich folglich nicht bloß um Synonyme für dieselbe Sache, sondern mit ihnen lässt sich die damit bezeichnete Praxis in ihrer jeweiligen Logik auch verschiedenartig verstehen. Im Sinne von *muhabbet* sind tendenziell symmetrische Interaktionen zu beobachten, die durch eine vergleichsweise freie und offene Form der Vergemeinschaftung zu charakterisieren sind. Hier geht es dominant um kollektives Handeln und soziale Nähe der Akteure zueinander. In diesen Gesprächsphasen werden die

---

[16]Darunter werden z. B. in der Ethnografie die von den Akteuren selbst gebrauchten Ausdrücke und Bezeichnungen verstanden (vgl. Breidenstein et al. 2013).

Studierenden vom *ağabey* häufig als Freunde angesprochen, um in einem gemein-
schaftlichen Sinne der religiösen Praxis nachzugehen. Er übernimmt hierzu die
Rolle eines Moderators und vor allem lebenserfahrenen Beraters, der zwar über
religiöses Wissen verfügt, die damit verbundene Expertise jedoch gegenüber einer
lebensweltlichen Orientierung vielmehr in den Hintergrund rückt.

Ganz im Gegenteil zur Praxislogik von *ders*. Damit wird die Weitergabe der die
„cemaat [türk. Gemeinde] konstituierenden Texte" (Agai 2004, S. 248) bezeichnet.
Sie wird oftmals vom *ağabey* als monologischer Vortrag gestaltet. Die Teilnehmer
übernehmen hier vergleichsweise eher die Rolle zuhörender Schüler und der
ağabey zeigt sich als – z. T. auch sachlich strenger – Lehrer einer islamisch kodi-
fizierten Bildung. Es lässt sich zum Vergleich an eine asymmetrische Vortrags- oder
Unterrichtssituation denken. Die zeitliche und räumliche Rahmung der hier stattfindenden Interaktionen ist gegenüber denjenigen, die mit *muhabbet* bezeichnet
werden, weitaus geschlossener und rigider. Es muss dazu ein gesonderter Raum
aufgesucht werden, die Teilnehmer sitzen in einer relativ klar strukturierten Sitz-
ordnung und der Zeitraum, in der *ders* stattfindet, ist festgelegt und klar umrissen.
Auf einer Art ‚Lehrplan' stehen die *Risale-i Nur* (osm. Episteln/Briefe des Lichts)
und die Schriften Gülens, in deren Lehren man unterwiesen wird.

Mit *sohbet* wird schließlich neben dem Abend im Allgemeinen die Praxis des
gemeinsamen religiösen Austauschs im Besonderen bezeichnet. Im Zentrum steht
hier das ‚*okumak*' (türk. lesen, studieren) der *Risale-i Nur*.[17] Der *ağabey* liest
i. d. R. zunächst Passagen aus den Schriften Nursis vor. Er übersetzt den osmanischen Text, der sich auf die arabischen Suren des Koran bezieht, Stück für Stück
ins Türkische und bei Verständnisschwierigkeiten seitens der Teilnehmenden
auch ins Deutsche (‚Üstad ne diyor?' ‚Was sagt der Lehrer?'). Die Themen kreisen in seinen Erläuterungen etwa um die subjektive Innerlichkeit des islamischen
Glaubens *(iman)*, damit verbundene religiöse Vorstellungen vollkommenen Wissens *(ilim)*, ein pflichtgemäßes bzw. tugendhaft-asketisches Handeln (*ibadet* bzw.
edep), das angesichts des nach Lust strebenden Verlangens im Menschen *(nefs)*
in den passenden Ritualen zum Ausdruck kommen soll, sowie die individuelle
Lebensführung im Sinne des Dienstes an Gemeinschaft und Gesellschaft *(hizmet)*.

Dabei geht es allerdings um ein Übersetzen im zweifachen Sinne. Zum
einen müssen passende Denotate für die osmanische und bisweilen auch für die

---

[17]Dabei handelt es sich um einen auf Osmanisch durch Said Nursi verfassten Kommentar
des Koran, auf den sich auch Gülen weitgehend bezieht. Die einzelnen Kapitel der *Risale*
beziehen sich auf die arabischen Suren des Korans. Sie wurden von Nursi hinsichtlich ihrer
Bedeutung für den muslimischen Glauben angesichts der Gegenwart erläutert.

türkische Sprache gefunden werden. Zum anderen geht es darum, den inhalt-lichen Sinn in die heutige Lebenswelt der Teilnehmenden zu übertragen. Ein für die Bewegung und *hizmet* sensibler Punkt. Denn hier entscheidet sich, ob die reli-giösen Botschaften überhaupt gehört, das heißt als sinnvoll erachtet werden kön-nen. Sie können es nur dann, so unsere Beobachtung, wenn sie im gemeinsamen Lesen als relevant für die jeweiligen Lebenslagen eingeschätzt und interpretiert werden. Zu diesem Zweck greift der *ağabey* auf verschiedene rhetorische For-men zurück. Entweder werden die Inhalte des Korans, die im Islam als das vom Propheten Muhammed überlieferte Wort Gottes ausgezeichnet und damit schon genealogisch charismatisiert sind, gepredigt (*‚Peygamber Efendimiz ne diyor?‛*, ‚Was sagt unser Herr Prophet?‛) oder die Kommentare Nursis und Gülens wer-den erläutert (*‚yani‛*, ‚das heißt‛ oder ‚das bedeutet‛) und deren Relevanz für die heutige Zeit plausibilisiert. Der *ağabey* versichert sich auf diesem Wege bei den Teilnehmern (*‚anlatabildim mi?‛* ‚konnte ich das erklären?‛), ob seine Inter-pretationen von ihnen als überzeugend eingeschätzt wurden.

Die teilnehmenden Akteure sind dadurch besonders herausgefordert, sich sowohl intellektuell in die Sache zu versenken als auch ihren Glauben zu vertiefen, bzw. die Glaubensinhalte zu prüfen. Sie werden als Subjekte adressiert, indem ihre Deutungen hinsichtlich der Glaubensinhalte und islamischen Lebensweise erfragt und thematisiert werden. Der *ağabey* muss seinerseits zwischen der spirituellen Referenzquelle aller Muslime, dem Koran, ihren Interpretationen durch Nursi und Gülen sowie den Lebenswelten der Teilnehmer, wie gesehen, vermitteln. Im Gegen-satz zur Praxis von *muhabbet,* des gemeinsamen Plauderns, stellen die Studierenden mit dem *ağabey* im *sohbet* eine – von Nursi und in Folge von Gülen wiederauf-genommene – tradierte Praxis des Sprechens und Erzählens her (vgl. Yavuz 2004).

Alle drei Logiken, die mit den Begrifflichkeiten verbunden sind, können allen-falls analytisch getrennt werden. Sie tauchen in den Phasen des Abends allerdings mit unterschiedlicher Gewichtung auf. Um von *ders* und *sohbet* zu sprechen, bedarf es vor allem konzentrierter Abschnitte der gemeinsamen Sammlung, während von *muhabbet* tendenziell in den eher zerstreuten Phasen gesprochen wird. Dennoch finden auch Wechsel statt. Dass alle Logiken an einem Abend zusammenkommen und nie eine von ihnen dominant zu werden droht, lässt die Gesprächskreise, unseren Beobachtungen zufolge, als besonders attraktiv für die Teilnehmer erscheinen, wobei die Logik des namensgebenden *sohbet* wohl den Kern des Abends darstellt. Der *ağabey* muss daher nicht nur die Rollen des Lebensberaters, Predigers und Lehrers ausfüllen, sondern auch geschickt aus-tarieren können.

In besonders prägnanter Weise lässt sich die Sprachpraxis des *sohbet* als Sozialisationsraum verstehen. Die dortigen kommunikativen Praktiken sind durch eine feldspezifische Mehrsprachigkeit[18] gekennzeichnet. Die Teilnehmer kommen mit der osmanischen religiösen Sprache Nursis und der nicht weniger anspruchsvollen türkischen Sprache Gülens in Kontakt. Dies geschieht sowohl innerhalb von *muhabbet* mit dem *ağabey* auf Deutsch und Türkisch als auch in der Logik des *sohbet*. Hier gilt es, sich mit zentralen Begriffen (zum Beispiel *ilim* oder *edep*) vertraut zu machen und deren Bedeutung durch die interpretative Übersetzungsarbeit seitens des *ağabey* und der Gruppe zu erschließen. Als *ders* sind die Begriffe zugleich verpflichtender Lerninhalt, über den verfügt werden muss, wenn die Glaubensinhalte der Kommentare Nursis und Gülens auf das eigene Leben angewendet oder auch selbst einmal als *ağabey* weitergegeben werden sollen. So berichten sich die Studierenden auch gegenseitig von ihren ersten Erfahrungen im selbstständigen Lesen der *Risale-i-Nur*. Erst einmal würden sie nur wenig verstehen, doch ‚gewöhne‘ (‚alışmak‘) man sich schnell daran.

Das Türkische, das für die meisten neben Deutsch und den üblichen Mischformen Alltagssprache ist, erscheint in den Gesprächskreisen im Kontext religiös konnotierter Bildungssprachen des Osmanischen und Arabischen und durch die Schriften Gülens selbst als Bildungssprache. Es wird dadurch gegenüber einer sonst von den Teilnehmern wahrgenommenen diskriminierenden Abwertung im hiesigen öffentlichen Diskurs (vgl. Mecheril/Quehl 2006) oder durch schulische Verbote (vgl. Dirim 2010) symbolisch aufgewertet. Wir vermuten daher, dass die Studenten sich als Sprecher dieser Sprache in diesem Sinne selbst gewürdigt fühlen, auch und gerade dann, wenn es für sie schwer ist, sich die osmanische oder arabische Sprache anzueignen. Hier zeigt sich, wie sich die migrationsgesellschaftlich geprägten symbolischen Distinktionen in sprachlichen Praktiken niederschlagen.

Zusammenfassend lässt sich festhalten, dass es in den Gesprächskreisen nicht allein um Vermittlung und Aneignung spezifischer Glaubensinhalte oder eine muslimische Erziehung geht. Vielmehr legen die vorgestellten Praktiken und rekonstruierten Logiken nahe, von Habitualisierungen zu sprechen. Durch leiblich-mimetischen, praktischen Vollzug bilden die Akteure Gewohnheiten aus, sich

---

[18]In unserem Verständnis umfasst Mehrsprachigkeit nicht nur als sogenannte Mutter-, Herkunfts- oder Fremdsprachen bezeichnete unterschiedliche Sprachsysteme, sondern innerhalb dieser divergierende alltagssprachliche und fachsprachliche Register (vgl. Halliday/Hasan 1976) und peerkulturelle, dia-, sozio- und ‚ethnolektale‘ Ausformungen (vgl. Keim 2011), in denen Codemixing und -switching weniger die Ausnahme denn die Regel ist.

selbst als ein muslimisches, religiös gebildetes Subjekt zu erfahren und sozial anzuerkennen. Hierbei steht nicht so sehr das Was der Inhalte, sondern das Wie der Formen des Miteinanders im Vordergrund.

Zur lebensgeschichtlichen Bedeutung des *sohbet*

Während unsere Beobachtungen bislang auf die Habitualisierungen der Praxis eines *sohbet* fokussierten, soll nun im Folgenden anhand zweier biografischer Fallskizzen vorgestellt werden, wie die Teilnahme lebensgeschichtlich gerahmt und ausgestaltet wird. Fokussiert werden dazu Auszüge aus Erzählungen von zwei Teilnehmern des *sohbet*, Metin und Hamit,[19] in denen sie in je individueller Weise ihre schulischen Erfahrungen in Zusammenhang mit den Praktiken des *sohbet* präsentieren.[20]

Metin – Schulische Hyperaktivität und selbstgesetzte Ziele

Metin beginnt seine Erzählung, in der er auf die Schule zu sprechen kommt, mit den Worten: *„Also, ich war früher sehr hyperaktiv auch, muss man sagen. Also erste bis vielleicht achte, neunte Klasse war ich sehr hyperaktiv. Ich konnte, ich konnte nicht auf, nem Stuhl bleiben."*

Er nimmt in der biografischen Rückschau einen relativ langen Zeitraum in den Blick, den er mit der Erfahrung von Hyperaktivität insgesamt charakterisiert. Nicht auf einem Stuhl sitzen bleiben zu können, scheint für ihn gleichermaßen die verdichtete Metapher seiner Erfahrung zu sein, als auch für die Ansprüche der

---

[19]Die beiden Interviewten sind durch die gewählten Namen anonymisiert. Hamit ist zum Zeitpunkt des Interviews 28 Jahre und Metin 21 Jahre alt. Beide studieren, bzw. haben studiert. Sie präsentieren ihre Lebensgeschichten also im heutigen Bewusstsein, in diesem Sinne bildungserfolgreich zu sein. Ihre Lebensgeschichten weisen die gleichen thematischen Großfelder Familie, religiöse Orientierung, Adoleszenz und schulische Bildung auf. Während Hamits Teilnahme am *sohbet* immer wieder unterbrochen wird, nimmt Metin kontinuierlich teil.

[20]Dafür nutzten wir die erzählgenerierende Aufforderung „Ich möchte dich gerne bitten, dass du mir deine Lebensgeschichte erzählst".

schulischen Institution zu stehen. Diesen Ansprüchen an körperliche Disziplin nicht genügen zu können, erklärt er sich durch eine Diagnose seiner Aktivität als abnorme Hyperaktivität. Während es vielleicht als normal für Kinder angesehen wird, körperlich aktiver als Erwachsene zu sein, sieht er sich rückblickend bereits zum frühen Zeitpunkt der Einschulung und über eine lange Zeitspanne bis zur achten, neunten Klasse eher als pathologischen Fall, der nicht zu den normalen Erwartungen passt. Im Interview wird deutlich, dass ihm die Diagnose aber nicht attestiert wurde, sondern er diese selbst diagnostiziert. Er bedient sich also an dieser Stelle der Sprache des weit verbreiteten schulisch-medizinischen Diskurses um ADHS und Hyperaktivität, die zwar eine Zeitspanne zu erklären beansprucht, aber dadurch eher die einzelnen konkret damit verbundenen Erfahrungen, die er gemacht hat, nicht zum Ausdruck bringt, sondern vielmehr verdeckt.

Seine Diagnose verdeutlicht in der Erzählung dennoch dreierlei. Erstens erfüllt sie die Funktion, dem Interviewer gegenüber deutlich zu machen, keine Verantwortung dafür zu tragen, nicht den schulischen Erwartungen entsprochen zu haben. Wer krank ist, erleidet etwas. Es war etwas mit Metin, für das er nichts konnte. Zweitens bringt sie zum Ausdruck, dass die schulischen Erwartungen als Norm, hier auch in Gestalt körperlicher Gesundheit, akzeptiert werden. In Bezug dazu positioniert er sich damit als Kranker, als ein Anderer, ein von der Norm Abweichender. Drittens markiert sie für ihn eine biografische Krise in der schulischen Institution, die es im Laufe seiner Biografie zu bearbeiten gilt. Eine Krise, deren Zustandekommen er dominant sich selbst zuschreibt, wenn er im Laufe seiner Erzählung erklärt, *„in der Schule Probleme gemacht"* zu haben.

Erst in der 10. Klasse ändert sich die Lebenssituation für Metin schlagartig, wie er weiter berichtet, als er durch seinen Vater mit der ,Gülen-Bewegung' und daraufhin mit den *ağabeyler* in Kontakt kommt. *„Die Leute um mich herum, die hatten alle fast studiert, die hatten wenigstens oder die waren fast mit dem Abitur fertig und das hat mich auch motiviert."* Für ihn ist fortan völlig klar, dass sein nächstes Ziel verbindlich darin bestehen muss, seinen Schulabschluss zu machen und das Abitur anzustreben. Zuvor war dies mit Metins Worten *„gar nicht"* in seinem *„Lebensbild geprägt"*. Die *ağabeyler* üben einen großen und vorbildhaften Einfluss auf ihn aus, ihm das Abitur als erstrebenswertes Bildungsziel zu vermitteln. Dies geschieht, so wird es im Laufe seiner Erzählung immer deutlicher, nicht so sehr durch das, was sie sagen, sondern vielmehr durch das, was sie für ihn darstellen. Die durch seine schulischen Erfahrungen ausgelöste biografische Krise wird durch seine Orientierung an den älteren Muslimen mit einem hohen Bildungsstatus bearbeitet. Metin erobert nun sozusagen den schulischen Bildungsraum für sich, von dem er sich vor seinem Eintritt in *hizmet* und *sohbet* ausgeschlossen betrachtete. Dazu hat für ihn eine durch die Praktiken des *hizmet* initiierte Selbstreflexion geführt. Metin gibt eine seiner Ansicht nach einseitige ökonomische Orientierung am Selbstnutzen auf, die mit Blick auf seine Lebenswelt in einer Fokussierung auf Geld und materielle Werte bestehe. Innerhalb der Gesellschaft und insbesondere der Gruppe der „türkischen Eltern" verhindere sie Bildungsaufstiege, wie er erklärt. Seine neue Orientierung ist ein langfristiger Bildungsplan im Sinne des sozialen Aufstiegs in dem „man" nicht länger Geld „für sein Auto", sondern „in sein Kind (…) investiert".

Die Teilnahme am hizmet stellt für ihn im Hinblick auf seine Vergangenheit daher eine einschneidende Erfahrung dar, die ein Umdenken für ihn nötig machte. Dem ağabey, der ihn und seine Freunde trotz des „Ärgers", den sie ihm machten, betreute, begegnete er daher zunächst mit Unverständnis: „Das hat mir immer so Fragezeichen gemacht. […] Ich hab' nicht verstanden warum." Diese „Fragezeichen" arbeiten aber weiter in ihm. Er beginnt, sich und seine bisherigen Orientierungen infrage zu stellen. Metin wechselt allmählich seinen vormals auf Materielles ausgerichteten Orientierungsrahmen zu einem, der Aspekte des Spirituellen in den Mittelpunkt rückt. Dies führt ihn in seinen Worten weg von den „türkischen Jugendlichen" hin zu den „schönen Menschen". Diese sieht er repräsentiert durch die bildungserfolgreichen ağabeyler: „Ja man, man sagt zum Beispiel auch bei uns: Du ähnelst den Menschen, den, die in deiner Umgebung sind. Oder: Du bist genauso wie dein, zeig' mir deinen Freund und ich zeig' dir wer du bist." Selbst so, wie die gebildeten ağabeyler zu sein, wird zu seinem selbstgesteckten Ziel.

Die vergemeinschaftende Praxis des sohbet erscheint in Metins Erzählung als Narrativ der Bewegung vom Aufstieg durch Bildung und entfaltet zugleich innerhalb seiner Biografie ihren individuellen Sinn. Im Sinne von hizmet ist es für Metin die gemeinsam geteilte Lebenswelt, die über Bildungserfolg und -misserfolg entscheidet. Seine hohe moralische Identifikation mit den ağabeyler folgt daher für Metin daraus, dass diese als Muslime bildungsorientiert und -erfolgreich sind und weniger dadurch, dass sie für ihn religiös charismatische Autoritäten darstellen. Metin sieht sich nunmehr in der Lage, nicht nur einen drohenden Schulabbruch abzuwenden, sondern nach erneutem Schulwechsel auch das Abitur zu bestehen und ein Studium aufzunehmen. Dies wird dann im Laufe der weiteren Erzählung metaphysisch überhöht, denn in seinem neu beschrittenen Weg liegt nun für ihn auch der „Weg zu Gott". Seinen schulischen Erfolg wertet er als Weg in das „System Gottes".

Aus Metins Narrationen entsteht damit insgesamt der Eindruck, dass die Habitualisierungen in hizmet und sohbet in seinem Fall ein Passungsverhältnis zur vorherrschenden Schulkultur ermöglichen können, die er als ihn ausschließend erlebt hat. Erst von den Akteuren umgeben, die sich in Glauben und Lebensführung sowohl als fromme Muslime wie bildungserfolgreiche Subjekte begreifen und die sich dessen gegenseitig vergewissern, kann er rückblickend seine schulische Laufbahn als eine zu ihm passende Lebensform denken. Er gewinnt im heutigen Bewusstsein des persönlichen Bildungserfolgs Deutungshoheit und Gestaltungswillen seines als krisenhaft wahrgenommenen Bildungsverlaufs zurück.

Hamit – Nachdenken, Selbstdisziplin und eine alternative ,Pädagogik der Herzen'

Hamit erlebt die Lehrenden in der Schule rückblickend, bis auf eine Ausnahme, als an seiner Person vollkommen desinteressiert. Er sei ihnen *„schnurzpiepegal"* gewesen. Den LehrerInnen habe es schlicht an Vertrauen in seine Fähigkeiten gemangelt. Doch nicht nur die fehlende soziale Anerkennung durch die Lehrerschaft sondern auch deren mangelnde emotionale Sensibilität lassen die Praktiken des *sohbet* zu einer alternativen Pädagogik für ihn werden:

> „Die vom sohbet, vielleicht hast du das gemerkt, die sind sehr sensibel, (…) die achten sehr, sehr drauf oder wir achten sehr, sehr drauf, dass wir keinem das Herz brechen, so verstehst du? Unter anderem, wenn ich die Sensibilität beibehalten kann ist das gut für mich und auch gut für die Schüler in Zukunft, dass die vielleicht mal sehen dass ich, dass ein Lehrer mal sich um die Schüler kümmert. Der für die Schüler da ist."

Er, dem offenbar selbst das *„Herz"* gebrochen wurde, sieht sich damit zum einen als Person in seiner Individualität von der Schule ausgeschlossen und zum anderen dort als Bildungssubjekt nicht ernst genommen, weil ihm nicht zugetraut wird, sich als ein solches erweisen zu können. Die Aufmerksamkeit und die (Herstellung von) Nähe, die sich Hamit im *sohbet* zeigen, deutet er damit auch als notwendige professionelle Kompetenzen. Professionelle LehrerInnen sind in seinen Augen auch *„für die Schüler da"*. Die von Hamit im Laufe des Interviews geschilderte negative Passung zu Schule und schulischer Bildungskultur zeigt sich in seinem Fall als schulische Abwertung vor allem seiner Person, das heißt seiner Individualität, und seiner zu entwickelnden Fähigkeiten:

> „Auf dem Gymnasium hat sogar ein Lehrer zu mir gesagt hier: Herr P., [.] weiß ich noch ganz genau, meine erste Deutschklausur in der elften [.], sie werden es hier an der Schule nicht schaffen, gehen sie direkt ab. Knallhart."

Die fehlende Anerkennung, so wird im daran anschließenden Verlauf nicht minder deutlich, resultiert aus der schulischen Konstruktion von Hamit als einem

Migrationsanderen. Mit der individuellen Aufmerksamkeit und einer ‚Pädagogik der Herzen' verbindet sich daher für ihn nicht zuletzt die Hoffnung,

> „dass man vielleicht in Zukunft gar nicht mehr darauf guckt, welche Nationalität der [Schüler] hat, man [in der] Hauptsache objektiv beurteilen kann."

So erzählt Hamit seine gesamte Lebensgeschichte innerhalb starker Kontraste zwischen seiner eigenen schulischen Erfahrung, keine Anerkennung durch die Lehrenden erfahren zu haben und seinem Verständnis einer dazu alternativen Pädagogik, wie sie für ihn in den *sohbetler* und des *hizmet* gelebt wird. Aber auch die Version des Islam, wie sie ihm in seiner Jugend in den Moscheen begegnet ist, und der Auslegung im *hizmet* bilden einen Gegensatz: „*früher als Kind, in der Moschee, vielleicht kann ich mich nicht daran erinnern, weiß ich nicht, hatte ich halt nicht so, hat man nicht, nachgedacht bzw. hier sagen sie ja: denkt*[21] *darüber nach"*. Auch Hamit greift damit in der Erzählung seiner Kindheit auf ein zentrales Narrativ des Bildungsnetzwerkes zurück, beim durch die Akteure der ‚Gülen-Bewegung' vertretenen Islam handele es sich um eine moderne Variante. Dies macht sich für Hamit nicht nur daran fest, dass in den *sohbetler* immer auch auf naturwissenschaftliche Inhalte, die für ihn als ehemaliger Student und gegenwärtiger Lehrer verbindlich sind, rekurriert wird, sondern dass das eigene Denken im Glauben gefordert sei. Dies werde laut Hamit im *sohbet* gegenüber dem „*Auswendiglernen"* religiöser Inhalte, wie es aus seiner Sicht in den traditionellen Moscheen praktiziert wird, gepflegt.

Die Differenz zwischen einer Glaubenspraxis, wie sie in den Moscheen vermittelt werde, und die auf Reflexionsprozesse ausgerichtete Praxis im *sohbet* hat für ihn eine motivierende Funktion. Vor dem Hintergrund seiner schulischen Erfahrungen interpretiert er das zum-eigenen-Denken-aufgefordert-Werden als Aufruf, sich einen „*Ruck"* zu geben und den „*Flausen"*, die er während seiner Pubertät „*im Kopf"* hatte, nicht weiter nachzugehen. Dazu nutzt Hamit von ihm zweckgerichtet eingesetzte Disziplinierungstechniken, eine asketische Haltung einnehmen zu können. Deren Einsatz macht er aus heutiger Sicht dafür verantwortlich, sich „nicht vom Weg abbringen" zu lassen, das heißt seine Schullaufbahn erfolgreich abgeschlossen und ein Studium aufgenommen und beendet zu haben. In der Metapher vom Weg bzw. wahren Weg zeigt sich ähnlich wie bei Metin

---

[21]Betonungen werden durch Unterstreichung gekennzeichnet.

auch in Hamits Erzählung, welchen Einfluss an dieser Stelle nun auch die religiöse Semantik sowie die strukturgebenden Ritualisierungen der *sohbetler* auf biografischer Ebene gewinnen können.

Fazit – Vom Ethos gesellschaftlichen Aufstiegs im deutschen Bildungssystem

Eine migrationswissenschaftliche Forschung als Kritik (vgl. Mecheril et al.
2013), an die wir mit diesem Beitrag u. a. anschließen möchten, fragt danach,
welche Strukturen asymmetrische Machtverhältnisse zwischen unterschiedlichen Personen und Gruppen in der Gesellschaft hervorbringen. Insbesondere
Migrationsphänomene scheinen auf „dynamische Art und Weise gesellschaftliche
und politische Machtverhältnisse widerspiegeln oder hervorrufen sowie zugleich
befestigen und destabilisieren" (Mecheril et al. 2013, S. 9) zu können. Wenn
also die Bildungsinitiativen der ‚Gülen-Bewegung' untersucht werden, bedeutet
dies zum einen, darin einen produktiven Modus der Hervorbringung migrations-
gesellschaftlicher Wirklichkeit zu erkennen. Zum anderen aber bedeutet es auch,
die spezifischen Grenzziehungen, die etwa im Bildungssystem in Form von Dis-
paritäten und Bildungsbenachteiligungen von sogenannten Migrantenkindern
auftauchen, zu analysieren. Die spezifische Attraktivität der ‚Gülen-Bewegung'
zeichnet sich gerade vor diesem Hintergrund ab (vgl. auch Geier/Frank 2016a, b).

Mit Blick auf schulische Mechanismen, in deren Folge Bildungsungleich-
heiten entstehen, liegt es dadurch insbesondere nahe, an pädagogische Forschungen zu schulischen „Passungsverhältnissen" anzuschließen (vgl. Kramer/Helsper
2011). Dies jedoch mit umgekehrten Vorzeichen: In den vorgestellten Ergeb-
nissen unserer Studie scheint in den Darstellungen der befragten Jugendlichen
und jungen Männer immer wieder die Semantik einer ausgrenzenden Schulkultur
auf, nach der ihnen im Sinne einer schulischen „symbolischen Sinnordnung"
(vgl. Helsper 2008) zugeschrieben wird, einer Kultur anzugehören, die nicht
bildungserfolgreich sein kann, weil sie wenig bildungsorientiert, kulturdifferent
und mit der Moderne nicht kompatibel sei.

Die Akteure der ‚Gülen-Bewegung' bearbeiten die damit einhergehenden Diskriminierungen und Differenzerfahrungen im informellen Bildungsbereich der
sohbetler. In diesem muslimischen Bildungs- und Sozialisationsraum werden die
Teilnehmer als fromme und bildungsaffine Subjekte adressiert. Durch die religiöse Expertise des *ağabey* werden ihre Deutungen dabei validiert und legitimiert
sowie in lebensberatender Funktion für alltagspraktische Problemlagen genutzt.
Indem die türkische Sprache im *sohbet* als islamisch-tradierte Bildungssprache

praktiziert wird, können sich die Teilnehmer darüber hinaus abseits eines wohl noch immer in Schule vorzufindenden „monolingualen Habitus" (Gogolin 2008) positionieren. Interaktiv stellen sie Übereinkunft darüber her, sich in Abgrenzung von anderen muslimischen Gruppierungen nicht allein in der bloß äußerlichen Befolgung religiöser Gebote zu üben, sondern vor allem darin, nachzuvollziehen, warum sie auch in der Moderne weiterhin plausibel und damit legitim sind, befolgt zu werden. Zugehörigkeitslogisch subjektivieren sich die Teilnehmer damit wiederum als differente, aber eben als bildungsorientierte und -erfolgreiche lernende Muslime.

Auf biografischer Ebene zeigt sich aus unserer Sicht, wie angesichts der wahrgenommenen mangelnden schulischen Anerkennung als Bildungssubjekte, in den Praktiken des *sohbet* eine spezifische Kultur des Selbst entsteht. So entwickelt Metin beispielsweise einen vor allem schulischen „Anlage-Sinn" (Bourdieu 1982, S. 151), also einen Sinn dafür, durch welche Strategien schulischer Erfolg für ihn möglich werden kann. Hamit nutzt die Teilnahme an *sohbet* und *hizmet* in seiner Bildungsbiografie hingegen dafür, sich selbst für seinen Bildungsaufstieg zu disziplinieren. Als fromme und bildungsorientierte Muslime, so liegt es nahe, können sie nunmehr schulische Erwartungen und das damit verbundene „imaginäre Autonomieideal" (Hummrich 2009, S. 314 ff.) erfolgreich bearbeiten. In beiden Biografien zeigt sich, wie muslimische Semantik, die Programmatik der ‚Gülen-Bewegung' und das Narrativ von gesellschaftlichem Aufstieg miteinander verwoben werden. Seelisch emporzusteigen, im Sinne einer metaphysisch begründeten religiösen Bewusstwerdung, bedeutet für Metin und Hamit gleichermaßen im weltlichen Sinne gesellschaftlich aufzusteigen, womit sich beide in diesem Punkt als getreue Ausgestalter des gülenschen Ideenkosmos erweisen.

In den Praktiken und Biografien der ‚Gülen-Bewegung', wie wir sie exemplarisch anhand eines *sohbet* für Studierende analysierten, zeigt sich damit ein Ethos des Aufstiegs, das im Sinne des Bildungsgedankens auf Perfektibilität, also auf die Fähigkeit zur Vervollkommnung angelegt ist. Der Wunsch, die eigene Leistungsfähigkeit und -bereitschaft zu steigern, erscheint daher kompatibel damit, auch hinsichtlich formaler Bildung erfolgreich zu sein und sich als Muslim im Sinne der ‚Gülen-Bewegung' zu subjektivieren. Das Netzwerk und seine Akteure interpretieren also die Migrationsgesellschaft vor allem als Leistungsgesellschaft. Das Bildungskonzept der ‚Bewegung', das die Akteure vor diesem Hintergrund interpretieren, lässt sich damit als ein islamisch legitimiertes Bildungsversprechen des *sohbet* verstehen, für das eben nicht die öffentlichen Bildungsinstitutionen, sondern das Netzwerk der ‚Gülen-Bewegung' die notwendigen Ressourcen (Initiierung, Begleitung, Unterstützung) bereitstellt. Deren Akteure können aus Sicht der von uns Befragten glaubwürdig verbürgen, ihren Bildungserfolg auch wirklich einlösen zu können. In ihren Interpretationen fungieren die Bildungsinstitutionen im religiösen Sinne als Orte der Bewährung im Diesseits für das Jenseits. Die Institutionen sollen daher nicht verändert werden, sondern das Individuum wird aufgerufen, sich zu ändern: Es muss eine Anpassungsleistung erbringen. Dennoch, so unser Eindruck im Feld, geht damit die Hoffnung der Akteure einher, einen behutsamen Wandel aufseiten der sogenannten Mehrheitsgesellschaft in Gang setzen zu können, türkische Muslime nicht länger als an formaler Bildung desinteressiert wahrzunehmen.

Das bis hierhin Entwickelte führt für uns zur unmittelbaren Notwendigkeit, zwei herkömmliche Perspektiven zu verlassen: Zum einen kann nicht länger davon ausgegangen werden, dass muslimische Praktiken und Orientierungen Bildungserfolge verhindern. Insbesondere zeigt sich in unserem Feld, wie sie als Ressourcen praktischer Lebensbewältigung fungieren und sich damit positiv für mögliche Lern- und Bildungsprozesse erweisen können. Zum anderen ist die immer wieder aufs Neue heraufbeschworene Annahme zurückzuweisen, Religiosität verhindere gerade im Kontext von Migrationssituationen Freisetzungsprozesse.

Für Forschung und Lehre lässt sich damit insgesamt die Aufgabe formulieren, dass Normalitätserwartungen des eigenen Denkens, Handelns und Wahrnehmens kritisch zu reflektieren sind, wenn in den Blick gelangen soll, wie Differenzmarkierungen entstehen und reproduziert werden. Für eine hierauf fokussierende reflexiv-forschende LehrerInnenbildung (vgl. Geier 2016) geht vor dem Hintergrund zunehmend ‚islamkritischer' Diskurse die Hoffnung einher, der wissenschaftsseitigen und schulischen Adressierung von türkisch-muslimischen Kindern und Jugendlichen als Differente und Bildungsverlierer entgegen zu treten.

Literatur

Adick, C. (2012): Transnationale Bildungsorganisationen: Global Players in einer Global-Governance-Architektur? In: Tertium Comparationis. Jg. 18. 1, S. 82–107.
Agai, B. (2004): Zwischen Netzwerk und Diskurs. Das Bildungsnetzwerk um Fethullah Gülen (geb. 1938). Die flexible Umsetzung modernen islamischen Gedankenguts. Schenefeld bei Hamburg: Eb-Verlag.
Agai, B. (2010): Die Arbeit der Gülen-Bewegung in Deutschland: Akteure, Rahmenbedingungen, Motivation und Diskurse. In: Homolka, W./Hafner, J./Kosman, A./Karakoyun, E. [Hrsg.]: Muslime zwischen Tradition und Moderne. Die Gülen-Bewegung als Brücke zwischen den Kulturen. Freiburg: Herder, S. 9–55.
Amann, K./Hirschauer, S. [Hrsg.] (1998): Die Befremdung der eigenen Kultur. Frankfurt am Main: Suhrkamp.

Autorengruppe Bildungsberichterstattung (2016): Bildung in Deutschland 2016. Bielefeld: W. Bertelsmann.

Badawia, T. (2002): ‚Ana laha': ‚Ich nehme es selbst in die Hand' – Muslimische Jugendliche und ein islamischer Bildungsauftrag, für den sich sonst keiner zuständig fühlt. In: Bukow, W.-D. [Hrsg.]: Islam und Bildung. Opladen: Budrich, S. 115–134.

Badawia, T. (2005): Thesen zur Förderung gesellschaftlicher Partizipation von muslimischen Kindern und Jugendlichen. In: Neue Praxis. Jg. 35. 2, S. 158–186.

Bade, K. J. (2011): Ich sitze keinem Polit-Büro vor. FAZ vom 18.05.2011.

Bade, K. J. (2013): Kritik und Gewalt: Sarrazin-Debatte, ‚Islamkritik' und Terror in der Einwanderungsgesellschaft. Schwalbach: Wochenschau.

BAMF (2009): Muslimisches Leben in Deutschland. Nürnberg: BAMF.

Barz, H. (2017): Feindbild Gülen. In: MERKUR, 71 (812), S. 31–43.

Barz, H./Liebenwein, S. (2011): Der Generationenbegriff in Bildungskontexten – Eine Montage. In: Eckert, T./von Hippel, A./Pietraß, M./Schmidt-Hertha, B. [Hrsg.]: Bildung der Generationen. Wiesbaden: VS Verlag für Sozialwissenschaften, S. 37–52.

Bertelsmann Stiftung (2008): Religionsmonitor 2008. Muslimische Religiosität in Deutschland. Überblick zu religiösen Einstellungen und Praktiken. Gütersloh: Bertelsmann Stiftung.

Bertelsmann Stiftung (2015): Religionsmonitor. Verstehen was verbindet. Sonderauswertung Islam 2015. Gütersloh: Bertelsmann Stiftung.

Boos-Nünning, U./Karakaşoğlu, Y. (2005): Viele Welten leben. Zur Lebenssituation von Mädchen und jungen Frauen mit Migrationshintergrund. Münster u. a.: Waxmann.

Boos-Nünning, U. (2010): Beten und Lernen. Eine Untersuchung der pädagogischen Arbeit in den Wohnheimen des Verbandes der Islamischen Kulturzentren (VIKZ). Abrufbar unter: http://www.vikz.de/index.php/publikationen.html?file=tl_files/vikz/Publikationen/Studie%20Beten_und_Lernen%20von%20Prof%20Dr%20Boos-Nuenning%20280610.pdf (zuletzt geprüft am 13.03.2017).

Boos-Nünning, U. (2011): Die Bildungsarbeit von Migrantenselbstorganisationen – dargestellt unter besonderer Berücksichtigung der Aktivitäten der Gülen-Bewegung. In: Boos-Nünning, U./Bultmann, C./Uçar, B. [Hrsg.]: Die Gülen-Bewegung. Zwischen Predigt und Praxis. Münster: Aschendorff, S. 191–216.

Bourdieu, P. (2009): Entwurf einer Theorie der Praxis. Auf der ethnologischen Grundlage der kabylischen Gesellschaft. Frankfurt am Main: Suhrkamp.

Bourdieu, P. (1982): Die feinen Unterschiede. Kritik der gesellschaftlichen Urteilskraft. Frankfurt am Main: Suhrkamp.

Breidenstein, G./Hirschauer, S./Kalthoff, H./Nieswand, B. (2013): Ethnografie: Die Praxis der Feldforschung. Konstanz: UTB.

Bremer, H./Teiwes-Kügler, C. (2013): Zur Theorie und Praxis der Habitus-Hermeneutik. In: Brake, A./Bremer, H./Lange-Vester, A. [Hrsg.]: Empirisch arbeiten mit Bourdieu. Weinheim und Basel: Belt Juventa, S. 93–129.

Bukow, W.-D. (2007): Junge Muslime in Schule und Ausbildung. In: Wensierski, H.-J. von/ Lübcke, C. [Hrsg.]: Junge Muslime in Deutschland. Lebenslagen, Aufwachsprozesse und Jugendkulturen. Opladen und Farmington Hills: Budrich, S. 213–230.

Bukow, W.-D. (2011): Die Bedeutung der Gülen-Bewegung als soziokulturelle Initiative der Zivilgesellschaft. In: Boos-Nünning, U./Bultmann, C./Uçar, B. [Hrsg.]: Die Gülen-Bewegung. Zwischen Predigt und Praxis. Münster: Aschendorff, S. 175–190.

Dantschke, C. (2007): Die muslimische Jugendszene. Abrufbar unter: http://www1.bpb.
de/themen/ZOEWPE,1,0,Die_muslimische_Jugendszene.html (zuletzt geprüft am
13.03.2017).

Dausien, B./Kelle, H. (2005): Biographie und kulturelle Praxis. Methodologische Überlegungen zur Verknüpfung von Ethnographie und Biographieforschung. In: Völter, B./
Dausien, B./Lutz, H./Rosenthal, G. [Hrsg.]: Biographieforschung im Diskurs. Theore-
tische und methodologische Verknüpfungen. Wiesbaden: VS Verlag für Sozialwissenschaften, S. 189–212.

de Winter, L. (2007): Gottes Boten in der Fremde. DER SPIEGEL vom 22.12.2007,
S. 36–37.

Dirim, I. (2010): ‚Wenn man mit Akzent spricht, denken die Leute, dass man auch mit
Akzent denkt oder so‘. Zur Frage des (Neo-)Linguizismus in den Diskursen über die
Sprache(n) der Migrationsgesellschaft. In: Mecheril, P./Dirim, I./Gomolla, M./Horn-
berg, S./Stojanov, K. [Hrsg.]: Spannungsverhältnisse: Assimilationsdiskurse und inter-
kulturell-pädagogische Forschung. Münster, S. 91–114.

Dohrn, K. (2011): ‚Leben im Hizmet‘. Die Formierung eines frommen Subjektes in Wohngemeinschaften der Gülen-Bewegung. Unveröff. Magisterarbeit, FU-Berlin.

Ebaugh, H. R. (2012): Die Gülen-Bewegung. Eine empirische Studie. Freiburg: Herder.

Foroutan, N./Schäfer, I. (2009): Hybride Identitäten – muslimische Migranten und Migrantinnen in Deutschland und Europa. In: Aus Politik und Zeitgeschichte. (ApuZ 05/2009),
S. 11–18.

Geertz, C. (1987): Dichte Beschreibung. Beiträge zum Verstehen kultureller Systeme.
Frankfurt am Main: Suhrkamp.

Geier, T. (2016): Reflexivität und Fallarbeit. Skizze zur pädagogischen Professionalität von
Lehrerinnen und Lehrern in der Migrationsgesellschaft. In: Doğmuş, A./Karakaşoğlu,
Y./Mecheril, P. [Hrsg.]: Pädagogisches Können in der Migrationsgesellschaft. Wies-
baden: Springer VS.

Geier, T./Frank, M. (2018): Schulreform als Selbsthilfe: Deutsch-Türkische Schulen. In:
Barz, H. [Hrsg.]: Handbuch Bildungsreform und Reformpädagogik. Wiesbaden: Springer VS, S. 299–312.

Geier, T./Frank, M. (2016a): Bildung im hizmet – Zu Bildungspraxen und Biographien junger Studierender im Kontext der ‚Gülen-Bewegung‘. In: Geier, T./Zaborowski, K. U.
[Hrsg.]: Migration: Auflösungen und Grenzziehungen. Zu aktuellen Perspektiven einer
erziehungswissenschaftlichen Migrationsforschung. Wiesbaden: Springer VS, S. 211–
236.

Geier, T./Frank, M. (2016b): Bildungsprozesse in sohbet-Gruppen der‚Gülen-Bewegung‘ –
Zur sozialen Hervorbringung eines muslimischen Bildungssubjektes. In: Hößl, S./
Blaschke-Nacak, G. [Hrsg.]: Islam und Sozialisation. Aktuelle Studien. Wiesbaden:
Springer VS, S. 101–124.

Gerlach, J. (2006): Zwischen Pop und Dschihad. Muslimische Jugendliche in Deutschland.
Berlin: Ch. Links.

Gogolin, I. (2008): Der monolinguale Habitus der multilingualen Schule. 2. Auflage.
Münster u. a.: Waxmann.

Güvercin, E. (2012): Neo-Moslems. Porträt einer deutschen Generation. Freiburg: Herder.

Halliday, M. A. K./Hasan, R. (1976). Cohesion in English. London: Longman.

Helsper, W. (2008): Schulkulturen – die Schule als symbolische Sinnordnung. In: Zeitschrift für Pädagogik. Jg. 54. 1, S. 63–80.

Hitzler, R./Niederbacher, A. (2010): Leben in Szenen. Formen juveniler Vergemeinschaftung. 3. Auflage. Wiesbaden: VS Verlag für Sozialwissenschaften.

Homolka, W./Hafner, J./Kosman, A./Karakoyun, E. [Hrsg.] (2010): Muslime zwischen Tradition und Moderne: Die Gülen-Bewegung als Brücke zwischen den Kulturen. Freiburg: Herder.

Hormel, U. (2010): Diskriminierung von Kindern und Jugendlichen mit Migrationshintergrund im Bildungssystem. In: Hormel, U./Scherr, A. [Hrsg.]: Diskriminierung: Grundlagen und Forschungsergebnisse. Wiesbaden: VS Verlag für Sozialwissenschaften, S. 173–195.

Hummrich, M. (2009): Bildungserfolg und Migration. Biografien junger Frauen in der Einwanderungsgesellschaft. Wiesbaden: VS Verlag für Sozialwissenschaften.

Karakaşoğlu, Y./Öztürk, H. (2007): Erziehung und Aufwachsen junger Muslime in Deutschland. Islamisches Erziehungsideal und empirische Wirklichkeit in der Migrationsgesellschaft. In: Wensierski, H.-J. von/Lübcke, C. [Hrsg.]: Junge Muslime in Deutschland. Lebenslagen, Aufwachsprozesse und Jugendkulturen. Opladen und Farmington Hills: Budrich, S. 146–163.

Keim, I. (2011): Form und Funktion ethnolektaler Formen: türkischstämmige Jugendliche im Gespräch. In: Eichinger, L. M./Plewnia, A./Steinle, M. [Hrsg.]: Sprache und Integration. Über Mehrsprachigkeit und Migration. Tübingen: Narr, S. 157–188.

Kelek, N. (2002): Islam im Alltag. Islamische Religiosität und ihre Bedeutung in der Lebenswelt von Schülerinnen und Schülern türkischer Herkunft. Münster. Waxmann.

Kelek, N. (2007): Erziehungsauftrag und Integration: Eine Auseinandersetzung mit Integrationshemmnissen. In: Deutsche Jugend. Jg. 55. 2, S. 53–59.

Kelek, N. (2008): Die Anhänger des Fethullah Gülen. FAZ vom 21.07.2008.

Kelek, N. (2011): Professor Bade gibt den Anti-Sarrazin. FAZ vom 09.05.2011.

Kiefer, M. (2010): Lebenswelten muslimischer Jugendlicher – eine Typologie von ‚Identitäts- entwürfen'. In: Behr, H. H./Bochinger, C./Rohe, M./Schmid, H. [Hrsg.]: Was soll ich hier? Lebensweltorientierung muslimischer Schülerinnen und Schüler als Herausforderung für den Islamischen Religionsunterricht. Münster: LIT, S. 149–158.

Koller, H.-C. (2009): Der klassische Bildungsbegriff und seine Bedeutung für die Bildungsforschung. In: Wigger, L. [Hrsg.]: Wie ist Bildung möglich? Bad Heilbrunn: Julius Klinkhardt, S. 34–51.

Krais, B./Gebauer, G. (2013): Habitus. 5. Auflage. Bielefeld: transcript.

Kramer, R.-T./Helsper, W. (2011): Kulturelle Passung und Bildungsungleichheit – Potenziale einer an Bourdieu orientierten Analyse der Bildungsungleichheit. In: Krüger, H.-H./Rabe-Kleberg, U./Kramer, R.-T./Budde, J. [Hrsg.]: Bildungsungleichheit revisited. Wiesbaden: VS Verlag für Sozialwissenschaften, S. 103–125.

Kramer, R.-T./Helsper, W./Thiersch, S./Ziems, C. (2013): Das 7. Schuljahr: Wandlungen des Bildungshabitus in der Schulkarriere? Wiesbaden: Springer VS.

KStA (2010): ‚Unser Dschihad ist die Bildung'. Abrufbar unter: http://www.ksta.de/kultur/ schulen--unser-dschihad-ist-die-bildung-,15189520,12691226.html (zuletzt geprüft am 13.03.2017).

Mecheril, P./Quehl, T. [Hrsg.] (2006): Die Macht der Sprachen. Münster: Waxmann.

Mecheril, P./Castro Varela, Maria do Mar/Dirim, I./Kalpaka, A./Melter, C. (2010): Migrationspädagogik. Weinheim und Basel: Beltz.

Mecheril, P./Thomas-Olalde, O. (2011): Die Religion der Anderen. In: Allenbach, B. u. a. [Hrsg.]: Jugend, Migration und Religion. Interdisziplinäre Perspektiven. Baden-Baden: Nomos Verlag, S. 35–66.

Mecheril, P./Thomas-Olalde, O./Melter, C./Arens, S./Romaner, E. (2013): Migrationsforschung als Kritik? Erkundung eines epistemischen Anliegens in 57 Schritten. In: Dies.: Migrationsforschung als Kritik? Konturen einer Forschungsperspektive. Wiesbaden: Springer VS, S. 7–55.

Nordbruch, G. (2009): ‚I love my prophet' – Zwischen Lifestyle, Glauben und Mission. Islamische Jugendkulturen in Deutschland. In: Unsere Jugend. Heft 09/2009, S. 296–303.

Otero, J. S. (2004): Der Beitrag von sozialer Netzwerkbildung bei Migranteneltern zur Integration. Das Beispiel der spanischen Elternvereine. In: Krüger-Potratz, M. [Hrsg.]: Familien in der Einwanderungsgesellschaft. Göttingen: V&R Unipress, S. 97–104.

Prenzel, M./Sälzer, C./Klieme, E./Köller, O. (2013): PISA 2012. Fortschritte und Herausforderungen in Deutschland. Münster: Waxmann.

Pries, L./Sezgin, Z. (Hg.) (2010): Jenseits von ‚Identität oder Integration'. Grenzen überspannende Migrantenorganisationen. Wiesbaden: Springer VS.

Radtke, F.-O. (2013): Schulversagen. Migrantenkinder als Objekt der Politik, der Wissenschaft und der Publikumsmedien. Abrufbar unter: https://mediendienst-integration. de/fileadmin/Dateien/Essay_FOR_Schulversagen_MDI_final.pdf (zuletzt geprüft am 13.03.2017).

Reckwitz, A. (2003): Grundelemente einer Theorie sozialer Praktiken. In: Zeitschrift für Soziologie. Jg. 32. 4, S. 282–301.

Rosenthal, G. (1995): Erlebte und erzählte Lebensgeschichte. Gestalt und Struktur biographischer Selbstbeschreibungen. Frankfurt am Main: Campus.

Rüssmann, U. (2013): Hardliner im Lichthaus. FR-online vom 06.02.2013. Abrufbar unter: http://www.fr-online.de/frankfurt/frankfurt-islam-hardliner-im-lichthaus,1472798,21646276.html (zuletzt geprüft am 13.03.2017).

Şahinöz, C. (2009): Die Nurculuk Bewegung. Istanbul: Nesil.

Schiffauer, W. (2010): Nach dem Islamismus. Die islamische Gemeinschaft Milli Görüş. Berlin: Suhrkamp.

Schneiders, T. G. [Hrsg.] (2010a): Islamfeindlichkeit. Wenn die Grenzen der Kritik verschwimmen. 2., aktualisierte und erweiterte Auflage. Wiesbaden: VS Verlag für Sozialwissenschaften.

Schneiders, T. G. [Hrsg.] (2010b): Islamverherrlichung. Wenn die Kritik zum Tabu wird. Wiesbaden: VS Verlag für Sozialwissenschaften.

Schütze, F. (1983): Biographieforschung und narratives Interview. In: Neue Praxis. Jg. 13. 3, S. 283–293.

Settelmeyer, A./Erbe, J. (2010): Migrationshintergrund. Zur Operationalisierung des Begriffs in der Berufsbildungsforschung. Wissenschaftliche Diskussionspapiere. Heft 112. Online verfügbar unter: https://www.bibb.de/dokumente/pdf/wd_112_migrationshintergrund.pdf.

Shooman, Y. (2014): „… weil ihre Kultur so ist". Narrative des antimuslimischen Rassismus. Bielefeld: transcript.

Şik, A. (2011): Dokunan Yanar [Der es berührt verbrennt sich]. Istanbul: Postaci Yayinlar.

Thies, J. (2013): Wir sind Teil dieser Gesellschaft: Einblicke in die Bildungsinitiativen der Gülen-Bewegung. Freiburg u. a.: Herder.

Tietze, N. (2001): Islamische Identität. Formen muslimischer Religiosität junger Männer in Deutschland und Frankreich. Hamburg: Hamburger Edition.

Topçu, Ö. (2014): Der Feind im eigenen Lager. ZEIT vom 13.02.2014.

Tressat, M. (2011): Muslimische Adoleszenz? Frankfurt am Main: Peter Lang.

Uslucan, H.-H. (2008): Religiöse Werteerziehung in islamischen Familien. Im Auftrag des Bundesministeriums für Familie, Senioren, Frauen und Jugend. Berlin: BMFSFJ.

Wensierski, H.-J. von (2007): Die islamisch-selektive Modernisierung – Zur Struktur der Jugendphase junger Muslime in Deutschland. In: Wensierski, H.-J. von/Lübcke, C. [Hrsg.]: Junge Muslime in Deutschland. Lebenslagen, Aufwachsprozesse und Jugendkulturen. Opladen und Farmington Hills: Budrich, S. 55–82.

Wensierski, H.-J. von/Lübcke, C. [Hrsg.] (2012): ‚Als Moslem fühlt man sich hier auch zu Hause‘. Biographien und Alltagskulturen junger Muslime in Deutschland. Opladen: Budrich.

Wrangel von, C. (2008): Die türkischen Bildungsbürger. FAZ vom 19.02.2008.

Yavuz, H. M. (2004): Die Renaissance des religiösen Bewusstseins in der Türkei. Nur-Studienzirkel. In: Göle, N./Amann, L. [Hrsg.]: Islam in Sicht: der Auftritt von Muslimen im öffentlichen Raum. Bielefeld: Transcript, S. 121–146.

Zinnecker, J. (1991): Jugend als Bildungsmoratorium. Zur Theorie des Wandels der Jugendphase in west- und osteuropäischen Gesellschaften. In: Melzer, W./Heitmeyer, W./Liegle, L./Zinnecker, J. [Hrsg.]: Osteuropäische Jugend im Wandel. Ergebnisse vergleichender Jugendforschung in der Sowjetunion, Polen, Ungarn und der ehemaligen DDR. Weinheim und München: Juventa, S. 9–24.

PD Dr. habil. Thomas Geier, Akademischer Rat am Institut für Allgemeine Didaktik und Schulpädagogik (IADS) der TU Dortmund. Leitung DFG-Projekt: „Die Pädagogik der Gülen-Bewegung – Bildungspraktiken und Biographien in türkisch-muslimischen Gesprächskreisen". Arbeitsschwerpunkte: Migration, Differenz und soziale Ungleichheit in schulischer und außerschulischer Bildung; Pädagogische Professionalität in der Migrationsgesellschaft; Methoden qualitativer Forschung.

Magnus Frank, wissenschaftlicher Mitarbeiter im DFG-Projekt *„Die Pädagogik der ‚Gülen-Bewegung' – Bildungspraktiken und Biographien in türkisch-muslimischen Gesprächskreisen"* am Institut für Allgemeine Didaktik und Schulpädagogik (IADS) an der TU Dortmund. Arbeitsschwerpunkte: Bildung und Islam, migrationsgesellschaftliche Differenz- und Mehrsprachigkeitsforschung sowie Methoden qualitativer Forschung (insb. Ethnographie und Biographieanalyse).

Interreligiöser Dialog in der Kritik

Zugleich: Auseinandersetzung mit den EZW-Texten 238 zur Gülen Bewegung (Hizmet), Berlin 2015

Uwe Gerrens

Seit seinem öffentlichen Schlagabtausch mit dem Minister-, bzw. Staatspräsidenten Recep Tayyip Erdoğan findet der türkische Prediger Fethullah Gülen auch in Deutschland gewisse Beachtung. Manchen Menschen wird erst jetzt bewusst, dass es die von Gülen gegründete „Hizmet"-Bewegung, deutsch „Dienst" (am Menschen, für die Sache Gottes) auch hierzulande gibt. Getreu dem Motto „Baut Schulen, keine Moscheen" unterhält Hizmet Ersatzschulen in Trägerschaft von Elternvereinen, in denen nach deutschem Lehrplan unter Aufsicht der Schulbehörde auch mit nicht-türkischstämmigen, nicht-muslimischen Lehrinnen und Lehrern (nach Maßgabe der Landesgesetze auch mit Mitteln des deutschen Steuerzahlers) unterrichtet wird. Ferner betreibt Hizmet Nachhilfevereine. Viele Menschen überrascht das, weil sie erwarten, eine religiöse muslimische Bewegung müsse Moscheen unterhalten. Das trifft auf diese Gruppierung nicht zu; doch sind bildungsaffine religiöse Gruppen so ungewöhnlich nicht (vgl. Reformation, Pietismus, Jesuiten).

Man kann diskutieren, in welchem Maße Hizmet einem Sufi-Orden ähnelt. Zweifelsohne nahm man Elemente der Sufi-Tradition auf (vgl. Gülen 2003), doch betonte man die Ähnlichkeit nicht sehr, in der Türkei gewiss auch ratsam

---

Aus diesem Band wird im laufenden Text ohne Angaben zitiert. Der Beitrag wurde im Juli 2016 abgeschlossen.

U. Gerrens (✉)
Evangelische Stadtakademie, Düsseldorf, Deutschland
E-Mail: uwe.gerrens@evdus.de

© Springer Fachmedien Wiesbaden GmbH, ein Teil von Springer Nature 2019
H. Barz und K. Spenlen (Hrsg.), *Islam und Bildung*,
https://doi.org/10.1007/978-3-658-26229-7_6

angesichts des Verbots religiöser Orden seit Atatürk. Im Osmanischen Reich besuchten Sufis dieselben Moscheen wie Nicht-Sufis und trafen sich darüber hinaus meist wöchentlich nach dem Abendgebet zum Sohbet (Lehrgespräch) in der „Tekke" (eher einem Gemeindehaus als einem Kloster vergleichbar). Atatürk ließ die „Tekken" schließen, Hizmet nutzt Privatwohnungen, oft studentische Wohngemeinschaften, manchmal „Lichthäuser" genannt. Diese Sozialform erinnert an Konventikelbildung im Pietismus, an private Zusammenkünfte einiger besonders engagierter zu „Bibelstunde" oder „Stund". Im Deutschland des 18. und in der Türkei des 20. Jahrhunderts begegnete das dem Argwohn einer Obrigkeit, die Religionsausübung staatlich kontrollieren möchte. Den freiheitlichen deutschen Staat dagegen interessiert das Innenleben studentischer WGs nur, wenn dort Gesetze verletzt werden. Das ist offensichtlich nicht der Fall. Nichtsdestotrotz stehen „Lichthäuser" in der oft reißerisch aufgemachten Kritik: Gehirnwäsche, Psychoterror, Indoktrination. Was davon zutreffend ist und was Projektion Außenstehender, die sich Religion mit einer gewissen Ernsthaftigkeit betrieben nur als Zwang vorstellen können, lässt sich schwer beurteilen. Der Bundesregierung liegen zu derartigen Praktiken „keine Erkenntnisse" vor (vgl. Bundesregierung, Antwort Jelpke u. a. 06.06.2013, S. 5). Für ein Projekt interkultureller Schul- und Bildungsforschung urteilen Thomas Geier und Markus Frank nach zweijähriger „teilnehmender Beobachtung", beim „Sohbet" handele es sich nicht um Indoktrination, im Mittelpunkt stehe vielmehr das persönliche Nachdenken einer Gruppe bildungsorientierter muslimischer junger Erwachsene über religiöse und gesellschaftliche Fragen unter Anleitung eines älteren Tutors, ağabey (wörtlich: „älterer Bruder"), bzw. abla („ältere Schwester"), der oder die als eine Art Lebensberater, religiöser Expertin und Tutor fungiere (vgl. Geier/Frank 2016). Bei einer solchen Struktur halte ich Gruppendruck für vorstellbar. Den beobachte ich allerdings auch in manch christlich geprägter WG, in pietistischen, evangelikalen oder charismatischen Kreisen, seltener in Volkskirchen oder nichtreligiösen Gruppen.

Als Studienleiter an der Evangelischen Stadtakademie Düsseldorf arbeite ich seit ungefähr sechs Jahren mit dem „Rumi-Forum am Rhein e. V." zusammen, einem Hizmet nahestehenden Dialogverein. Fast dieselbe Zeit sieht sich Hizmet heftigsten Angriffen in der Öffentlichkeit ausgesetzt. Das erschwerte den Dialog, weil die Aufmerksamkeit auf oft reißerisch aufgemachte Kritik gelenkt wurde. Was ist an den Vorwürfen dran, was wird zusammenfallen wie ein Kartenhaus, und wie soll ich mir als einfacher Pfarrer eine Meinung bilden? Als Expertenstimme meiner eigenen Kirche wurde in Fernsehen, Radio und Presse oft Friedmann Eißler gehört, wissenschaftlicher Referent der Evangelischen Zentralstelle für Weltanschauungsfragen (EZW). Jetzt hat er ein eigenes Buch herausgegeben. Im Folgenden widme ich mich 1) den Angriffen selbst, 2) der Publikation der EZW, 3) exemplarisch einem besonders umstrittenen Punkt: der Frage nach der Glaubensfreiheit bei Gülen, 4) dem Islam als Thema bei der EZW, um zuletzt 5) einige Schlüsse für den Umgang mit der Hizmet zu ziehen. Zugleich ist der Beitrag als Umgang mit (religions-)politischen Texten im Unterricht zu nutzen.

Hizmet in der Kritik

Noch vor wenigen Jahren pflegte die deutsche Politik selbstverständliche Kontakte; 2008 und 2009 luden NRW-Landtagspräsidentin Regina van Dinther (CDU) und Integrationsminister Armin Laschet (CDU) gemeinsam mit dem Rumi-Forum zum Fastenbrechen in den Landtag ein (vgl. Landtag NRW 2008). 2011 übernahm der Düsseldorfer Oberbürgermeister Dirk Elbers (CDU) die Schirmherrschaft für ein vom Rumi-Forum veranstaltetes Türkei-Festival. Dagegen wandte sich der Landtagabgeordnete Olaf Lehne (CDU) in einer Kleinen Anfrage an die Landesregierung (SPD/Grüne). Bezug nehmend auf Berichte der Frankfurter Allgemeinen Zeitung, einen wohlwollenden von Rainer Hermann und zwei kritische von Ralph Ghadban und Necla Kelek, fragte er, ob auch die Landesregierung in Gülen einen „Vertreter des türkischen Nationalismus" sehe, der eine islamische Weltherrschaft anstrebe und totalitäre Tendenzen zeige, Scientology vergleichbar (vgl. NRW Landesregierung 21.07.2011).

Die Landesregierung antwortete nach einigen Wochen, Hizmet stehe nicht unter Beobachtung des Verfassungsschutzes, der Verfassungsschutz sammle daher keine Erkenntnisse über deren Funktionäre und sei „nicht befugt, im öffentlichen Diskurs geäußerte Meinungsäußerungen einzelner Personen zu bewerten, wenn sie nicht unmittelbar einer extremistischen Bestrebung zuzurechnen sind oder das Gesamtbild einer extremistischen Bestrebung prägen" (NRW Landesregierung 21.07.2011). Eine ähnliche Antwort erhielten die Linken auf eine Anfrage im Stadtrat(vgl. Rat Düsseldorf 14.07.2011). In Baden-Württemberg lud Ministerpräsident Mappus (CDU) 2010 zum Fastenbrechen unter anderem Hizmet ein. Die Stuttgarter Zeitung titelte „Umstrittene Gruppe eingeladen" (Müller 2010); Landtagsabgeordnete der SPD fragten, ob die Landesregierung die Ansicht Necla Keleks teile, es handele sich um eine „Sekte mit Konzernstruktur", die „einflussreichste politisch-religiöse Geheimorganisation in der Türkei". Die Landesregierung (CDU/FDP) antwortete, die Gülen-Bewegung werde vom Verfassungsschutz nicht beobachtet, „hinreichende tatsächliche Anhaltspunkte für eine extremistische Bestrebung" (Landtag von Baden-Württemberg 2010, S. 4) seien nicht bekannt. Im Jahr darauf besuchte der neue Ministerpräsident Winfried Kretschmann (GRÜNE) eine Gülen-nahe Schule. Nun formulierte eine Gruppe CDU-Abgeordneter, inzwischen Opposition, eine Kleine Anfrage und erhielt aus dem SPD-geführten Integrationsministerium die Antwort, „tatsächliche Anhaltspunkte" für eine extremistische Bestrebung seien „nicht bekannt". Die Gülen-Bewegung sei islamisch, aus Gründen der religiösweltanschaulichen Neutralität bewerte man religiöse Aussagen nicht (vgl. Landtag von Baden-Württemberg 2014). Im Bundestag fragten Abgeordnete der Linken nach Kontakten der Regierung zu Gülen-nahen Gruppen. Die Bundesregierung (CDU/FDP) antwortete: „keine verfassungsschutzrelevanten Erkenntnisse", die Gülen-Bewegung sei „kein Objekt der Verfassungsschutzbehörden" (Bundesregierung 11.10.2011).

Im politischen Ping-Pong-Spiel von Regierung und Opposition wiederholte sich also folgendes Verhaltensmuster: Die jeweilige Opposition (CDU, SPD, Linke) stellte meist unter Berufung auf Necla Kelek Kleine Anfragen zu Kontakten der jeweiligen Regierung zu Hizmet, die jeweilige Regierung (CDU, SPD, GRÜNE, FDP) verneinte hinreichende tatsächliche Anhaltspunkte für Extremismus. Die Presse schrieb einen großen Aufmacher über die Anfrage, einen kleinen oder keinen Artikel über die Antwort. Damit steht Hizmet im öffentlichen Bild schlechter da als andere Verbände, die seit Jahren unter Beobachtung des Verfassungsschutzes stehen und zu denen es dennoch politische Kontakte gibt, nicht nur auf der Islamkonferenz.

Am 02.02.2014 berichteten SPIEGEL und ARD-Magazin „Report Mainz" (vgl. Popp 2014), in einer Gülen-nahen Schule sei Gewalt (durch Mitschüler) und Hirnwäsche (durch Lehrer) vorgekommen, gleichzeitig stehe einem „internen" Papier des baden-württembergischen Verfassungsschutzes zufolge Hizmet in mancherlei Hinsicht im Widerspruch zur freiheitlich-demokratischen Grundordnung. Darauf regte der neue rheinland-pfälzische Innenminister Roger Lewentz (SPD) in einem Brief an Bundesinnenminister Thomas de Maizière (CDU) eine bundesweite Prüfung von Hizmet im Hinblick auf „mögliche extremistische Bestrebungen" (Landesregierung Rheinland-Pfalz 2014) an. Erneut fragten Abgeordnete der Fraktion der Linken im Bundestag, ob die „Ansichten von Fethullah Gülen im Widerspruch zu Teilen der demokratischen Grundordnung, insbesondere zu der Gleichberechtigung von Mann und Frau, der Religionsfreiheit, der Volkssouveränität, der Gewaltenteilung und der Freiheit der Lehre" stünden. Die Bundesregierung (inzwischen CDU/SPD) erklärte, unbeschadet einzelner problematischer Positionen halte sie an ihren bisherigen Auskünften fest. Befragt, ob sie das interne baden-württembergische Papier kenne und dessen Einschätzungen teile, antwortete sie, sie teile die öffentliche Einschätzung des Landes Baden-Württemberg, nach der Hizmet in der Gesamtschau „keine Bestrebungen gegen die freiheitlich-demokratische Grundordnung verfolgt und damit keinen Anlass für eine Beobachtung durch die Verfassungsschutzbehörden bietet" (Bundesregierung 2014). Man werde das Thema beim Antrittsbesuch von Lewentz erörtern. Dieser gab bekannt, er habe lediglich die Einrichtung einer Bund-Länder-Arbeitsgruppe gefordert, die „ergebnisoffen" analysieren solle, eine „Vorverurteilung" werde von ihm „erneut" abgelehnt (vgl. Landesregierung Rheinland-Pfalz 2014). Ähnlich der neue nordrhein-westfälische Innenminister Ralf Jäger (SPD): „Mit Blick auf kritische Berichte über die Gülen-Bewegung benötigen wir Klarheit" (KNA 12.02.2014).

Ein Jahr später veröffentlichte der baden-württembergische Verfassungsschutz einen Prüfbericht mit dem Ergebnis, dass „keine tatsächlichen Anhaltspunkte dafür vorliegen, dass die Gülen-Bewegung mit ihren Aktivitäten in Baden-Württemberg verfassungsfeindliche Bestrebungen verfolgt". Zwar gebe es „vereinzelte Aussagen Gülens, die in Widerspruch zu Kernelementen der freiheitlichen Grundordnung stehen oder zumindest als verfassungskritisch zu bewerten sind", doch fänden diese in Baden-Württemberg „keinen Ausdruck in politisch bestimmten Aktivitäten und Verhaltensweisen, die ziel- und zweckgerichtet darauf ausgerichtet sind, zentrale Verfassungsgrundsätze zu beseitigen oder außer Kraft zu setzen" (Landesamt Baden-Württemberg 25.07.2014). – Ich lese das als eine Art „Freispruch zweiter Klasse", ein „nein, aber", bei dem das „aber" schon von der Seitenzahl her viel Raum bekam. Im Einzelnen wird man darüber streiten können;[1] das Ergebnis war dennoch eindeutig. Die Arbeitsgruppe beendete ihre Tätigkeit nach eineinhalb Jahren ohne Pressemeldung. Auf Rückfrage im nordrhein-westfälischen Innenministerium erfuhr ich, man sei übereingekommen, Hizmet weiterhin nicht zu beobachten. Ausdrücklich ermunterte man mich, Dialogveranstaltung mit dem Rumi-Forum fortzusetzen; der zivilgesellschaftliche

---

[1]Wer sich zu Unrecht vom Verfassungsschutzbericht beobachtet sieht, kann dagegen Rechtsmittel einlegen. Juristisch schwierig wäre die Klage gegen einen Beschluss, durch den man sich falsch dargestellt sieht, obwohl man nicht beobachtet werde soll. Daher beschränkte sich die Gülen-nahe Stiftung „Dialog und Bildung" auf öffentliche Kritik, sie sähen Gülen an einigen Stellen falsch zitiert, schlecht übersetzt oder aus dem Zusammenhang gerissen. Vgl. Müller, StZ 27.05.2015.

Diskurs sei wichtig. Der Journalist Volker Siefert erfuhr im rheinland-pfälzischen Innenministerium, die Ergebnisse der Arbeitsgruppe ähnelten in etwa dem baden-württembergischen Prüfbericht (im hier besprochen Band: S. 160 Anm. 4). Zusammengefasst ergibt sich folgender Ablauf: Kein deutscher Verfassungsschutz hat je Hizmet unter Beobachtung gestellt. Zweifel daran innerhalb des baden-württembergischen Verfassungsschutzes fanden Ausdruck in einem „internen Bericht", der an die Medien gelangte (üblicherweise geschieht das durch einen Mitarbeiter, oft mit Billigung der Vorgesetzten, der damit etwas bewegen möchte). Auf ein aufgeregtes Medienecho folgte eine Arbeitsgruppe, Baden-Württemberg erarbeitete und veröffentlichte einen Prüfbericht, der zwar Passagen aus dem „internen" Papier aufnahm, diese aber nicht hinreichend für eine Beobachtung fand. Die Landesinnenminister, denen die Errichtung der Arbeitsgruppe mehrere Presseerklärungen wert gewesen war, ließen das Ergebnis unauffällig in den Akten verschwinden.

Als Gülen 1977 Deutschland besuchte, interessierten die deutschen Medien sich dafür nicht mehr als für irgendeinen anderen türkischen Prediger, nämlich gar nicht. Geringes Interesse gab es auch in der Folgezeit, was sich seit dem Konflikt mit Erdoğan änderte: 2010 kritisierte Gülen Erdoğans Israel-Politik, konkret den Versuch der türkischen Flottille Mavi Maramara, die israelische Blockade des Gaza-Streifens zu durchbrechen. Im Dezember 2013 kritisierte Gülen Erdoğans Vorgehen in den Gezi-Park-Protesten, umgekehrt warf Erdoğan Gülen vor, mit Korruptionsvorwürfen gegen ihn die Kommunalwahl zu stören und einen Staat im Staate gebildet zu haben. Damals erreichte die Gülen-Kritik in den deutschen Medien ihren bisherigen Höhepunkt. Zwar ging dies durchaus mit einer kritischen Haltung Erdoğan gegenüber einher, dennoch bot die innertürkische Schlammschlacht genügend Material gegen Gülen, aus dem sie sich bedienen konnten. Darauf wiederum reagierten die beiden neuen Landesinnenminister. Doch konnte der Verfassungsschutz weder beim Spiegel noch bei den zunehmend unter Einschränkungen der Pressefreiheit leidenden türkischen Medien abschreiben; dementsprechend kam er zu einem Ergebnis, das sich substanziell von der Sichtweise der türkischen Regierung, eines NATO-Partners, unterschied. Insgesamt war die Position deutscher Medien uneinheitlich. Dieselbe FAZ, die die Gülen-kritische Stellungnahme Necla Keleks druckte, publizierte auch wohlwollende Artikel und ein Interview mit ihm selbst, der Spiegel berichtete vor seinen Angriffen mit großem Respekt, ähnlich die ZEIT.[2] Erkennbar ist ein

---

[2]Gülen FAZ 06.12.2012 (Nachdruck Gülen 2014, S. 28–53), Steinvorth Spiegel 30.09.2008, Spiewak Zeit 18.02.2010, Siefert Zeit 17.12.2013.

redaktionsinterner Pluralismus; wahrscheinlich besaß das Thema auch nicht die Relevanz, als dass eine „Blattlinie" festgelegt oder ausführliche Recherchen angestellt worden wären. Vor allem aber zeigte sich eine Art ‚Konjunkturzyklus': Bis 2012 schlug das Pendel oft zugunsten von Hizmet aus, 2013/2014 oft gegenteilig.

Die Publikation der EZW

Unter dem sachlichen Titel „Die Gülen-Bewegung (Hizmet) – Herkunft, Strukturen, Ziele, Erfahrungen" findet man „im Sinne einer Materialsammlung" (S. 7) zwanzig teils ältere, teils neu geschriebene Artikel. Daraus ergeben sich Überschneidungen, auch Widersprüche, ein Pluralismus der Meinungen. Allerdings wird ein Teil der Literatur ausgeblendet: die „beträchtliche Anzahl neuerer Bücher zum Thema […], die durchweg auf das Lob der Gülen-Bewegung gestimmt sind und weitestgehend ohne eine Analyse der hier interessierenden Zusammenhänge auskommen" (S. 7). Es bleiben vor allem die Kritiker.

Eißler führt selbst ins Thema ein. Er sieht bei Hizmet eine Diskrepanz zwischen einem „Diskurs, der nach außen geführt und von Begriffen wie Dialog, Toleranz und Bildung bestimmt wird, und der religiös-ideologischen Ausrichtung und Zielsetzung der inneren Kreise der Bewegung" (S. 6). Nach außen: Anzug, Krawatte und liberal, im Binnendiskurs: die „Autorität traditioneller islamischer Normen mit ihren problematischen Implikationen im Blick auf Gewaltenteilung und Demokratieverständnis, individuelle Menschenrechte, negative Religionsfreiheit und Frauenrechte" (S. 6). Dafür beruft Eißler sich auf den baden-württembergischen Verfassungsschutz, der Hizmet eine „Diskrepanz zwischen dem nach außen hin vermittelten Bemühen um Konsens und Dialog" und der „religiös-ideologischen Grundlage" attestierte, auf der sich das Handeln von Hizmet sich vollziehe. Das Ergebnis des Prüfberichts („keine tatsächlichen Anhaltspunkte") erwähnt er nicht. Vom „nein, aber" zitiert er das „aber" und lässt das „nein" weg.

Im Folgenden widme ich mich sechs Artikeln ausführlicher: Drei davon gelten der Gülen-Bewegung in der Türkei (Thomas Volk, Hanefi Avci, Ahmet Arpad), einer, von Eißler selbst, bietet Zitate aus dem Schrifttum der Gülen-Bewegung und zwei behandeln das Verhältnis der Gülen-Bewegung zu den Medien in Deutschland (Volker Siefert, Sigrid Hermann-Marschall).

Was hat man sich unter einer „Militärintervention" vorzustellen? Ehrlich gesagt, beim ersten Lesen habe ich es nicht begriffen. Thomas Volk, Mitarbeiter der Konrad-Adenauer-Stiftung, unterscheidet in „Fethullah Gülen – Reformtheologe oder Islamist?" die „zweite Militärintervention von 1971" (S. 14), die

„dritte Miliärintervention vom 12. November 1980 und die anschließende Machtübernahme des gläubigen Muslims Turgut Özal 1983" (S. 15) und die „indirekte
Militärintervention vom 28. Februar 1997, auch als ‚soft-coup' bekannt" (S. 15).
Allgemein spricht man von „Militärputsch". Wer das zur (indirekten) „Militärintervention" herunterspielt, ergreift implizit Partei für die Putschisten und gegen
alle, die das Land verließen, darunter Gülen, der sich 1999 aus „gesundheitlichen
Gründen" in die USA begab, wo er bis heute lebt.

Damals wurde ein Predigtmitschnitt aus dem Jahr 1986 veröffentlicht, dem-
zufolge Gülen seine Anhänger aufgefordert hatte, ruhig zu bleiben, das politische
System der Türkei in einem Marsch durch die Institutionen zu unterwandern und
sich erst später zu erkennen zu geben. Bei Volk erfahren wir, es handele sich um
einen Videomitschnitt, auf dem Gülen „eindeutig zu erkennen" (S. 16) sei, lediglich Gülens Anhänger hätten von einem „Zusammenschnitt verschiedener Text-
bausteine" gesprochen. Das soll in einem Artikel Piotr Zalewski auf der Seite
„www.fethullahguellen.org" nachzulesen sein (S. 16, Anm. 14). Diese Seite
existiert nicht, den Artikel gibt es anderswo(vgl. Zalewski 2009), nur leitet der
den zitierten Predigtausschnitt ein mit: „In June 1999, the Turkish media, proba-
bly tipped by the military leadership, published transcripts of audio recordings
of a 1986 Gülen sermon". Dass Gülen auf „transcripts" von „audio recordings"
zu erkennen sei, hat Zalewski natürlich nicht behauptet. Vielleicht meint Volk
Videos einer anderen Rede möglicherweise ähnlichen Inhalts? Volk vereinfacht
die Dinge zugunsten der damaligen Putschisten und deutet die Gegenwart mithilfe seiner eigenen Vereinfachungen: 1986 habe Gülen angekündigt, man solle
einflussreiche Posten besetzen und die Türkei von innen unterwandern, heute
wirft Erdoğan ihm eine Verschwörung vor, also verläuft alles nach einem vor
dreißig Jahren festgelegten Plan.

Ganz anders geht Volk mit den Anfang Dezember 2013 veröffentlichten
Mitschnitten von Telefonaten Erdoğans um, die auf Korruption hinzuweisen
scheinen. Volk wertet sie als Beweis dafür, „dass organisierte Kreise von
Gülen-Anhängern im Justiz und Polizeiapparat über Jahre hinweg gezielt einflussreiche Positionen einnahmen und die damit verbundenen Kompetenzen auch
zum Ziel der vertraulichen Informationserlangung nutzen" (S. 16). Dass es, wie
Erdoğan behauptete, wirklich Gülens Leute waren, die ihn abhörten (bzw., wie
Erdoğan behauptete, ein Telefonat fälschten), ist bis jetzt nicht bewiesen. Es
könnte auch jemand anderes gewesen sein: falsche Freunde, echte Korruptions-
bekämpfer, inländische oder ausländische Geheimdienste usw. Wieder vereinfacht
Volk eine unübersichtliche Situation mit eindeutiger Absicht.

Im Artikel „Der lange Arm des Fethullah Gülen" zitiert der Journalist Volker Siefert einen deutschen Beamten, der in der Türkei seinen Dienst tue und nicht namentlich genannt werden wolle: „Warum greifen sich Gülen-nahe Staatsanwälte bei wahrscheinlich hunderten möglichen Korruptionsfällen ausgerechnet diejenigen heraus, die Erdoğan treffen? Und das zu einem Zeitpunkt, wo Erdoğan und Gülen sich endgültig überworfen haben"? (S. 164) – Wer so fragt, verabschiedet sich vom Rechtsstaatsgedanken: Das Legalitätsprinzip verlangt, dass Staatsanwälte bei einem Anfangsverdacht ohne Ansehen der Person ermitteln; dass es noch hunderte andere Korruptionsfälle geben mag, ist ebenso irrelevant wie ein mutmaßlicher Dieb sich nicht damit herausreden kann, dass hunderte andere mutmaßliche Diebe frei herumlaufen. Die meisten deutschen Medien trauten Erdoğan und seiner Umgebung übrigens Korruption zu. Aber selbst wenn nicht, wie sollten wir uns das vorstellen? Ein kurzer Telefonanruf Gülens: Seine Leute hören Erdoğan ab, ein weiterer: sie veröffentlichen bzw. fälschen die Mitschnitte, ein dritter: seine Staatsanwälte ermitteln? Dass Gülen von den USA aus türkische Geheimdienste, Polizei und Justiz steuern könne wie Marionetten, ist eine Verschwörungstheorie, die die Möglichkeiten eines alten, kranken Mannes überschätzt.

Als Teil der innertürkischen Kontroverse werden Auszüge aus Büchern des „ehemaligen Polizeipräsidenten" (S. 8) Hanefi Avcı dokumentiert. Ahmet Arpad, Fotograf, Übersetzer und Autor eines „Politkrimis" (S. 218) führt ein in den heldenhaften Kampf Avcis gegen Gülen-Anhänger in der Türkei. Avci habe schon 2010 gegen Gülens Verschwörung ermittelt, daraufhin habe ihn die türkische Regierung, damals noch mit Gülen verbündet, aus dem Verkehr gezogen, in dem sie dem nach eigenem Bekunden eher konservativen Polizisten die Mitgliedschaft „in der linksextremistischen Organisation" Devrimci Karargah und „in der angeblich [sic!] nationalistischen Organisation" Ergenekon vorwarf (S. 177). Eine Untersuchungshaft wurde erst durch das türkische Verfassungsgericht aufgehoben. Avci selbst urteilt, 2013, bei den Ermittlungen gegen Erdoğan, sei es „der Gülen-Bewegung" (gemeint: Staatsanwälte, denen Nähe zu Gülen nachgesagt wird) darum gegangen, „durch einen Putsch die Regierungsmacht zu ergreifen, und nicht, die Korruption aufzudecken" (S. 185). Beleg: „Das ergibt sich aus den mir zur Verfügung stehenden Dokumenten" (S. 185). Überprüfen kann man das nicht. Und die Dokumente der Gegenseite? „Alle Dokumente der Gülen-Bewegung sind Fälschungen. Sie achten darauf, dass es nur digitale Dokumente gibt, nichts Handschriftliches. Als ob jeder Mensch ausschließlich am Computer Schriftstücke verfassen würde. Viele Menschen wurden gefügig gemacht, auch Geschäftsleute…" (S. 179). Obwohl Avci einräumt, dass es auch in der Regierung Erdoğan Korruption gebe, beklagt er nicht etwa, dass Erdoğan die Korruptionsermittlungen stoppte, indem er fast hundert Richter und Staatsanwälte zwangsversetzen ließ, sondern fordert darüber hinaus, dass alle Richter und Staatsanwälte der Sondergerichte mit besonderen Zuständigkeiten „ausgetauscht" (S. 184) werden sollen.

Dass dieser „ehemalige Polizeipräsident" im „polizeilichen Nachrichtendienst" (S. 179) tätig war, einem Geheimdienst, liest man nicht in Eißlers Einleitung, und nur beiläufig in Arpads hinführenden Worten. Hier wird das Prinzip der Gewaltenteilung negiert und die richterliche Unabhängigkeit missachtet. Selbstverständlich bin ich der Auffassung, dass die EZW so etwas übersetzen und dokumentieren darf. Doch sollte man dazu im Vorwort als Herausgeber auf Distanz gehen. Schon gar nicht darf man dafür eine so verharmlosende Überschrift finden wie „Gülen als Machtfaktor – Erfahrungen in der Türkei" (S. 176). Dahinter steckt System, das zeigt auch der Vergleich mit einem Artikel von Karakoyun, der von Eißler den warnenden Untertitel erhalten hat: „eine Darstellung aus der Innenperspektive" (S. 202). Avci, das suggerieren die Titel, solle man ernst nehmen, Karakoyun als einen Hizmet-Angehörigen kritisch hinterfragen.

Eißler selbst bietet unter der Überschrift „,Islamisierung des Lebens'? – Zitate aus Schriften der Gülen-Bewegung" eine Sammlung „Ausschnitte ohne ihren Zusammenhang, was zu der Bemerkung Anlass gibt, dass die Auswahl sorgfältig und mit Blick auf das Gesamtverständnis Gülens erfolgt ist" (S. 136). Dokumentiert wurden meist ein bis drei Sätze, maximal sieben, „Originalzitate aus Schriften Gülens oder aus dem Gülennahen Fontäne Verlag" (S. 136). Eißler hat sie zu Themen wie „Frauen" oder „Staat" zusammengestellt. Wie die folgenden drei Beispiele zeigen sollen, geht er dabei sehr einseitig vor. Er benutzt die Aufsatzsammlung „Aufsätze – Perspektiven – Meinungen" (2002 englisch, 2004 deutsch), mit der Gülen sich der amerikanischen Öffentlichkeit präsentierte, während er in der Türkei per Haftbefehl gesucht wurde.

Ein Beispiel: Eißler zitiert Gülens Broschüre „Mohammed als Befehlshaber", deutsch laut Bibliotheksvermerk „ca. 1990" in Izmir gedruckt, als Gülen noch in der Türkei lebte. Nun der Originaltext, kursiv der Auszug durch Eißler:

> „*Neben der moralischen Stärke, die einem gesunden Glauben und solider Gottesfurcht entspricht, müssen sich Gläubige auch mit hochentwickelten Waffen ausrüsten. Gewaltanwendung hat einen bedeutenden Stellenwert beim Erlangen eines erstrebten Ergebnisses. Deshalb dürfen Gläubige ihr nicht gleichgültig gegenüberstehen.* Vielmehr müssen sie in Wissenschaft und Technik noch mehr Fortschritte als die Ungläubigen machen, damit sie auf diese Weise den Ungläubigen gar nicht erst die Möglichkeit, ‚Gewalt' um eines selbstsüchtigen Vorteils willen anzuwenden.

Der Islam lehrt,Recht ist Macht'; um also zu verhindern, dass die Macht zum Recht in den Händen der Ungläubigen wird, müssen die Gläubigen mächtiger als andere sein. Der Koran sagt hierzu ausdrücklich: ,Und haltet für sie in Bereitschaft, was ihr vermögt an Streitmacht und gezügelten Pferden, womit ihr Furcht einflößen könnt den Feinden Allahs und Eurem Feind und anderen außer ihnen. Ihr kennt sie nicht; Allah kennt sie. Und was auch immer ihr spendet um der Sache Allahs willen wird Euch in vollem Maße zugestanden, und ihr werdet nicht ungerecht behandelt.' (Koran 8:60). Ein islamischer Staat muss so stark sein, dass er der Partei der Ungläubigen den Mut nehmen kann, den Versuch zu machen, ihn anzugreifen, und es ihm unmöglich machen kann, auch nur in Betracht zu ziehen, schwache Staaten in der Welt zu unterjochen. Er sollte ferner in der Lage sein, den Frieden und die Gerechtigkeit in der Welt sicherzustellen. Keine Macht darf den Mut haben in irgendeinem Teil der Welt zerstörerisch zu wirken. Dies wird möglich sein, wenn sich die Muslime einen starken Glauben und Rechtschaffenheit in allen ihren Angelegenheiten sowie wissenschaftliche Kenntnisse und eine hochentwickelte Technologie aneignen." (Gülen Mohammed Befehlshaber, S. 40, kursiv gesetzte Zitate bei Eißler a. a. O., S. 141. Das Buch wurde nicht wiederaufgelegt, vgl. allerdings (überabeitet): Gülen 2009, S. 255–362).

Dem Kontext des Kapitels und dem weiteren Verlauf des Zitats nach spricht Gülen hier von Gewalt als Mittel der Landesverteidigung, die er für notwendig erachtet, um Recht und Gerechtigkeit durchzusetzen. Verteidigungskriege könnten mittels Abschreckung durch modernste Militärtechnik verhindert werden (Die Zügel am Pferd im Koranzitat als damals moderne Technik gedeutet). Vielleicht klingt hier als zeitgeschichtlicher Kontext auch die militärische Abschreckung der NATO im gerade beendeten Kalten Krieg an, vielleicht meinte Gülen es aber wirklich nur historisch. Dann wäre für mich noch weniger evident, dass „die Ungläubigen" qua Religionszugehörigkeit schlechter für Recht und Gerechtigkeit sorgten als „die Gläubigen". Nichtsdestotrotz: Gülen spricht von der Gewalt als Mittel der Landesverteidigung, Eißler schneidet sich das Zitat so zusammen, dass diffus bleibt, wer, wann, warum und zu welchem Zweck Gewalt angewandt hat oder anwenden soll; Hauptsache Islam und Gewalt werden zusammengebracht.

Nach demselben Muster mischt Eißler in seiner Zitatensammlung Auszüge aus Büchern Gülens mit Büchern anderer Autoren. Ohne Rücksicht auf den Entstehungszeitraum (über mehr als ein halbes Jahrhundert) kann man religiöse, politische oder zeitgeschichtliche Entwicklungen nicht verfolgen. Der Erkenntniswert dieser Sammlung ist daher gering. Sie eignet sich vor allem zur Stimmungsmache, dafür aber besonders gut, denn das das wörtliche Abschreiben von Texten gibt sich als neutral und objektiv: Es wurde doch Wort für Wort korrekt abgeschrieben.

Zwei Artikel widmen sich Gülen-nahen „World Media AG" mit Sitz in Offenbach. Dem Journalisten Volker Siefert zufolge handelt es sich um ein „Medienimperium" mit ausgeprägtem „Streben nach Einfluss" (S. 160). Zwar verkaufe Zaman Deutschland, das „publizistische Flaggschiff", nur knapp 30.000 Exemplare (ich ergänze: in der Auflage zwischen „Ammerländer Nachrichten" und „Flensburger Tageblatt").[3] Doch beschäftigte man gemeinsam mit dem Deutsch-Türkischen Journal „inklusive der Freiberufler" ca. 130 Mitarbeiter (ich ergänze: fast alles Freiberufler). Ferner betreibe der Mutterkonzern von Deutschland aus die Fernsehsender Samanyolu TV Avrupa und Ebru TV (ich ergänze: Das Stammkapital beider Fernsehsender zusammen beträgt 341.000 EUR) (vgl. Kommission 17.04.2012). Aus all dem soll folgen, dass die World Media Group AG „kaum überzubewerten" sei (S. 167). Während die kleinere türkische Zeitung „Hürriyet" ihre einzige Deutschlandredaktion habe schließen müssen, besäße „Zaman" vier davon, eine sei sogar „ins Düsseldorfer Regierungsviertel" gezogen, weil man sich davon bessere Kontakte in die Politik verspreche. Die Biologin Siegrid Herrmann-Marschall widmet sich der „Medienstrategie der Gülen-Bewegung". Mich hätte der Begriff „Imperium" an Queen Victoria oder wenigstens an Julius Cäsar denken lassen, nicht aber an knapp 30.000 verkaufte Zeitungen. Das Redaktionsbüro von Zaman im Düsseldorfer Regierungsviertel entpuppte sich bei einem Ortstermin als einige angemietete Büroräume in einem vierzehnstöckigen Hochhaus, gewiss nicht umsonst, dennoch Heimstätte anderer Institutionen, die auch kein Krösus sein dürften wie der „Verband der Lehrerinnen und Lehrer an Berufskollegs in NRW e. V."

Wenig imperial erscheinen die Finanzen: Die Bilanzsumme der World Media Group AG betrug am 31.12.2012 ca. 14,6 Mio. €, Eigenkapital: ca. 3,5 Mio. €, Bilanzgewinn: 87.805 €, mehr als nichts, aber wenig im Vergleich zu anderen, zum Beispiel Bertelsmann: Bilanzsumme ca. 18,8 Mrd. (!) €, Eigenkapital: 6,1 Mrd. €, Operativer Geschäftsgewinn vor Steuern (EBIT): 1,7 Mrd. € (vgl. Bertelsmann 2012). Tatsächlich handelt es sich um einen Winzling der Branche, der mit dem Verkauf seiner Nischenprodukte am deutschen Markt nur mit Ach und Krach schwarze Zahlen schreibt, kein Schlacht- oder Flaggschiff, sondern ein Paddelboot.

Siefert untersucht den Einfluss von Hizmet im Bildungswesen. Er schätzt die Zahl Gülen-naher Schulen auf 20. Ich vergleiche: In Deutschland gibt es 37.907 Schulen (vgl. Statistisches Bundesamt, Schulen [Stand: Schuljahr 2010/2011]), die meisten staatlich, aber 905 in katholischer (vgl. statista, Katholische Schulen;

---

[3]So im zweiten Quartal 2012 lt. Informationsgemeinschaft Werbeträger, Eintrag Zaman.

Stand: Schuljahr 2012/2013), 1099 in evangelischer Trägerschaft (vgl. Evangelische Schulen; Stand: 2012), 235 Waldorfschulen (vgl. Bund Waldorfschulen;
Stand: November 2014), 10 jüdische Schulen (vgl. Zentralrat, Bildungseinrichtungen; Stand Februar 2012). Die Zahl Gülen-naher Nachhilfevereine schätzt
er auf 130. Wie groß sie sind, weiß er nicht (zur Vereinsgründung benötigt
man jeweils mindestens sieben Mitglieder), dennoch urteilt er: Wären Schulen
und Nachhilfevereine formal unter einem Dach, würden sie zu den „führenden
Anbietern im deutschen Bildungssektor" gehören. (Ich vergleiche: Die Schülerhilfe GmbH unterrichtet an 1066 Standorten über 80.000 „Kunden", Unter-
nehmensumsatz der „Muttergesellschaft" 48 Mio. €, der „Franchisenehmer"
77 Mio. €) (vgl. Schülerhilfe, Portfolio; Stand 2013).

Egal ob Siefert und Herrmann-Marschall sich den Medien, SPD-Eintritten,
Schulen oder Nachhilfevereinen widmen: Durchweg reden sie winzige Zahlen
groß, blasen Mücken zu Elefanten auf, wollen Angst verbreiten. Warum bietet
die EZW dem ein Forum? Wissenschaft ist das nicht, und eine irgendwie geartete
evangelische Motivation ist auch nicht erkennbar.

Insgesamt bietet das Buch eine interessante Materialsammlung für alle, die
sich sehr gut auskennen, die verschiedenen Aufsätze einordnen und gegebenenfalls kritisch gegen den Strich bürsten können. Das Ziel, in die Thematik einzuführen (S. 8), wird allerdings verfehlt. Hierzu hätte die Einleitung die einzelnen
Artikel zuordnen müssen. Der Band bietet eine nur scheinbar bunte Mischung
an Positionen, hat Schlagseite. Meine Kritik gilt keineswegs allen Beiträgen.
Ausdrücklich ausnehmen möchte ich die unterschiedlichen, doch jeweils solide
gearbeiteten Beiträge von Tobias Specker (S. 81–94), Florian Volm (S. 85–106)
oder Günter Seufert (S. 107–113), doch verfolgt der Herausgeber seine ganz
eigenen Interessen. Wahrscheinlich kann Wissenschaft gar nicht objektiv und
wertfrei sein, sie sollte aber insoweit Sorgfalt walten lassen, dass man Quellen wie den Prüfbericht des Verfassungsschutzes nicht selbst nachlesen muss,
um deren Kernaussage zu ermitteln. Auch sollte nichts Wichtiges weggelassen
werden, nur weil es nicht zur eigenen These passt. Wenn Eißler beispielsweise
referiert, Gülen habe sich „in der Vergangenheit mehrfach auf die Seite der herrschenden Ordnung geschlagen (so 1971 und 1980)" (S. 115), hätte der Fairness
halber ein Hinweis nicht geschadet, dass er nach dem Militärputsch von 1971
mehr als ein halbes Jahr, 1980 einige Tage im Gefängnis saß. Warum lässt Eißler
das weg?

Gülens Haltung zur Todesstrafe bei Apostasie

Aus Sure 2,256 „In der Religion gibt es keinen Zwang" ließe sich Religionsfreiheit ableiten, wenn klar wäre, was man unter Zwang zu verstehen hat. In der
Frühzeit des Islam wurde es als relative Toleranz gegenüber den Buchreligionen
ausgelegt, solange die Angehörigen dieser Religionen politisch loyal blieben
und eine nur für sie geltende Kopfsteuer zahlten. Die Apostasie, der Abfall vom
islamischen Glauben, wurde allerdings oft mit dem Tod bestraft. Man berief
sich dafür auf einen Koranvers, bei dem vom Kontext her zweifelhaft ist, ob der
Glaubensabfall selbst gemeint ist oder der in einer konkreten politischen Situation
damit verbundene militärische Seitenwechsel, was in heutigen juristischen Kategorien eher dem Hochverrat entspräche.

Hierzu nahm Gülen in einem Text Stellung, der wohl aus den siebziger Jahren
stammt (So Keles 2007, S. 697). Er wurde in die türkische Fassung von „Fragen
an den Islam" (5 Bände 1983–2003) aufgenommen, fehlt in den beiden deutschen
Auswahlübersetzungen und auf der deutschen Homepage, findet sich aber englisch auf 2001 datiert, türkisch auf 2006, französisch auf 2008:

> „Consider the issue of apostasy. Under Islamic law, apostasy is regarded with the
> same gravity as treason is regarded by most states and all armed forces. The hope
> must be to prevent, by pleading, prayers, persuasion, and all other legitimate means,
> such a crime from becoming public and offensive to society. Those who insist on
> pursuing this path must be asked to reconsider and repent. If they reject this oppor-
> tunity, the penalty is death." (Gülen, The Qur'an (englisch). vgl. Que signifie (fran-
> zösisch), Dinde Zorlama (türkisch)).

Die Herausgeber der englischsprachigen Homepage versehen das mit einem warnenden Hinweis, hier sage Gülen nicht seine eigene Meinung, sondern referiere
die traditionelle Position islamischer Juristen. Mir wäre bei unbefangenem Lesen
der Gedanke nicht gekommen, Gülen referiere nur eine fremde Position. Ganz
ausgeschlossen erscheint das allerdings auch nicht, steht doch am Anfang gleich
„under islamic law". Falls es sich wirklich nur um ein Missverständnis handeln
sollte, ist Gülen zumindest vorzuwerfen, dass er sich unklar ausgedrückt hat.
Ansonsten hätte er sich, auch das wäre denkbar, seine eigene Position im Nach-
hinein schöngeredet. Er selbst erläuterte 2014:

> „Ich glaube, diese Frage ist eine der mir am meisten seitens der ausländischen
> Medienvertreter gestellten Fragen. Der Punkt, auf den sie sich stützen, ist eine Ant-
> wort, die ich in den achtziger Jahren auf eine Frage gab, als ich in Izmir in der Bor-
> nova Moschee als Prediger tätig war.

Daraus kann man folgern, dass – wie ich es schon damals in der Bornova Moschee mit den Begriffen ‚Opposition zum Vertrag' und das ‚Erhalten des Systems' zu erläutern versuchte – die Fuqaha die Apostasie nicht als eine den Glauben betreffende Schuld betrachteten, sondern sie als eine politische Straftat behandelten, die als Folge, je nach Art des Vergehens, strafrechtliche Sanktionen bis hin zur Todesstrafe haben konnte. Mit anderen Worten sah die Fuqaha die Apostasie als ‚Hochverrat' an. Wie jeder weiß, wird Hochverrat in jedem Rechtssystem weltweit mit den höchsten strafrechtlichen Sanktionen verfolgt. Noch heute wird Hochverrat in Ländern, wo die Todesstrafe angewandt wird, mit dem Tod bestraft, und in Ländern, in denen es die Todesstrafe nicht gibt, wird Hochverrat – sofern ich weiß – mit lebenslanger Haftstrafe bestraft.

Betrachten wir das Thema aus theologischer Perspektive, so sehen wir, dass sowohl der Koran als auch die Praxis des Propheten Muhammed (Friede sei mit Ihm) den Individuen die Freiheit des Glaubens oder auch Nicht-Glaubens sichern. Die Menschen können, wann immer sie wollen, in Religionen ein- und, wann immer sie wollen, wieder austreten. […] Verse wie ‚Wer will, kann glauben, wer nicht will, soll nicht glauben' und ‚Es gibt keinen Zwang in der Religion' sichern die Freiheit des Menschen, in eigenem Willen zu glauben. Der größte Beweis hierfür ist, dass der Prophet (Friede sei mit Ihm) sein Leben lang nicht einen einzigen Menschen dazu gezwungen hat, zu glauben und zum Islam überzutreten. Außerdem wäre das Gegenteil, also das Öffnen der Türen für jene, die Muslim sein möchten, und das Drohen mit der Todesstrafe im Falle der Apostasie eine Art Doppelmoral, die dafür sorgen würde, dass sich in der Gemeinschaft Heuchler vermehren würden. […] In der islamischen Religion ist es essenziell, jeden Einzelnen in seiner Haltung und Identität zu akzeptieren, die Rechte und Freiheiten aller Bürger zu gewährleisten, soweit sie nicht die Rechte und Freiheiten Dritter beeinträchtigen, das Gleichheitsprinzip vor dem Gesetz zu achten, keine Ideologie oder Weltanschauung mit politischen Mitteln aufzudrängen und niemanden auf Grundlage seiner oder ihrer ethnischen, kulturellen oder religiösen Herkunft oder ähnlichem zu diskriminieren, zu missachten oder zu verhöhnen. Soweit zum weltlichen Aspekt der Sache. In Bezug auf das Jenseits sieht der islamische Glaube, wie andere Religionen auch, eine Reihe von Bestrafungen für die Apostasie vor. Doch das ist nicht unser Thema." (Gülen 2014, S. 92 ff.).

Hier tritt Gülen eindeutig für Religionsfreiheit im modernen Sinne ein, behauptet das schon in den achtziger (siebziger?) Jahren in der Türkei getan zu haben (ob zu Recht oder Unrecht hatte ich offengelassen) und sieht das in traditioneller Rechtsauslegung gegründet. Dafür führt er überprüfbare Beispiele an. Freilich sind im Mittelalter wie in der Neuzeit Fälle vorgekommen, bei denen man „Apostasie" quasi automatisch unter den „Hochverrat" verrechnete.

Doch was macht „kritische" Forschung damit? Entdeckt hatte den Text Ralph Ghadban auf der französischsprachigen Homepage. Im WDR-Film „Der lange Arm des Imam" nahm er ausführlich dazu Stellung. Vor laufender Kamera konfrontierte man damit die ehemalige Bundestagspräsidentin Rita Süssmuth, Beiratsmitglied einer Gülen-Einrichtung. Diese erklärte, beim ersten Lesen wirke es, als ob Gülen hier für die Todesstrafe bei Apostasie plädiere, sie schlage vor, dessen Anhänger nach ihrer Deutung zu fragen. Wenn den Dialog sofort abbreche, sei nichts gewonnen, besser erst einmal die Sache klären (Ugurlu/Uebel, Lange Arm). Viermal in dem hier besprochenen Band wird Gülens Haltung zur Apostasie behandelt (S. 20, 67, 112, 127). Ghadban zitiert nach dessen alter Stellungnahme (angeblich 2008), übergeht die neuere (S. 67), ähnlich Volk, der allerdings erläutert: „Auch wenn sich wesentliche Protagonisten der ,Hizmet'-Bewegung in Deutschland von dieser Aussage in der Vergangenheit distanzierten, muss immer wieder auf diese Gesinnung Gülens im öffentlichen Diskurs hingewiesen und eine klare Ablehnung dieser Haltung eingefordert werden" (S. 20). Volk erwähnt nicht, dass Gülen das bereits getan hat. Eißler referiert die alte Stellungnahme (angeblich 2008) korrekt, und erklärt, sie werde „auch durch Gülens neues Buch nicht infrage gestellt, obgleich Gülen hier versucht, den staatlich-politischen Aspekt hervorzuheben und die theologische Frage zurückzustellen" (S. 128). Auf knapp einer halben Seite referiert Eißler die Schwächen des neuen Buchs: Vor lauter (möglicherweise ja berechtigter) Kritik am Argumentationsweg übergeht er das Ergebnis. Wieder wird ein komplexer Befund aus durchsichtigen Motiven ,vereinfacht'.

Der Islam als Thema der EZW

Sucht man auf der EKD-Homepage, findet man unter „Sekten und Weltanschauungen" einen Link zur EZW und unter „interreligiöse Zusammenarbeit" weitere Links zu Judentum, Islam etc. Tatsächlich allerdings beschäftigt sich die EZW nicht nur mit Sekten und Weltanschauungen. Eißler vertritt das Arbeitsfeld „Islam und andere nichtchristliche Religionen, neue religiöse Bewegungen, östliche Spiritualität, interreligiöser Dialog".

Grundsätzlich wäre eine messerscharfe Abgrenzung zwischen „Sekten und Weltanschauungen" einerseits und „interreligiöser Dialog" andererseits schwierig. Methodisch nähert man sich beiden auf dieselbe Weise. Dennoch frage ich mich, aus welchem Grund die EKD den Islam hier als einzige Weltreligion unter lauter „Sekten und Weltanschauungen" hat geraten lassen. Für diese Lokalisierung könnten pragmatische Gründe den Ausschlag gegeben haben, Büroraum, Bibliothek etc. Es könnte aber auch inhaltlich Ziel gewesen sein, den Islam unter lauter „Sektenbeauftragten" kritischer zu beobachten als unter „Dialogikern". Laut eigener Ordnung ist es Aufgabe der EZW, „die Darstellung des christlichen Gottes- und Weltverständnisses im Gegenüber zu anderen Gottes- und Weltverständnissen zur Geltung zu bringen (evangelische Apologetik)" (EZW Ordnung 1996). Hempelmann definiert Apologetik auf der EZW-Homepage als „methodisch reflektierte Verteidigung (Apologie) des christlichen Glaubens für die Auseinandersetzung mit den das Evangelium bestreitenden Überzeugungen und Gemeinschaftsbildungen der jeweiligen Gegenwart". Er unterscheidet zwei aufeinander bezogene Formen: „Bereits im Neuen Testament stehen eine stärker dialogisch orientierte Apologetik und eine traditionsorientierte Abgrenzungsapologetik nebeneinander". Daran gelte es festzuhalten: „Der Versuch dürfte aussichtslos sein, das Apologetische durchgehend durch das Dialogische ersetzen zu wollen. Beides gehört zusammen. Wo immer das christliche Welt- und Gottesverständnis bestritten wird, gibt es die Aufgabe der ‚Verteidigung, der Inschutznahme des christlichen Lebens und seiner Fundamente' (Eilert Herms)." (Hempelmann, Art. „Apologetik").

Die hier benutzten Metaphern, bei denen andere ‚bestreiten', man selbst aber ‚verteidigt' und ‚schützt', erscheinen mir nicht nur ihrer geradezu militärischen Konnotationen wegen ungeeignet. Sie verkennen auch den theologischen Grundgedanken, dass – in dieser militärischen Sprache gesprochen – das Evangelium selbst ‚angreift', nämlich den Alten Adam im Leben der Christinnen und Christen. Dies ist nach 1. Tim. 6,12 der gute Kampf des Glaubens, nicht der zwischen Christen und Andersgläubigen.

Grundsätzlich glaube ich nicht, dass sich der eigene Glaube schützen lässt, indem man ihn gegen den Glauben anderer ‚verteidigt'. Es gäbe also gute Gründe, ein derartiges Konzept von Apologetik im Umgang mit Sekten und Weltanschauungen abzulehnen. Noch mehr spricht gegen eine Anwendung auf den Islam. (Nebenbei: am allermeisten spräche gegen eine Anwendung auf das Judentum).[4]

Eißler äußert sich regelmäßig zu islamischen Themen. Er kritisiert das Konzept der abrahamischen Ökumene der Religionen, auch die Rheinische Arbeitshilfe „Abraham und der Glaube an den Einen Gott" (Eißler 2015b, S. 5). Er warnt vor der Beteiligung von Hizmet an einem mit der Evangelischen Kirche von Berlin-Brandenburg geplanten jüdisch-christlich-muslimischen Bet- und Lehrhaus (Eißler Wahrzeichen 2015a, b). Er tadelt das nordrhein-westfälische Modell des islamischen Religionsunterrichtes (Eißler, Religionsunterricht 2012).

---

[4]Zum ‚apologetischen' Umgang der Apologetischen Centrale mit dem Judentum vgl. Smid 1990, S. 362–373.

Im Zentrum für Islamische Theologie an der Universität Tübingen befürchtet er „unkritische islamische Theologie" (Zitiert bei Zeit-Online 17.01.2012). Er formuliert eine „Anfrage" an das inter- bzw. multireligiöse Gebet auch als Kritik an einer Orientierungshilfe der Evangelischen Kirche im Rheinland (vgl. Eißler 2006). Im Einzelnen handelt es sich vielfach um intelligente Beobachtungen, aufs Ganze genommen, sagt er oft, wogegen er ist, und selten, wofür.[5]

Schlussfolgerung

Soll es interreligiösen Dialog mit Hizmet geben? Günter Seufert von der Stiftung Wissenschaft und Politik empfiehlt in seiner (Gülen gegenüber kritischen) Darstellung:

> „Es wäre abwegig, dem Teil der Muslime in Deutschland, die – und sei es aus religiöser Motivation – Integrationsarbeit betreiben und selbst auf den gesellschaftlichen Aufstieg in Deutschland orientiert sind, die Zusammenarbeit zu verweigern. […] Entscheidungsträger und Institutionen in Deutschland sollten deshalb für die Zusammenarbeit mit Initiativen der Gülen-Bewegung in der Regel offen sein. Gleichzeitig jedoch sollten sie bei jeder Kooperation auf innerorganisatorische und finanzielle Transparenz drängen und darauf hinwirken, dass Entscheidungen auf demokratischem Wege zustande kommen. In der Auseinandersetzung um Inhalte muss die eigene Position klar vertreten werden. Gleichwohl aber sollte eine prinzipielle Achtung von Religiosität auch in den Fällen sichtbar werden, in denen die Tiefe dieser Religiosität in der stark säkularisierten deutschen Gesellschaft möglicherweise befremdlich wirkt." (Seufert 2013, S. 30)

Eißler sieht das anders als Seufert (S. 132 ff.). Zwar schließt er, soweit ich sehe, den Dialog mit Hizmet nirgends explizit aus, doch wäre mehr als eine öffentliche Podiumsdiskussion naturgemäß schwierig, solange man öffentlich vor dem Gesprächspartner warnt. Dialog wäre nach Eißlers (m. E. gelungener) Definition „eine Form der Kommunikation in der Haltung von gegenseitiger Akzeptanz,

---

[5]Ausnahme: Die die mit Christfried Böttrich/Beate Ego konzipierte Buchreihe „…in Judentum, Christentum und Islam", die zwar nicht als Dialog mit Musliminnen und Muslimen konzipiert ist, doch eine gelungene christliche Auseinandersetzung mit koranischen Texten zu biblischen Gestalten erkennen lässt. Vgl. Böttrich et al. (2009a, b, 2010, 2011, 2013).

Respekt und Anteilnahme, die in der Wertschätzung des Gegenübers als grundsätzlich gleichberechtigtem Partner gründet. Dabei schließt Respekt die Anerkennung von Differenz keineswegs aus, sondern ausdrücklich ein." (Eißler Art „Dialog", EZW-Lexikon).

Ich folge da Seufert. Meiner Meinung nach sollte prinzipielle Dialogverweigerung auf Extremfälle beschränkt bleiben, etwa wenn jemand grob zur Missachtung deutscher Gesetze aufruft oder ein grundsätzliches Problem mit dem Rechtsstaat hat, wenn er (wie Ünal in der ersten Auflage) hartnäckig häusliche Gewalt billigt oder (wie Avci) die Unabhängigkeit der Justiz missachtet. Meine Düsseldorfer Dialogpartner tun das nicht. Raffinierte Tarnung? Möglicherweise könnten einige Vorstandsmitglieder nach außen hin heucheln, die meisten Normalmitglieder aber wären rhetorisch gar nicht eloquent genug, um das durchzuhalten. Auch dürfen neuere Buchveröffentlichungen Gülens nicht als liberaler Tarnanstrich für die westliche Öffentlichkeit bewertet werden, denn die eigenen Anhänger lesen sie auch und halten sie für ‚echt'. Da ihnen Gülens angebliche Geheimagenda unbekannt ist, spielt sie in ihrem Leben auch keine Rolle. Was Eißler als Geheimdiskurs „nach Innen" deutet, ist mit dem Fernleihverkehr deutscher Bibliotheken erschließbar: Bücher Gülens aus den siebziger bis neunziger Jahren. Gülens neuere Publikationen sind stärker an Demokratie und Menschenrechten orientiert. Der Islam wandelt sich, wenn er eine Kultur verlässt und eine andere betritt (Inkulturation, Kontextualisierung). Gewiss erstaunt die Geschwindigkeit: Das ging nicht ohne innere Brüche und Widersprüche ab. Möglicherweise liegt aber gerade darin der Schlüssel für Gülens Erfolg, denn Brüche in ihrer Biographie erleben Millionen Migrantinnen und Migranten auch.

Gülen hat das selbst beschrieben. Befragt, ob es in seinen frühen Predigten antisemitische Passagen gäbe, antwortete er:

„During the interfaith dialogue process of the 1990s, I had a chance to get to know practitioners of non-Muslim faiths better, and I felt a need to revise my expressions from earlier periods. I sincerely admit that I might have misunderstood some verses and prophetic sayings. I realized and then stated that the critiques and condemnations that are found in the Koran or prophetic tradition are not targeted against people who belong to a religious group, but at characteristics that can be found in any person. [...] I have not done anything that I did not believe to be in the footsteps of the Prophet Mohammed. He was the one who stood for a funeral procession of a Jewish resident of Medina, showing respect for a deceased fellow human being. It is a fact that I criticized certain actions of Israel in the past. But in my mosque sermons, I also categorically condemn terrorism and suicide bombings that target innocent civilians." (Tarabay Interview 14.08.2013)

Hier erklärt Gülen selbst, sein Denken über Juden und Christen durch den Dialog mit ihnen revidiert zu haben. Das Beispiel zeigt, was interreligiöser Dialog im besten Fall erreichen kann: Ein besseres Verständnis des Gegenübers. Ja, Hizmet zeigt Defizite bei der Gleichberechtigung von Männern und Frauen, das sehen mehrere meiner überwiegend männlichen Dialogpartner auch so. Das Geschlechterverhältnis im Vorstand lokaler Vereine erinnert an das der großen deutschen DAX-Unternehmen, was kein Kompliment sein soll. Vermutlich sind Predigten Gülens aus den siebziger Jahren da noch weniger hilfreich als christliche aus dieser Zeit. Allerdings orientieren junge Paare sich nur selten an alten Predigten. Bei Dialogveranstaltungen erlebe ich anderes, sehe zum Beispiel einen brüllenden Säugling im Kinderwagen, höre, wie der Vater seine Frau ermahnt, mit dem Kind vor die Tür zu gehen, wie sie sauer zurückgiftet, er solle gefälligst selbst gehen – das läuft genauso ab wie überall: Die herkömmliche Rollenverteilung funktioniert nicht mehr, eine neue wird im Konflikt ausgehandelt. Im Durchschnitt dürften Düsseldorfer Gülen-Anhänger einige Prozentpunkte Gleichberechtigung hinter den landeskirchlichen Protestanten liegen, aber vor anderen Muslimen, Evangelikale und Katholiken hinter den landeskirchlichen Protestanten, aber vor den Orthodoxen. Darüber ließe sich vernünftig reden, solange man nicht voraussetzt, dass ‚wir‘ Gleichberechtigung schon realisiert hätten, ‚die‘ sie aber nicht einmal anstrebten.

Ob man Hizmet als „Sekte" ansieht, hängt davon ab, was man darunter versteht. Einer Definition des Rates der Religionen in Frankfurt zufolge müssen folgende Kriterien erfüllt sein:

1. Führerprinzip: Eine „Sekte" hat gewöhnlich einen Führer mit einem göttlich legitimierten Anspruch, der absoluten und unkritischen Gehorsam verlangt. Zur Führung der Mitglieder gehören Kontrollen, ja Überwachungen (etwa durch Statistiken).
2. Wahrheitsmonopol: Die Organisationsgrenzen sind zugleich Wahrheitsgrenzen. Die Wahrheit ist nur drinnen und nicht draußen. Draußen ist das Unwissen, der Unverstand, das unerleuchtete Sein, das Unheil und das Böse. Nur innerhalb der Gruppe ist das Wissen, das Heil, die Erleuchtung, und dies gewinnt man schlagartig durch den Eintritt in die Gruppe.
3. Kritikallergie: Kritik und Kritiker, von außen oder aus den eigenen Reihen, werden als störend empfunden, ja verteufelt.
4. Abschottung: Eine „Sekte", die neue Familie des Bekehrten, schränkt sinnvolle Beziehungen zur alten Familie und zu früheren Freunden streng ein. „Sekten" begünstigen die Abkapselung und Isolation mit dem Argument, dass alles außerhalb der „Sekte" schlecht und satanisch sei.

5. Ausbeutung: „Sekten" beuten ihre Mitglieder finanziell oder durch unbezahlte Arbeit oder durch dürftige Arbeitsbedingungen aus. Sozialversicherungen werden nicht geleistet.

6. Tarnung: „Sekten" äußern sich oft vorsichtig, ungenau, irreführend oder unehrlich über die Glaubensinhalte, Ziele, Ansprüche und Aktivitäten, bis der Angeworbene für die Sekte gewonnen ist (vgl. Rat Religionen Satzung).

Davon trifft (Punkt 1) am ehesten die starke Position des Oberhauptes zu, die freilich auch an die Stellung des Pirs in Sufi-Orden oder des Ordensgründers in christlichen Ordensgemeinschaften erinnert. Zeitweise tarnten die Hizmet-Anhänger die eigene Organisation nach außen hin (Punkt 6), in der Türkei mit nur eingeschränkter Religionsfreiheit und dem Verbot von Sufi-Orden nachvollziehbar, in Deutschland nicht. Inzwischen weisen allerdings die meisten Homepages auf Gülen hin (vgl. z. B. Rumi-Forum, Inspiration). Hizmet schottet sich nicht nach außen hin ab (Punkt 4), ausdrücklich will man den interreligiösen Dialog, wie schon Gülen Kontakte zum Ökumenischen und Armenischen Patriarchat pflegte, zum Istanbuler Oberrabbiner und zum Papst. Insgesamt treffen maximal zwei von sechs Merkmalen zu, und das nur teilweise oder zeitweise. Das reicht nicht.

In den USA wurde Gülen lange umworben: Bei der Verleihung des Peacebuilding Award durch das East-West-Institute gab es Laudationes von Kofi Annan und den beiden ehemaligen Außenminister James Baker und Madeleine Albright; bei der Gründung des Washingtoner Rumi Forums erschien Jimmy Carter (Seufert 2013, S. 22). Natürlich können sie alle sich geirrt haben, ist nicht nur der Papst, sondern auch der deutsche Verfassungsschutz fehlbar, können CIA und FBI schlafen oder sich bei Erteilung der „green card" für den Falschen eingesetzt haben.[6] Wer aber glaubt, die gesammelten westlichen Geheimdienste übersähen heute noch einen islamistischen (grauen?) Wolf im Schafspelz, müsste mit außerordentlich guten Argumenten aufwarten. Wer das nicht kann und dennoch den deutschen Verfassungsschutz quasi rechts überholen möchte, betreibt Panikmache. Auch wenn der besprochene Band aus der eigenen Kirche kommt, sehe ich darin keinen Grund, den Dialog mit Hizmet abzubrechen.

---

[6]Aus der Türkei wird – meist als Vorwurf – behauptet, Gülen sei Günstling des CIA. Beweisbar ist das natürlich nicht. Sicher ist, dass die Erteilung der „Green Card" zunächst von den Einwanderbehörden abgelehnt wurde, wogegen Gülen erfolgreich prozessierte. Bei der erneuten Verhandlung ging es sehr schnell. Vermuten kann man, dass dies gegen den Willen von CIA und FBI nicht gelungen wäre.

Literatur

Böttrich, C./Ego, B./Eißler, F. (2009a): Jesus und Maria in Judentum, Christentum und Islam. Göttingen: Vandenhoeck & Ruprecht.

Böttrich, C./Ego, B./Eißler, F. (2009b): Abraham in Judentum, Christentum und Islam. Göttingen: Vandenhoeck & Ruprecht.

Böttrich, C./Ego, B./Eißler, F. (2010): Mose in Judentum, Christentum und Islam. Göttingen: Vandenhoeck & Ruprecht.

Böttrich, C./Ego, B./Eißler, F. (2011): Adam und Eva in Judentum, Christentum und Islam. Göttingen: Vandenhoeck & Ruprecht.

Böttrich, C./Ego, B./Eißler, F. (2013): Elia und andere Propheten in Judentum, Christentum und Islam. Göttingen: Vandenhoeck & Ruprecht.

Eißler, F. (2006): Gemeinsam beten? Eine Anfrage an das interreligiöse Gebet unter dem Vorzeichen abrahamischer Ökumene. In: Schmid, H./Renz, A./Sperber, J. [Hrsg.]: „Im Namen Gottes …". Theologie und Praxis des Gebets in Christentum und Islam. Regensburg: Friedrich Pustet, S. 216–226.

Eißler, F. (2010): Einführung. In: Eißler, F. [Hrsg.]: Im Dialog mit Abraham. Berlin: EZW, S. 1–5.

Eißler, F. (2012): Islamischer Religionsunterricht in NRW. Materialdienst der EZW 10/2012. Berlin, S. 386–388.

Eißler, F. (2015a): Die Gülen-Bewegung (Hizmet). Herkunft, Strukturen, Ziele, Erfahrungen. Berlin: EZW.

Eißler, F. (2015b): Ein Wahrzeichen der Weltoffenheit und ein Fragezeichen, wie offen dort der Islam ist – Für ein christliches Vorzeigeprojekt in der Mitte Berlins hat sich die Evangelische Kirche einen Partner ins Boot geholt, dessen Islamverständnis Zweifel weckt. DER HAUPTSTADTBRIEF 131 vom 10.09.2015, S. 82–87.

Geier, T./Frank, M (2016): Bildung im „hizmet" – Zu Bildungspraxis und Biographien junger Studierender im Kontext der ‚Gülen-Bewegung'. In: Geier, T./Zaborowski, K. U. [Hrsg.]: Migration: Auflösungen und Grenzziehungen. Perspektiven einer erziehungswissenschaftlichen Migrationsforschung. Wiesbaden: Springer VS, S. 211–236.

Gülen, F. (o. J.): Der Prophet Mohammed als Befehlshaber. Izmir.

Gülen, F. (2009): Fragen an den Islam deutsch durch H. Ndayisenga und M. Mertek. Izmir. Neuübersetzung durch Wilhelm Willeke, Bd. 1: 6. Auflage Istanbul 2009, Bd. 2: 3. Auflage Offenbach: Fontäne-Verlag.

Gülen, F. (2003): Sufismus, Smaragdgrüne Hügel des Herzens. Schlüsselkonzepte in der Praxis des Sufismus. Hamm: INID.

Gülen, F. (2004): Aufsätze – Perspektive – Meinungen. Mörfelden-Walldorf: Fontäne-Verlag.

Gülen, F. (2009): Mohammed, der Gesandte Gottes: Das Leben des Propheten. 4. Auflage. Offenbach: Fontäne-Verlag.

Gülen, F. (2014): Was ich denke, was ich glaube. Freiburg im Breigau: Herder. Hempelmann, R. (2007): Religionsreferent Ulrich Dehn übernimmt Professur in Hamburg. Materialdienst 4/2007. Berlin, S. 156 f.

Keles, O. (2007): Promoting Human Rights Values in the Muslim World: The Case of the Gülen Movement. In: Muslim World in Transition. Contributions of the Gülen-Movement. London: Leeds Metropolitan University, S. 683–707.

Smid, M. (1990): Deutscher Protestantismus und Judentum 1932/33. München: Chr. Kaiser.

Internetquellen

Landesamt für Verfassungsschutz Baden-Württemberg (25.07.2014): Bericht über die Prüfung tatsächlicher Anhaltspunkte für verfassungsfeindliche Bestrebungen der Bewegung um den türkischen Prediger Fethullah Gülen. Abrufbar unter: http://steilbergenmetin.nl/wpcontent/uploads/2016/08/LfV-Bericht_zur_Guelen-Bewegung_Juli_2014.pdf (zuletzt geprüft am 17.06.2017).

Bertelsmann SE & Co: Geschäftsbericht 2012. Abrufbar unter: https://www.bertelsmann.de/media/investor-relations/geschaeftsberichte/geschaeftsbericht-2012.pdf (zuletzt geprüft am 01.03.2017).

Bund der Freien Waldorfschulen (o. J.): Schulen weltweit. Abrufbar unter: www.waldorf-schule.de/service/schulverzeichnisse/ (01.03.2017).

Bundesregierung (2011): Antwort auf Kleine Anfrage der Abgeordneten Ulla Jelpke u. a. vom 11.10.2011. Abrufbar unter: http://dipbt.bundestag.de/dip21/btd/17/073/1707323.pdf (zuletzt geprüft am 17.06.2017).

Bundesregierung (2014). Antwort auf Kleine Anfrage der Abgeordneten Ulla Jelpke u. a. vom 13.04.2014. Abrufbar unter: http://dip2.bundestag.de/dip21/btd/18/008/1800829.pdf (zuletzt geprüft am 01.03.2017).

Deutscher Bundestag (2014): Antwort der Bundesregierung auf die Kleine Anfrage der Abgeordneten Ulla Jelpke, Wolfgang Gehrcke, Jan van Aken, weiterer Abgeordneter und der Fraktion DIE LINKE. Haltung der Bunderegierung zu Fethullah-Gülen-Bewegung. Abrufbar unter: http://dip21.bundestag.de/dip21/btd/18/008/1800829.pdf (zuletzt geprüft am 01.03.2017).

Eißler, F. (28.02.2014): Versteckte Ideologie. Abrufbar unter: http://www.fr.de/politik/meinung/gastbeitrag-versteckte-ideologie-a-616301 (zuletzt geprüft am 01.03.2017).

Eißler, F. (2014): Interreligiöser Dialog. EZW-Lexikon. Abrufbar unter: http://www.ezw-ber-lin.de/html/3_5342.php (zuletzt geprüft am 01.03.2017).

ERF (18.12.2014): „Wir sind das Volk". Abrufbar unter: www.erf.de/radio/erf-plus/aktuelles-vom-tag/wir-sind-das-volk/6719-3846 (zuletzt geprüft am 01.03.2017).

Evangelische Schulen in Deutschland: Statistik. Abrufbar unter: http://www.evangeli-sche-schulen-in-deutschland.de/aktuelles/48-statistik-evangelischer-schulen (zuletzt geprüft am 17.06.2017).

EZW (1996): Ordnung für die Evangelische Zentralstelle für Weltanschauungsfragen vom 3. Juli 1964. Neufassung vom 10. Mai 1996. § 1 Abs. 2. Abrufbar unter: www.ezw-ber-lin.de/downloads/Ordnung_fuer_die_EZW_Neufassung_10_05_1996.pdf (zuletzt geprüft am 01.03.2017).

Gülen, F. (o. J.): „Dinde Zorlama Yoktur" Âyetini İzah Eder misiniz? Abrufbar unter: tr.f-gulen.com/content/view/470/3 (zuletzt geprüft am 10.12.2015).

Gülen, F. (o. J.): Que signifie le verset coranique Nulle contrainte en religion! (2:256)? Abrufbar unter: http://fgulen.com/fr/fethullah-gulen-ses-oeuvres/questions-et-re-ponses-sur-lis-lam/27426-que-signifie-le-verset-coranique-nulle-contrainte-en-reli-gion-2-256- (zuletzt geprüft am 20.11.2015).

Gülen, F. (o. J.): The Qur'an Says: There is No Compulsion in Religion (2:256) What Does This Mean? Abrufbar unter: https://www.fgulen.com/en/fethullah-gulens-works/faith/questions-and-answers/24500-the-quran-says-there-is-no-compulsion-in-religion-2256-what-does-this-mean (zuletzt geprüft am 06.09.2015).

Hempelmann, R. (2013): Apologetik. EZW-Lexikon. Abrufbar unter: www.ezw-berlin.de/html/3_3045.php (zuletzt geprüft am 01.03.2017).

Informationsgemeinschaft zur Verbreitung von Werbeträgern e. V. (o. J.): Eintrag Za- man Deutschland. Abrufbar unter: http://daten.ivw.eu/index.php?menuid=1&u=&p=&2012 2=ON&20121=ON&detail=true&titelnrliste=6415;&alle=[Details] (zuletzt geprüft am 20.10.2012).

Kandel, J. im Interview mit ERF vom 15.01.2015. Abrufbar unter: www.erf.de/online/uebersicht/politik-und-gesellschaft/christen-sind-im-fadenkreuz/2270-542-4964 (zuletzt geprüft am 01.03.2017).

KNA (12.02.2014): NRW will verfassungsrechtliche ‚Klarheit‘ über Gülen-Bewegung. Abrufbar unter: http://archiv.cibedo.de/dekha_ibrahim20000068435501413.html (zuletzt geprüft am 17.06.2017).

Kommission zur Ermittlung der Konzentration im Medienbereich (2012): Pressemitteilung vom 18.04.2012. Abrufbar unter: http://www.kek-online.de/information/pressemittei-lungen/archiv/detailansicht/article/kek-pressemitteilung-032012-177-sitzung-der-kek.html?L=0&cHash=cd11072187485d953500465cda29431e (zuletzt geprüft am 17.06.2017).

Landtag von Baden-Württemberg (2014): Antrag der Abg. Dr. Bernhard Lasotta u. a. CDU und Stellungnahme des Innenministeriums. Bewegung um den Prediger Fethullah Gülen in Baden-Württemberg. Abrufbar unter: https://www.landtag-bw.de/files/live/sites/LTBW/files/dokumente/WP15/Drucksachen/4000/15_4721_D.pdf (zuletzt geprüft am 01.03.2017).

Müller, A (2010): Religion: Umstrittene Gruppe eingeladen vom 11.09.2010. Abrufbar unter: http://www.stuttgarter-zeitung.de/inhalt.religion-umstrittene-gruppe-eingeladen.cf50b538-22ac-4859-86a7-d2ce1522dc67.html (zuletzt geprüft am 01.03.2017).

NRW Landesregierung (2011): Antwort auf Kleine Anfrage des Abgeordneten Lehne CDU vom 21.07.2011. Abrufbar unter: https://www.landtag.nrw.de/portal/WWW/dokumen-tenarchiv/Dokument/MMD15-2439.pdf (zuletzt geprüft am 17.06.2017).

Landtag NRW (2008): Gemeinsames Fastenbrechen im Landtag. Abrufbar unter: https://www.landtag.nrw.de/portal/WWW/GB_II/II.1/Pressemitteilungen-Informationen-Auf-macher/Pressemitteilungen-Informationen/Pressemitteilungen/Die_Jahre_2001_bis_2014/2008/09/24_09_08__Fastenbrechen.jsp (zuletzt geprüft am 01.03.2017).

Popp, M. (2013): Doku über Islam-Prediger Gülen. „Ich habe gemacht, was sie wollten". Abrufbar unter: http://www.spiegel.de/kultur/tv/wdr-doku-ueber-den-tuerki-schen-pre-diger-fethullah-guelen-a-894466.html (zuletzt geprüft am 01.03.2017).

Popp, M. (2014): Vorwürfe gegen islamische Gemeinde: Politiker fordern Aufklärung über Gülen-Netzwerk. Im Spiegel vom 07.02.2014. Abrufbar unter: www.spiegel.de/politik/ausland/guelen-bewegung-politiker-fordern-aufklaerung-ueber-islamische-ge-mein-de-a-952152.html (zuletzt geprüft am 01.03.2017).

Rat der Stadt Düsseldorf: Niederschrift über die Sitzung vom 14.07.2011. Abrufbar unter: http://ratsinfo.duesseldorf.de/ratsinfo/duesseldorf/3509/TmllZGVyc2Nocm-lmdA==/9/n/169621.doc (zuletzt geprüft am 17.06.2017).

Rat der Religionen Frankfurt (o. J.): Satzung. Abrufbar unter: http://rat-der-religionen.de/ueber-den-rat/satzung (zuletzt geprüft am 17.06.2017).

Landeszeitung Rheinland-Pfalz (2014): Lewentz fordert Verfassungsschutz auf, Gülen Bewegung zu überprüfen. Abrufbar unter: http://www.landeszeitung-rlp.de/2014/02/07/

lewentz-fordert-verfassungsschutz-auf-guelen-bewegung-zu-ueberpruefen/ (zuletzt geprüft am 01.03.2017).

Landesregierung Rheinland-Pfalz (2014): Gülen Bewegung prüfen. Abrufbar unter: https://www.rlp.de/de/aktuelles/einzelansicht/news/detail/News/guelen-bewegung-pruefen/ (zuletzt geprüft am 01.03.2017).

Rumiforum am Rhein (o. J.): Unsere Inspiration. Abrufbar unter: www.rumiforum.de/unsere-inspiration (zuletzt geprüft am 01.03.2017).

Schirrmacher, C. im Interview mit RP vom 09.01.2015. Abrufbar unter: www.rp-online.de/panorama/deutschland/kampfaufrufe-mohammeds-fuer-ungueltig-erklae-ren-aid-1.4785830 (zuletzt geprüft am 01.03.2017).

Schülerhilfe GmbH (o. J.): Unser Portfolio. Abrufbar unter: https://gb2014.deutsche-betei-ligung.de/files/pdf/de/unser_portfolio.pdf (zuletzt geprüft am 17.06.2017).

Seufert, G. (2013): Überdehnt sich die Gülen-Bewegung? Eine türkische Religionsgemeinde als nationaler und internationaler Akteur. Abrufbar unter: https://www.swp-berlin.org/publication/tuerkei-bewegung-von-fethullah-guelen/ (zuletzt geprüft am 01.03.2017).

Siefert, V. (2013): Gehirnwäsche im Auftrag des Imam. In: Zeit vom 27.12.2013. Abrufbar unter: www.zeit.de/politik/deutschland/2013-12/guelen-bewegung-deutschland (zuletzt geprüft am 01.03.2017).

Spiewak, M. (2010): Die Streber Allahs. In: Zeit vom 18.02.2010. Abrufbar unter: www.zeit.de/2010/08/Deutsch-Tuerkische-Privatschulen/komplettansicht (zuletzt geprüft am 01.03.2017).

Steinvorth, D. (2008): Engel oder Dämon. In: Spiegel vom 30.09.2008. Abrufbar unter: www.spiegel.de/spiegel/spiegelspecial/d-60746630.html (zuletzt geprüft am 01.03.2017) statista. Das Statistik Portal (o. J.): Katholische Schulen in freier Trägerschaft in Deutsch-land 2012/2013. Abrufbar unter: de.statista.com/statistik/daten/studie/77457/umfrage/katholische-schulen-in-deutschland (zuletzt geprüft am 01.0.2017).

Statistisches Bundesamt (2014): Schulen auf einen Blick. Ausgabe 2014. Abrufbar unter: www.destatis.de/DE/Publikationen/Thematisch/BildungForschungKultur/Schulen/BroschuereSchulenBlick0110018149004.pdf;jsessionid=B98D6741DD8D4AD3A99D5A-1E9C0D2389.cae1?__blob=publicationFile (zuletzt geprüft am 01.03.2017).

Landtag von Baden-Württemberg (2010): Antrag der Abg. Rainer Stickelberger u. a. SPD und Stellungnahme des Ministeriums für Kultus, Jugend und Sport. Bewertung der Fethullah-Gülen-Bewegung. Abrufbar unter: http://www.landkreis-esslingen.de/site/LRA-Esslingen-ROOT/get/params_E-70270415/110532/24a-2011%20Anlage%202%20-%20Landtagsanfrage.pdf (zuletzt geprüft am 01.03.2017).

Tarabay, J. (14.08.2013): A Rare Meeting With Reclusive Turkish Spiritual Leader Fethullah Gulen. Abrufbar unter: www.theatlantic.com/international/archive/2013/08/a-ra-re-meeting-with-reclusive-turkish-spiritual-leader-fethullah-gulen/278662/ (zuletzt geprüft am 01.03.2017).

Ugurlu, Y./Uebel, C. (2013): Der lange Arm des Imam – Das Netzwerk des Fethullah Gülen. WDR-Film „Die Story". Abrufbar unter: https://www.youtube.com/watch?v=SBljP77h7lM (zuletzt geprüft am 01.03.2017).

Zalewski, P. (09.10.2009): Faith Community. Abrufbar unter: www.thenational.ae/news/world/faith-community (zuletzt geprüft am 01.03.2017).

ZEIT-Online (17.01.2012): Erstes Zentrum für Islamische Theologie eingeweiht. Abrufbar unter: www.zeit.de/studium/hochschule/2012-01/zentrum-islamische-theologie-2
(zuletzt geprüft am 01.03.2017).
Zentralrat der Juden (o. J.): Jüdische Bildungseinrichtungen in Deutschland. Abrufbar
unter: http://www.zentralratdjuden.de/de/article/4384.jüdische-bildung.html?sstr=jüdi-
schelbildungseinrichtungen (zuletzt geprüft am 01.03.2017).

Dr. Uwe Gerrens Evangelischer Theologe, ordinierter Pfarrer und Religionswissenschaftler (Master of Arts für „religious studies" an der Temple University of Philadelphia 1990).
Seit 2005 Studienleiter an der Evangelischen Stadtakademie Düsseldorf. Arbeitsschwerpunkte: Medizinethik, Widerstand im Nationalsozialismus, interreligiöser Dialog.

Zur Kritik des Fundamentalismus

Peter Tepe

Den Terrorismus – spätestens nach den Pariser Anschlägen vom 13.11.2015 steht der „Islamische Staat" im Zentrum der Diskussion – betrachte ich als eine *Form des Fundamentalismus,* neben der es noch andere Formen gibt, die friedlich sind; darauf wird noch einzugehen sein. Was nach einem solchen Anschlag in den angegriffenen und den bedrohten Ländern zu tun ist, liegt auf der Hand: Man muss nach den Tätern[1], sofern sie überlebt haben, fahnden, und nach Netzwerken suchen; die gefassten Attentäter und Verantwortlichen sind vor Gericht zu stellen und nach rechtsstaatlichen Prinzipien zu bestrafen. Darüber hinaus haben die Polizei, die Geheimdienste und weitere Instanzen die Aufgabe, künftige Attentate so weit wie möglich zu verhindern. Dazu können unter Umständen neue Gesetze, welche die Terrorismusbekämpfung erleichtern, dienlich sein.

Weitere Aufgaben kommen hinzu. Die islamistischen Attentäter – die hier nur als aktuell besonders bedrängendes Beispiel für eine bestimmte Form des Fundamentalismus dienen – kommen zu einem erheblichen Teil aus Einwandererfamilien, die in einigen Ländern an den Rand gedrängt und diskriminiert worden sind. In vielen Fällen lässt sich ein Zusammenhang nachweisen zwischen der

---

[1]Mitzudenken sind stets die Täterinnen. Das gilt auch für alle vergleichbaren Formulierungen.

P. Tepe (✉)
Institut für Germanistik, Heinrich-Heine-Universität, Düsseldorf, Deutschland
E-Mail: tepe@phil-fak.uni-duesseldorf.de

© Springer Fachmedien Wiesbaden GmbH, ein Teil von Springer Nature 2019
H. Barz und K. Spenlen (Hrsg.), *Islam und Bildung,*
https://doi.org/10.1007/978-3-658-26229-7_7

sozialen Situation vor allem junger Männer, die unter Arbeitslosigkeit und generell unter sozialer Ausgrenzung leiden, und der Bereitschaft, zum Anhänger des „Islamischen Staates" oder vergleichbarer Gruppierungen zu werden. Will man die weitere Ausbreitung des islamistischen Fundamentalismus verhindern oder zumindest einschränken, so muss man durch ein Bündel von Maßnahmen für eine bessere Integration der jungen Muslime sorgen. Das ist eine schwierige Arbeit, die nur mittel- und langfristig zu bewältigen, mit der aber sofort zu beginnen und für die viel Geld in die Hand zu nehmen ist. Überdies sind bei der Integration der großen Menge an muslimischen Flüchtlingen die Fehler der Vergangenheit zu vermeiden.[2]

Viele Bürger der angegriffenen Gesellschaften versuchen, sich nicht unterkriegen zu lassen. Sie sind bestrebt, an ihren Werten und Lebensformen festzuhalten. Politiker und Intellektuelle aller Art unterstützen sie darin: „Wir dürfen nach den mörderischen Attacken nicht aufhören, nach unseren Werten zu leben", „Wir lassen uns durch den Terror nicht einschüchtern, sondern treten ihm mutig und selbstbewusst entgegen", „Wir halten an einer offenen Gesellschaft fest, in der wir uns frei bewegen können", „Wir verteidigen die Demokratie und die Meinungsfreiheit gegen ihre Verächter".

Das bislang Gesagte trage ich mit, bin jedoch bezogen auf die inhaltliche Auseinandersetzung mit dem Fundamentalismus = Terrorismus, aber auch mit anderen Formen des Fundamentalismus unzufrieden. Ich behaupte, dass etwas Wesentliches fehlt. Die erschienene Abhandlung *Fundamentalismus: Neue Wege in Analyse und Kritik* (vgl. Tepe 2015) stellt meine Sicht der Dinge dar. Für diese Ideen werden aber nur diejenigen empfänglich sein, welche ebenfalls der Überzeugung sind, dass es in der Fundamentalismus-Diskussion ein gravierendes Defizit gibt. Ein Hauptziel meines Aufsatzes besteht daher darin, das Bewusstsein dafür zu wecken.

In leicht zugänglicher Form, die auf Auseinandersetzungen mit der Fachliteratur und Zitate ganz verzichtet, werde ich Hauptpunkte des in der Abhandlung detaillierter Entwickelten vorstellen. Die Liste der darin verwendeten Fachliteratur ist unter der angegebenen Internetadresse rasch zugänglich; daher ist eine erneute Wiedergabe nicht erforderlich.

---

[2]Vgl. exemplarisch die Präventionskonzepte von MuslimOpenMind online und ufuq unter https://www.ufuq.de/ (zul. abg.: 10.04.2019).

Sensibilisierung für das, was fehlt

Der „Islamische Staat", Al-Kaida, Boko Haram usw. werden zwar auf einer bestimmten Ebene als große Bedrohungen empfunden – auf einer anderen Ebene jedoch nicht hinlänglich ernst genommen, und man meint, hier sei alles klar und eindeutig. Man hält eine ernsthafte argumentative Auseinandersetzung für *unnötig*. Um das Defizit ansatzweise aufzuzeigen, gehe ich von einer häufig vertretenen Behauptung aus: „Der ‚Islamische Staat' ist eine Mörderbande". Die Verwendung des Begriffs der Mörderbande zeigt an, dass man die Terroristen zumindest ähnlich einschätzt wie Menschen, die andere primär aus Habgier oder anderen egoistischen Motiven ermorden. Diese relativ einfache Situation ist jedoch beim „Islamischen Staat" nicht gegeben. Zu beachten sind vor allem die folgenden Zusammenhänge:

- Die religiöse Weltanschauung des Islamismus, auf die sich der „Islamische Staat" stützt, tritt in der weltanschaulichen Dimension mit einem *Wahrheitsanspruch,* ja mit einem *absoluten* Wahrheitsanspruch auf. In der öffentlichen Diskussion über den Fundamentalismus = Terrorismus spielt jedoch die Frage, ob sich dieser Wahrheitsanspruch entkräften lässt oder ob er als begründet wahrzunehmen ist, entweder überhaupt keine oder höchstens eine randständige Rolle.

- Die Begründung, die für bestimmte Anschläge gegeben wird, besteht im Kontext eines *religiösen* Fundamentalismus = Terrorismus letztlich in der Annahme, *von Gott selbst den Auftrag zu Anschlägen dieser Art erhalten zu haben.* Die Attentäter und ihre Vordenker werden oft von einem Gefühl der religiösen Verpflichtung zu ihrer Tat getrieben. Lässt sich dieser Anspruch, ein höheres, nämlich göttliches Recht geltend machen zu können, überzeugend entkräften, oder ist er als berechtigt anzuerkennen? (vgl. den Beitrag „Religiöse Konflikte in multikulturellen Gesellschaften" von Spenlen, Klaus in diesem Band).

Der Defizitbefund lässt sich unter Rückgriff auf die in den Vorbemerkungen dargelegten Statements noch ausweiten:

- Die meisten von den Anschlägen Betroffenen halten die vor allem im Westen bestehende *offene* Gesellschaft für besser als eine *geschlossene* Gesellschaft. Der Islamismus betrachtet jedoch eine ganz auf eine bestimmte religiöse Weltanschauung zugeschnittene Gesellschaft als die einzig richtige. Kann man zeigen, dass die eine Position der anderen überlegen ist?

- Die einen betrachten die Demokratie als die beste Staatsform und wehren sich daher gegen den Versuch, sie abzuschaffen. Für die anderen ist demgegenüber der Gottesstaat die einzig richtige Staatsform. Kann man zeigen, dass die eine Position der anderen Position überlegen ist?

Sobald man über diese Fragen nachzudenken beginnt, drängt sich die Einsicht in deren zentrale Bedeutung auf. Dass sie in den öffentlichen Diskussionen ganz oder weitgehend unter den Tisch fallen, halte ich für ein *gravierendes Defizit* und bezogen auf die weltanschauliche und die soziopolitische Dimension für ein Zeichen der *geistigen Schwäche*. Wer nicht in der Lage ist, die Position eines grundsätzlichen Gegners – hier zum Beispiel einer islamischen oder christlichen oder jüdischen oder hinduistischen Variante des Fundamentalismus = Terrorismus, dort einer Form des gewaltbereiten Rechtsextremismus – durch tragfähige Argumente zu entkräften, hat schon halb verloren. Daher ist es erforderlich, mehr Zeit und Energie als bisher in eine die grundsätzlichen Fragen behandelnde argumentative Auseinandersetzung zu investieren – mit dem Ziel, die angesprochenen Positionen nachhaltig zu schwächen.

Meine Leitfrage lautet: *Was ist zu tun, um zu einer gut begründeten Kritik des Fundamentalismus vorzudringen?* Dabei ist zu unterscheiden zwischen einer Kritik im weiteren Sinn des Wortes, die sich damit begnügt, ein grundsätzliches Missfallen an etwas zu artikulieren, und einer *Kritik im engeren Sinn des Wortes,* die Argumente gegen das Abgelehnte vorbringt. Ich strebe an, dem Fundamentalismus mit durchdachten und tragfähigen Argumenten entgegenzutreten.

Aus welchen Gründen ist die grundsätzliche Auseinandersetzung mit dem Fundamentalismus bislang vernachlässigt worden?

Zur Klärung der Sachlage führe ich den Begriff der *dogmatischen Einstellung* ein. Diese liegt vor, wenn – in welchem Bereich und welcher Form auch immer – ein *Anspruch auf absolute Geltung* erhoben wird. Die religiöse Weltanschauung des Islamismus etwa wird von ihren Vertretern als *unumstößlich gültige absolute Wahrheit* angesehen. Auch das zugehörige soziopolitische Programm des Gottesstaates wird in dogmatischer Einstellung vertreten: Es gilt als das definitiv richtige Programm dieser Art.

Die dogmatische Einstellung ist aber auch auf der Gegenseite weit verbreitet. Die von den Anschlägen direkt oder indirekt betroffenen Menschen, welche an ihren Werten und Lebensformen festhalten wollen, unterstellen häufig, diese seien die *definitiv richtigen* Werte und Lebensformen. Entsprechend werden etwa die offene Gesellschaft, die Demokratie, die Meinungs- und Weltanschauungsfreiheit von vielen für *definitiv richtig* gehalten. Dabei können wiederum verschiedene Weltanschauungen religiöser oder areligiöser Art sowie unterschiedliche soziopolitische Programme (wie zum Beispiel Konservatismus, Liberalismus, Sozialdemokratie) im Spiel sein. Zusammenfassend bezeichne ich die Befürwortung der offenen Gesellschaft und der Demokratie als *Position a,* die Befürwortung der geschlossenen Gesellschaft und des Gottesstaates hingegen als *Position b.*

Werden die Positionen a und b in dogmatischer Einstellung vertreten, so kommt es zu einer *Pattsituation,* in der jede Seite auf ihrem absoluten Geltungsanspruch insistiert. Hier findet *keine echte argumentative Auseinandersetzung* mit dem jeweiligen grundsätzlichen Gegner statt, die zu einer überzeugenden Entkräftung der anderen Position führen könnte. Natürlich wird der Gegner kritisiert, aber dabei wird ein *an die dogmatische Einstellung gebundener Typ von Kritik* praktiziert, der *erkenntnismäßig wertlos* ist. Der dogmatische Vertreter von a setzt seine Position als die definitiv wahre bzw. richtige voraus; im Licht dieser Voraussetzung aber erscheinen alle davon abweichenden Auffassungen *automatisch* als definitiv falsch bzw. unrichtig. Der dogmatische Vertreter von b verfährt jedoch genauso. Für diesen Kritikstil steht das Ergebnis von vornherein fest: Die absolute Sicherheit; welche die dogmatische Einstellung verleiht, ist daher zunächst einmal als eine *bloß behauptete* Sicherheit zu betrachten, da einander entgegengesetzte Parteien über sie zu verfügen glauben.

Dass die Grundsatzdiskussion vernachlässigt wird, hängt auch damit zusammen, dass es mit einiger Mühe verbunden ist, sie zu führen, und dass es dazu bestimmter Kompetenzen bedarf, über die nicht jeder, der den Fundamentalismus = Terrorismus ablehnt, verfügt. Vor solchen Anstrengungen scheuen viele zurück. Wer hier eine Gegensteuerung anstrebt, muss von vornherein mit diversen Widerständen rechnen.

Gibt es einen Ausweg aus der Pattsituation?

Werden die Positionen a und b von beiden Parteien als unumstößlich gültig betrachtet, so bleibt man im dogmatischen Kritikstil gefangen: Die jeweilige Seite fühlt sich bestätigt, kann aber keine Ergebnisse hervorbringen, welche nicht schon die Richtigkeit der eigenen Grundannahmen voraussetzen. Es ist aber nicht zwingend erforderlich, für die eigene Position auf argumentfreie Weise einen Anspruch auf absolute Geltung zu erheben. Der Befürworter von Position a (oder b) kann auch so vorgehen: „Ich bin bestrebt, den grundsätzlichen Konflikt zwischen den

Positionen a und b argumentativ auszutragen; dabei vermeide ich es, meine Grund-
überzeugungen bereits als gültig vorauszusetzen, obwohl ich subjektiv fest davon
überzeugt bin, dass Position a (oder b) vorzuziehen ist". Die eigene Position wird
zwar weiterhin vertreten, aber nicht mehr als definitiv wahr *vorausgesetzt,* sondern
als eine Sichtweise betrachtet, die auch verfehlt bzw. der Gegenposition unterlegen sein *könnte,* obwohl man davon überzeugt ist, dass es sich nicht so verhält.
Eine solche Auflockerung der dogmatischen Einstellung bedeutet nicht zwangsläufig deren Preisgabe: Der Vertreter von a (oder b) kann ja hoffen, im Rahmen
der Grundsatzdebatte zu Argumenten vorzudringen, welche die eigene Position als
gültig *erweisen.*

Erst verstehen, dann kritisieren

Optimal wäre es, wenn beide Parteien die beschriebene Auflockerung der dogmatischen Einstellung vornehmen würden. Bei einer Konfrontation mit Fundamentalisten = Terroristen ist jedoch damit zu rechnen, dass die Gegenseite kein solches
Bemühen erkennen lässt. In einem solchen Fall kann jedoch ausprobiert werden,
wie weit man kommt, wenn nur Vertreter der Position a diesen Schritt machen. Werden nämlich tragfähige Argumente gewonnen, so wird die Gegenseite zumindest
mittelfristig nicht darum herum können, sich mit ihnen auseinanderzusetzen.

Räumt man die Möglichkeit ein, dass der grundsätzliche Gegner *im Recht
sein könnte,* so sollte man zunächst einmal versuchen, dessen Position *möglichst
gründlich zu verstehen,* um dann zu klären, ob sie sich entkräften lässt. Man sollte
also nach dem Prinzip „Erst verstehen, dann kritisieren" verfahren und sich im
ersten Schritt um eine wert- und kritikneutrale Rekonstruktion der jeweiligen
Position – des Salafismus, des islamistischen Terrorismus, des Rechtsradikalis-
mus, der Pegida-Bewegung usw. – bemühen.

Ich konzentriere mich auf Auseinandersetzungen zwischen miteinander in
Konflikt stehenden *Weltanschauungen.* Im ersten Schritt geht es zum Beispiel
darum, die hinter dem Programm des „Islamischen Staates" stehende religiöse
Weltanschauung möglichst tiefgreifend zu verstehen und systematisch einzuordnen. Gefragt wird: Welches sind die grundlegenden Weltbildannahmen und
Wertüberzeugungen, die als tragende Fundamente fungieren? Welche unter-
geordneten Annahmen und Werte werden aus ihnen abgeleitet und mit ihnen
verbunden? Wie hängen das Weltbild und das Wertsystem zusammen? Gibt es
Inkohärenzen und Widersprüche? Zu welchen konkreten Zielvorstellungen moralischer, politischer, ästhetischer und anderer Art gelangt man? Wie wirkt sich
diese Weltanschauung in der Lebenspraxis aus?

Will man eine bestimmte Weltanschauung wert- und kritikneutral rekonstruieren, so muss man es lernen, die eigenen Sympathien und Antipathien aus der von den angeführten Fragen geleiteten Weltanschauungsanalyse herauszuhalten. Man will dann herausfinden, welchen Überzeugungen zum Beispiel Salafisten folgen und welches Selbstverständnis sie haben. Von der systematischen Rekonstruktion einer Position ist die darauf folgende *kritische* Auseinandersetzung mit ihr zu unterscheiden: In dieser wird gefragt, was gegen die im ersten Schritt erschlossene Sichtweise einzuwenden ist.

Das Prinzip „Erst verstehen, dann kritisieren" ist nicht zuletzt deshalb von großer Bedeutung, weil die Kritik zum Beispiel einer andersartigen Weltanschauung, die sich nicht zuvor um ein gründliches Verständnis bemüht hat, in hohem Maß fehleranfällig ist und oft an der Sache vorbeigeht. Wer einen grundsätzlichen Gegner ohne hinlängliche Verstehensanstrengungen bekämpft, wählt häufig ungeeignete Mittel, was wiederum zu unerwünschten Nebenfolgen führt. Man kann sich gegen ihn effektiver zur Wehr setzen, wenn man weiß, wie er weltanschaulich (und dann auch soziopolitisch) tickt, welchen Annahmen er tatsächlich folgt.

Zum Begriff des Fundamentalismus

Wer sagt „Den Fundamentalismus lehne ich ab, und ich wende das und das gegen ihn ein", unterstellt in der Regel, dass es sich beim Fundamentalismus um ein *einheitliches Phänomen* handelt. Man meint, es gebe *den* Fundamentalismus. Achtet man jedoch auf den Sprachgebrauch, so stellt sich rasch heraus, dass unter Fundamentalismus in verschiedenen Kontexten Unterschiedliches verstanden wird. De facto werden also *mehrere* Fundamentalismusbegriffe verwendet. Ich beschränke mich hier auf die beiden für die Grundsatzdebatte wichtigsten:

- Einige sprechen von Fundamentalismus, wenn eine bestimmte Weltanschauung als *absolut* bzw. *definitiv wahr* angesehen wird. Hier spreche ich von *weltanschaulichem Dogmatismus.*
- Andere reden erst dann von Fundamentalismus, wenn ein solcher Dogmatismus mit einer *Gewaltbereitschaft gegenüber Andersdenkenden* verbunden ist. Diese Sichtweise bezeichne ich als *gewaltbereiten weltanschaulichen Dogmatismus.* Um zu einer begründeten Kritik des Fundamentalismus vordringen zu können, ist es erforderlich, sich darüber klar zu werden, dass es *den* Fundamentalismus nicht gibt, sondern – wie am Sprachgebrauch festzumachen ist – *verschiedene Formen* des Fundamentalismus. Man sollte daher

möglichst genau angeben, mit welcher Form man sich beschäftigt. Begriffliche Differenzierungen dieser Art fallen vielen schwer, und sie empfinden sie als lästig. Sie sind jedoch *unerlässlich,* denn ein Argument, welches eine Form des Fundamentalismus trifft, kann für eine andere irrelevant sein. Eine gute Übung, um zur erforderlichen Differenzierung gelangen zu können, besteht darin, sich selbst und andere, welche den Begriff des Fundamentalismus verwenden, zu fragen „Was verstehe ich/was verstehst du *genau* darunter?".

Für die Fundamentalismuskritik sind die beiden angeführten Bedeutungen von zentraler Bedeutung. Um die Diskussion zu pointieren, führe ich für sie folgende Kürzel ein:

- Fundamentalismus$_1$ = Weltanschaulicher Dogmatismus
- Fundamentalismus$_2$ = Gewaltbereiter weltanschaulicher Dogmatismus.

Der mehrdeutige Ausgangsbegriff des Fundamentalismus wird so durch genauere Begriffe ersetzt. Auf weitere Differenzierungen verzichte ich in diesem Zusammenhang.

Was ist bei einer die weltanschauliche Dimension betreffenden Grundsatzdiskussion zu beachten?

Religiöse Weltanschauungen nehmen an, dass eine übernatürliche Dimension existiert, die dann in den verschiedenen Varianten auf unterschiedliche Weise gedacht wird; areligiöse Weltanschauungen bestreiten demgegenüber, dass eine übernatürliche Dimension existiert.

Die Fundamente von Weltanschauungen bestehen aus zwei Komponenten: aus Weltbildannahmen und Wertüberzeugungen. An dieser Stelle konzentriere ich mich auf Weltbildannahmen. Weltbilder sind *Theorien besonderen Typs.* Deren Besonderheit kann darin gesehen werden, dass sie die so genannten *letzten Fragen* zu beantworten versuchen, zum Beispiel: „Gibt es einen Gott oder mehrere oder gar keine Götter?". „Gibt es eine unsterbliche Seele?", „Gibt es ein Leben nach dem Tod?", „Ist die Welt eine göttliche Schöpfung?". Eine weitere Besonderheit der *Weltbildtheorien* besteht darin, dass es bei den ersten drei Fragen und indirekt auch bei der vierten Frage um Gegenstände (im weiteren Sinn des Worts) geht, deren *Existenz* zwischen religiös-supranaturalistischen und areligiös-naturalistischen Denkansätzen umstritten ist. Die einen machen über die Eigenschaften dieser Gegenstände häufig konkrete Aussagen, während die anderen bestreiten, dass es diese überhaupt gibt – das kann dann den Gott, die Götter, das Jenseits, die unsterbliche Seele und andere übernatürliche Instanzen betreffen. Bei Sprach- oder Gesellschaftstheorien zum Beispiel ist es demgegenüber unstrittig, dass es Sprachen oder Gesellschaften *gibt;* der Streit bezieht sich nur darauf, wie die existierenden Sprachen oder Gesellschaften zu beschreiben und theoretisch zu durchdringen sind.

In beiden Fällen handelt es sich jedoch um Versuche, *Erkenntnisprobleme* zu lösen. So ist die Frage, ob eine bestimmte übernatürliche Entität, deren Existenz behauptet wird, tatsächlich existiert, ein *kognitives* Problem. Sowohl wissenschaftliche Theorien als auch Weltbildtheorien befassen sich also mit kognitiven Problemen, sie unterscheiden sich aber hinsichtlich der *Art der Probleme.*

Dadurch, dass Weltbilder Theorien speziellen Typs sind, die auf religiöse oder areligiöse Weise die *letzten Fragen* zu beantworten versuchen, wobei die von den einen behaupteten Existenzaussagen von den anderen bestritten werden, kommt zwangsläufig eine *grundsätzliche Gegnerschaft* in den Weltbilddiskurs hinein, die in dieser Form in den Wissenschaften nicht oder nur in wenigen Fällen auftritt. Diese führt nicht nur zu einem wechselseitigen *Irrtumsvorwurf,* sondern zumindest in einigen Fällen auch zu einem *Illusionsverdacht.* Aus areligiös-naturalistischer Sicht sind religiös-supranaturalistische Weltbilder grundsätzlich verfehlt, da Aussagen über Gegenstände gemacht werden, die es gar nicht gibt, das heißt die als Produkte menschlicher Einbildungskraft einzuschätzen sind. Entsprechendes gilt aber auch für die Gegenseite: Aus religiös-supranaturalistischer Sicht sind areligiös-naturalistische Weltbilder in der entscheidenden Hinsicht grundsätzlich verfehlt, da sie blind sind für die als real angesehene übernatürliche Dimension.

Die Möglichkeit, dass eine übernatürliche Dimension existiert und eine bestimmte Beschaffenheit aufweist, kann meiner Ansicht nach nicht auf verlässliche Weise ausgeschlossen werden. Religiöse Sichtweisen sind daher grundsätzlich vertretbar. Es gibt auch keinen unaufhaltsamen Säkularisierungstrend, der über kurz oder lang notwendigerweise zu einem Absterben der Religion führt.

Zur Stoßrichtung der Fundamentalismuskritik

Ich greife nicht *direkt* den gewaltbereiten weltanschaulichen Dogmatismus (Fundamentalismus$_2$) an, sondern stelle die *allgemeine Kritik des weltanschaulichen Dogmatismus* (Fundamentalismus$_1$) ins Zentrum, die zu zeigen versucht, dass dieser auf einem *Denkfehler* beruht, *der sich erkennen und überwinden lässt.* Diese allgemeine Kritik, die sowohl für religiöse als auch für areligiöse

Weltanschauungen relevant ist, trifft dann auch den Fundamentalismus$_2$. Mehrere Formen des Fundamentalismus$_1$ sind friedlich eingestellt; sie dürfen nicht mit den Varianten des Fundamentalismus$_2$ in einen Topf geworfen werden.

Unterscheidung zwischen dem Erheben eines absoluten Wahrheitsanspruchs und dessen Einlösung

Viele vertreten ihre weltanschaulichen Überzeugungen in dogmatischer Einstellung – sie meinen über eine unumstößliche Gewissheit zu verfügen. Dass ganz unterschiedliche Formen des weltanschaulichen Dogmatismus auftreten, die einander zum Teil logisch ausschließen, zeigt an, dass in der weltanschaulichen Dimension eine *Konkurrenzsituation* besteht – auch wenn der einzelne Weltanschauungsvertreter sich dessen nicht klar bewusst ist. Religion a lehrt in vielen Punkten etwas anderes als Religion b, und die areligiösen Weltanschauungen lehren hinsichtlich des Weltbilds etwas *völlig* anderes als die Religionen.

In dieser weltanschaulichen Konkurrenzsituation reicht es nicht aus, zu *behaupten,* die eigene Position sei eben die absolut wahre, denn diese Behauptung stellen ja auch die Vertreter der anderen Formen des weltanschaulichen Dogmatismus auf: Die bloße Behauptung ist, da beliebig einsetzbar, erkenntnismäßig wertlos. Erforderlich ist eine überzeugende *Begründung* des jeweiligen Wahrheitsanspruchs. Der *Nachweis,* dass zum Beispiel die eigenen Weltbildannahmen zumindest mit hoher Wahrscheinlichkeit zutreffend und den anderen vorzuziehen sind, sollte ferner auch für diejenigen Anhänger konkurrierender Weltanschauungen, welche sich ernsthaft auf die Begründungsproblematik einlassen, nachvollziehbar sein. Ein solcher Nachweis ist aber in der weltanschaulichen Dimension erheblich schwieriger zu führen als in den Wissenschaften; vielleicht ist er sogar unmöglich. So ist die religiöse Überzeugung, dass es ein jenseitiges Paradies gibt, eine Feststellung, die sich auf die postulierte übernatürliche Dimension bezieht. Ob diese zutreffend ist, kann jedoch nicht durch Beobachtung und andere in der empirischen Dimension geeignete Vorgehensweisen überprüft werden.

Da zwischen dem Erheben eines Wahrheitsanspruchs und dessen argumentativer Einlösung zu unterscheiden ist, reicht das Überzeugtsein von etwas Bestimmtem weder in der empirischen noch in der weltanschaulichen Dimension aus, um sagen zu können, dass es sich tatsächlich so verhält, wie man annimmt. Eine bestimmte religiöse oder areligiöse Weltbildannahme ist nicht schon deshalb wahr, *weil man von ihr überzeugt ist.*

Die Meinungsführer einer Weltanschauung wenden sich vorrangig an die eigenen Leute und *setzen als gesichert voraus,* dass die eigene Lehre definitiv wahr sei. Würde das Bemühen um Begründungen und Entkräftungen gestärkt, so müsste man sich hier um Gegensteuerung bemühen.

Zwei Formen des Glaubens in der weltanschaulichen Dimension

Wer die Unterscheidung zwischen dem Erheben eines absoluten Wahrheitsanspruchs und dem Versuch, ihn argumentativ einzulösen, trifft, räumt ein, *dass dieser auch unberechtigt sein könnte.* Man erkennt dann die Konkurrenzsituation und die Begründungsbedürftigkeit der eigenen Position.

Bezogen auf die weltanschauliche Dimension lassen sich zwei Formen des Glaubens (religiöser wie areligiöser Art) unterscheiden. Um die erste Form zu erläutern, greife ich auf die Alltagspraxis zurück, in der Wendungen wie „Ich glaube es, aber ich weiß es nicht" vielfach verwendet werden. Das lässt sich etwa anlässlich eines Autos, das nicht mehr fahrtüchtig ist, so übersetzen: „Ich vermute, dass es sich um einen Motorschaden handelt; der bewährte Automechaniker wird sicher bald herausgefunden haben, ob das zutrifft". Ein Glaube ist hier eine *Vermutung über einen bestimmten Wirklichkeitszusammenhang,* die durch jemanden, der über bestimmte Kompetenzen verfügt, *in verlässliches Erfahrungswissen überführt* und dabei bestätigt oder widerlegt werden kann.

Bezieht man das auf *religiöse Weltanschauungen,* so lässt sich ein erster Begriff des religiösen – und dann auch des areligiösen – Glaubens bilden:

- *Religiöser Glaube$_1$* = Man ist davon überzeugt, dass eine übernatürliche Dimension existiert und eine bestimmte Beschaffenheit aufweist, gesteht aber zu, dass es sich nicht um verlässliches Wissen und erst recht nicht um bombensicheres absolutes Wissen handelt. Von allem Möglichen kann man überzeugt sein; dass eine solche Überzeugung vorliegt, beweist somit gar nichts.

Davon ist der an die dogmatische Einstellung gebundene Glaubensbegriff abzugrenzen:

- *Religiöser Glaube$_2$* = Man ist nicht nur davon überzeugt, dass eine übernatürliche Dimension existiert und eine bestimmte Beschaffenheit aufweist, sondern meint auch, diesbezüglich über sicheres Wissen zu verfügen.

Der ohne Nachweis auftretende religiöse Glaube$_2$ verwechselt eine subjektive Überzeugung mit einem absoluten bzw. höheren Wissen. Dieser Denkfehler lässt sich dadurch vermeiden, dass der Glaube$_2$ auf den Glauben$_1$ zurückgefahren wird. Anders formuliert: Die *starke* Form des weltanschaulichen Glaubens ist durch eine *schwächere* Form zu ersetzen, welche sich nicht mehr als (höheres) Wissen missversteht. Diese Ersetzung lässt sich erleichtern, wenn man das in Alltagssituationen bewährte Muster „Ich vermute es zwar, weiß es aber nicht" auf die weltanschauliche Dimension überträgt. Bezogen auf religiöse Überzeugungssysteme bedeutet das: „Ich bin zwar davon überzeugt, dass es eine übernatürliche Dimension mit bestimmter Beschaffenheit gibt, aber ich habe kein verlässliches Wissen darüber". Der religiöse Glaube$_1$ hält es zum Beispiel für *möglich,* dass die bestimmte Regeln Befolgenden im Jenseits für alles Leiden im Diesseits entschädigt werden – und *erhofft* dies; der religiöse Glaube$_2$ hält dies hingegen für *gesichertes Wissen.*

Der Denkfehler lässt sich auch als *Dogmatisierung der jeweiligen religiösen oder areligiösen Überzeugungen* bestimmen: Diesen wird durch eine bloße Setzung der Status höheren Wissens verliehen – sie werden in dieser Hinsicht *absolut gesetzt.* Die so verstandene Dogmatisierung stellt ein *beliebig anwendbares* Denkmuster dar: *Jedes* Überzeugtsein von etwas Bestimmtem kann auf diese Weise seine Grundannahmen mit vermeintlich höheren Weihen ausstatten.

Zur Dogmatisierung gehört auch, dass das absolut Gesetzte dann durch Postulate wie „Das musst du einfach glauben, daran darfst du nicht zweifeln" jeder Kritik entzogen wird. Kein weltanschaulicher Dogmatismus kommt ohne Denkverbote aus, ohne Tabus, die durch niemanden infrage gestellt werden dürfen. Da sich aber *jede* Position durch solche Postulate gegen Kritik immunisieren kann, handelt es sich auch hier um ein beliebig anwendbares und darum kognitiv wertloses Mittel.

Menschen als an Überzeugungssysteme gebundene Lebewesen können nur schwer der Neigung widerstehen, ihre Weltanschauung für die definitive Wahrheit zu halten. Bis zum Nachweis des Gegenteils ist indes davon auszugehen, dass Menschen *nicht* über höheres Wissen verfügen. In der weltanschaulichen Konkurrenzsituation ist es unzulässig, einfach *vorauszusetzen,* man verfüge über eine unfehlbare, letzte Sicherheit spendende Lehre.

Kann der religiöse Glaube in Wissen verwandelt werden?

Einige bemühen sich um eine argumentative Begründung des eigenen Anspruchs auf höheres Wissen. Sie versuchen, in Auseinandersetzung mit den weltanschaulichen Konkurrenten *nachzuweisen,* dass der Anspruch auf absolute Wahrheit berechtigt ist. Bislang ist jedoch nach meinem Kenntnisstand in keinem einzigen Fall durch eine überzeugende Argumentation *nachgewiesen* worden, dass es sich beim beanspruchten höheren Wissen tatsächlich um ein echtes Wissen handelt. Dabei sind drei Möglichkeiten der Begründung zu unterscheiden: der Rückgriff auf Offenbarung, auf erfahrungsunabhängiges Wissen über Wirklichkeitszusammenhänge und auf empirisches Wissen.

Bezogen auf den religiösen Fundamentalismus$_{1/2}$ ist die Frage, ob es *verlässliches Offenbarungswissen* gibt, von besonderem Interesse; daher beschränke ich mich in diesem Zusammenhang auf sie. Ich nehme das monotheistische Offenbarungsmodell als Beispiel: Der eine Gott teilt einem bestimmten Menschen mit, welche Forderungen moralischer, politischer und anderer Art er an die Menschen stellt. Lässt sich aber auch *nachweisen,* dass sich eine übernatürliche Instanz einem von ihr auserwählten Menschen mitgeteilt hat?

Die Überzeugung, Gott habe sich einem bestimmten Menschen offenbart, wird von den Anhängern der zugehörigen Religion zumeist ohne eine kritische Prüfung akzeptiert. Von den Anhängern konkurrierender Offenbarungsreligionen wird sie hingegen häufig *nicht* akzeptiert; diese vertreten vielfach die Annahme, dass die behauptete Offenbarung nicht stattgefunden habe – wohl aber diejenige, auf welche sich die eigene Religion stützt. Vertreter einer areligiösen Weltanschauung bestreiten hingegen *alle* behaupteten Offenbarungen, da sie annehmen, dass gar keine übernatürliche Dimension existiert.

Angesichts dieser Konkurrenzsituation reicht es nicht aus, sich bloß an die eigenen Leute zu wenden. Die Anhänger der jeweiligen Religion *vertrauen* ihrem Begründer, die Andersdenkenden *misstrauen* ihm. Ein Vertrauen ist jedoch kein Wissen und erst recht kein absolutes Wissen. Es reicht nicht aus, zu *behaupten,* die von der eigenen Religion angenommene Offenbarung habe tatsächlich stattgefunden, denn diese Behauptung stellen ja auch die Vertreter aller anderen in dogmatischer Einstellung vertretenen Offenbarungsreligionen auf.

Auf das *erkenntnistheoretische Verlässlichkeitsproblem* gehe ich etwas genauer ein. Ist ein bestimmter Mensch davon überzeugt, dass ihm Gott erschienen ist und ihm seinen Willen offenbart hat, so hat dies zunächst einmal den Status einer Behauptung, die zutreffend oder unzutreffend sein kann. Es ist erstens möglich, dass dieses Individuum den Gotteskontakt *erfunden* hat, um seine Ziele besser realisieren zu können (diesen Fall hat zum Beispiel die Priestertrugtheorie der französischen Aufklärung im Blick); zweitens kann es einer *Selbsttäuschung* erlegen sein. Das fragliche Individuum ist dann zwar fest davon überzeugt, dass ihm Gott erschienen ist, aber das war gar nicht der Fall.

Unter bestimmten weltanschaulichen Rahmenbedingungen erleben Individuen eine bestimmte *neue Idee, auf die sie selbst gekommen sind,* als etwas *von einer übernatürlichen Macht Eingegebenes.* Um zu entscheiden, ob in einem bestimmten Fall verlässliches Offenbarungswissen vorliegt, müsste die Möglichkeit einer solchen Selbsttäuschung ausgeschlossen werden. Das aber lässt sich wohl nur schwer, möglicherweise gar nicht auf tragfähige Weise bewerkstelligen. Daher bleibt bis auf Weiteres wieder nur das subjektive Überzeugtsein von etwas Bestimmtem (Glaube$_1$) übrig, während der vom Glauben$_2$ erhobene absolute Wahrheitsanspruch als zumindest vorläufig unbegründet gelten muss, da nicht gezeigt wird, dass das Behauptete zutrifft. Dem, was ein Prophet als den Willen Gottes verkündet, kommt ohne Nachweis, dass *tatsächlich* ein Gotteskontakt stattgefunden hat, nicht der Status des höheren Wissens über den Willen Gottes zu, an dem sich alle anderen auszurichten haben.

Es *könnte* möglich sein, zum Beispiel einen in dogmatischer Einstellung vertretenen religiösen Glauben durch eine spezifische Argumentation in (höheres) Wissen zu verwandeln. Eine solche Ausgestaltung des religiösen Dogmatismus ist eine Option, die weiterhin genutzt werden kann; angesichts der Fehlerhaftigkeit der vorliegenden Nachweisversuche erwarte ich jedoch nicht, dass dieser Weg zu einer überzeugenden Begründung des jeweiligen Glaubens führen wird.

Gefahren des weltanschaulichen Dogmatismus

Der einfachen Form des weltanschaulichen Dogmatismus (Fundamentalismus$_1$) wohnt eine *Tendenz zur Intoleranz* inne, die aber nicht in allen Fällen zur Verwirklichung gelangt. Wer meint, im Besitz der definitiven Wahrheit zu sein, schreibt allen davon abweichenden weltanschaulichen Überzeugungen implizit oder explizit zu, *definitiv falsch* zu sein. Dann aber liegt das Ziel nahe, die universelle Anerkennung der wahren Lehre herbeizuführen und die in der Unwahrheit lebenden Andersdenkenden auf den rechten Weg zu bringen. Nimmt man an, dass sie die definitive Wahrheit *hätten erkennen können und müssen,* so kommt die *Verachtung* der Andersdenkenden hinzu. Der Fundamentalismus$_1$ schlägt in den Fundamentalismus$_2$ um, wenn die Überzeugung hinzukommt, dass der Verstockte durch seine Verstrickung in den vermeidbaren Irrtum sein Lebensrecht verwirkt hat und getötet werden darf.

Dass viele Formen des Fundamentalismus$_1$ friedlich sind und zum Beispiel niemals Anschläge verüben würden, hängt auch damit zusammen, dass die Überzeugung, die definitive Wahrheit zu kennen, vielfach auf *inkonsequente* Weise vertreten wird: Man zieht die eben angesprochenen Konsequenzen nicht oder nur teilweise, und man vermengt den weltanschaulichen Dogmatismus mit anderen Positionen, die mit ihm logisch nicht vereinbar sind. Innerhalb der wertneutral vorgehenden Weltanschauungsanalyse ist jede Konstellation dieser Art genauer zu untersuchen. Der weltanschauliche Dogmatismus, der das Überzeugtsein von etwas Bestimmtem mit einem höheren Wissen verwechselt, ist kein zu schützendes Gut, sondern eine defizitäre Position. Der Übergang vom Glauben$_2$ zum Glauben$_1$ ist allen Formen der Weltanschauung anzuraten.

Nach meiner Auffassung erwachsen die Gefahren der Intoleranz, der Aggression usw. nicht primär aus der Religion, sondern aus der dogmatischen Einstellung, die sowohl eine religiöse als auch eine areligiöse Gestalt annehmen kann. Daher stelle ich die allgemeine Dogmatismuskritik ins Zentrum.

Viele Anhänger eines religiösen Dogmatismus monotheistischer Art glauben nicht nur, dass es den einen Gott gibt, der sich einem von ihm auserwählten Individuum offenbart und ihm die moralischen Regeln, welche die Menschen befolgen sollen, sowie weitere Gebote mitgeteilt hat, sondern auch, dass Gott dem von ihm auserwählten Individuum dargelegt hat, dass es sowohl ein himmlisches Paradies als auch eine Hölle gibt und dass er die Guten nach ihrem irdischen Tod ins Paradies holen wird, während die Bösen in die Hölle kommen. Ferner hat Gott darüber informiert, dass es neben Ihm eine weitere übernatürliche Macht gibt, die bösartig ist; sie wird als Satan, Teufel usw. bezeichnet. Die dem religiösen Dogmatismus innewohnenden Gefahren werden insbesondere durch die letzte Annahme erheblich verstärkt – sie begünstigt nämlich die *Dämonisierung des Andersdenkenden*. Von diesem wird dann nicht nur behauptet, dass er in der definitiven Unwahrheit lebt, sondern zusätzlich wird postuliert, dass dies mit dem Teufel in Verbindung zu bringen ist. Der andere vertritt dann nicht einfach eine Weltanschauung, ein soziopolitisches Programm oder eine Theorie mit größeren oder kleineren Schwächen, sondern er befindet sich auf einem *vom Teufel inspirierten Irrweg*. Wird das andere Denken aber mit dem Teufel in Zusammenhang gebracht, so liegt es nahe, es unter Einsatz aller Mittel zu bekämpfen: Toleranz erscheint dann als *definitiv unangebracht*.

Der metaphysische Krieg

Die verschiedenen Religionen sind in der Regel *von Anfang an fundamentalistisch$_1$*, einige enthalten auch direkt Elemente des Fundamentalismus$_2$. Der gewaltbereite religiöse Dogmatismus hat insbesondere dort Konjunktur, wo ein metaphysischer bzw. kosmischer Krieg zwischen der guten metaphysischen Macht (Gott) und der bösen metaphysischen Macht (Satan) angenommen wird, in dem es um das Schicksal des gesamten Kosmos geht. Der Endkampf zwischen den beiden Mächten steht nach dieser Sichtweise in Kürze bevor oder hat bereits begonnen. Die Menschen sind in den kosmischen Konflikt einbezogen, auch wenn sie sich dessen nicht bewusst sind. Man hat es daher nicht einfach mit menschlichen Gegnern zu tun, sondern mit satanischen Feinden, die es auszuschalten gilt. Der ‚wahrhaft Wissende‘ begreift alles, was auf der Welt geschieht, als Teil des metaphysischen Krieges. Ziel ist es, den Menschen den großen Zusammenhang bewusst zu machen und sie zum Kampf gegen das metaphysisch Böse und seine willentlichen oder unwillentlichen menschlichen Mitstreiter zu bewegen. Es wird als definitiv wahr angesehen, dass Gott selbst bestimmte Menschen dazu aufruft, die Satans-Diener, welche die göttlichen Gebote ausheben wollen, zu bekämpfen.

Satan und die ihm zuarbeitenden Menschen ziehen nach dieser Weltbildtheorie im metaphysischen Krieg alle Register der Gewalt. Daher ist es nicht nur legitim, sondern auch notwendig, dass diejenigen, welche sich aktiv für die Belange Gottes einsetzen, ebenfalls alle Register ziehen: Würden sie das nicht tun, so würden sie im Endkampf verlieren. Angestrebt werden die maximale Verunsicherung der Partei der Finsternis und die maximale Motivierung der Partei des Lichts.

Auch hier greift jedoch die allgemeine Kritik des Dogmatismus: Da kein tragfähiger Nachweis erbracht wird, dass es sich tatsächlich so verhält, wie behauptet wird, haben auch diese Varianten der religiösen Weltanschauung nur den Status des subjektiven Überzeugtseins (Glaube$_1$), nicht den des ein höheres Wissen einschließenden Glaubens$_2$. Das betrifft insbesondere die mit Absolutheitsanspruch auftretenden Aussagen über den *Willen Gottes* wie „Der Herr hat mich gerufen und mir den Weg gezeigt", „Wir müssen den politischen Auftrag Gottes erfüllen", „Gott befiehlt, dass diejenigen, welche auf der Seite Satans stehen, auszumerzen sind". Das betrifft ferner die Annahme, der Tod bei einem als legitim angesehenen (Selbstmord-)Anschlag werde von Gott mit einem bevorzugten Platz im Paradies belohnt. Unter Erkenntnisgesichtspunkten ist es illegitim, die Existenz eines metaphysischen Krieges als hinlänglich erwiesen *vorauszusetzen* und die Ereignisse im Licht dieses Dogmas zu deuten. Erkennt man hingegen, dass man nicht mehr in der Hand hat, als das subjektive Überzeugtsein von etwas Bestimmtem, so ist die vermeintliche Gewissheit verschwunden, und es kommt zu einer produktiven Verunsicherung. Man wird dann zum Beispiel nicht mehr anstreben, der vermeintlich definitiven Wahrheit mit Gewalt zum Sieg über die definitive Unwahrheit zu verhelfen. Die Tötung der ‚Ungläubigen‘ erscheint legitim, wenn man im Sinne des Glaubens$_2$ davon ausgeht, dass Gott von den wahrhaft Gläubigen verlangt, die definitiv falsch Denkenden aus dem Weg zu räumen. Begnügt man sich hingegen mit einem Glauben$_1$, so schwindet eine solche vermeintliche Sicherheit.

Bildet die Theorie des metaphysischen Krieges, die mit einer auch in dieser Welt ausgetragenen endzeitlichen Konfrontation zwischen den guten und den bösen Mächten rechnet, das Zentrum einer Religion, so nimmt diese eine deutlich andere Gestalt an als unter den Vorzeichen des einfachen Dogmatismus, der in vielen Fällen friedlich gestimmt ist. Durch bestimmte religiöse Weltbildannahmen kippt der Fundamentalismus$_1$ in einen Fundamentalismus$_2$ um. Dazu gehört die Überzeugung, die von Gott selbst geforderte Staatsform sei unter Anwendung aller Mittel so schnell wie möglich zu verwirklichen.

Die dogmatische Einstellung ist die Wurzel, aus der leicht eine Gewaltbereitschaft erwachsen kann; manchmal reicht eine einzige Annahme aus, um den Übergang zu vollziehen. Ist aber der Dogmatismus das Kernproblem, so genügt es nicht, den gewaltbereiten Fundamentalismus$_2$ von diesem oder jenem friedlich gestimmten weltanschaulichen Dogmatismus aus zu bekämpfen, wie es in der öffentlichen Diskussion zumeist versucht wird, denn diese Positionen werden ebenfalls von der allgemeinen Dogmatismuskritik getroffen. Das gilt sowohl für religiöse als auch für areligiöse Weltanschauungen: Auch bei letzteren treten Überzeugungen auf, die mit den Theorien des metaphysischen Krieges verwandt sind, zum Beispiel in bestimmten Formen des Marxismus.

Aufgrund der vorgetragenen Überlegungen muss auch die verbreitete Ansicht, die eigentlichen Inhalte *der* Religion seien Liebe und Frieden und der religiöse Fundamentalismus$_2$ sei daher als Fehlform bzw. Missbrauch der Religion zu betrachten, abgelehnt werden. Die Beschaffenheit einer bestimmten Religion hängt davon ab, welche religiösen Annahmen akzeptiert und ob sie in dogmatischer Einstellung vertreten werden oder nicht. Eine Religion, die auf der Weltbildtheorie des metaphysischen Krieges beruht, predigt zwar in gewisser Hinsicht auch Liebe und Frieden, nämlich für die Zeit, nachdem die göttliche Seite im Endkampf gesiegt hat – in der Gegenwart ist jedoch der alle Register ziehende Kampf gegen das metaphysisch Böse angesagt.

Beantwortung der Grundsatzfragen

Ich komme nun auf die zu Beginn formulierten und im öffentlichen Diskurs weitgehend ausgeklammerten Grundsatzfragen zurück, um sie im Licht der bisherigen Ausführungen zu beantworten. Da die Antwort immer auf dieselbe Weise erfolgt, konzentriere ich mich exemplarisch auf zwei Fragen.

Ist die offene einer geschlossenen Gesellschaft vorzuziehen oder umgekehrt? Wäre es möglich, eine bestimmte Weltanschauung als die definitiv wahre und ein bestimmtes soziopolitisches Programm als das definitiv richtige zu erweisen, so wäre die darauf ausgerichtete geschlossene Gesellschaft vorzuziehen. Da sich aber *nicht* verlässlich erkennen lässt, welches die definitiv wahre Weltanschauung und das definitiv richtige soziopolitische Programm sind, ist die offene Gesellschaft zu präferieren. Liegt kein *begründeter* absoluter Wahrheitsanspruch vor und sind die Chancen, zukünftig zu einer solchen Begründung vorzudringen, gering, so ist es besser, eine Pluralität von Weltanschauungen und soziopolitischen Programmen zuzulassen und einen Zustand zu überwinden, in dem eine Gewissheitsposition bloß als gültig *ausgegeben* und *der Kritik entzogen* wird. In einer Situation, in der kein abgesicherter Glaube verfügbar ist, ist es besser, die eigene Position als Variante des $Glaubens_1$ zu begreifen und andere Weltanschauungen zuzulassen als alle auf eine bestimmte Variante des ohne Nachweis auftretenden $Glaubens_2$ verpflichten zu wollen.

Ist die Demokratie dem Gottesstaat vorzuziehen oder umgekehrt? Ließe sich nachweisen, dass der eine Gott existiert und von den Menschen verlangt, Gesellschaft und Staat nach bestimmten Prinzipien zu organisieren, so wäre der Gottesstaat vorzuziehen; steht auf begründete Weise fest, was Gott von den Menschen fordert, so haben diese den göttlichen Willen konsequent umzusetzen und nicht eigenmächtig darüber zu verhandeln, welchen Weg sie gehen wollen und dabei faule Kompromisse zu schließen. Diese Situation ist aber nicht gegeben: Kommt den verschiedenen Formen der Weltanschauung nach einer erkenntniskritischen Analyse nur der Status des $Glaubens_1$ zu, so ist die Demokratie, in der ein friedlicher Konkurrenzkampf der unterschiedlichen soziopolitischen Programme und der sie tragenden Weltanschauungen ausgetragen werden kann, dem Gottesstaat vorzuziehen.

Ein *absoluter* Wahrheitsanspruch wird zwar vielfach erhoben, aber nicht auf eine auch für andere Positionen akzeptable Weise argumentativ eingelöst; daher sind alle aus dem vermeintlichen Wahrheitsbesitz abgeleiteten Folgerungen als unbegründet anzusehen. Das subjektive Überzeugtsein von etwas Bestimmtem, das zutreffend, aber auch unzutreffend sein kann, tritt zu Unrecht als höheres Wissen auf. Das gilt insbesondere auch für den Anspruch, einen göttlichen Auftrag zu erfüllen bzw. ein göttliches Recht geltend machen zu können.

Viele Formen des $Fundamentalismus_2$ nehmen an, dass die Andersdenkenden und -wollenden, weil sie sich gegen die ihnen im Prinzip zugängliche definitiv wahre Lehre sperren, ihr Lebensrecht verwirkt haben und getötet werden dürfen. Eine solche Auffassung würde nur Sinn machen, wenn es sich um ein *absolutes Wissen* handeln würde. Erweist sich der Anspruch auf derartiges Wissen jedoch als unbegründet, so darf eine solche Konsequenz nicht mehr gezogen werden.

Der anfangs konstatierte Zustand der geistigen Schwäche, der dadurch gekennzeichnet ist, dass man sich, selbst der dogmatischen Einstellung verhaftet, der Notwendigkeit enthoben glaubt, sich ernsthaft mit grundsätzlichen Gegnern auf der weltanschaulichen und der soziopolitischen Ebene auseinanderzusetzen, wird durch die vorgetragene Kritik überwunden.

Die Wirkung der dogmatischen Einstellung lässt sich mit der einer Droge vergleichen

Die dogmatische Einstellung spiegelt etwas vor, was nicht gegeben ist: unumstößliche Wahrheit und definitive Sicherheit. Der angebliche Besitz der definitiv wahren Lehre erweist sich als bloße Behauptung, über eine solche zu verfügen. Ferner macht die dogmatische Einstellung *abhängig:* Man gewöhnt sich an die als wohltuend empfundenen Wirkungen und meint, ohne das als höheres Wissen Vorgespiegelte nicht mehr leben zu können. Die Anhänger eines weltanschaulichen Dogmatismus fühlen sich bei diesem häufig *besonders gut:* Sie meinen, über höheres Wissen zu verfügen und einen höheren Auftrag zu erfüllen – das stärkt ihr Selbstbewusstsein enorm, und das starke Selbstbewusstsein, das Kräfte freizusetzen vermag, erweist sich in verschiedenen Konfliktsituationen als vorteilhaft. Die auf die religiöse Dimension bezogene dogmatische Einstellung erlaubt es, alle Wünsche, Bedürfnisse, Interessen, Ziele, Werte *mit höheren Weihen auszustatten* und sie als die definitiv gültigen, mit dem göttlichen Willen im Einklang stehenden auszugeben. Im areligiösen Kontext treten andere höhere Instanzen an die Stelle des göttlichen Willens, zum Beispiel das postulierte Grundgesetz der Natur oder der Geschichte. Die dogmatische Einstellung wirkt so in der weltanschaulichen und der soziopolitischen Dimension *wie eine Droge.*

Darüber hinaus bilden sich in der Menschheitsgeschichte religiöse und dann auch areligiöse Institutionen heraus, welche das Missverständnis des subjektiven Überzeugtseins als verlässliches höheres Wissen *zementieren.* Die Abkehr von der dogmatischen Einstellung ist ähnlich schwierig und mit ständigen Gefahren des Rückfalls verbunden wie ein Drogenentzug.

Die Bedürfnislage vieler Menschen ist durch die verinnerlichte dogmatische Einstellung bestimmt: Sie wünschen sich eine klare weltanschauliche Orientierung, an die sie sich halten können; sie sind nicht daran interessiert, über die Grundfragen intensiver nachzudenken und dabei auch die verschiedenen religiösen und areligiösen Optionen zu berücksichtigen. Ihren Wünschen würde

somit am besten eine *definitiv wahre* Weltanschauung entsprechen, mit deren
Anerkennung sie den Punkt „Welches ist die beste weltanschauliche Orientierung?" ein für alle Mal abhaken könnten. Erwecken Meinungsführer aus ihrem
Umfeld, die für vertrauenswürdig gehalten werden, den Eindruck, dass sie über
ein derartiges Überzeugungssystem verfügen, so schließen sie sich dieser Sichtweise an und meinen, im Prinzip auf alle Lebensfragen die richtige Antwort zu
haben, welche sie auf Nachfrage von den Vordenkern erhalten können.

Menschen mit dieser Bedürfnislage akzeptieren in der Regel das, was ihre
weltanschaulichen Meinungsführer ihnen vorsetzen. Das aber bedeutet, dass
auch die folgende Option besteht: Würden die Vordenker der jeweiligen Weltanschauung den *Denkfehler des Dogmatismus* vermeiden, so könnten sich über
kurz oder lang auch die einfachen Anhänger damit begnügen, einen Glauben₁
ohne Anspruch auf (höheres) Wissen zu vertreten. Eine solche Transformation
der in dogmatischer Einstellung vertretenen religiösen und areligiösen Weltanschauungen halte ich bezogen auf die große Menge der unreflektiert Gläubigen
für wünschenswert. Derartige Formen des Glaubens₁ können übrigens durchaus *mit einer klaren ethischen Verhaltensorientierung* verbunden sein. Es wird
aber immer auch Menschen geben, die auf die dogmatische Einstellung *fixiert*
sind und deren Kritik, die auf das Anraten eines Drogenentzugs hinausläuft,
abblocken. Für diesen Menschentyp wird zum Beispiel eine bestimmte Religion
unattraktiv, wenn diese aufhört, als definitiv wahres System aufzutreten. Für sie
verliert das Leben jeden Sinn, wenn der Anspruch auf höheres Wissen – zum Beispiel in der Form von religiösen Heilsverheißungen – aufgegeben wird.

Das von der dogmatischen Einstellung gesteuerte ist ein *bedürfniskonformes*
Denken: Der Wunsch, über endgültiges Wissen zu verfügen, bestimmt das Denken
dergestalt, dass herauskommt „Du verfügst tatsächlich über absolutes Wissen".

Zum Status der Theologie

Im Licht der allgemeinen Dogmatismuskritik ist die Theologie in allen ihren
Formen im Kern die Explikation und Systematisierung von religiösen Überzeugungen, die nicht den Status eines höheren Wissens, sondern nur den des subjektiven Überzeugtseins von etwas Bestimmtem, das auch unzutreffend sein kann,
besitzen. Sie ist daher keine Wissenschaft im engeren Sinn des Wortes, obwohl
sie sich einzelner wissenschaftlicher Methoden bedienen kann.

Das in verschiedenen Religionen anzutreffende theologische Bemühen,
den verunsicherten Gläubigen Argumente gegen den abgelehnten religiösen
Fundamentalismus₂ an die Hand zu geben, läuft in der Regel darauf hinaus,

dass eine Form des religiösen Dogmatismus gegen eine andere ausgespielt wird. Das Missverständnis des eigenen – von Wünschen und Hoffnungen geprägten – subjektiven Überzeugtseins als höheres Wissen bleibt bestehen und wird verwendet, um den innerreligiösen Gegner auf dem weltanschaulichen Schlachtfeld in die Defensive zu bringen. Man meint, den Willen Gottes *angemessener* erkannt zu haben als die Kontrahenten, man erweckt den Eindruck, man verfüge über *verlässliches Wissen über den Willen Gottes,* in dessen Licht der religiöse Fundamentalismus$_2$ als zu verwerfende Abkehr vom göttlichen Willen erscheine. Nach meiner Auffassung besitzen auch die friedlichen Vertreter einer bestimmten Religion kein höheres Wissen, sondern sind nur subjektiv davon überzeugt, dass Gott etwas anderes will und andere Ziele verfolgt als die Fundamentalisten$_2$ meinen. Absolute Wahrheitsansprüche sind hier genauso unberechtigt wie in den anderen Fällen.

Auch die verbreiteten Formen der Kritik des Islamismus aus der Sicht eines friedlichen Islams verbleiben im Rahmen des religiösen Dogmatismus: Die eine Variante *wird als die definitiv wahre religiöse Weltanschauung* behauptet und gegen die andere ausgespielt. Dabei handelt es sich jedoch nicht um eine *Erkenntnis* des wahren Islams, sondern das eigene Überzeugtsein wird zum definitiv wahren Islam hypostasiert. Aus „Ich kann nur einen friedlichen Islam akzeptieren" wird „Der Islam ist seinem Wesen nach friedlich, und die gewaltbereiten Islamisten haben den im Kern friedlichen Islam missverstanden". Die Gegenseite geht freilich strukturell genauso vor: Sie hypostasiert bzw. dogmatisiert ihr subjektives Überzeugtsein von etwas Bestimmtem und wirft den anderen eine Verkennung des wahren Islams vor. Im letzten Abschnitt skizziere ich, welche Position sich ergibt, wenn man die auf einem vermeidbaren Denkfehler beruhende dogmatische durch die undogmatische Einstellung ersetzt.

Toleranz, Pluralismus und Konkurrenz bei Weltbildern und Wertsystemen

In der weltanschaulichen Dimension gibt es eine Alternative zur dogmatischen Haltung, nämlich die undogmatische. Diese nimmt an, dass man zwar behaupten kann, über die definitiv wahre Weltanschauung zu verfügen, diesen Anspruch aber nicht argumentativ einzulösen vermag. Endgültige Gewissheit erscheint nun als *unerreichbar.* Wird der in dogmatischer Einstellung vertretene Glaube$_2$ durch den in undogmatischer Einstellung vertretenen Glauben$_1$ ersetzt, so wird kein absoluter Wahrheitsanspruch mehr erhoben; damit entfällt auch *die Notwendigkeit, diesen argumentativ einlösen zu müssen.*

Wer nur einen mit dem Irrtumsvorbehalt verbundenen weltanschaulichen Glauben$_1$ vertritt, kann tolerieren, dass andere Individuen einen anderen Glauben$_1$ haben. Mit der undogmatischen Einstellung ist die Anerkennung eines *weltanschaulichen Toleranzprinzips* verbunden. Dabei betrachtet man den Andersdenkenden und -wollenden als jemanden, der im Recht sein *könnte*. Nach undogmatischer Auffassung gibt es *mehrere* Weltanschauungen, die ernsthaft zu erwägen und grundsätzlich legitim sind. Für den undogmatischen Vertreter eines Weltbilds ist es wünschenswert, dass mehrere Weltbilder existieren, er plädiert somit für den *Weltbildpluralismus*. Der im Bereich des Weltbilds Andersdenkende wird *grundsätzlich respektiert* und *als* Andersdenkender geschätzt: „Es ist gut, dass es auch Leute gibt, die ein anderes Weltbild haben als ich; das Vorliegen unterschiedlicher Weltbildtheorien ist für den Erkenntnisfortschritt förderlich".

Entscheidend für die undogmatische Grundposition ist das folgende Prinzip: Die Andersdenkenden sind zunächst einmal zu tolerieren – *dann aber können sie auch kritisiert werden.* Diese Kritik erfolgt, da auf absolute Wissensansprüche verzichtet wird, nach Prinzipien empirisch-rationalen Denkens. Das bedeutet bezogen auf soziopolitische Programme: Strebt man in dogmatischer Einstellung gesellschaftliche Veränderungen an, so will man ein als *definitiv richtig* betrachtetes Gesellschaftsideal realisieren. Strebt man hingegen in undogmatischer Einstellung gesellschaftliche Veränderungen an, so will man Zielvorstellungen realisieren, von denen man nach einem Vergleichstest mit konkurrierenden annimmt, dass sie zur Lösung der anstehenden Probleme am besten geeignet sind.

Entsprechendes gilt für Weltanschauungen. Der undogmatisch Eingestellte tritt für eine bestimmte Weltanschauung ein, weil er überzeugt ist, dass die jeweiligen Weltbildannahmen und Wertüberzeugungen sowie die daraus gewonnenen Problemlösungsversuche den konkurrierenden aus bestimmten Gründen *vorzuziehen* sind. Er betont die Vorteile der eigenen Grundannahmen sowie die empirisch gestützte Problemlösungskompetenz des eigenen Ansatzes. Einerseits hält er es für wichtig, dass es überhaupt unterschiedliche Weltbildangebote gibt, andererseits betrachtet er nicht alle Ansätze als gleichermaßen geeignet. Der hinsichtlich des Weltbilds Andersdenkende wird somit zwar *grundsätzlich* toleriert, aber gerade nicht im Sinne eines *uneingeschränkten* Geltenlassens anderer Weltbilder, das alles dem subjektiven Belieben überlässt. Die konkurrierenden – und *grundsätzlich* respektierten – Weltbilder werden *mit friedlichen Mitteln bekämpft* – mit dem Ziel, das eigene Weltbild als das in kognitiver Hinsicht *vorzuziehende* zu erweisen.

Vermeidet man den Denkfehler des weltanschaulichen Dogmatismus, so lässt sich der bedrohliche Kampf der in dogmatischer Einstellung vertretenen Weltanschauungen in eine mit friedlichen Mitteln ausgetragene Konkurrenz verwandeln, die in den Hauptpunkten der Theorienkonkurrenz in der wissenschaftlichen Dimension entspricht. In dieser hat sich die undogmatische Einstellung als überlegen erwiesen und weitgehend durchgesetzt. Ihr zufolge führt der Prozess der empirischen Erkenntnis nicht zur Erlangung letzter, unumstößlicher Wahrheiten, sondern zur Verbesserung von konkreten Beschreibungen und Erklärungen, die nie an ein definitives Ende gelangt. Heutzutage erheben die meisten Erfahrungswissenschaftler für ihre Theorien keinen Anspruch auf definitive Gewissheit mehr – und das ist gut so.

Sind Weltbilder Versuche, Erkenntnisprobleme bestimmter Art zu lösen, so ist es verfehlt, die Wahl einer Weltanschauung zur *Geschmackssache* zu erklären. Erkenntnisfragen sind keine Geschmacksfragen. Verabschiedet man sich von der Suche nach letzten Gewissheiten im Sinne begründbaren absoluten Wissens, so erleidet man auch nicht zwangsläufig einen radikalen Orientierungsverlust und fällt der Beliebigkeit anheim. Menschen sind Lebewesen, die es lernen können, ohne die Annahme von Fundamenten auszukommen, die nur als ewig gültig *ausgegeben* werden.

Wird ein religiöser Glaube in undogmatischer Einstellung vertreten, so versteht er sich als Artikulation von *Hoffnungen ohne vermeintliche Gewissheitsgarantie:* Man *hofft,* dass es eine übernatürliche Dimension gibt, dass Gott existiert, dass der physische Tod in dieser Welt nicht das Ende des individuellen Lebens ist usw.; man beansprucht nicht mehr zu *wissen,* dass es sich so verhält. Will man mehr als den einfachen, diese oder jene Hoffnung artikulierenden Glauben, so versucht man, *die jeweiligen Annahmen durch den Gewinn spezifischen empirischen Wissens zu stützen.* Ich strebe an, möglichst viele Menschen für die empirisch-rationale Auseinandersetzung mit Weltbildtheorien und Wertsystemen zu sensibilisieren.

Werden die Fesseln des religiösen Dogmatismus gelöst, so besteht die Gefahr, dass Selbstverwirklichung zum Beispiel auf die Maximierung individueller Lust reduziert wird und moralische Verbindlichkeiten aller Art, die immer auch mit Rücksichtnahme auf andere zu tun haben, zurückgedrängt werden. Mit der undogmatischen Einstellung sind moralische Verbindlichkeiten näher zu bestimmender Art jedoch problemlos vereinbar.

Wird der dogmatisierte in einen einfachen Glauben verwandelt, so verschwinden die *großen Ziele* nicht – sie verändern nur ihren Status. So kann mit der undogmatischen Einstellung das Ziel verbunden werden, sich für die möglichst

weitgehende Verbreitung dieser Einstellung in allen Lebensbereichen zu enga-
gieren und für die Veränderung aller Gesellschaften einzutreten, welche auf dieser oder jener Variante des weltanschaulichen und soziopolitischen Dogmatismus
beruhen.

Das Ziel, möglichst viele Menschen dazu zu bewegen, zu einem undogmatischen
Glauben$_1$ überzugehen, lässt sich nur annäherungsweise in einem langfristigen Prozess erreichen. Auf der anderen Seite kann man jedoch, wenn man den Denkfehler
des Dogmatismus durchschaut hat, *sofort damit beginnen.*

Literatur

Tepe, P. (2015): Fundamentalismus: Neue Wege in Analyse und Kritik. Eine Anwendung
der kognitiven Ideologietheorie. In: Mythos-Magazin. Abrufbar unter: http://www.
mythos-magazin.de/ideologieforschung/pt_fundamentalismus-neue-wege.pdf   (zuletzt
geprüft am 01.03.2017).

Prof. Dr. Peter Tepe Literaturwissenschaftler und Philosoph an der Heinrich-Heine-Universität, Leiter des interdisziplinären Studien- und Forschungsschwerpunkts Mythos, Ideologie und Methoden.

Islamistischer Pop?

Schlaglichter auf einen deutschen Skandalisierungsdiskurs im Gangstarap

Marc Dietrich und Martin Seeliger

Einleitung

Die Verhandlung von Gangstarap und Islam teilen in der deutschen Medienberichterstattung eine wesentliche Gemeinsamkeit: Beide sind Gegenstand eines populistischen Diskurses, der sich wesentlich aus ihrer ethnischen (Negativ-) Konnotation ergibt.

Das Thema Islam ist mittlerweile in vielen Ländern Europas – allen voran vielleicht Deutschland und Frankreich – ein genauso wichtiges wie prekäres Thema. Dabei geht es keineswegs „nur" um die diffuse „kulturelle Kompatibilität" von Christentum und Islam, sondern – was bekannt sein dürfte – auch um ganz wesentliche Gesellschaftsthemen: Migration, Integration(sverweigerung) und soziale Ängste vor dem Fremden oder gar Überfremdung. Diese Semantiken prozessieren diskursiv schon seit Jahren, bevor sie im Jahr 2015 zu einem

M. Dietrich (✉)
Fachbereich Angewandte Humanwissenschaften,
Hochschule Magdeburg-Stendal, Hansestadt Stendal, Deutschland
E-Mail: marc.dietrich@h2.de

M. Seeliger
Institut für Gesellschaftswissenschaften und Theologie,
Europa-Universität, Flensburg, Deutschland
E-Mail: martin.seeliger@uni-flensburg.de

© Springer Fachmedien Wiesbaden GmbH, ein Teil von Springer Nature 2019
H. Barz und K. Spenlen (Hrsg.), *Islam und Bildung*,
https://doi.org/10.1007/978-3-658-26229-7_8

vorläufigen Höhepunkt gelangten. Die Stichworte gegenwärtiger Diskussionen lauten: Pegida, Charlie Hebdo und der Nexus von Islam(ismus) und Pop- oder Jugendkultur.[1] Letzteres untersuchen wir schlaglichtartig und anhand eines Feldes, in dem dieses Verhältnis vielleicht am prominentesten verhandelt wird – im deutschsprachigen Rap als kommerziell relevantestem Genre im derzeitigen Popgeschehen.

Wir gehen dabei in drei Schritten vor: Zunächst zeichnen wir eine knappe Skizze des (aktuellen) Mediendiskurses zum Thema Deutschland/Migration/ Islamismus und Rap, um in einem zweiten Schritt eine Reihe ausgewählter Beispiele zu präsentieren. Abschließend ordnen wir das Verhältnis von Mediendiskurs und Islam(ismus) im Rap unter kultursoziologischen Gesichtspunkten ein.

Skizze des Mediendiskurses

Zunächst: Die Art wie die Beziehung von Menschen mit Migrationshintergrund, ihre angebliche (kulturelle und religiöse) „Ausbreitung" in Deutschland diskutiert werden, hängt unter anderem mit der Darstellung vermeintlich anomischer Entwicklungen im Bereich der Migration zusammen, die in vielen deutschen Medien häufig mit einer eindeutigen Verantwortungszuschreibung an Migranten und Migrantinnen einhergeht. Das Zusammenleben von (christlichen?) Deutschen und (muslimischen) Menschen mit Migrationshintergrund sei gescheitert, nicht nur, weil man falsche, „zu liberale" Strukturen geschaffen habe und in einer „laissez-faire-Haltung" vorgegangen sei. Insbesondere sei das Zusammenleben gescheitert, weil sich viele „Ausländer" gar nicht integrieren wollten, so der Vorwurf. „Integration" und deren Scheitern wird dabei oft daran bemessen inwiefern die Akteure einem bestimmten kulturellen Selbstbild entsprechen, dass Horst Seehofer bündig so formulierte: „Wir als Union treten für die deutsche Leitkultur

---

[1]Zur Jugendkultur vgl. online unter https://www.sueddeutsche.de/politik/salafismus-als-jugendkultur-burka-ist-der-neue-punk-1.2318706 (zul. abg.: 10.04.2019) oder auch die Titelgeschichte des Spiegels mit entsprechendem Cover unter https://www.spiegel.de/spiegel/print/index-2014-47.html (zul. abg.: 10.04.2019), zu Charlie Hebdo in Form eines aufschlussreichen Pressespiegels unter https://www.tagesspiegel.de/gesellschaft/medien/pressestimmen-zu-charlie-hebdo-der-europaeische-11-september/11200466.html (zul. abg.: 10.04.2019), zu Pegida exemplarisch die arte Reportage unter https://info.arte.tv/de/dresden-pegida-und-die-folgen (zul. agb.: 10.4.2019).

und gegen Multikulti ein – Multikulti ist tot."[2] Und der Bundesinnenminister hat im April 2017 in einem Zehn-Punkte-Programm erläutert, was er als deutsche Leitkultur ansieht.[3]

Um die (populistische bis rechtslastige) Debatte näher einordnen zu können, muss man allerdings eine kurze Retrospektive in historische Diskurse unternehmen: Die Eckpfeiler der tendenziösen diskursiven Verhandlung des Themas „Islam und Deutschland", die ihren Ursprung in der Diskussion um Integration haben, werden bereits zu einem Zeitpunkt aufgestellt, zu dem Religion noch nicht als Stellvertretersignifikant für türkische und arabische Menschen fungiert und sich die Verhandlung etwas diffus am „Fremden" – nicht primär an Muslimen oder Islamisten – festmacht.

Sündenbockdebatten unter kulturellen, aber insbesondere ökonomischen Vorzeichen, haben eine gewisse Tradition: So beschreibt der Sozialstrukturforscher Rainer Geißler den Zeitraum zu Beginn der 1980er Jahre mit dem Begriff der „Abwehrphase" der deutschen Integrationspolitik (Geißler 2006, S. 235). Nicht zuletzt unter dem Eindruck der seit 1973 immer wieder aufkeimenden wirtschaftlichen Rezession, welche sich einwanderungspolitisch auch im 1973 verhängten Anwerbestopp äußerte, prägten Neologismen wie der des „Asylanten" einen Diskurs über „volle Boote" und „Ausländerfluten", die über „uns" hereinbrächen (u. a. m.). Seit einigen Jahren vollzieht sich eine wahrnehmbare Zuspitzung entsprechender Ressentiments in der öffentlichen Auseinandersetzung. So beobachtet Hartmann in den letzten Jahren eine „deutliche Verschärfung der Debatte über Multikulturalismus und das angebliche ‚Scheitern der multikulturellen Gesellschaft'" (Hartmann 2008, S. 503).

Den Anfangspunkt einer Welle derartiger Berichte machte die Anfang 2008 erschienene Ausgabe des Nachrichtenmagazins „Der Spiegel" mit ihrer Titelstory „Migration der Gewalt. Junge Männer – Die gefährlichste Spezies der Welt." Nachdem Ende 2007 ein Münchener Hauptschulrektor Opfer einer brutalen Attacke zweier Jugendlicher geworden war (vgl. Käppner 2008) wird dies in der

---

[2]Online abrufbar unter: https://www.spiegel.de/politik/deutschland/integration-merkel-er-klaert-multikulti-fuer-gescheitert-a-723532.html (zul. abg.: 10.04.2019). Wir wollen nicht verschweigen, dass dieses Problem der einseitigen und mitunter rassistischen Argumentation auch mittlerweile medial reflektiert wird, nicht zuletzt unter Hinzuziehung von (soziologischen) wissenschaftlichen Experten. Armin Nassehi etwa zeichnet ein differenziertes Bild des Themas in der Süddeutschen zur Hochphase der Diskussion, vgl. online unter: https://www.sueddeutsche.de/kultur/integration-und-leitkultur-das-fremde-der-anderen-1.1029658 (zul. abg.: 10.04.2019).
[3]Online abrufbar unter: https://www.welt.de/politik/deutschland/article164132024/De-Mai-ziere-stellt-zehn-Thesen-zur-deutschen-Leitkultur-auf.html (zul. abg.: 10.04.2019).

deutschen Medienlandschaft zum Anlass für eine äußert skandalisierende und pauschale Berichterstattung genommen, im Zuge derer (männliche) Jugendliche mit
Migrationshintergrund als generell zu Gewaltdelinquenz neigend dargestellt werden. Dass die Zuschreibung entsprechender Eigenschaften an Einwanderer (oder
deren Nachkommen) nicht allgemeingültig ist – man spricht zum Beispiel nicht
von US-Amerikanern, Schweizern oder Japanern –, sondern auf spezifische Her-
künfte abzielt (zumeist den arabischen Raum oder Osteuropa), kann hier abgelesen
werden. Insbesondere im jungen Mann mit Migrationshintergrund kulminiert ein
ganzes Set an Negativattributen. Er ist mit Heinz Bude als die konstruierte Sozialfigur vom (klischeehaften) jungen Deutschen mit türkischem (wahlweise arabi-
schem) Hintergrund und muslimischer Affinität beschreibbar:

> „Das stereotypische Bild dafür ist der handybenutzende, jeansbehoste, körperstolze
> deutschtürkische Jungmann, der sich in Berufung auf den Koran um die ‚Ehre‘ sei-
> ner unter dem schlechten Einfluss verderbter Emanzipationsvorstellungen stehenden
> Schwester sorgt" (Bude 2006, S. 305).

Im Zusammenhang mit dieser von Bude identifizierten „Sozialfigur" (vgl. dazu
auch en detail Moebius/Schroer 2010) kommen Rap und das Subgenre des
Gangstarap ins Spiel. Handelt es sich hierbei doch

a) um eine ästhetische Praxis, die durchaus stark von Menschen mit Migrationshintergrund rezipiert und praktiziert wird sowie
b) ein Genre, dass von je her einen schweren Stand in den Medien und Feuille-
   tons hatte – mindestens ab dem Zeitpunkt, als die Stuttgarter und Hamburger
   „Mittelstandsrapper" zunehmend das Feld den (Berliner) Gangsta- und Stra-
   ßenrappern überlassen mussten.[4]

Ab den frühen Jahren des 21. Jahrhunderts hatten kommerziell und (medial) einflussbezogen eher Azad, Aggro Berlin und (wenig später) Bushido sowie Massiv
den Ton angegeben.[5] An anderen Stellen haben wir gezeigt, dass die genretypische

---

[4]Eine Ausnahme bildet der kurdisch-deutsche Rapper Haftbefehl sowie die bis auf zwei
Mitglieder weiße 187 Straßenbande aus Hamburg, vgl. online unter: http://allgood.de/mei-
nung/kommentare/haftbefehls-einbruch-in-den-feuilleton-olymp (zul. abg.: 10.04.2019).
[5]Szillus (2012) sieht die Jahre 2008/2009 als genreinterne Phase der Eskalation, die (auch
aufgrund der Verstrickung ehemaliger Krimineller) medial große Beachtung fand. Gegen-
wärtig lässt sich konstatieren, dass Straßen- und Gangstarap (z. B. des Labels Alles oder
Nix) wieder einen kommerziell und einflussbezogen ebenbürtigen Platz neben den „poppi-
geren" Varianten der Cros und Caspers einnehmen konnte.

Praxis des Gangstarap der Selbstinszenierung als deviant und erfolgreich medial zumeist weniger als symbolische Geste der Selbstermächtigung vor dem Hintergrund rassistischer Strukturen und Zuschreibungen gelesen wird, denn als gefährliches und realweltliches Symptom von Befürchtungen wie sie Thilo Sarrazin, die Bildzeitung aber auch andere (s. o.) geschürt haben (Dietrich/Seeliger 2012; 2013, journalistisch Dietrich 2014). Gangstarapper sind aus tendenziöser Sicht das Paradebeispiel für den integrationsunwilligen, bildungsfernen aber gewaltbereiten jungen Mann mit Migrationshintergrund.

Zum Mediendiskurs um islamistischen Rap

Die Amalgamierung der Sozialfiguren „junger männlicher Ausländer" und „Gangstarapper" beginnt schon zu der Zeit, als Neo-Salafisten in Kölns Innenstadt Koranexemplare verteilen und sich Dennis Cuspert – zuvor als Gangstarapper Deso Dogg zu bescheidenem Ruhm gekommen – in die Nähe Pierre Vogels begibt. Der „Karriereverlauf" Cusperts ist hinreichend bekannt: Verbrüderung mit dem Neo-Salafismus, strikte Distanzierung vom Rapper-Alter Ego, Dschihad-Einzug im Dienste des IS. Dennoch zog ab hier das Gespenst vom Salafisten-*Rapper* durch die Medien – und zwar, obwohl Cuspert nicht nur seinen bürgerlichen Namen ablegte, sondern in aller Entschlossenheit seine Musikervergangenheit als *haram* begrub.

Vor dem skizzierten Hintergrund ist die jüngere mediale Thematisierung der angeblichen Verbindung von Rap und Islam zu sehen. Aktuelle Medienberichterstattungen thematisieren Gangstarap im Spannungsfeld historisch etablierter Negativzuschreibungen in Bezug auf seine Protagonisten und Publika in den Dimensionen von Ethnizität und Praktiken. Dabei stehen zudem „die" Symbolkosmen und Narrative des Genres im Verdacht, mit islamistischer Kultur eine gefährliche Synthese zu bilden oder mindestens hoch anschlussfähig zu sein: In „Die Zeit" beschäftigt sich Moritz von Uslar mit der Frage: „Wie viel Pop steckt im Terrorkrieg des Islamischen Staates" (Uslar 2015). Der Autor gelangt zu der Einsicht, dass die Existenz einer Verbindung zwischen dem militanten Islamismus und HipHop eine „soziologische Tatsache" sei.[6] Der Text konstatierte darüber

---

[6]Es erscheint unklar, was genau der Autor hiermit meint. Ohne Frage ist in einer Gesellschaft schon per Definition alles irgendwie miteinander verbunden. Ein Objekt, auf das das nicht zuträfe, befände sich außerhalb der Gesellschaft. Die Assoziation „Gangstarap – Arabisch-stämmiger (Post-)Migration – Islam – Islamismus" verweist auf die durch den Autor angesprochene Verbindung im Einklang mit gängigen (islamophoben) Stereotypen. Den Tatsachen entspricht sie unserer Erfahrung nach jedoch nicht.

hinaus, es gebe zwischen „Pop und Dschihad eine starke ästhetische Spannung", um dann später klarzustellen, dass es „zwischen deutschem Gangsta-Hip-Hop und radikalem Islamismus, mit Ausnahme des späteren IS-Kämpfers Deso Dogg, keinerlei offenkundige Verbindung [gibt]". Es zeigt sich demnach, dass a) der Islamist (trotz strikter Distanzierung von seiner offenbar als biografisch inkompatibel erkannten Rapkarriere) noch immer unter dem Etikett „Rapper" diskursiviert wird und b) die Verbindung zwischen der Musik und dem religiösen Extremismus auf einer rein ästhetischen Ebene identifiziert wird. Angesichts der Tatsache, dass im Pop generell häufig mit ästhetischen Elementen extremer Konnotation gespielt wird, ist dies eine wackelige Argumentationsbasis.[7]

Kern der Argumentation in diesem Artikel, der zu dieser Zeit von ähnlichen Thematisierungen in den Medien begleitet wird,[8] ist aber Folgendes:

> „Die offenkundigsten Gemeinsamkeiten zwischen dem Typus des Hip-Hoppers und des Dschihad-Kämpfers liegen in Gesten, Umgangsformen, Körperhaltungen, in der Verkörperung von neotraditioneller Männlichkeit. Beide propagieren dasselbe Ideal von körperlicher Kraft und Gestähltheit, den Kult von Härte, ‚Toughness' und Überlegenheit. Ästhetische Gemeinsamkeiten gehen bis in die Details der Garderobe und der Accessoires: Beide, IS-Kämpfer wie Gangstarapper, tragen die gleichen Uhren, die gleichen Ray-Ban-Sonnenbrillen, die gleichen schusssicheren Westen mit Camouflage-Muster. Die Jeeps, die in Hip-Hop-Videos und den Rekrutierungsvideos des IS als Statussymbole und als Insignien der technischen Aufrüstung und Unverwundbarkeit vorgeführt werden, sind die gleichen. Die Lust am Krass-Sein: Beide, der IS-Kämpfer wie der Hip-Hopper, legen es in ihrer Selbstinszenierung darauf an, gefühllos, kalt, gnadenlos zu erscheinen" (Uslar 2015).

Angefügt wird die vermeintlich analog funktionierende Art der Posen: Der IS-Repräsentant streckt als Zeichen den Mittelfinger hoch und trage dabei die Kalaschnikow zur Schau. Dies – so der Autor – sei der „reine HipHop". Um dies

---

[7]Man denke an die provokativen Nutzungen von Nazisymbolik im frühen Punk – auch hier bestände demnach eine starke „ästhetische Spannung" (in diesem Fall zwischen Musik und faschistischer Politik). Dennoch macht dies Punk nicht zu einem genuinen Betätigungsfeld von oder für Faschisten (tendenziell sogar im starken Gegenteil).

[8]Tatsächlich widerspricht ein Autor in der Zeit dem Uslar-Artikel mit erhellenden Argumenten, vgl. online unter https://www.zeit.de/kultur/musik/2015-03/hiphop-pop-dschihadgewalt, konstatierend ist eher der Artikel in der Huffington Post, vgl. online unter http://www.huffingtonpost.de/2014/11/04/salafisten-islam_n_6098846.html, in anderen Publikationen greift das Wort des „Pop-Dschihadismus" um sich, vgl. online unter https://www.badische-zeitung.de/deutschland-1/vom-pop-dschihadismus-in-den-krieg--81780716.html (zul. abg.: 10.04.2019).

kultursoziologisch einzuordnen: Der IS versucht sich eher an einer Inklusion im Rahmen seiner Logik mittels (ideologisch ferner) Popkulturanleihen. Es geht um eine perfide Strategie der Publikumsadressierung. Der Systemtheoretiker Urs Staeheli (2004), hat sich wiederholt mit dem Populären befasst. Er identifiziert zwei Figuren zur Popularisierung von Phänomenen: Entweder es werden kommunikativ oder inszenatorisch einmal eingeschliffene Erwartungshaltungen des Publikums bedient, indem man diese nicht nur erfüllt, sondern gar überbietet („Überdehnung des systemspezifischen Universalismus"). Dies realisiert der IS mit Mord- und Foltervideos, die alle bisherigen „genrespezifischen" Inszenierungen in ihrer Drastik übertreffen. Hier wird das „Stammpublikum" oder bereits affine Zuschauerschaft adressiert.

Die zweite Inklusionsfigur funktioniert, mit Stäheli gesprochen dahingehend, dass man Semantiken und Effekte einsetzt, die von weiteren potenziellen Zielgruppen als attraktiv, weil generell anschlussfähig rezipiert werden könnten („Integration hyperkonnektiver Elemente"): Auf eine verbreitete Pop- oder Rapästhetik zu setzen, in der Hoffnung, dass aus „Masse" Publikum wird, ist in dieser Logik also nur folgerichtig. Im Falle des IS handelt es sich also um Popularisierungsstrategien, die nicht HipHop-typisch sind, sondern generell zum Einsatz kommen, wenn etwas Begeisterung auslösen soll.[9] Pop, zu dem man HipHop längst zählen muss, funktioniert als Mittel des parasitären Aufmerksamkeitsgewinns besonders gut insofern es sich um eine globalisierte und glokalisierte Praxis handelt (vgl. Klein/Friedrich 2003). Der potenzielle Rezipientenkreis ist groß.

Eine Adaption von popästhetischen Elementen ist jedoch kein Beleg für eine organisch gewachsene Verbindung zwischen Rap und Islamismus. Eine gewisse kurzzeitige Verbindung von Rap und Islam (nicht Islamismus) in den USA (zwischen der Nation of Islam oder den so genannten 5 Percentern) besteht, sie ist aber gänzlich anders und keineswegs militant orientiert (vgl. Dietrich/ Seeliger 2012).

---

[9]Staeheli (2004) spricht dann auch von Figuren des Populären, die nicht systemspezifisch sind sondern in verschiedenen Feldern und Bereichen genutzt werden – in der Politik, Wirtschaft usw. (vgl. S. 185 ff.).

Die Verbindung von islamistischen Terrorismus und Rap als (suggestive) Selbstzuschreibung

Anfang Januar 2015 wurde das Satiremagazin Charlie Hebdo von islamistischen Tätern angegriffen, die mehrere Redaktionsmitarbeiter erschossen. Bilder von den Anschlägen und symbolische Gesten der Solidarisierung („je suis Charlie", kollektives Posieren der Staatschefs beim Trauermarsch von Paris) gingen in der Folge um die Welt. Die große Aufmerksamkeit und Empörung, die diese Tat auf sich zog, nutzte der Berliner Rapper Bushido geschickt im Rahmen der Promotion für sein aktuelles Album „Sonny Black", indem er ein Foto von sich selbst in einem Merchandise-Artikel des Pariser Fußballvereins Paris St. Germain im Web 2.0 verbreiten ließ. Und dieses: einen Tag nach dem Anschlag. Darunter schrieb er: „Bald geht's wieder rund […]. #ccn3 #ccn3kommtundzerficktsoeinige." Wenig überraschend zog der Berliner Rapper hiermit großen öffentlichen Unmut auf sich. Der „Paris-Sweater" war unter dem Eindruck der Ereignisse zum Signifikanten der Geschehnisse geworden. Ein wichtiger Faktor in dieser skandalisierten Rezeption ist dabei sicher der Träger selbst als Rapper, der a) seit Jahren als Personifizierung des deutschen Gangstarappers mit Migrationshintergrund gilt (mit allen Negativzuschreibungen, die daran hängen), und b) bereits im Vorfeld mit „verdächtigem langem Bart" und Statements zum Islam in Erscheinung getreten war.

Nachdem Bushido im anschließenden Interview mit dem Berliner Hip-Hop-Journalisten Markus Staiger noch vorgegeben hatte, etwaige Bezüge zum Attentat keineswegs beabsichtigt zu haben, änderte er in einem späteren Gespräch mit dem HipHop-Magazin Backspin seine Selbstdarstellung. Tatsächlich, so gibt er an, habe er die Konsequenzen bereits vor seiner Handlung richtig antizipiert und sich trotzdem bewusst für eine Provokation entschieden. Diese sei nicht nur „Absicht", sondern ein „Selbstversuch" gewesen, im Rahmen dessen er den Zuschauern vor Augen führen wollte, wie vorurteilsbehaftet sie seien. Bushidos bewusste Manipulation der Medien dient dieser Darstellung entsprechend der Entlarvung verblendeter Rezipienten (vgl. Vice 2015).

Aus der vorwiegend auf den Mediendiskurs ausgerichteten Perspektive, wie wir sie in diesem Text verfolgen, erscheinen die Motive Bushidos als unerheblich. Im Rahmen des oben skizzierten Diskurses entfalten sie aber eine signifikante Wirkung: Indem der Rapper sich scheinbar positiv mit den Geschehnissen um Charlie Hebdo identifiziert, mobilisiert er zugleich den doppelten Krisendiskurs um Islamismus und Gangstarap als Bezugsrahmen für seine Rezipienten. Interessanterweise konstruieren hier also nicht Medien, jedenfalls nicht an dieser Stelle, einen Nexus von Islamismus und Gangstarap (siehe oben), sondern ein Gangstarapper konstruiert diesen Nexus (über soziale Medien) selbst – und sei es auch nur suggestiv.

Rap als Bühne oder kulturelle Praxis für islamische und islamistische Akteure?

Zweifelsohne ist die (sub-)kulturelle ästhetische Praxis des Rap ein Betätigungsfeld für Akteure mit ganz verschiedenen Lebensorientierungen und Überzeugungssystemen. Artikulierung findet so ziemlich alles. Es wurde über sehr viele Themen gerappt: Banküberfälle (Bözemann), gescheiterte Beziehungen (Fanta4), Schussverletzungen (Massiv), Orgasmen (Sido), die Freude am heterosexuellen (und neuerdings auch homosexuellen) Sex (Bushido/Juicy Gay), Lokal- und Nationalpatriotismus (Fler), Verabscheuung der Heimat (Refpolk), Erwerbstätigkeit als Türsteher (Twin und Kollos), das Aufräumen von Wohnungen (NMZS und Danger Dan) oder germanische Stämme (Makss Damage). Auch über Fußball- spiele (Blumentopf) und Würstchenbuden wurde schon gerappt (Imbiss Bronko). In neueren Spielarten des Genres wird sogar nur noch „meta" gerappt (das heißt halbironisch über die gängigen Zeichen des Rap und seiner häufigen Zelebrierung des Rausches und der Dekadenz).

Rap als ökonomisch wenig voraussetzungsvolle Praxis – es genügen im Grunde ein Laptop und ein Mikrofon – mag eine Menge von potenziellen Aktivisten anziehen, die die Musik nicht nur aufgrund der „Hipness", sondern eben auch zu (politischen bzw. politisch fragwürdigen) Versuchszwecken frequentieren. Für die Einordnung dieser Performances im vorliegenden Kontext muss man auch Folgendes festhalten: Ein Zitat aus dem Koran oder ein islamisches Sprachspiel macht noch keine islamische Rap-Performance, geschweige denn einen islamistischen Rapper. Wie sehr ein Rapper, der zunächst mal heuristisch als Person von der Künstlerfigur zu unterscheiden ist, mit einem gewissen Programm – welcher inhaltlichen Orientierung auch immer – assoziierbar ist, lässt sich nur von Fall zu Fall prüfen. In diesem Zusammenhang geht es dann auch nicht allein um den „Basistext", das künstlerische Werk an sich (Single, Album, Video etc.), sondern evtl. um den gesamten Paratext, das heißt vom Künstler lancierte Äußerungen in verschiedenen Formen und Foren (social media, Interviews etc.).[10] Hinzu kommt bei Gangstarap, dass die Provokation und Herabwürdigung eines (oft imaginierten) Gegners praktisch eine generative Regel des „Spiels" darstellt und die offensive bis martialische Selbstcharakterisierung der Figur sich zur Aufmerksamkeitssteigerung oft dort bedient, wo prekäre gesellschaftliche Semantiken

---

[10]Zum Paratext und seinen Feindifferenzierungen und Eigenschaften vergleiche Gerard Genette (1992), der sich als Literaturwissenschaftler in seinem Modell vornehmlich an literarischen Texten orientiert.

(Sexualität, Gewalt) vermutet werden. Eine „Punchline", die sich terroristische Inhalte zunutze macht, ist in dieser Genrelogik fast konsequent zu nennen.

Feststellen lässt sich zudem, dass sogar islam-affine (nicht islamistische) Rapsongs in Deutschland nur sehr vereinzelt auftreten – so wie auch christliche Rapsongs kaum zu hören sind. Über die Gründe können wir an dieser Stelle nur spekulieren: Es könnte damit zusammenhängen, dass Muslime ihren Glauben nicht mit dem verankerten Symbol- und Erzählungs-Kosmos des Rap zusammenbringen möchten. Für diese Vermutung sprechen auch die Ergebnisse einer Schwerpunktreportage, die auf ZDFNeo lief.[11] Nachgegangen wurde der Frage, ob es in Deutschland islamischen bzw. islamistischen Rap gebe. Verschiedene Rapper (Deso Dogg, Manuellsen, Alpa Gun und PA Sports) mit islamischem Hintergrund wurden befragt, wie sie es mit ihrer musikalischen Praxis und der Zugehörigkeit zum Islam halten:

Im Falle Deso Dogg (noch vor seinem Eintritt in den Dschihad interviewt) ist es so, dass Musik als etwas betrachtet wird, das gemäß der Glaubensauslegung nicht praktiziert werden kann – Musik als Entertainment sieht der Koran in dieser Lesart nicht vor. Musik ist hier *haram,* also Sünde. Etwas anders argumentieren die Rapper Alpa Gun, PA Sports und Manuellsen. Sie plädieren dafür, Religion als Teil des Privatlebens zu betrachten und nicht missionarisch für die Rap-Performance zu instrumentalisieren. Rap sei schlicht die falsche Bühne für den Glauben. Rap als Praxis, die oft den stilisierten Rausch, Promiskuität und Grenzüberschreitung zur Inszenierung einsetzt, mag nicht als ideale Plattform für die religiöse Orientierung gesehen werden.

Es scheint als seien Religion und Rap in Deutschland insgesamt kaum in der Lage, Verschränkungen im breitentauglichen Sinne einzugehen. Dies mag damit zusammenhängen, dass die oft zirkulierenden, aufregenden Semantiken der lustvollen Grenzüberschreitung, der Eskapismusfantasien und der Zelebrierung von finanziellem Wohlstand nicht gerade klassische Domänen oder Desiderate der religiösen Lehren sind. Religion scheint für das zeitgenössische Publikum eher das Gegenstück zu allem zu sein was Rap und Pop interessant macht. Es handelt sich letzten Endes also um eine „Aversion", eine Vermeidungsstrategie, die auf Seite der Produktionsakteure wie auf der Rezeptionsseite vorzufinden ist: Die einen halten ihren Glauben aus verschiedenen Gründen aus dem musikalischen Schaffen heraus, während die anderen offenbar froh sind, von religiösen Inhalten „verschont" zu bleiben.

---

[11]Vgl. online unter: https://www.youtube.com/watch?v=QTHvQCfUGlI („Wild Germany – Islamischer Rap") (zul. abg.: 10.04.2019).

Fazit

Schlussendlich stellen wir fest, dass es sich beim islamischen oder islamistischen Rapper eher um eine Fiktion handelt, die im Diskurs in Deutschland zur Ordnungsstiftung und Kanalisierung latenter Ängste konstruiert worden ist. Wie das Beispiel Bushidos zeigt, sind findige Akteure nun durchaus in der Lage, diesen Diskurs kreativ für ihre aufmerksamkeitsökonomischen Zwecke zu nutzen. Eine reale Gefahr, die sich etwa in Form funktionierender Identitätsangebote für jugendliche Dschihadisten hieraus ableiten ließe, ist aus unserer Sicht aber nicht zu erkennen. Von soziologischem Interesse ist daher zum gegenwärtigen Zeitpunkt vor allem die gesellschaftliche Wahrnehmung dieser Ausdrucksformen im Rahmen des dargestellten Skandalisierungsdiskurses. Dieser hat – dass sollte deutlich geworden sein – nicht nur die Tendenz, Rap und islamistischen Terrorismus „performativ zusammenzuschnüren", sondern auch das Potenzial, seinerseits instrumentalisiert zu werden: Ist die medial miterzeugte Wahrnehmungsstruktur, in der Gangstarap und Terrorismus zusammenfinden, erst einmal durchschaut, dann spielen Genreprotagonisten wie Bushido diese Karte aufmerksamkeitsgenerierend aus.

Weiterführende Literatur

Baschek, N. (2015): Hip-Hop führt keinen heiligen Krieg. Abrufbar unter: http://www.zeit. de/kultur/musik/2015-03/hiphop-pop-dschihad-gewalt (zuletzt geprüft am 01.03.2017).

Brühl, J. (2015): Burka ist der neue Punk. Abrufbar unter: http://www.sueddeutsche.de/ politik/salafismus-als-jugendkultur-burka-ist-der-neue-punk-1.2318706 (zuletzt geprüft am 01.03.2017).

Bude, H. (2006): Gläubig – Ungläubig. In: Lessenich, S./Nullmeier, F. [Hrsg.]: Deutschland. Eine gespaltene Gesellschaft. Schriftenreihe Bundeszentrale für politische Bildung. Band 572. Bonn, S. 295–313.

Der Spiegel (2014): Der Dschihad-Kult. Abrufbar unter: http://www.spiegel.de/spiegel/ print/d-130335490.html (zuletzt geprüft am 27.9.2015).

Der Tagesspiegel (2015): Pressestimmen zu „Charlie Hebdo". „Der europäische 11. September". Abrufbar unter: http://www.tagesspiegel.de/medien/pressestimmen-zu-charlie-hebdo-der-europaeische-11-september/11200466.html (zuletzt geprüft am 01.03.2017).

Dietrich, M. (2014): Haftbefehls Einbruch in den Feuilleton-Olymp. Abrufbar unter: http:// allgood.de/meinung/kommentare/haftbefehls-einbruch-in-den-feuilleton-olymp/ (zuletzt geprüft am 01.03.2017).

Dietrich, M. (2012): Von Miami zum Ruhrpott. Analyse von Gangsta-Rap-Performances in den USA und Deutschland. In: Dietrich, M./Seeliger, M. [Hrsg.]: Deutscher

Gangsta-Rap. Sozial- und kulturwissenschaftliche Beiträge zu einem Pop-Phänomen. Bielefeld: Transcript, S. 187–231.

Friedrich, M./Klein, G. (2003): Is this real? Die Kultur des HipHop. Frankfurt am Main: Suhrkamp.

Geißler, R. (2006): Die Sozialstruktur der Bundesrepublik. Wiesbaden: VS Verlag für Sozialwissenschaften.

Genette, G. (1992): Paratexte. Das Buch vom Beiwerk des Buches. New York: Campus Verlag.

Hartmann, E. (2008): Die „Banlieue-Krise" und die émeutes urbaines. Soziologische Perspektiven auf einen gesellschaftlichen Konflikt. In: Berliner Journal für Soziologie 19, S. 503–517.

Käppner, J. (2008): Das Kind, das nicht zurückkam. In: Süddeutsche Zeitung, 28./29.6.2008. München, S. 8.

Moebius, S./Schroer, M. (2010): Diven, Hacker, Spekulanten. Sozialfiguren der Gegenwart. Berlin: Suhrkamp.

Nassehi, A. (2010): Das Fremde der anderen. Abrufbar unter: http://www.sueddeutsche.de/kultur/integration-und-leitkultur-das-fremde-der-anderen-1.1029658 (zuletzt geprüft am 01.03.2017).

Rösch, A. (2014): Vom Pop-Dschihadismus in den Krieg. Abrufbar unter: http://www.badische-zeitung.de/deutschland-1/vom-pop-dschihadismus-in-den-krieg–81780716.html (zuletzt geprüft am 01.03.2017).

Seeliger, M. (2012): Kulturelle Repräsentation sozialer Ungleichheiten. Eine vergleichende Betrachtung von Polit- und Gangsta-Rap. In: Dietrich, M./Seeliger, M. [Hrsg.]: Deutscher Gangstarap. Sozial- und kulturwissenschaftliche Perspektiven. Bielefeld: Transcript, S. 165–187.

Staeheli, U. (2004): Das Populäre in der Systemtheorie. In: Burkhart, B./Runkel, G. [Hrsg.]: Luhmann und die Kulturtheorie. Frankfurt am Main: Suhrkamp, S. 169–189.

SPIEGEL Online (2010): Integration: Merkel erklärt Multikulti für gescheitert. Abrufbar unter: http://www.spiegel.de/politik/deutschland/integration-merkel-erklaert-multikul-ti-fuer-gescheitert-a-723532.html (zuletzt geprüft am 01.03.2017).

The Huffington Post (2014): „Pop Dschihadismus" lockt immer mehr Jugendliche in den Krieg. Abrufbar unter: http://www.huffingtonpost.de/2014/11/04/salafisten-islam_n_6098846.html (zuletzt geprüft am 01.03.2017).

Unger, M./Vollherbst, T./Mingot, L. (2015): Dresden: Pegida und die Folgen. Abrufbar unter: http://info.arte.tv/de/dresden-pegida-und-die-folgen (zuletzt geprüft am 01.03.2017).

Uslar, M. v. (2015): Die Lust am Krass-Sein. Abrufbar unter: http://www.zeit.de/2015/05/islamischer-staat-pop (zuletzt geprüft am 01.03.2017).

Vice (2015): Bushido über Charlie Hebdo Paris Attentat. Abrufbar unter: https://www.youtube.com/watch?v=1ZUtwuAzSRc (zuletzt geprüft am 01.03.2017).

ZDFneo-Reportage (2011): „Wild Germany Islamischer Rap". Abrufbar unter: https://www.youtube.com/watch?v=QTHvQCfUGlI (zuletzt geprüft am 17.6.2017).

Dr. Marc Dietrich Wissenschaftlicher Mitarbeiter im BMBF-Teilprojekt „Inszenierung von Jugend(lichkeit)" an der Hochschule Magdeburg-Stendal. Arbeitsschwerpunkte: Kultursoziologie und Kulturpsychologie sowie Popkultur.

Martin Seeliger Sozialwissenschaftler, Post-Doc-Stipendiat am Max-Planck-Institut für Gesellschaftsforschung in Köln. Arbeitsschwerpunkte: Kultur- und Wirtschaftssoziologie sowie Soziale Ungleichheit.

Vom Klassenzimmer in den Heiligen Krieg

Warum Jugendliche islamistische Fundamentalisten werden

Lamya Kaddor

Salafismus – ein neues Phänomen des Extremismus in Deutschland

Es gibt wenige Begriffe, die in unserer Gesellschaft so schnell Karriere gemacht haben, wie der des „Salafismus". Das Wort „Salafismus" war vor weniger als zehn Jahren gerade mal einer Handvoll Experten bekannt. Wir haben es somit mit einem neuen Phänomen des Extremismus zu tun, das neben die bekannten Formen des Rechts- und des Linksextremismus getreten ist. Der Verfassungsschutz befasst sich seit 2006 damit. Nur kurz davor hatte einer der bis heute prägenden Köpfe der Bewegung in Deutschland, Pierre Vogel, die Öffentlichkeit gesucht. Bereits damals sorgte er unter Jugendlichen mit öffentlichen Auftritten und mit Darstellungen im Internet für Aufsehen. Islamwissenschaftler und islamische Religionspädagogen haben das Phänomen vielleicht ein paar Jahre früher verstärkt wahrgenommen. Allerdings war dieses Thema zu diesem Zeitpunkt aus ihrer Sicht nicht sonderlich spektakulär, da es schon immer ähnliche Strömungen in der islamischen Geschichte gegeben hat. Erst mit der zunehmend gesellschaftlichen Relevanz in den nachfolgenden Jahren änderte sich dann die Bewertung des Phänomens Salafismus.

L. Kaddor (✉)
Liberal-Islamischer Bund e. V., Bendorf, Deutschland
E-Mail: info@lamya-kaddor.de

Da die Bewegung noch so jung ist, stehen Forscher, Behörden und Praktiker noch weitgehend am Anfang, wenn es darum geht, das Problem zu begreifen. Denn von der Wahrnehmung eines gesellschaftlichen Phänomens bis zu seiner Transferierung zu einem konkreten Forschungsgegenstand dauert es gemeinhin eine Weile. Zum jetzigen Zeitpunkt kann also niemand allgemeinverbindliche Aussagen auf der Grundlage von wissenschaftlichen Daten geben. Vieles basiert auf Beobachtungen und ersten Analysen aus verschiedenen Fachrichtungen. Alle gemeinsam müssen sich folglich dem Problem noch weiter annähern; denn man kann dem Salafismus in Deutschland erst dann gezielt und effektiv etwas entgegenstellen, wenn man ihn richtig versteht.

Ganz wichtig ist: Alle Mitglieder der Gesellschaft sind vom Thema Salafismus betroffen – entweder direkt oder indirekt. Der Salafismus bedroht sowohl Jugendliche deutscher Herkunft als auch Jugendliche ausländischer Herkunft. Er wendet sich gegen Nichtmuslime und gegen Muslime. Niemand kann sich vor den Gefahren des Salafismus geschützt sehen, nur weil in seiner eigenen Familie nicht an den Islam geglaubt wird. Von daher ist es wichtig zu erkennen, dass die heute verbreitete Auffassung, Salafismus habe vor allem mit dem Islam und der Suche nach einer Glaubensheimat zu tun, falsch ist, auch wenn die alleinige Erklärung des Phänomens mit dem Hinweis auf den Islam klar und einfach scheint, und dies vielen erlauben würde, sich bequem zurückzulehnen. Letztlich ist eine solche Haltung gefährlich, wiegt sie Nicht-Muslime doch in der falschen Gewissheit, ihre Familiengehörigen seien kaum gefährdet, in die Szene abrutschen. Wer in den Salafismus eintritt, konvertiert – egal ob er sich vor schon zum Islam bekannt hat oder nicht.

Der Salafismus, von dem hier die Rede ist, ist ein Phänomen Deutschlands. Es sagt genauso viel über unserer Gesellschaft im Ganzen aus, wie über unsere muslimische Community im Speziellen. Natürlich hat Salafismus mit dem Islam zu tun – kein vernünftig denkender Mensch kann und wird das abstreiten. Aber die Auslöser für das Abgleiten in die Szene beispielsweise sind nach Auffassung aller Experten vom Verfassungsschutz bis zu den Beratungsstellen vor Ort ganz weltlich deutsch. Die Radikalisierung hat primär mit unseren Familien zu tun und mit dem Alltag in unseren Dörfern und Städten. Die Religion gibt dem Ganzen lediglich eine ideologische Richtung und wird zur Rechtfertigung missbraucht. Zudem wirkt sie verstärkend auf den Zusammenhalt der Gruppierungen. Von daher müssen die muslimischen Gemeinden natürlich mitarbeiten, ihre Verantwortung erkennen, und in der Tat weisen sie derzeit noch erhebliche Mängel in dieser Hinsicht auf. Nur eines muss man sich klarmachen: Allein werden die muslimischen Gemeinden die Gesellschaft von dem höchstgefährlichen Problem des Salafismus nicht befreien können.

Was ist Salafismus?

Zunächst ist kurz zu klären, was Salafismus überhaupt ist. Der Salafismus ist eine Strömung innerhalb der Religion des Islams. Im Islam gibt es verschiedene Glaubensrichtungen wie die der Sunniten und der Schiiten. Der Salafismus gehört zum sunnitischen Islam. Wie in jeder Religion gibt es auch im Islam liberale, konservative und eben fundamentalistische Hauptströmungen. Diese Hauptströmungen gliedern sich wiederum in verschiedene Richtungen auf, die sich zum Teil überschneiden. Der Salafismus ist ein Teil des fundamentalistischen Spektrums. Fundamentalisten geben vor, sich auf die Ursprünge der Religion zu konzentrieren. Sie geben vor, den Koran wortwörtlich zu verstehen und lehnen den Einfluss des menschlichen Verstandes ab. Damit ignorieren sie, dass die Zeit stetig fortschreitet und ständig neue Erkenntnisse bringt. Fundamentalisten sind streng, verweigern Kompromisse und missachten jegliche Kritik an ihren Auffassungen. Darüber hinaus pflegen sie eine strenge dichotomische Weltsicht. Wer nicht buchstabengetreu der vorgegebenen Lehre folgt, steht außerhalb. Es gibt für Salafisten nur richtig und falsch, schwarz und weiß.

Einige Muslime verbinden ihre Religion mit politischen Zielen. Das heißt, sie wollen eine Gesellschaft, einen Staat nach ihren Vorstellungen umgestalten. Sobald bei Muslimen dieses Ziel hinzukommt, sprechen wir von Islamisten bzw. vom Islamismus. Dieser Islamismus tritt häufig zusammen mit einem fundamentalistischen Islamverständnis auf, muss es aber nicht. Islamismus kann auch gemäßigt auftreten und ließe sich dann vergleichen mit Vorstellungen, wie sie christliche Parteien vertreten, die sich in ihrer Grundausrichtung ebenso auf eine Religion beziehen. Islamismus muss demnach auch nicht zwangsläufig mit Gewaltanwendung einhergehen. In der öffentlichen Wahrnehmung stehen aber islamistisch-fundamentalistische Gruppierungen, die bereit zu Gewalt sind oder auch dazu aufrufen, im Vordergrund: die Taliban in Afghanistan, die Hamas im Gazastreifen, Boko Haram in Nigeria usw.

Der Salafismus selbst lässt sich auch noch einmal unterteilen in eine Strömung, die mit Politik nichts zu tun hat, wo es den Anhängern nur darum geht,
ihre religiösen Vorstellungen privat zu leben. Hier spricht man von puristischem
Salafismus. Das ist vergleichbar mit evangelikalen Strömungen im Christentum.
Dann gibt es politische Salafisten, die gezielt die Gesellschaft und den Staat, in
dem sie leben, nach ihren Vorstellungen verändern wollen. Schließlich gibt es
dschihadistische Salafisten. Sie wollen auch die Gesellschaften verändern, das
aber unter ausdrücklicher Einbeziehung von Gewalt. Insbesondere bei Letzteren wird die dichotomische Weltsicht genutzt, um ein radikales Freund-Feind-
Schema aufzubauen: „Wer nicht für sie ist, ist gegen sie."

Die Bezeichnung „dschihadistisch" kommt vom arabischen Wort *dschihad*. Im Deutschen wird das Wort zumeist mit „Heiliger Krieg" übersetzt und
bezeichnet einen bewaffneten Kampf bzw. einen Krieg für die Religion des
Islam. Die Übersetzung ist unglücklich, weil sich die Vorstellung von „hei-
lig", wie man sie im Christentum kennt, so nicht einfach auf den Islam übertragen lässt. Allerdings hat sich die Bezeichnung „Heiliger Krieg" im deutschen
Sprachgebrauch weitgehend durchgesetzt, sodass es mühsam und wenig erfolgs-
versprechend wäre, dagegen noch anzugehen. Zudem hat „Dschihad" rein
islamtheologisch noch eine andere Dimension, die in der islamischen Religionsgeschichte eigentlich viel vorherrschender war: nämlich der Kampf gegen den
„inneren Schweinehund", gegen das Über-Ich, um mit Sigmund Freud zu sprechen, das einen Menschen zu falschen Taten verleiten will oder sie von guten
Taten abhält. Bezeichnender Weise wird dieser „unbewaffnete Kampf" in der
islamischen Theologie „großer Dschihad" genannt, während der bewaffnete
Kampf nur als „kleiner Dschihad" gilt. Doch auch hier muss man die Realität
zur Kenntnis nehmen: der Begriff „Dschihad" hat sich im Deutschen mit der
Bedeutungskomponente „Krieg" durchgesetzt.

Bei den politischen und dschihadistischen Strömungen des Salafismus
bewegt man sich im Bereich des Islamismus, das heißt im Bereich des politischen Islam. Im Alltag verschwimmen allerdings die Grenzen zwischen
Fundamentalismus und Islamismus, zwischen puristischen, politischen oder
dschihadistischen Strömungen. Wenige Menschen lassen sich eindeutig dem
einen oder anderen Spektrum zuordnen. Ist jemand, der Spenden und Handys
für IS-Terroristen sammelt, aber nicht selbst zur Waffe greift, nur politischer
oder dschihadistischer Salafist? Hier wird die Differenzierung schwierig. Trotzdem sind diese theoretischen Unterscheidungen wichtig, um die Mechanismen
der Salafisten-Szene richtig zu verstehen und die Abwehrmaßnahmen schließlich
passgenau ansetzen zu können.

Salafismus in Deutschland und sein
Gefährdungspotenzial

Für Deutschland und unseren Einsatz gegen den Salafismus bedeutet dies, dass wir zum einen Salafisten haben, die vorwiegend als Prediger wirken und nicht direkt zu Gewalt aufrufen, zum anderen dass wir hier Salafisten haben, die aktiv Werbung und Unterstützung für den dschihadistischen Salafismus machen. Letztere werden von Staat und Polizei verfolgt, abgeschoben oder inhaftiert. Was jemand in seinen eigenen vier Wänden glaubt, geht niemanden etwas an. Gegen öffentliche Prediger, die nicht zu Gewalt aufrufen, können die Sicherheitsbehörden eines demokratischen Rechtsstaats nicht vorgehen. Sie sind damit ein gesellschaftliches Problem und müssen vom gesamten der Zivilgesellschaft bekämpft werden; denn gefährlich sind auch die Salafisten, die sich friedlich geben. Es sind vor allem sie, die Jugendlichen anlocken, mit salafistischem Gedankengut und der Szene selbst in Kontakt bringen. Und wer erst in der Szene ist, kommt irgendwann gewiss auch in Kontakt mit dschihadistischen Salafisten. Dann kommt es nur noch auf die Persönlichkeitsstruktur des einzelnen an, um die Frage zu klären, ob er sich auch den Gewaltbereiten anschließt. Nicht jeder Jugendliche, der Salafist wird, ist oder wird automatisch zum Gewalttäter, der in anderen Ländern Menschen enthauptet. Aber der Weg, der zu solchen Taten führen kann, wird für ihn mit geebnet, sodass sich jeder Salafist auch für diesen Weg entscheiden könnte.

Das heißt zugleich, dass man den Salafismus in Deutschland nicht komplett mit der Terrorgruppe „Islamischer Staat" gleichsetzen kann. Diese nutzt zwar den Salafismus, um ihren Terror zu legitimieren, aber nicht jeder Salafist unterstützt sie oder schließt sich dieser Gruppe gleich an, die im Irak und in Syrien mit bestialischer und schockierender Gewalt eine Region besetzt und den Menschen dort ihre Schreckensherrschaft aufgezwungen hat. Früher schlossen sich kampfbereite deutsche Salafisten noch unterschiedlichen islamistischen Terrorgruppen in Syrien an, seit dem Aufstieg der IS-Dschihadisten im Sommer 2014 üben diese nun die größte Anziehungskraft auf gewaltbereiten Salafisten in Deutschland aus. Das liegt vor allem daran, weil sie einfach die Erfolgreichsten im Terrorgeschäft sind, weil sie mit ihren Taten die größte Furcht verbreiten. Sie haben das zuvor dominierende Terrornetzwerk al-Qaida in den Schatten gestellt.

Bis Anfang 2015 waren nach Angaben der deutschen Behörden mehr als 600 Menschen aus Deutschland ausgereist, um im Irak und in Syrien zu kämpfen. Davon kehrten einige wieder zurück und leben nun weiter in Deutschland. Die Salafisten-Szene vergrößerte sich nach Darstellung des Verfassungsschutzes auf mehr als 7000 Mitglieder. Die Zahlen beziehen sich allerdings nur auf den harten Kern, Sympathisanten im Umfeld sind dabei nicht eingeschlossen. Es ist jedoch weniger die reine Zahl der Mitglieder, die die Szene so gefährlich macht. Das Bedrohungspotenzial im rechtsextremistischen Bereich ist beispielsweise noch wesentlich größer. Auch die Linksextremisten können noch wesentlich mehr Menschen mobilisieren. Darüber hinaus machen die Salafisten unter 4,5 Mio. Muslimen in Deutschland nur einen verschwindend geringen Anteil aus, erst recht in Relation zu mehr 80 Mio. Deutschen in diesem Land. Was beim Salafismus größere Sorgen bereitet als das quantitative Ausmaß der Szene, ist seine Dynamik. Die Zahl der Mitglieder wächst stetig und durchaus rasant. Immer mehr Jugendliche schließen sich an. Die Zahlen haben sich in wenigen Jahren vervielfacht.

Bei diesen Zahlen muss man berücksichtigen, dass sie allein auf Angaben des Verfassungsschutzes und der deutschen Sicherheitsbehörden basieren. Bei ihnen hängen finanzielle Ressourcen und die Ausstattungen natürlich auch von der Einschätzung ab, wie brisant eine Szene eingestuft wird. Aber angesichts des Forschungsstandes gibt es bislang so gut wie keine unabhängigen Erhebungen, und alle Experten gehen davon aus, dass die aufgezeigten Tendenzen grundsätzlich korrekt sind.

Was bewegt junge Menschen, sich dem Salafismus anzuschließen?

Der Salafismus stellt also ein ernstes Problem dar. So stellt sich die zentrale Frage: Was bewegt junge Menschen dazu, sich den Salafisten anzuschließen? Die Gründe sind zahlreich. Es gibt keine allgemeinen Erklärungen, kein Grundmuster der Radikalisierung. Weder sind nur benachteiligte Menschen betroffen, noch sind es besonders gläubige Menschen. Letztlich muss man sich jeden Fall einzeln anschauen. Wenn man die genauen Ursachen für die Radikalisierung eines

Menschen eruieren will, ist eine individuelle Anamnese nötig. Es gibt allerdings zwei Aspekte, die bei besonders vielen Personen auftreten, die in den Salafismus abgerutscht sind.

Frust und Wut – Sehnsucht nach Aufmerksamt und Wertschätzung

Das sind zum einen Frust und Wut über eine als ungerecht empfundene Behandlung durch die Gesellschaft oder die eigene Familie, und zum anderen die Sehnsucht nach Aufmerksamkeit und Wertschätzung. Interviews mit Mitgliedern und ehemaligen Mitgliedern der Szene weisen häufig in diese beiden Richtungen. Die zumeist jungen Mitläufer sind gefrustet von ihrem Leben, von mangelnden Zukunftschancen, von Ablehnung und Diskriminierung durch die Mehrheitsgesellschaft. Das Gefühl der Ausgrenzung kann durch wiederholt negative Erlebnisse in der Schule, mit der Polizei, mit Ämtern, mit einer Supermarktkassiererin oder Ärztin genährt werden. Dabei muss man solche Erlebnisse nicht unbedingt selbst erfahren. Auch die Erfahrungen anderer Menschen lassen in manchen Personen das Bild eines Bürgers zweiter Klasse entstehen. Dabei kann es sich um Schilderungen aus dem privaten Umfeld handeln oder auch um eine der vielen negativen Kontexte, in die Muslime und ihre Religion seit einigen Jahren in öffentlichen Diskussionen gestellt werden.

Es gibt zahlreiche Personen, die seit dem 11. September 2001 viel Geld in Deutschland verdienen, indem sie als „Islamkritiker" auftreten. Doch statt konstruktive Kritik verbreiteten sie vor allem Stereotype, Vorurteile und Beleidigungen, erklären gesellschaftliche Phänomene wie Gewalt monokausal mit Religion; eine Einseitigkeit, die in soziologischen Kontexten grundsätzlich unmöglich ist. Die frühesten Vertreter dieser vermeintlichen „Islamkritik" sind unter anderen Personen wie der Journalist Henryk M. Broder, der inzwischen verstorbene Schriftsteller Ralph Giordano oder die Soziologin Necla Kelek. Jahrelang vertraten sie pauschale Abwertungen gegenüber der Religion des Islams und mithin gegenüber Muslimen. Doch ungeachtet dessen wurde insbesondere Necla Kelek mit renommierten Preisen bedacht, ließen sich Minister von ihr beraten und Wissenschaftler von ihr inspirieren. Journalisten schätzten Keleks Ausführungen, der SPD-Politiker Thilo Sarrazin suchte bei der Präsentation seines Skandalbuchs „Deutschland schafft sich ab" ihre Nähe. Das zeigt, wie weit sogenannte Islamkritiker in die Mitte der deutschen Gesellschaft vordringen konnten und immer noch können. Seit Jahren tragen sie mehr oder weniger insgeheim dazu bei, den Boden für islamfeindliche Phänomene zu bereiten. Dazu zählen auch die Kundgebungen der Pegida-Organisation. Nun signalisiert jede Sarrazin-Debatte, jeder Pegida-Aufmarsch Muslimen: Eigentlich gehört ihr hier nicht zu Deutschland. Wie soll man als Muslim in Deutschland damit umgehen? Die meisten Muslime versuchen, solche Entwicklungen bestmöglich zu ignorieren. Sie schalten ab, sie schauen weg. Doch nicht alle können das. Bei einzelnen Personen hält sich die brisante Gefühlsmischung aus Ohnmacht und Wut hartnäckig. Und einige von diesen wiederum verspüren den Wunsch, Rache zu nehmen, es dieser ungerechten Gesellschaft heimzuzahlen.

An dieser Stelle kommen die salafistischen Vordenker ins Spiel; denn diese bieten eine Ideologie an, mit der sich diese Mangelgefühle scheinbar kompensieren lassen und die am Ende scheinbar Möglichkeiten bieten, der Wut eine Richtung zu geben und den Wunsch nach Rache umzusetzen. Das gilt zuvorderst für junge Männer, aber auch junge Frauen können solche Gefühle verspüren. Etwa 10 bis 15 % der Salafistenszene in Deutschland machen Frauen aus.

Gemeinschaftsgefühl

Ferner setzen Salafisten auf ein ausgeprägtes Gemeinschaftsgefühl. Sie begrüßen Neulinge mit offenen Armen. Gerne sind sie bereit, als „Paten" mit Rat und Tat zur Seite zu stehen. Da etwa 85 bis 90 % der Mitglieder Salafistenszene einen Migrationshintergrund haben, spiegelt sich in dieser offenen Haltung gegenüber Neuen auch die von vielen noch in Ehren gehaltene Tradition der Gastfreundschaft wider. Diese „Patenschaften" unter den Salafisten führen dazu, dass die Neulinge kaum Chancen haben, sich noch frei über den Islam zu informieren. Aus Sicht der Salafisten sollen sie das auch nicht. Sie sollen gehorchen und sich an die Vorgaben halten. Die Konvertiten in den Salafismus selbst fühlen sich meist unwissend und fremd, und nehmen jedes Hilfsangebot dankend, aber unkritisch an.

Dieser Anschluss an die Szene mag viele private und persönliche Einschränkungen erfordern – kein Alkohol, keine Drogen, keine Party, keine Musik, dafür beten, fasten, religiöse Texte lesen –, doch diese Einschränkungen werden durch den Zusammenhalt und die selbst eingeredete Stärke der salafistischen Gruppe kompensiert. Die Einschränkungen sind quasi der Preis, den man für das Gefühl, angenommen zu sein und dazu zu gehören, bezahlen muss. Dann entsteht mitunter sogar ein Wettstreit, wer der Frömmste ist, wer die Regeln am genauesten enthält und wer am meisten Einsatz für seine neue Gemeinschaft zeigt. Gerade letzteres kann dann dazu führen, dass junge Salafisten die Entscheidung treffen, in den vermeintlichen Dschihad nach Syrien oder in den Irak auszureisen.

Die meisten Anhänger des Salafismus hatten zuvor in ihrem Leben wenig oder gar nichts mit Religion zu tun gehabt, und plötzlich bekommt der Islam die höchste Priorität in ihrem Leben. Daran ändert auch nichts die massive Kritik und die Anfeindungen, die Salafisten von außen erfahren. Im Gegenteil. Es bestärkt sie. Die Jugendlichen werden zu einer Gemeinschaft, zu einer kleinen *umma*, die sich an der ursprünglichen Bedeutung von *umma* orientiert. Der Begriff umfasst eigentlich die weltweite Gemeinschaft aller Muslime. Mit dem Gedanken einer Mini-*umma* wird suggeriert, dass sie sich in einer ähnlichen Situation befänden wie die Urgemeinde um den Propheten Muhammad. Muhammad wurde zu Zeiten Mekkas, während der Entstehungsgeschichte des Islam, mit seiner neuen kleinen Gefolgschaft verfolgt, kritisiert, diffamiert. Damit vergleichen sich heutige Salafisten, wenn sie von Staat und Öffentlichkeit angegangen werden. Sie verkehren und verwenden die berechtigte Kritik der Öffentlichkeit und das Vorgehen des Staates also für ihre Zwecke und appellieren verstärkt an die Mitglieder, zusammenzuhalten, sich als verfolgte Minderheit zu sehen und gegen die unterdrückende Mehrheit aufzubegehren – so wie Muhammad und seine ersten Gefährten es eben auch getan haben.

Sektenähnliche Strukturen: Unterwerfung unter eine Hierarchie

Viele Konvertiten geraten so fast unausweichlich in ein Dilemma. Sie entfernen sich immer weiter von ihren Familien, ihren alten Freunden, um zur neuen Gruppe dazu zu gehören. Wenn sie dann aber an einen Punkt gelangen, an dem sie merken, dass sie nicht mehr sie selbst sind, und vor allem, dass sie nicht mehr glücklich sind, gibt es bei den Salafisten oftmals keinen Weg mehr zurück. In der Salafisten-Szene entfalten sich sektenähnliche Strukturen – man ist gefangen. Das gilt umso mehr, wenn man sich bereits in Kriegsgebiete wie in Syrien begeben hat, wo die Rechtsordnungen ausgesetzt sind bzw. von Terroristen wie denen des so genannten Islamischen Staats bestimmt werden. Dort weiß jeder, wer sich Aufgaben verweigert oder gar von der Gruppe absetzen will, dem droht, erschossen zu werden – oder Schlimmeres zu erleben. Unter Salafisten in Kriegsgebieten geschieht vieles durch Gruppendruck oder indirekten bzw. direkten Zwang. Nicht alle Handlungsentscheidungen werden nach freiem Willen getroffen.

Der Islam ist für diese Gruppen der Kitt. Das primäre Ziel ist aber nicht, Glaubenswahrheiten zu erlangen, sondern den Salafisten geht es letztlich um hierarchische Strukturen, um politische Relevanz und Machtanspruch. Das zeigen die IS-Terroristen, die ein Kalifat ausgerufen und ein staatsähnliches Gebilde geschaffen haben. Das zeigen ebenso die salafistischen Gruppierungen in Deutschland, die sich meist um bestimmte Autoritäten sammeln und diesen dadurch Ansehen, Stärke und Macht verleihen.

Was kann getan werden?

Aber auch wenn der Islam eine untergeordnete Rolle in der Auseinandersetzung mit dem Salafismus spielt, haben Eltern, Imame und Religionspädagogen doch eine zentrale Funktion; denn es gibt in muslimischen Kreisen in Deutschland durchaus Strukturen, die die Zuwendung zum Fundamentalismus begünstigen können.

Das Bild des strafenden Gottes

Da wäre unter anderem das vorherrschende Gottesbild zu nennen. Religion wird mit Pflichten und Verboten verknüpft, die durch Angst in der Erziehung vermittelt werden sollen – also mit Mechanismen der sogenannten „Schwarzen Pädagogik". Studien zufolge sind diese nach wie vor weit verbreitet. Mit dem Begriff „Schwarze Pädagogik" werden Erziehungsmethoden beschrieben, die darauf angelegt sind, Kinder einzuschüchtern, ihnen körperliche wie seelische Schmerzen zuzufügen und Liebe zu entziehen. Bei solchen Erziehungsmethoden wird dann Gott herbeizitiert als Zeuge und Richter: „Gott sieht alles. Gott wird dich schwer bestrafen, du kommst in die Hölle, Gott kennt keine Gnade mit dir!"

Wie man zum Beispiel im islamischen Religionsunterricht leicht beobachten kann, ist das Verhältnis vieler Schüler zu Gott nicht selten von Angst geprägt. In meiner Tätigkeit als Lehrerin in Nordrhein-Westfalen erlebe ich immer wieder, dass Gott mit Unterwerfung, unbedingtem Gehorsam und Kontrolle verknüpft wird. In der Kindheit stellen sich viele junge Muslime Gott als alten, weisen Menschen vor, der streng und allmächtig ist. Später, in der Pubertät, wird Gott in der Regel zwar nicht mehr als menschenähnlich angesehen, dennoch dominieren weiterhin Vorstellungen, die für eine gesunde religiöse und moralische Entwicklung nicht förderlich sein können. Im Rahmen meiner Forschungsarbeiten über das Gottesverständnis muslimischer Hauptschüler kamen teilweise erschreckende, aber zu erwartende Ergebnisse zutage. Die meisten der befragten Schüler waren der Ansicht, dass Gott ausschließlich strafend und nicht gerecht ist. In persönlichen Gesprächen zeichnete sich ein höchst widersprüchliches Verständnis von Gott ab: Er ist unser Schöpfer, aber auch unser Richter, er beobachtet und prüft uns, dennoch kennt auch er Ungerechtigkeit. Der Aspekt der Barmherzigkeit, der in der islamischen Theologie als wichtigstes Attribut Gottes genannt wird, ist unzureichend bekannt. Die jungen Muslime sehen sich häufig in einer Art Bringschuld Gott gegenüber, der sie hoffnungslos ausgeliefert sind. Er bestimmt unsere Geschicke, und wir Menschen haben eigentlich nur zu parieren, zu reagieren.

Der Koran – ein heiliger Text? Ein Beispiel aus dem Schulalltag

Um die Erschaffung des Menschen nach den Aussagen des Korans zu thematisieren, hatte ich einmal für meinen Islamunterricht in einer 8. Klasse verschiedene Koranverse mit der deutschen Übersetzung auf eine Folie kopiert. Ich legte sie auf den Overhead-Projektor und fragte, ob jemand Arabisch lesen könne. Etwa sechs Jugendliche meldeten sich. Ich bat einen, den arabischen Text vorzutragen. Der Junge weigerte sich jedoch und rief entsetzt: „Das ist doch der Koran, den lese ich nicht ohne abdest!" „Abdest" ist der türkische Begriff für die rituelle Waschung. Mit dieser Weigerung entfachte er eine lange Diskussion. Unter anderem warf er mir vor, keine gute Muslimin zu sein, wenn ich den Korantext von jemandem lesen ließe, der sich keiner rituellen Waschung unterzogen habe. Ich versuchte ihm zu erklären, dass kein Problem darin liege, den arabischen Text von einer Wand abzulesen, schließlich müsse er dabei nicht mal etwas anfassen. Der Junge ließ sich nicht überzeugen. Daraufhin bat ich ihn, die deutschsprachige Interpretation vorzulesen, und er weigerte sich abermals: „Der deutsche Text ist auch der Koran, den lese ich auch nicht!" Einige Tage später fing mich der Vater des Jungen in der Pause ab, um mich zur Rede zu stellen. Er fragte, warum ich seinen Sohn gezwungen hätte, den Koran ohne *abdest* vorzutragen. Ich versuchte dem Vater zu verdeutlichen, dass es dasselbe sei, als wenn er an einer Moschee vorbeilaufe und dabei den arabischen Korantext an den Wänden ohne *abdest* mitlesen würde. Ich erläuterte ihm, dass es im Schulunterricht nicht um die Rezitation des Korans gehe, wie es in der Moschee geübt werde. Während man die Rezitation als gottesdienstliche Handlung verstehen könne, diene der Schulunterricht der Informationsvermittlung, für die nach herrschender Lehre im Islam weniger strenge Vorgaben im Umgang mit dem Koran gälten. Meine Ausführungen leuchteten dem Mann nicht ein. Soweit das Beispiel.

Religiöse und weltliche Autorität: Die Aufgaben der Islamischen Theologie und Religionspädagogik

Aufgabe der Islamischen Theologie und Religionspädagogik muss es sein, ein grundlegend anderes Konzept, einen positiven Zugang zu Gott zu vermitteln. Denn das ambivalente, ja mitunter gestörte Gottesverhältnis in manchen Familien, setzt sich konkret im Alltag der Menschen fort. Häufig geht mit der angstbesetzten Bindung zu Gott ein strukturell ähnliches Verhältnis zum eigenen Vater einher. Auch der eigene Vater ist eine besondere Autoritätsperson, der man zu gehorchen hat. Es hat sich gezeigt, dass signifikant viele der auffällig gewordenen jungen Salafisten Probleme mit dem Vater haben.

Der Gedanke lässt sich noch weiterführen. Insbesondere traditionelle Imame beanspruchen für sich ebenfalls besondere Autorität. Widersprüche von deutlich jüngeren Gemeindemitgliedern gelten als besonders ungehörig. Schüler berichten immer wieder davon, dass sie dem Imam mit höchstem Respekt begegnen und sich viele nicht trauen, Fragen – vor allem kritische – zu stellen. Solche Strukturen bereiten den salafistischen Vordenkern gewissermaßen den Weg bzw. es wird leichter für sie, mit ihren Vorstellungen von Respekt und Gehorsam auf Menschenfang zu gehen. Für viele Jugendliche mit muslimischem Familienhintergrund ist es zudem nicht ungewöhnlich, dass jemand vor sie tritt und über religiöses Wissen spricht – Religion ist unter Muslimen ein übliches Gesprächsthema.

Wie weiter?

Die Gefahren des politischen und dschihadistischen Salafismus sind vielfältig. Sie entfalten sich nicht nur als direkte Bedrohung etablierter Staats- und Gesellschaftsformen oder gegnerischer Gruppierung. In der Entwicklung des Salafismus liegt weiterer sozialer Sprengstoff. Weil der Salafismus Teil des religiösen Spektrums des Islam ist, nutzen Teile der Gesellschaft diese Verbindung aus, um die Islamfeindlichkeit in Deutschland zu schüren. Islamfeinde und auch so genannte „Islamkritiker" instrumentalisieren die Gefahren, die von Salafisten und IS-Terroristen ausgehen, indem sie diese im Hinblick auf den Islam insgesamt pauschalisieren. Sie wollen die Religion per se als gefährlich und verdorben darstellen.

Salafisten reklamieren wie andere Fundamentalisten für sich, den Kern des Islam darzustellen. Das nehmen Islamfeinde gerne auf. Diese Sichtweise klammert jedoch mehr als 1000 Jahre Religionsgeschichte und intensiven theologischen Austausch weitgehend aus. Darüber hinaus ist die Quellenlage ausgerechnet zur Frühzeit des Islams, die die Salafisten vorgeben nachzuahmen, äußerste dürftig und kaum gesichert. Und ferner verleugnen Salafisten den epistemologischen Fortschritt, der sich über die Jahrhunderte zwangsläufig einstellt. Um das alles zu erkennen, ist ein tieferer Einblick in die islamische Geschichte nötig. Über den verfügt kaum jemand, sodass die Botschaften der Islamfeinde leicht verfangen können. Umgekehrt nutzen die Salafisten dann die wachsende Islamfeindlichkeit, um potenzielle Rekruten davon zu überzeugen, dass die deutsche Gesellschaft tatsächlich gegen den Islam eingestellt sei und man sich dagegen wehren müsse.

Bei der Auseinandersetzung mit dem Salafismus besteht somit die Gefahr, dass man den Islamfeinden unfreiwillig in die Hände spielt, indem man ihrer Propaganda vom „wahren Islam" auf den Leim geht und seinerseits mit pauschalen oder vorschnellen und unbegründeten Argumenten hinsichtlich der Religion operiert. Hier ist also Vorsicht geboten. Diese darf allerdings nicht dazu führen, dass man sich in der Auseinandersetzung mit dem Salafismus selbst Fesseln anlegt. Das Problem der Islamfeindlichkeit muss zwar mitgedacht werden, es kann aber niemals ein Argument dafür sein, auch schärfste Zurückweisungen salafistischer Tendenzen zu bremsen. Im Gegenteil: Islamfeindlichkeit und Salafismus sind von der Struktur her zwei Seiten ein und derselben Medaille. Sie fördern und bedingen sich gegenseitig. Beides muss daher gleichzeitig angegangen werden, sonst droht in unserer Gesellschaft eine gefährliche Polarisierung.

Lamya Kaddor Deutsche muslimische Religionspädagogin und Islamwissenschaftlerin, Vorsitzende des Liberal-Islamischen Bundes, zuletzt erschien „Zum Töten bereit. Warum deutsche Jugendliche in den Dschihad ziehen" (2015).

Muslime in Düsseldorf – starke und verlässliche Kooperationspartner im Netzwerk für Sicherheit

Dirk Sauerborn

Der dritte Tag der Fortbildungsreihe „Imame werden Demokratiebotschafter" neigt sich dem Ende zu. In der abschließenden Rückmelderunde ergreift einer der 40 Imame das Wort. Er spricht arabisch. Mohammed Assila übersetzt. Manchen Imamen stockt der Atem, bei dem, was sie hören. Der Imam spricht davon, dass er immer wieder seine kleine Insel, seine Moscheegemeinde am Rande der Stadt, verlässt, meistens samstags, aber auch immer wieder freitagabends. Er erzählt seinen Imam-Kollegen, dass er dann die Djelaba abstreift und mit „seinen Jugendlichen" aus der Gemeinde am Niederrhein ins Internet-Cafe geht, um mit den Jungen zu surfen, auf vielen Sites, auch auf den Seiten, die „Die wahre Religion" und „Einladung zum Paradies heißen". Diese Seiten klingen verheißungsvoll.

Viele Menschen sind auf der Suche nach Wahrheit. Und viele träumen vom Paradies. Diese Seiten sagen aber nicht immer die Wahrheit. „Und sie laden auch nicht jeden zum Paradies ein", weiß der Imam. Abou Nagie zum Beispiel, der im Hintergrund die Fäden der Seite „Die wahre Religion" zieht[1], gibt sich vordergründig als frommer Prediger aus. Im Hintergrund wirbt er massiv für den „Islamischen Staat" (IS). Bei seinen regelmäßigen Vorträgen und Seminaren vermitteln Abou Nagie und seine vor allem im Raum Bonn-Köln beheimateten Anhänger laut NRW-Verfassungsschutzbericht „die ganze Bandbreite salafistischer Ideologie".

---

[1]Der Verein „Die wahre Religion" wurde am 15.11.2016 vom Bundesinnenminister verboten.

D. Sauerborn (✉)
Polizeipräsidium, Düsseldorf, Deutschland
E-Mail: Dirk.Sauerborn@polizei.nrw.de

© Springer Fachmedien Wiesbaden GmbH, ein Teil von Springer Nature 2019
H. Barz und K. Spenlen (Hrsg.), *Islam und Bildung*,
https://doi.org/10.1007/978-3-658-26229-7_10

Die Inhalte reichten dabei von – unproblematischen – religiösen Handlungsanweisungen und Glaubensauslegungen bis hin zur – höchst problematischen – Thematisierung und Befürwortung des Märtyrertums und des Jihad im Sinne von Gewaltausübung zur „Verteidigung" des islamischen Glaubens. Abou Nagie gilt auch als der Drahtzieher der Lies-Aktion. Hier werden kostenlos Korane verteilt. Das ist an sich nicht verwerflich. Aber hinter der Aktion verbirgt sich zuweilen der Aufruf, die Reise in den IS, nach Syrien, anzutreten, um mit Gewalt das Kalifat zu erkämpfen.

> „Ich spreche mit den Jugendlichen über diese Seiten. Über die Personen, die sie betreiben. Nicht im luftleeren Raum, sondern ich nehme diese Seiten und diese Brüder kritisch ‚auseinander', gemeinsam mit den Jugendlichen. Dazu muss ich die Internetseiten öffnen. Und zwar an dem Ort, wo sie regelmäßig sind: Im Internet-Café". Und er geht mit ihnen in die Disco. „Ich muss wissen, wo sich meine Jugendlichen aufhalten. Ich will mit Ihnen über die Gefahren von Alkohol- und Drogenmissbrauch sprechen. Dazu muss ich wissen, was dort so läuft".

„Muslime sind Teil der Lösung" – unverzichtbar!

Die anderen Imame sind skeptisch. Er begebe sich an die Orte des Teufels, wird ihm vorgeworfen. Er sei ungläubig, gehe mit schlechtem Beispiel voran. Der Imam bleibt ruhig und sachlich. Man spürt aber das Feuer, das für die Jugendlichen in ihm brennt: „Sie sind unsere Zukunft, wir müssen alles für sie tun, und wir dürfen dabei nicht blauäugig sein. Wir können nur die Gefahren bekämpfen, die wir kennen, und das können wir umso wirksamer, je mehr wir über diese Gefahren wissen." Viele der Imame scheinen nicht überzeugt. Aber einige, nicht wenige, sind nachdenklich geworden. Und einige stimmen auch zu. Es geht ihm um die Jugend, es geht nur miteinander, und sie überlegen, ob sie mitmachen wollen und können. Das Logo von MuslimOpenMind verdeutlicht die Aufgabe.

Diese kurze Sequenz dokumentiert den Spannungsbogen, dem die Imame im Rahmen dieser viertägigen Fortbildung „Imame werden Demokratiebotschafter" ausgesetzt waren. Eine große Herausforderung, galt es doch, unterschiedlichste Themenbereiche wie „Demokratieverständnis" und „Extremismusprävention" kritisch und diskursiv zu beleuchten, immer wieder die eigene Haltung zu hinterfragen, sich mit anderen Haltungen und Perspektiven auseinander zu setzen und mit Sicherheitsbehörden wie der Polizei und dem Verfassungsschutz zusammenzuarbeiten. Es galt, wieder die Schulbank zu drücken. Der Imam hat es auf den

Punkt gebracht: Es geht um die Jugend, aber auch um die Zukunft unserer Gesellschaft. Dem kann und darf sich niemand entziehen. In einer pluralistischen Welt gibt es auf die drängenden Probleme eben keine einfachen Antworten.

MuslimOpenMind

Imame werden
Demokratiebotschafter

Auftakt

Der Weg zur Fortbildungsreihe „Imame werden Demokratiebotschafter" begann im Herbst 2011 mit einem Anruf. Dr. Dr. Albert Al Khatib, stellvertretender Vorsitzender der Deutsch-Islamischen-Moschee-Stiftung, ließ sich im Polizeipräsidium Düsseldorf mit mir in meiner Funktion als Polizist und Kontaktbeamter zu muslimischen Institutionen (KMI) verbinden. In diesem Amt moderiere ich unter anderem den Runden Tisch des Polizeipräsidenten mit Vertreterinnen und Vertretern der muslimischen Gemeinden ins Düsseldorf, ein Diskussions- und Erörterungspanel rund um Fragen der Sicherheit in der Landeshauptstadt Düsseldorf.

Albert Al Kahtib wollte gemeinsam mit Ali Seamari, einem Düsseldorfer Islamkundelehrer und Mohammed Bourakbaoui, dem Vorsitzenden des Vereins marokkanischer Imame in Nordrhein-Westfalen, einen Gesprächstermin vereinbaren. In einem ersten Vorgespräch mit dem Polizeibeamten äußerten sie große Sorge um die muslimischen Jugendlichen in ihrem Verantwortungsbereich. „Wir spüren, dass nicht wenige von ihnen sich radikalisieren, abdriften. Sie sympathisieren mit dem Gedankengut von Pierre Vogel und anderen pseudo-salafistischen Wanderpredigern. Dagegen wollen wir etwas tun. Wir wissen aber nicht, welche Strategie sinnvoll ist". Die Imame in den Gemeinden seien hilflos, bemerkten den Bewusstseinwandel mancher ihrer Jugendlichen, wüssten aber nicht, wie sie sich einbringen könnten.

Al Khatib, Bourakbaoui, Seamari und mich vereinen, dass wir gerade die Imame in den Moscheegemeinden in einer Schlüsselrolle in der Gemeinde sehen – und im Kampf gegen religiös motivierten Extremismus. Unsere Herausforderung: Diese Imame zu stärken, sie kompetent zu machen in ihrem Bestreben, Jugendlichen ihrer Gemeinden immun zu machen gegenüber den Verlockungen des Neo-Salafismus. Die erste Hürde des Projekts MuslimOpenMind war damit überwunden, weitere Schritte folgten.

Erste Schritte

Zunächst galt es, viele Imame mit ins Boot zu nehmen. Die Koordinierungsgruppe (Al Khatib, Bourakbaoui, Seamari und ich) setzte auf Kooperation und
Partizipation. In einem ersten Treffen erarbeiteten wir einen Projektentwurf,
der mit den Imamen diskutiert und fortgeschrieben werden sollte. In drei Vorgesprächen mit jeweils zehn Imamen unterschiedlicher Moscheegemeinden aus
Düsseldorf und Umgebung wurde er vorgestellt und weiterentwickelt. Nach diesen ersten vertrauensbildenden Gesprächen kristallisierte sich diese Projektskizze
als Zwei-Phasen-Modell heraus:

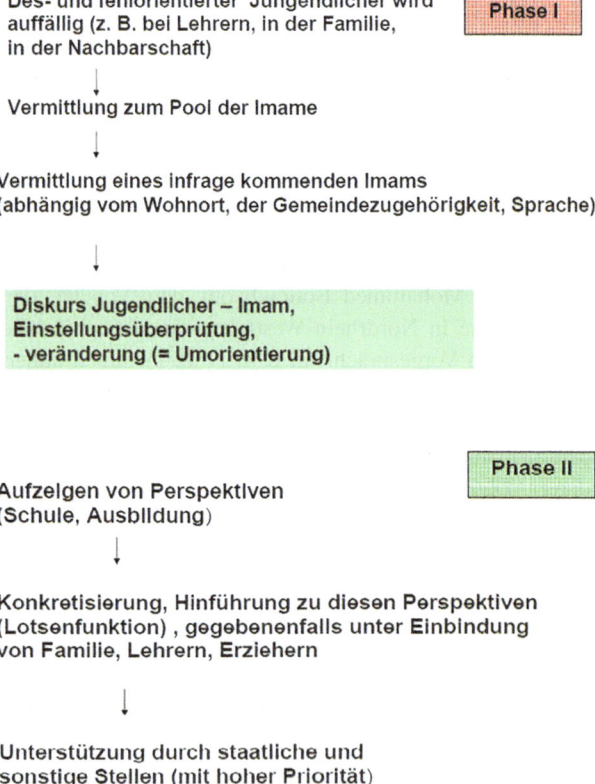

Des- und fehlorientierter Jungendlicher wird
auffällig (z. B. bei Lehrern, in der Familie,
in der Nachbarschaft)

Phase I

↓

Vermittlung zum Pool der Imame

↓

Vermittlung eines infrage kommenden Imams
(abhängig vom Wohnort, der Gemeindezugehörigkeit, Sprache)

↓

Diskurs Jugendlicher – Imam,
Einstellungsüberprüfung,
- veränderung (= Umorientierung)

Phase II

Aufzeigen von Perspektiven
(Schule, Ausbildung)

↓

Konkretisierung, Hinführung zu diesen Perspektiven
(Lotsenfunktion) , gegebenenfalls unter Einbindung
von Familie, Lehrern, Erziehern

↓

Unterstützung durch staatliche und
sonstige Stellen (mit hoher Priorität)

In den Gesprächen wurden folgende Handlungsfelder identifiziert: Fragen der Finanzierung, der Fortbildung und der Öffentlichkeitsarbeit waren zu klären, und es ging ganz konkret um die Aufgaben, die zukünftig von den Imamen zu erledigen waren, im Wesentlichen: Netzwerkbildung und konkrete Einzelfallberatung.

Die Frage, wie sich ein solches Projekt finanziell tragen könne, war zunächst zentral, denn allein ehrenamtliches Engagement schätzten wir als wenig nachhaltig ein. Eine unerwartete, aber willkommene „Steilvorlage" bot eine Initiative des Bundesinnenministeriums (BMI). Das Imam-Projekt *„MuslimOpenMind"* bewarb sich beim Projektwettbewerb der „Initiative Sicherheitspartnerschaft Partnerschafft-Sicherheit". Das Ergebnis konnte sich sehen lassen: Das Projekt erreichte den 2. Platz, der mit einem Preisgeld in Höhe von jährlich 15.000 EUR für zwei Jahre verbunden war. Der finanzielle Grundstock war damit für die Anschubphase gesichert!

Bei einer ersten Auftaktveranstaltung im November 2012 wurden dann Imame aus Düsseldorf und Umgebung eingeladen, um ihnen das Projekt vorzustellen und um Teilnehmer zu werben. Die Projektidee wurde skizziert, Ideen wurden gesammelt, aber auch Kritik wurde deutlich. Die Belastung der Imame sei hoch, es gehe ja nicht nur um die fünf Tagesgebete, die zu halten seien, da komme mehr auf den Imam zu: Hochzeiten, Geburten, Altenseelsorge, Gefängnisseelsorge und vieles andere noch. Die verbleibenden zeitlichen Kapazitäten seien überschaubar, so einer der Anwesenden. Als Kernproblem wurde identifiziert, dass nicht wenige Imame die deutsche Sprache nicht oder nur rudimentär beherrschten. Das wurde deutlich, als die verteilten Mitwirkungskarten eingesammelt wurden: Die meisten Imame hatten ihre Ideen zur Partizipation am Projekt auf Arabisch geschrieben. In dieser ersten Phase des Projekts erwies es sich als Glücksgriff, dass Mohammed Assila, Interkultureller Trainer, Islamkundelehrer und bekannt in der marokkanischen Community, als Berater gewonnen werden konnte. Mohammed Assila moderierte, übersetzte, erklärte und motivierte als äußerst wertvoller Partner und Prozessbegleiter der Koordinierungsgruppe den weiteren Verlauf.

Die Auswertung der Mitwirkungskarten ergab, dass – neben dem Wunsch nach Verbesserung der sprachlichen Fähigkeiten – ein großer Fortbildungsbedarf hinsichtlich des interkulturellen Konfliktmanagements, den Aufgaben und Rollen von Behörden und Verbänden sowie nach demokratischen Grundstrukturen bestand. Kurz: Es mangelte den Imamen an gesellschaftlichem Wissen. Ein Imam brachte es auf den Punkt: „Nicht wenige von uns leben in ihrer Moschee auf einer Insel. Sie wissen nicht, wie die deutsche Gesellschaft ‚tickt', welche Behörde was macht und wer wie helfen kann". Seine Botschaft war klar: Die Imame müssen von ihrer Insel direkt mitten hinein ins Leben, Kontakte zur „Außenwelt" aufnehmen, Partnerschaften aufbauen, und dies alles im Interesse der Jugendlichen, die abzudriften drohen.

Die Ergebnisse der Auswertung mit ersten Aktionsschritten wurden den Imamen in einer zweiten „Vollversammlung" im Bürgerhaus Düsseldorf-Bilk vorgetragen (Abb. 1).

In dieser ersten Konsolidierungsphase war es gelungen, gut 40 Imame verlässlich an das Projekt zu binden. Die meisten von ihnen waren marokkanischer Herkunft. Das lag an der Rolle einer weiteren Schlüsselfigur, Mohamed Bourakbaoui, der „Chef" der NRW-Imame aus Marokko, der „seine" Imame immer wieder motivieren konnte, dabei zu sein. Es beteiligten sich darüber hinaus einige bosnische und türkische Imame.

Im Bürgerhaus konnte dann der zweite wesentliche Meilenstein vorgestellt werden: Die Einbindung der Landeszentrale für politische Bildung in das Projekt. Mit der Landeszentrale für politische Bildung wurden folgenden grundlegenden Ziele abgestimmt:

- Stärkung der Demokratiekompetenz von Imamen und Akteurinnen und Akteuren (Dialogbeauftragten) in den Moscheegemeinden, die keine Würdenträger sind
- Übernahme gesellschaftlicher Verantwortung der Moscheegemeinden in Bezug auf den Integrationsprozess von jungen Musliminnen und Muslimen
- Verhinderung des Einstiegs gefährdeter junger Musliminnen und Muslime in den religiös motivierten Extremismus
- Demokratiestärkung von jungen Musliminnen und Muslimen, die in den Extremismus abzudriften drohten.

Abb. 1 Versammlung der Imame – Momentaufnahme. (Privates Foto)

Imame und Dialogbeauftragte werden Demokratiebotschafter

Auf Basis dieser Ziele wurden insgesamt vier Fortbildungsmodule entwickelt, die über ein halbes Jahr verteilt unterschiedlichste Kompetenzen der Imame konsolidieren und stärken sollten. Im Modul 1 hatte die Interkulturelle Kommunikation einen Schwerpunkt. Es ging darum, die Rolle der Imame und der Dialogbeauftragten (in der „alten Heimat" und in Deutschland) zu beleuchten und kritisch zu erörtern und ihre gesellschaftlichen Erwartungen zu diskutieren. Die Interkulturelle Öffnung und die interkulturelle Kommunikation wurden hinsichtlich ihrer Möglichkeiten und Grenzen, aber auch der Nutzen und Hindernisse und Chancen beleuchtet. Eine grundlegende Betrachtung erfolgte über Lebenswelten im Kollektivismus und Individualismus im interkulturellen Vergleich. Abschließend wurde es am ersten Veranstaltungstag pragmatisch: Die Bedeutung der Öffentlichkeitsarbeit im Stadtteil und die Notwendigkeit von Netzwerkarbeit wurden unter die Lupe genommen und anwenderorientiert diskutiert. Es gab auch ganz konkrete Aufgaben, wie die beispielhafte Besprechung von schriftlichen Kooperationsvereinbarungen im Stadtteil zwischen Moscheegemeinden und relevanten Institutionen wie zum Beispiel der Schulverwaltung.

Bereits an diesem ersten Veranstaltungstag wurde deutlich, wie ambitioniert das Unterfangen war. Die Zweisprachigkeit, die Tiefe und Breite der angebotenen Informationen und vor allem der enorme Wissensdurst und die hohe Diskutierfreudigkeit der Imame und Dialogbeauftragten waren große Herausforderungen für alle Akteure. Am Ende dieses Tages waren sich aber alle einig: Die Anstrengungen hatten sich gelohnt, die Tagesrückmeldungen der Beteiligten waren rundum positiv. Sicherlich ein Novum für die Landeszentrale: Nicht einer der Besucher hatte sich vorzeitig aus dem Seminar verabschiedet, alle waren bis zum Schluss engagiert bei der Sache.

Die Gruppe kam gut sechs Wochen nach diesem Tag erneut zusammen, eingeladen zum zweiten Modul „Konfliktmanagement" mit der Eingangsfrage: Welches Menschenbild vertritt „der" Islam? Danach wurden die unterschiedlichsten Techniken der interkulturellen Verhandlungsführung vorgestellt und ausprobiert, über Konfliktanalyse und Erkennung von Konflikttypen im interkulturellen Vergleich ging es an die Entwicklung und Erprobung von interkulturellen Konfliktlösungsstrategien.

Nach der Sommerpause ging es weiter mit Modul drei „Islam und Demokratie". Erneut ging es um das Menschenbild des Islam in der modernen Gesellschaft, weiterhin um den Nutzen von Demokratie. Hier wurden individuelle und sehr unterschiedliche Erfahrungen als Imam, Bürgerin und Bürger erörtert. Ein wesentlicher Schwerpunkt dieses Tages lag auf der Analyse des Grundgesetzes sowie der Grund- und Menschenrechte im Islam. Wie sind Demokratie und Islam vereinbar? Betrachtungen und Diskurse über demokratische Grundprinzipien wie Rechtsstaatlichkeit, Gewaltenteilung und Pluralismus rundeten den Tag ab.

An dieser Stelle sei erwähnt, dass die Fortbildung sehr umfangreich evaluierend vom Zentrum für Türkeistudien begleitet wurde. Dies geschah anhand einer teilnehmenden Beobachtung sowie einer qualitativen Befragung der Teilnehmenden sowie der Projektpartner und Trainer. Die Fragebögen wurden den Teilnehmenden während und nach den einzelnen Modulen der Fortbildungsreihe zur Beantwortung vorgelegt. Inhaltlich wurden insbesondere ihre Erwartungen und die Zufriedenheit mit der Fortbildungsreihe in Bezug auf die Inhalte der Fortbildung geprüft. So war es möglich, Empfehlungen und Verbesserungsvorschläge für zukünftige Projekte dieser Art zu formulieren, die die zukünftige Seminarreihe berücksichtigen wird (Abb. 2).

Der vierte Praxistag war dann dem konkreten Umgang mit dem Gelernten gewidmet: Welche Institutionen, Organisationen, Behörden, Vereine etc. finden die Imame und Dialogbeauftragten in ihrem Quartier und in ihrer Stadt vor? Welche Angebote unterbreiten sie, welche Kooperationsfäden können geknüpft werden?

Im Bürgerhaus in Düsseldorf-Bilk wurde exemplarisch ein Parcours aus insgesamt 16 Institutionen aufgebaut. An 16 Tischen, auf zwei Stockwerke verteilt, saßen Vertreterinnen und Vertreter von 16 kommunalen Agenturen, Organisationen und Behörden: Integrationsagenturen der Wohlfahrtsverbände, Kommunalstelle für Integration und Bildung, die AGB, die Frauenberatungsstelle, das

Abb. 2 Eindrücke aus Arbeitsgruppen. (Privates Foto)

BAMF (Bundesamt für Migration und Flüchtlinge), die WIPA (Weiterbildung, Sprach- und Integrationskurse), der Stadtteilläden Flingern, das Jugendamt, der Verein Stopp Mutilation, das Jugendzentrum PULS (PULS ist das Jugendzentrum für junge Lesben, Schwule, Bi-, und Transsexuelle & Friends in Düsseldorf), Vertreter der Polizei Düsseldorf, Opferschutz und Opferberatung, die Agentur für Arbeit Düsseldorf, die Sozial- und Präventivaktion gegen Rassismus und Extremismus aus Düsseldorf-Oberbilk, die Diakonie Düsseldorf mit dem Projekt „ErziehungsWelten", der Paritätischer Wohlfahrtsverband NRW in Kooperation mit der AGB – Aktion Gemeinwesen und Beratung, die Regionalstelle Düsseldorf der Caritas-Integrationsagentur im Rather Familienzentrum/Schulsozialarbeit/ Jungenarbeit an Schulen: Ein Riesen-Spektrum, das hier versammelt war und auch vermeintliche Tabuthemen diskutierte!

Die Imame und Dialogbeauftragten hatten nun die Aufgabe, begleitet von studentischen Scouts in Kleingruppen durch den Parcours zu wandern und einen Fragebogen abzuarbeiten. Der Fragebogen diente in erster Linie als Roter Faden durch die Ausstellung. Nach dem Startschuss waren binnen weniger Minuten teilweise hitzige Diskussionen an den einzelnen Tischen zu beobachten. Es wurde nicht nur informiert, sondern auch diskutiert. Genau das war unser Ziel, der kritisch kontroverse Dialog mit hohem Wissenserwerb.

Anfangs war allerdings auch zu beobachten, dass einige Stationen eher zögerlich angelaufen wurden, so waren die Tische von PULS und der Frauenberatungsstelle zu Beginn ziemlich verwaist. Das änderte sich aber im Laufe des Tages. Der Parcours mündete am späten Nachmittag in eine große Plenumsdebatte über die Erfahrungen und Erkenntnisse ein. Einer der rückmeldenden Imame brachte es auf den Punkt: „Ich habe nicht gewusst, welch eine große Vielfalt an sozialen Angeboten in einer Stadt, in einem Stadtteil existieren!" Dieser Einschätzung pflichteten die meisten Imame vorbehaltlos bei. Sie hatten endlich die Brücken gefunden, mit den sie von ihrer Moschee-Insel auf die Gesellschaft zugehen konnten.

Zertifizierte Imame und Fallstudie

Im Anschluss an die Fortbildung erhielten die Teilnehmer in einer kleinen Feierstunde ein Zertifikat, welches sie berechtigt, den Titel „Demokratiebotschafter" zu führen, um daran mitzuwirken, in ihrer religiösen Gemeinde den Diskurs demokratischer Inhalte zu eröffnen. Die Grundlagen waren geschaffen, schon bald gab es die ersten Erfolgsmeldungen.

Exemplarisch sei folgender Sachverhalt referiert: Ein 20jähriger, noch im Elternhaus lebend, bricht die Schule (Gymnasium) ab, trennt sich von seiner deutschen Freundin. Er drangsaliert und bedroht seine Familie und seine Freunde, weil sie seiner Meinung nach unislamisch lebten: Seine Eltern betreiben einen Kiosk, in dem sie Bier und andere Alkoholika verkaufen, der Junge droht deshalb, den Kiosk anzuzünden, wenn dort weiterhin Alkohol verkauft werde. Seinen Abgang von der Schule begründet er damit, dass dort Frauen unterrichteten. Er verlässt die Familie, radikalisiert sich zusehends und vertieft sich in Kreise radikalisierter neosalafistischer Akteure. Seine Eltern werden auf das Projekt *MuslimOpenMind* aufmerksam. Sie wenden sich nun Rat und Hilfe suchend an die örtliche Moscheegemeinde. Von dort wird in einem mühseligen und Zeit aufwendigen Prozess der Kontakt zu dem 20jährigen aufgenommen; von dessen Seite folgen mehrere intensive Diskurse mit dem Imam zu Fragen des Glaubens, der Ausübung des Glaubens und dem Leben in Deutschland. Der 20jährige wird nachdenklich, er kehrt um und besinnt auf die gewaltfreien Werte des Islam. Der Dialogbeauftragte schafft es, ihn zur Rückkehr in die Familie zu bewegen. Über einen schulischen Berater wird ein Platz in einem anderen Gymnasium vermittelt, es erfolgt eine weitere intensive Betreuung durch den Dialogbeauftragten und Imam der Gemeinde, der Junge wird zusehends stabiler.

Die Fortbildungsreihe „Imame werden Demokratiebotschafter" wird fortgesetzt, 2016 werden weitere Imame fortgebildet, der Focus liegt dann auf der Vernetzung in den so genannten „Wegweiser-Städten", die sich alle desselben Logos bedienen.

Weg weisend

Das nordrhein-westfälische Innenministerium (MIK NRW) gab im Sommer 2013 den Anstoß in dieser wegweisenden Beratungstätigkeit. In den ausgewählten Städten Bonn, Bochum und Düsseldorf wurden Ideen hinsichtlich der Einrichtung einer kommunalen Beratungsstelle erörtert. Die Schaltung landesweiter telefonischer und damit eher anonymer Beratungshotlines war gescheitert. Die Anrufe hielten sich in Grenzen, Erfolge ließen auf sich warten. Die Erkenntnis war da: Es galt, unmittelbar, vor Ort, im Quartier, in Netzwerken mit bekannten Partnern zu agieren, gemeinsam mit regionalen und kommunalen Akteuren das Phänomen des gewaltbereiten Neo-Salafisten und deren Ideologie zu bekämpfen. Von entscheidender Bedeutung war die individuelle Anpassung eines Leistungsangebotes vor Ort, im jeweiligen Sozialraum der Stadt. Das MIK NRW ließ den

Akteuren dabei freie Hand zu entscheiden, wie und unter welcher Federführung eine solche Stelle einzurichten wäre. In der Landeshauptstadt entschieden sich die Kooperationspartner für die Gründung eines freien Trägervereins als Beratungsstelle, der ausschließlich für die Zwecke der Prävention gegründet wurde. In Bonn wurde die Beratungsstelle in die Stadtverwaltung eingegliedert, in Bochum entschied man sich für eine Einbindung bei der „IFAK", einem Verein für multikulturelle Kinder- und Jugendhilfe. Mittlerweise gibt es weitere Beratungsstellen in Wuppertal, Köln, Dortmund, Dinslaken und Duisburg, im Jahre 2017 soll das Angebot weiter und nahezu flächendeckend ausgebaut werden.

Ein neuer Verein wird geboren: Der Düsseldorfer Wegweiser

Die Düsseldorfer Vereinslösung garantiert rasches, unbürokratisches Handeln, losgelöst von einer größeren Organisation. Ihr Nachteil: Es fehlt eben genau dieser organisatorische Rahmen, der die Arbeit zuweilen vereinfacht und stabilisiert. Nach mehreren Vorgesprächen mit handelnden Akteuren aus den Bereichen Jugend, Soziales, Integration, Polizei, Wohlfahrtspflege und Moscheevereinen wurde zum Jahresbeginn 2014 der Verein „Düsseldorfer *Wegweiser*" gegründet. Es schlossen sich die Entwicklung und Unterzeichnung eines Werkvertrages zwischen dem MIK NRW und dem Trägerverein zur Anstellung von halbtags arbeitenden Betreuern an.

Zwei Monate später wurde dann in Düsseldorf der Startschuss gegeben: Der Innenminister eröffnete gemeinsam mit dem Düsseldorfer Vereinsvorstand die erste *Wegweiser*stelle des Landes NRW. Diese Stelle hat ihre vorläufige Heimat in den Räumen der Deutsch-Islamischen Moscheestiftung in Düsseldorf-Bilk gefunden. Auch das ist eine Botschaft: Die Muslime sind Teil der Lösung!

In den ersten Wochen und Monaten galt es zunächst, organisatorische Fragen zu lösen: Einrichtung eines Büros, einer Website und einer hotline. Ein Flyer musste erarbeitet werden, was sich als Pionierarbeit erwies. Das Wichtigste kam jedoch vorher, die Einstellung von zwei Betreuern. Hohe Voraussetzungen waren an ihre Funktion geknüpft, sie sollten sozialpädagogisch vorgebildet sein, über gute Netzwerke verfügen, männlich und muslimisch sein. Der Dialog auf Augenhöhe sollte gewährleistet sein. Mittlerweile arbeitet auch eine Frau bei *Wegweiser.* Die Anfangserfahrungen waren eindeutig: Der gewaltbereite Salafismus ist nicht allein ein männliches Problem! Mehrere potenzielle Betreuer erwiesen sich als qualifiziert, nach intensiven Auswahlgesprächen fiel die Wahl auf einen jungen Sozialpädagogen und einen erfahren Netzwerker, gutes Startkapital für die ersten

Wochen und Monate! Einen großen Raum gaben Vereinsvorstand und Betreuer dann in der ersten Konsolidierungsphase des Vereins der Netzwerkarbeit und der Öffentlichkeitsarbeit.

Bündnis gegen gewaltbereiten Neo-Salafismus

Potenzielle Akteure aus der Stadtgesellschaft wurden zur konstituierenden Bündnisversammlung im April 2014 eingeladen. Der Verein wurde vorgestellt und das das Aufgabenspektrum skizziert. Wichtig: Starke Partner für ein zukünftiges Netzwerk zu gewinnen. An diesem Abend konnten mehr als 40 Interessierte gewonnen werden, diesem Bündnis beizutreten. Vertreter aus der Jugendsozialarbeit, politische Vertreter, die Wohlfahrtverbände – viele waren gekommen. Viele konnten nicht an diesem Abend, signalisierten aber sehr eindeutig, dass sie dabei sein wollten. Zitat aus einer Mail: „Leider kann ich an diesem Abend persönlich nicht dabei sein. Ich bedanke mich jedoch für die Initiative, die ich angesichts der derzeitigen Lage ungemein wichtig finde. Gerne bin ich beim Netzwerk dabei!"

Der erste, ganz wesentliche Schritt in die „Außenwelt" war damit getan! Der nächste Meilenstein: Die Einberufung eines Beirates, der Teil des Trägervereins ist. Der Beirat hat die Aufgabe, dem Vereinsvorstand beratend und auch Impuls gebend zur Seite zu stehen. Der Beirat stellt ein enges Bindeglied zwischen dem Verein, den Betreuern und den Belangen der Kunden des Vereins. In seinen Grußworten zur ersten Beiratssitzung unterstrich der Vorsitzende: „Der Beirat soll nicht nur informiert werden, über das, was läuft, sondern er ist aufgerufen, sich einzubringen mit Ideen und Anregungen!"

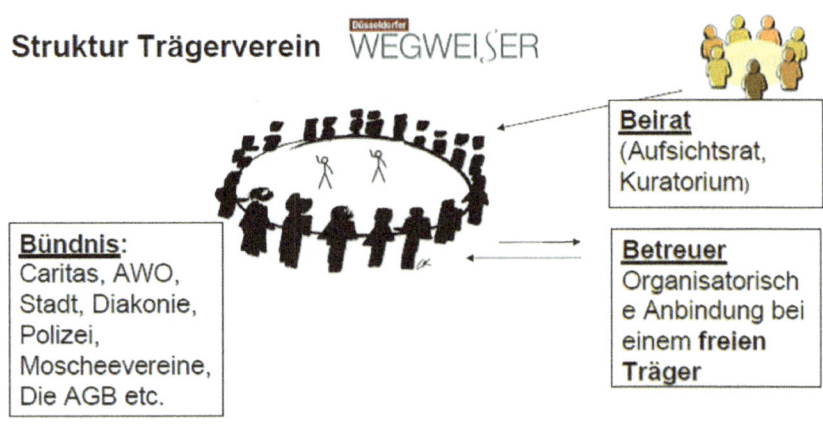

Struktur Trägerverein WEGWEI.SER

Beirat (Aufsichtsrat, Kuratorium)

Bündnis: Caritas, AWO, Stadt, Diakonie, Polizei, Moscheevereine, Die AGB etc.

Betreuer Organisatorische Anbindung bei einem freien Träger

Trägerverein: Wegweiser für Düsseldorf e. V.

Der Einladung zur konstituierenden Sitzung waren unter anderen die Vorsitzende des Jungendhilfeausschusses der Landeshauptstadt, die Leiterin des Schulverwaltungsamtes, die Geschäftsführerin des Kriminalpräventiven Rates gefolgt. Damit war klar: Die Bekämpfung des gewaltbereiten Neo-Salafismus ist keine Aufgabe, die Männern vorbehalten bleibt. Im Gegenteil, es gilt, Geschlechter übergreifend zu agieren.

Wie wird nun diese Aufgabe: „Bekämpfung des gewaltbereiten Salafismus durch Prävention" bewältigt? Mit welchen Methoden soll das bewerkstelligt werden? Wo liegen die Herausforderungen?

Drei Säulen der Wegweiser-Arbeit

Die Arbeit des Düsseldorfer *Wegweiser e. V.* wird von drei wesentlichen Säulen getragen: informieren, Expertise abgeben, beraten!

Der Verein informiert Nachfragende über das Phänomen des gewaltbereiten Salafismus (vgl. nachfolgende Abbildungen). Ein wesentlicher Baustein ist dabei die differenzierte Darstellung von gewaltbereitem (Neo)-Salafismus und religiös konnotiertem Salafismus – letzterer lehnt Gewaltanwendung und Gewaltbereitschaft durchweg ab.

(verbotene) Symbole des IS	Die Nachfragen kommen überwiegend von Schulen, allen voran den Berufskollegs, aber auch von vielen anderen Organisationen: Jungendzentren, Ausbildungsstätten, Jugendberufshilfe, Gehörlosenbetreuung, Landeskliniken, Justizvollzugsanstalt und viele weitere Bei vielen wurde deutlich, dass das Terrain für sie neu und deshalb mit Unsicherheiten gespickt ist.
 Quelle: MIK NRW (2015), Extremistischer Salafismus als Jugendkultur, Sprache, Symbole und Style, S 69	

Neben einem allgemeinen Informationsteil zu Fragen des gewaltbereiten Salafismus werden spezifische Erkennungsmerkmale des aufkeimenden Neo-Salafismus und verbotene Symbole des Islamischen Staates gezeigt. Auch die sind für viele Neuland, allerdings erkennen einige Symbole, ob nun verboten oder erlaubt, aus dem neo-salafistischen Spektrum wieder. Eine Lehrerin bedankte sich nach einem Vortrag per Mail: „Ich habe meine Wahrnehmung schärfen können, ich weiß nun, worauf ich achten muss."

Mit Schülerinnen und Schülern arbeiten!

Die zweite, wesentliche Zielgruppe sind junge Menschen im Alter zwischen 14 und 24 Jahren. Die meisten von sind Schülerinnen und Schüler, ein erheblicher Prozentsatz der Älteren besucht Berufskollegs (BKs). Die Betreuer vom Düsseldorfer *Wegweiser* haben sich deshalb schwerpunktmäßig zunächst auf den Weg in die Berufskollegs gemacht, dort Unterrichtseinheiten oder die Beteiligung im Rahmen von spezifischen Projekten (zum Beispiel Anti-Rassismusprojekttage) angeboten. Eine wertvolle Unterstützung fanden die Betreuer bei Aussteigern aus der neo-salafistischen Szene, die den Schülerinnen und Schülern unmittelbar ihre ganz persönlichen Erfahrungen berichten konnten. Eine mit *Wegweiser* zusammenarbeitende Aussteigerin betonte, dass es ihr sehr gut getan hätte, wenn sie in der Phase, in der sie immer tiefer in die Fänge des Neo-Salafismus abglitt, eine solche Ansprache in der Schule gehabt hätte – sie wäre höchstwahrscheinlich nicht so tief in der Szene versunken, davon ist sie überzeugt. „Das ist für mich Motivation genug, mich einzusetzen, dass es anderen jungen Menschen nicht so wie mir geht", sieht sie als ihre Aufgabe. Das Unterrichtkonzept kommt gut an, immer dann, wenn die Aussteigerin das Wort ergreift, ist es im Klassenraum mucksmäuschenstill. Die Schülerinnen und Schüler sind nachhaltig beeindruckt, weiß eine Lehrerin zu berichten, die Diskussionen gingen regelmäßig noch lange nach Schulschluss weiter.

Wegweiser ist kein Aussteigerprogramm, das muss betont werden. *Wegweiser* bietet ein niedrigschwelliges Beratungskonzept an, das junge Menschen davor bewahren kann, in Radikalisierungsprozesse verstrickt zu werden. Wer jedoch tief in der Szene drinsteckt, ist hingegen beim *Aussteigerprogramm* des Landes NRW gut aufgehoben. Die Bandbreite der bearbeitenden Fälle ist mittlerweile sehr groß. Den Verein erreichen Anfragen nach konkreter Einzelfallbetreuung aus Elternhäusern, Schulen, Jugendfreizeiteinrichtungen, aus der Justizvollzugsanstalt und aus dem LVR-Klinikum für Psychiatrie. Es gibt kaum einen Bereich, der nicht vorstellbar wäre.

Beraten!

Die dritte Säule des Handelns vom Düsseldorfer Wegweiser:
Die unmittelbare Betreuung von jungen Männern und Frauen, die auf dem Weg in die Radikalisierung oder den Extremismus sind.

Fallstudien

Da erscheint eines Tages der Sohn aus geordneten familiären Verhältnissen im *Wegweiser*-Büro und teilt mit, er sei soeben von seinen Eltern aus der Wohnung geworfen worden. Er habe vor zwei Jahren seine Religion gewechselt. Seitdem er Muslim geworden sei, hätten seine christlichen Eltern alles versucht, ihn wieder „auf den rechten Weg" zu bringen. Er sei jedoch überzeugter Muslim, habe sich diesen Schritt sehr gut überlegt, lebe den Glauben auch eher nach innen denn nach außen, um nicht zu provozieren – gleichwohl, seine Eltern seien mit keiner seiner religiösen Praktiken einverstanden. Gerade jetzt, im Fastenmonat Ramadan, quäle ihn seine Mutter, indem sie ihm ständig Essen anböte; sie akzeptiere einfach nicht seinen Wunsch nach den Geboten dieser Religion. Da ihre Bemühungen nicht fruchtbar gewesen seien, habe sie nun keine andere Wahl gesehen, als sich von ihrem Sohn zu trennen. Die Eltern hätten ihn kurzerhand der Wohnung verwiesen, er sei schließlich gerade 18 geworden und entwickle sich s. E. immer mehr zum „Extremisten". Der junge Mann, der Gewalt im Namen des Islam jedoch strikt ablehnt, bat die Betreuer, ihm zu helfen. Gemeinsam mit ihm wurde eine Strategie entwickelt, um die Eltern aufzuklären. Teilnehmer der einfühlsamen Gespräche war auch „sein" Imam, der sich bereit erklärt hatte, gemeinsam mit den Betreuern zu den Eltern Kontakt aufzunehmen. Nach diesen intensiven Gesprächen waren die nunmehr besser informierten Eltern überzeugt, dass ihr Sohn sich nicht fehlentwickle – er gehe vielmehr seinen persönlichen Weg, geprägt von einer für sie anderen Religion, nicht mehr und nicht weniger.

Aus einer Flüchtlingsunterkunft kam der Hinweis auf einen jungen Flüchtling arabischer Herkunft, der, körperlich stark beeinträchtigt, immer wieder den Kontakt zur neo-salafistischen Gruppe „Siegel des Propheten" suchte. Diese lockten ihn an, versprächen ihm das Heil, er könne etwas aus seinem Leben machen, also alle nebulösen Verheißungen! In mehreren Gesprächen konnte der Betreuer herausarbeiten, dass der Flüchtling instrumentalisiert und gelockt werden sollte auf den Weg des gewaltbereiten Jihads. Es folgten Beratungsgespräche, die dem jungen Mann Halt und Orientierung boten. Über das BAMF konnte zeitnah ein Integrations- und Sprachkurs vermittelt werden, sodass der junge Flüchtling endlich geordnet ins Asylverfahren gehen kann, die Kontakte zur Gruppe „Siegel des Propheten" sind seitdem versiegt (Abb. 3).

Einem jungen Mann konnte durch Vermittlung einer neuen Wohnung geholfen werden, sich aus der Einflussnahme einer salafistisch geprägten Freundesgruppe zu lösen. „Ich sehe sie jeden Tag vor meiner Haustür, werde immer wieder angesprochen, will aber mit ihnen nichts mehr zu tun haben. Manchmal dachte ich,

Abb. 3 Die bunte Gesellschaft. (Grafik: © Andreas Schickert)

es ist einfacher, der Gruppe wieder zu folgen", aber die neue Wohnung brachte ihn dann auch räumlich weg von diesem Weg, raus aus der Gefahr, weiter abzudriften in den Neo-Salafismus, der in den Krieg führen kann. Ihm haben auch religiöse Gespräche geholfen. Gesprächsthemen wie das Verständnis von Islam und Grundgesetz, das Zusammenleben von Muslimen und Nichtmuslimen in der Diaspora u. a. m. sowie religiöse Themen führen nicht die Betreuer. Zwar sind sie selbst Muslime, aber keine Religionsgelehrten. Dazu bedienen sich die *Wegweiser* dieses Netzwerkes der als Demokratiebotschafter ausgebildeten Imame des Projekts *MuslimOpenMind.*

Das sind lediglich drei von vielen Einzelfällen, die der Düsseldorfer Wegweiser bearbeitet. Es geht um Prävention, es geht um den Schutz der Jugend vor dem gewaltbereiten Salafismus.

Fazit

Dass es dazu gehöriger Anstrengungen bedarf, hat auch die Stadt Düsseldorf erkannt: Sie finanziert seit einem Jahr eine weitere halbe Stelle. Im Sommer 2015 ist eine weitere Aufgabe dazu gekommen: Das Projekt „Demokratie leben" des Bundesministeriums für Familie, Senioren, Frauen und Jugend schafft das Fundament für kommunale Projekte in ausgewählten Stadtteilen, um das Demokratieverständnis Jugendlicher zu fördern und für mehr Partizipation von Jugendlichen in der Gesellschaft zu sorgen.

Der Düsseldorfer *Wegweiser* ist thematisch, organisatorisch und durch die Vernetzung gut aufgestellt, auch die Verbindung zum Projekt *MuslimOpenMind* läuft kooperativ: Eine wirkungsvolle Kombination, eine von vielen, die notwendig sind, um den zähen Kampf gegen die Ideologie des Gewalt bereiten Salafismus und für die Jugendlichen zu gewinnen.

Neben der Netzwerkarbeit ist das Besondere am Düsseldorfer *Wegweiser,* dass die Initiatoren dafür eigens einen Verein gegründet und die Betreuer nicht, wie in anderen *Wegweiser*-Städten, bei einem Wohlfahrtsverband oder der Stadt als einen Teil von Präventionsarbeit angekoppelt haben. Bemerkenswert ist auch, dass der Düsseldorfer *Wegweiser* von vier Muslimen und drei Nichtmuslimen gegründet wurde und in einer Moscheestiftung seine erste Adresse gefunden hat. Damit soll auch nach außen verdeutlicht werden, dass ohne Muslime Lösungen nicht möglich sind.

Dirk Sauerborn Polizeihauptkommissar. Seit 2012 hauptamtlich Ansprechpartner für interkulturelle Aufgaben der Polizei Düsseldorf. Seit 2014 ehrenamtlich Vorsitzender des Vereins Düsseldorfer Wegweiser e. V., Mitveranstalter der Düsseldorfer Beiträge zur interkulturellen Verständigung – Respekt und Mut sowie Mitautor des „Lexikons zur Vielfalt".

Religiöse Konflikte in multikulturellen Gesellschaft

Klaus Spenlen

Vorbemerkungen

Der Ethnologe Günther Schlee widerspricht der landläufigen Meinung, dass gesellschaftliche Konflikte im Schwerpunkt Auseinandersetzungen um Ressourcen seien. Die Zugehörigkeit zu einer Ethnie oder einer Religionsgemeinschaft sieht er in gleicher Weise dafür verantwortlich (vgl. Schlee 2006).

Deshalb lohnt es sich, die Unterscheidung von Konflikten nach ihrer Orientierung zu bedenken, die Ulrike Wasmuth vornimmt: 1) *inhaltsorientierte Konflikte beinhalten* Kontroversen um eine konkrete Sache, also beispielsweise zwischen Parteien um politische Richtungen; 2) *wertorientierte Konflikte* haben Kontroversen über das, was sein sollte, zum Gegenstand, zum Beispiel die Zugehörigkeit zum „rechten" Glauben; 3) *interessenorientierte Konflikte* beziehen sich auf Mittel und/oder Ziele, zum Beispiel den Einsatz von Haushaltsmitteln; 4) *in machtorientierten Konflikten* geht es um die Abklärung und Festlegung von Macht- und Herrschaftsverhältnissen, zum Beispiel um Privilegien Einheimischer auf dem Arbeitsmarkt; 5) schließlich spielen *nicht-rational orientierte Konflikte* aufgrund von unbewussten psychischen Gefühlslagen eine große Rolle auf der rationalen Ebene, zum Beispiel die Wahrnehmung von Xenophobie (vgl. Wasmuth 1992, S. 34). Die Grenzen der Konflikte können oft nicht voneinander getrennt werden und bedingen einander in vielen Fällen. Und durch globale Kommunikation in Echtzeit und multikulturelle westliche Gesellschaften können selbst Konflikte in weiter Ferne zu Problemen der Nachbarschaft werden.

K. Spenlen (✉)
Abteilung für Bildungsforschung und Bildungsmanagement,
Heinrich-Heine-Universität, Düsseldorf, Deutschland
E-Mail: spenlen@phil.hhu.de

© Springer Fachmedien Wiesbaden GmbH, ein Teil von Springer Nature 2019   179
H. Barz und K. Spenlen (Hrsg.), *Islam und Bildung*,
https://doi.org/10.1007/978-3-658-26229-7_11

Das macht einen kurzen Blick auf die Gesellschaft in Deutschland erforderlich. Hier leben aktuell ca. 17 Mio. zugewanderte Menschen, das heißt mehr als 20 % aller Einwohner sind ursprünglich keine Deutschen. Nimmt man die Schulen als Spiegelbild der Gesellschaft, wird die Vielfalt der Ethnien in Deutschland sichtbar. So weist die Schulstatistik NRW allein unter der Überschrift „Staatsangehörigkeiten der Ausländerinnen und Ausländer" 191 Staatsangehörigkeiten auf (Ministerium für Schule und Weiterbildung NRW 2018, S. 135 ff.). Und in dieses Merkmal sind ethnische Minderheiten wie Kurden, Roma, Hazara, Turkmenen, Goranen, Aschkali u. a. m. sowie die seit Herbst 2015 in großer Anzahl eintreffenden Flüchtlinge und Asylbewerber nicht eingerechnet, sie erhöhen die Mannigfaltigkeit beträchtlich.

Auch die Diversifizierung der Religionen (vgl. Abb. 1) unterstreicht den *melting pot* Deutschland: Viele der Religionen differenzieren sich weiter in Denominationen. So waren bereits im Jahre 2008 allein in Nordrhein-Westfalen, dem bevölkerungsreichsten deutschen Land, 228 religiöse Gemeinschaften und Strömungen bekannt (Hero u. a. 2008, S. 13, aktuelle Zahlen liegen nicht vor). Und diese religiöse Vielfalt ist zum größten Teil Resultat der Zuwanderung, die durch die aktuellen Flüchtlinge weiter ansteigen wird und die nicht nur zu einer Pluralisierung, sondern auch zu einer verstärkten Bedeutung des Merkmals „Religion" geführt hat und weiter führen wird. So ist von vielen zugewanderten Familien bekannt, dass das Leben in der Fremde sie veranlasst, ihre „mitgebrachte" Religion als identitätsstiftend wahrzunehmen, sie aktiver zu leben, ihre Gebote und Verbote strenger zu beachten und religiöse und kulturelle Netzwerke zu knüpfen (vgl. Meyer-Hubbert 2010).

Die Ethnien und Religionen verfügen über eigene Traditionen, Terminologien und Sprachen, die Verständigungen erschweren können, wenn nicht alle über hinreichende Kompetenzen in der Sprache ihres Aufnahmelandes verfügen. Bereits 2001 stellte Rupprecht S. Baur, der damalige Leiter des Bereiches Deutsch als Zweit- und Fremdsprache der Universität Duisburg-Essen, fest, dass an den Essener Grundschulen mehr als 100 Sprachen gesprochen wurden (vgl. Chlosta u. a. 2003, S. 43 ff.), das heißt bereits vorhandene Diversifizierungen beziehen sich auch auf das wichtigste Verständigungsmittel, die Sprache.

Dieser kurze Überblick mag genügen, um zu verdeutlichen, dass aus der Buntheit Reichtum nur dann entsteht, wenn Auseinandersetzungen entlang religiöser, ethnischer und linguistischer Grenzen weder befördert, noch durch Medien befeuert, noch durch Teile der Gesellschaft unterstützt werden. Dazu wird zunächst die Stellung von Religionen im Grundgesetz in Erinnerung gerufen.

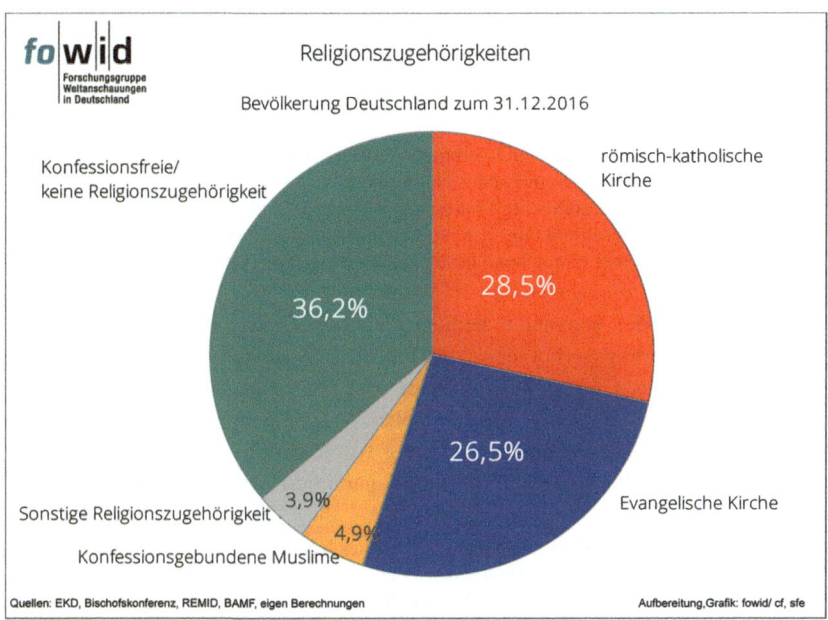

Abb. 1 Religionszugehörigkeiten der Bevölkerung in Deutschland zum 31.12.2016. (Quelle: https://fowid.de/sites/default/files/users/eschaefer/2017/relibevoelkerung-torte-2017. png, zuletzt geprüft am 11.07.2019)

Religion und Grundgesetzt

Die Religionsfreiheit ist Teil des Grundrechtsteils des Grundgesetzes (GG). Art. 4 bestimmt: „(1) Die Freiheit des Glaubens, des Gewissens und die Freiheit des religiösen und weltanschaulichen Bekenntnisses sind unverletzlich. (2) Die ungestörte Religionsausübung wird gewährleistet."

Schutzgegenstände sind: die Freiheit des Glaubens, die Freiheit des Bekenntnisses (Freiheit, religiöse oder weltanschauliche Überzeugung kundzutun; Spezialfall der Meinungsfreiheit) und die Freiheit der Religionsausübung. Im Einzelnen gehören dazu unter anderem Werbung für den eigenen Glauben, Abwerbung eines fremden Glaubens, religiöse Kleidungsvorschriften (Kopftuch, sonstige Kopfbedeckungen etc.), religiös begründetes Schächten von Tieren sowie religiös begründete Beschneidung männlicher Kinder. Das Bundesverfassungsgericht hatte grundlegend dazu in einer Entscheidung am 24. September 2003 – 2 BvR 1436/02 – klargestellt:

> „Die in Art. 4 Abs. 1 und 2 GG verbürgte Glaubensfreiheit ist vorbehaltlos gewährleistet. Einschränkungen müssen sich daher aus der Verfassung selbst ergeben. Hierzu zählen die Grundrechte Dritter sowie Gemeinschaftswerte von Verfassungsrang [...].Die Einschränkung der vorbehaltlos gewährleisteten Glaubensfreiheit bedarf überdies einer hinreichend bestimmten gesetzlichen Grundlage."

Als Ergänzung der genannten herausgehobenen Bestimmungen des GG muss das Diskriminierungsverbot des Art. 3 Abs. 3 erwähnt werden, dass niemanden wegen seines Glaubens oder seiner religiösen Anschauungen benachteiligt oder bevorzugt werden darf. Dies impliziert zudem den Grundsatz: Negative Religionsfreiheit, also Nichtwahrnehmung von Religionsrechten, hat keinen Vorrang vor positiver Religionsfreiheit. Dieses garantiert Art. 33 Abs. 3 GG:

> „Der Genuss bürgerlicher und staatsbürgerlicher Rechte, die Zulassung zu öffentlichen Ämtern sowie die im öffentlichen Dienst erworbenen Rechte sind unabhängig von dem religiösen Bekenntnis. Niemandem darf aus seiner Zugehörigkeit oder Nichtzugehörigkeit zu einem Bekenntnis oder einer Weltanschauung ein Nachteil erwachsen."

Diese Freiheitsrechte und Garantien des GG gewährleisten dem Einzelnen besonderen Schutz seiner religiösen Rechte, einschließlich seines Rechts, einer entsprechenden religiösen oder weltanschaulichen Gemeinschaft anzugehören oder sich ihr zu verweigern. Zwar wurden entsprechende Bestimmungen der Weimarer Reichsverfassung (WRV) durch die Neuordnung der Religionsfreiheit und des Staatskirchenrechts im GG, das eine Verstärkung der Garantie der Religionsfreiheit vorsieht, abgelöst; gleichwohl wurden die Artikel 136, 137, 138, 139 und 141 der WRV durch Inkorporation Bestandteil des GG.

In verschiedenen Landesverfassungen wird auf die Kirchenartikel ebenfalls Bezug genommen, womit sie auch zu Landesverfassungsrecht wurden. Diese Bestimmungen, die die Kirchen/Religionsgemeinschaften als freiheitsberechtigte Akteure innerhalb der Verfassungsordnung ansehen, bedeuten für sie, dass die zu sichernden Freiheiten nur im Wege der Abwägung mit anderen Rechtspositionen geschützt werden. Denn die meisten Sachverhalte des alltäglichen Lebens haben inzwischen Auswirkungen, die über den Binnenbereich des Kirchenrechts hinausgehen.

Art. 140 GG bestimmt die Trennung von Staat und Kirche und erklärt den Staat für weltanschaulich neutral: Der Staat darf einen Glauben und seine theologische Qualität nicht bewerten und auch nicht selbst die Wertigkeit eines religiösen Gebotes bestimmen (Relevanz unter anderem in der Beschneidungsdebatte: Der Staat darf den Religionsgemeinschaften keine Ersatzriten vorschreiben). Zudem garantiert er das kirchliche Selbstbestimmungsrecht auch im öffentlichen Bereich. Wichtig ist, dass jedes Religionsverständnis aufgrund der Eigentümlichkeit der verschiedenen Religionen in hohem Maße selbstreferenziell ist: „Dem Religionsrecht kommt dabei die Aufgabe zu, gerade die besondere Selbstdeutungsfunktion der Religion zu schützen" (Munsonius 2012, S. 5).

Nach der Entscheidung des Bundesverfassungsgerichts vom 16.10.1968 (BVerfGE 24, 236) wird jeder Einzelne darin geschützt, sein gesamtes Verhalten an seiner Religion auszurichten. Damit sind auch Handlungen geschützt, deren religiöser Charakter allein in der Motivation des Grundrechtsträgers besteht. Allerdings ergibt sich die Offensichtlichkeit, dass nicht jede Handlung, von der jemand behauptet, sie sei religiös motiviert, auch vollzogen werden darf, man denke nur an rituelle Opferungen. Zuweilen wird daher vorgeschlagen, die Religionsfreiheit mit einem einfachen Gesetzesvorbehalt zu versehen. In diesem Fall könnten allerdings Grundrechte eingeschränkt werden, was diese Position jedoch nur dann mehrheitsfähig machen würde, wenn der Religionsfreiheit ein anderes Schutzgut mit Verfassungsrang entgegenstünde.

Aus den Religionsbestimmungen des GG ergeben sich auch Leistungsansprüche gegenüber dem Staat. Beispielhaft werden genannt: der Sonn- und Feiertagsschutz des Art. 139 WRV/Art. 140 GG sowie der Religionsunterricht nach Art. 7 Abs. 3 GG, dem einzigen Unterrichtsfach mit Verfassungsrang: „Der Religionsunterricht ist in den öffentlichen Schulen mit Ausnahme der bekenntnisfreien Schulen ordentliches Lehrfach. Unbeschadet des staatlichen Aufsichtsrechtes wird der Religionsunterricht in Übereinstimmung mit den Grundsätzen der Religionsgemeinschaften erteilt. Kein Lehrer darf gegen seinen Willen verpflichtet werden, Religionsunterricht zu erteilen."

Speziell für den Religionsunterricht wie auch generell sind nicht alle religiösen Bewegungen, Strömungen und kulturellen Gemeinschaften im Sinne des GG selbstreferenziell „Religionsgemeinschaft" (Badura 1989, der in der Einleitung etliche gerichtliche Streitverfahren um Anerkennungsfragen im Sinne des GG aufführt). Der Begriff der Religionsgemeinschaft ist ein zentraler Begriff des institutionellen Staatskirchenrechts. Er ist unter anderem Voraussetzung für die Anerkennung als Körperschaft des öffentlichen Rechts sowie für die Erteilung von Religionsunterricht als ordentliches Unterrichtsfach. Die noch heute gebräuchliche Definition geht zurück auf einen Kommentar von Gerhard Anschütz (vgl. Anschütz 1933) zur Weimarer Reichsverfassung und wurde hauptsächlich vor dem Hintergrund der christlichen Kirchen entwickelt. Da er eine mitgliedschaftliche Zuordnung ermöglicht und dem Islam eine mitgliedschaftliche Organisation fremd ist, stellen islamische Vereinigungen größtenteils (noch) keine Religionsgemeinschaft im Sinne des Grundgesetzes dar.

Die Säkularisierungsthese

Fragt man nach Gründen der starken Stellung der Religionen und Religionsgemeinschaften im GG, so wird zumeist auf die Apologie des Glaubens durch seinen moralischen Mehrwert verwiesen, der zunächst im 19. und erneut im 20. Jahrhundert als Antwort auf politische Krisen geführt wurde. Bis in die 1960er Jahre wurde ein Bedeutungsverlust der Religion durch den Rückgang des Kirchgangs, den Austritt aus den Kirchen und einer stärkeren Privatisierung des Lebens angenommen und in der sog. „Säkularisierungsthese" verbreitet. Diese ging davon aus, dass Religionen unsichtbar werden, „verdunsten", da sie Formen angenommen hätten, die nicht mehr den herkömmlichen Lebensvorstellungen entsprächen. Die individuelle Religiosität bleibe allerdings, und die Privatisierung der Religionen gewänne an Bedeutung.

Dem widerspricht der in den USA lehrende spanische Religionssoziologe Casanova (vgl. Casanova 1996). Die Säkularisierungstheorie des Religiösen liege falsch hinsichtlich der Annahme einer Privatisierung der Religion. Vielmehr könnten das Bestehen und die Bedeutung von öffentlichen Religionen nicht geleugnet werden. Bei der feinsinnigen Frage der „Entprivatisierung" hält er die Verschiebung des Einflusses von traditionaler Religion weg von einer Verbindung Kirche-Staat hin zu einem Einfluss auf die Zivilgesellschaft für entscheidend. Als Resultat sieht er eine teilweise Wiederkehr der Religion – wenn sie überhaupt je wirklich verschwunden war. Insofern fühlen sich alle diejenigen durch Casanova gestützt, die etwa seit dem Jahre 2000 wahrzunehmen meinen, dass die Religionen die Privatsphäre überwunden hätten und wieder eine öffentliche Kraft geworden seien, was zu einer Wiederbelebung der Verbindung von Religion, Gesellschaft und Politik geführt habe.

Casanova macht ein falsches Verständnis von Säkularisierung aus, da ein spezielles historisches Zusammenfallen dreier Prozesse als allgemeines Modell interpretiert worden sei: Erstens die Ablösung weltlicher Bereiche von religiösen Einrichtungen und Normen; zweitens der kontinuierliche Niedergang religiöser Überzeugungen und Verhaltensformen mit zunehmender Modernisierung; drittens das Abdrängen der Religion in die Privatsphäre.

Er hingegen sieht die Trennung von Kirche und Staat in den Verfassungen gesichert: „Staatskirchen sind unvereinbar mit modernen ausdifferenzierten Gesellschaften" (Casanova 1996, S. 184) und verifiziert seine These an fünf Fallstudien – Katholizismus in Polen, Spanien, Brasilien, den USA sowie Evangelikaler Protestantismus in den USA. Seine Untersuchungen lassen den Schluss zu, dass es keinen grundsätzlichen Niedergang und sozialen Rückgang religiöser Überzeugungen und Verhaltensformen gibt. Er macht vielmehr dafür historische Tendenzen verantwortlich und sieht sich hierin von anderen Religionssoziologen bestätigt: „Je stärker sich die Religionen gegen den Prozess der modernen Differenzierung [...] sträuben, umso mehr werden sie dazu neigen, einen Rückgang des Glaubens zu erleben" (Gabriel/Reuter 2004, S. 275). Das Abdrängen der Religionen in die Privatsphäre verknüpft er nicht notwendigerweise mit einer strukturellen Tendenz der Moderne, sie sei vielmehr eine historisch mögliche Option unter vielen:

„Gleichwohl ist die Privatisierung von Religion kein zwangsläufiger, struktureller Entwicklungstrend der Moderne, sondern nur eine ihrer historischen möglichen Optionen – freilich eine vorzugsweise gewählte Option" (Gabriel/Reuter 2004, S. 187).

Voraussetzung für das Heraustreten aus dem bloßen Privatbereich könne aber nur dann gerechtfertigt werden, „wenn zugleich das Recht auf Privatsphäre und Gewissensfreiheit auch vor den Übergriffen der Religion juristisch geschützt ist. Die Rede vom Heraustreten der Religion aus dem Privatbereich meint hier zweierlei: Zum einen bezieht sie sich auf die Einführung öffentlicher, das heißt intersubjektiver Normen in den Privatbereich und zum anderen auf das Eindringen der Moral in die öffentliche Sphäre des Staates und der Wirtschaft" (Gabriel/Reuter 2004, S. 191).

Als Schauplätze der öffentlichen (entprivatisierten) Religion sieht er die Ebene des Staates (das verfassungsrechtlich garantierte Verhältnis Kirche-Staat), die politische Ebene (politische Konkurrenz durch religiöse politische Parteien) sowie die Ebene der Zivilgesellschaft (Teilnahme an öffentlichen gesellschaftsrelevanten Diskursen). Letztere sei ein zentrales Forum für eine Neudefinition öffentlicher Religion.

Ohne dass an dieser Stelle die Unterschiede zwischen Europa, Südamerika sowie den USA in Religionsfragen näher beschrieben werden, nur so viel für Europa: „Tatsächlich haben die Kirchen Westeuropas die Hauptprämissen der Säkularisierungstheorie verinnerlicht und als unvermeidlich, ja als Zeichen der Zeit akzeptiert" (Gabriel/Reuter 2004, S. 283 f.). In Osteuropa spiele hingegen von „[...] Polen bis zur Ukraine, von Ostdeutschland bis zur Tschechoslowakei [...] Religion bei der Entstehung sozialer Bewegungen, die für Menschen- und Bürgerrechte und die Wiedererrichtung selbstbestimmter Zivilgesellschaften kämpften, eine wichtige Rolle" (Gabriel/Reuter 2004, S. 284 f.).

Als Resümee aus den Untersuchungen zur Säkularisierungsthese kann festgehalten werden: Es gibt keinen universalen Säkularisierungsprozess. Die Annahme, dass mit fortschreitender Modernisierung der Gesellschaft eine Privatisierung von Religion einhergehe, wurde durch gesellschaftspolitische Entwicklungen der Gegenwart, nicht zuletzt durch das verstärkte Auftreten religiöser Fundamentalismen, als brüchig entlarvt. So brüchig, dass zuletzt ihr prominentester Verfechter, Peter L. Berger, zugeben musste: Die Säkularisierungsthese ist falsifiziert worden (Berger 2008, S. 23 ff.). Unter dem Eindruck der „Rückkehr der Religion" steht aber nicht nur die Säkularisierungsthese zur Diskussion, sondern auch die Art und Weise, wie Religion in den säkularen gesellschaftspolitischen Zusammenhang „zurückkehrt".

„Der Begriff ‚De-Säkularisierung' legt nämlich nahe, dass es sich hier weitgehend um einen Rückfall in vormoderne Formen der Weltdeutung handelt. Der Mensch der laut Kant mit der Aufklärung aus seiner selbstverschuldeten Unmündigkeit aufgebrochen ist, fällt gleichsam in einen voraufklärerischen Zustand zurück. Eine solche Sichtweise blendet aber aus, dass Religionen und Religiosität unter Bedingungen der Moderne nicht einfach nur ‚zurückkehren'. Religion erhält vielmehr neue Relevanz in einem Kontext, in dem sie nicht bzw. nicht mehr ein von vornherein gegebener und unmittelbarer Bestandteil des individuellen und gesellschaftlichen Lebens ist" (Stöckl 2009, S. 115 f.).

Natürlich gibt es auch Kritik an Casanovas Thesen. So wird ihm vorgehalten, implizite Rückgriffe auf das US-zentrische Marktmodell und einen zu starken Fokus auf das Kirche-Staat-Verhältnis als Erklärungsfaktor für die Stellung von Religion zu legen. Zudem habe er die Schwelle zwischen privater und öffentlicher Sphäre möglicherweise zu scharf gezogen.

Einig sind sich die Kritiker aber in der Frage, wie die Nutzbarkeit der Ergebnisse für den Protestantismus und den Islam einzuschätzen sei: nämlich bislang gar nicht. Denn Untersuchungen, inwieweit Säkularisierung speziell im Islam manifestiert hat, gar differenziert nach islamisch geprägten Ländern und dem gelebten Islam in Westeuropa, liegen bislang nicht vor.

Es ist also, in welchen Ausprägungen auch immer, ein Faktum unserer Zeit, dass Religion neue Relevanz in Kontexten erhält, die in Westeuropa und damit auch in Deutschland mit den Begriffen Migration, Vielfalt der Religionen sowie Identitätsbildung in der Diaspora beschrieben werden. Damit verbunden muss kein Rückfall in vormoderne Formen der Weltdeutung einhergehen, wohl aber die Bereitschaft, sich gegen Konkurrenten – also wohl doch in Form eines Marktmodells, nämlich gegebenenfalls mit allen finanziellen, personellen und strategischen Mitteln – durchzusetzen. Und die Ansprüche, die einige Religionen aktuell erheben, überschreiten den spirituellen Raum hin zu politischer, ja verfassungs-rechtlicher Einflussnahme, wie Programmatiken von Fundamentalisten zeigen. Dagegen scheint die rapide wachsende Zahl von Menschen zu stehen, die sich nicht mehr ein Leben lang an eine Religionsgemeinschaft binden wollen. Dies mag ein Anzeichen dafür sein, dass es immer weniger nicht-religiose Gründe dafür gibt, religiös zu sein – mithin der gesellschaftliche Ausdifferenzierungs-prozess voranschreitet.

Religion und Gewalt

Von gewachsener Toleranz im Verlaufe der Menschheitsgeschichte kann nur mit Einschränkungen die Rede sein. Wie schnell der Firnis auch heute trotz Kultur, Zivilisation und Humanismus dahinschmilzt, um Konfliktbereitschaft, Verrohung und aggressivem Opferkult zu weichen, selbst unter Kindern, erzählte Nobel-preisträger William Golding bereits 1954 meisterhaft in seinem Roman „Herr der Fliegen".

Das haben die Vereinten Nationen möglicherweise ähnlich gesehen, als sie erstmalig 1986 ein Mandat eines UN-Sonderberichterstatters über Religions- und Weltanschauungsfreiheit einrichteten. Der Erlanger Theologe, Philosoph und His-toriker Heiner Bielefeldt übernahm das Mandat im August 2010. Anlass seines Berichts über Religions- und Weltanschauungsfreiheit vom 29. Dezember 2014 ist die Zunahme von Gewalt im Namen der Religion und der oft vereinfachende Umgang bezüglich der Ursachen (vgl. UN-Report A/HRC/28/66 2014). Der Bericht stellt fest, Gewalt im Namen der Religion habe viele Erscheinungsformen und viele Gründe. Benannt werden beispielhaft Gewaltexzesse des „Islamischen Staates" in Syrien und im Irak, Gewalt gegen sexuelle Minderheiten in afrika-nischen Staaten, Gewalt gegen kritische Journalistinnen und Journalisten sowie Islamophobie in Westeuropa. Die Liste ließe sich beliebig verlängern etwa um weltweit bedrängte und verfolgte Christen, dem sog. *Šari'a*-Konflikt zwischen Christen und Muslimen in Nigeria, der religiösen Gemengelage zwischen Mus-limen, Christen und Buddhisten in Myanmar, der gegenseitigen Übergriffe von Juden und Muslimen im Nahen Osten und nicht zuletzt der Gewalt weiterer *sala-fistischer* Gruppierungen gegen *Kuffar,* „Ungläubige" wie Christen, Jesiden, Ale-viten und Muslime, die besonders häufig Opfer sind. Und religiöse Hasslawinen, einmal losgetreten, sind unberechenbar, vor allem aber sieht „kein Lawinenstein seine Verantwortung ein" (Jerzy Lec). Oft werde allerdings, so der UN-Bericht, der Eindruck vermittelt, Religion sei der einzige Grund für Gewalt. Soziale, wirtschaftliche oder politische Ursachen würden dabei jedoch übersehen.

Bei der Zuordnung eines Konflikts als Religionskonflikt kommt es entscheidend auf die Klärung des Religionsbegriffs an (vgl. Luhmann 2003). Dabei erscheint es unverzichtbar, zwischen Religion und der Zugehörigkeit zu einer Religionsgemeinschaft zu unterscheiden. Denn viele aktuelle lokale, regionale oder umspannende Konflikte machen ja immer wieder offenkundig, dass es möglich ist, formal zwar einer Religionsgemeinschaft anzugehören, sich in seinen persönlichen Überzeugungen und Auslegungen aber weit von dieser entfernt zu haben. Beispiele dafür liefern die bereits zitierten salafistisch-terroristischen Aktionen der *Hizb al-Tahrir,* des *IS,* der *Boko haram,* der *Al-Nusra-Front* und der *Al-Shabaab.*

Gewalt im Namen der Religion, so führt der UN-Bericht weiter aus, habe häufig massive Menschenrechtsverletzungen zur Folge. Sie richte sich gegen Menschen wie gegen Gemeinschaften. Sie existiere in Form von Gewalt gegen Individuen, Gewaltausbrüchen in Gemeinden, innerhalb oder zwischen religiösen Gruppen, in Form von terroristischen Attentaten sowie als diskriminierende Politik und staatliche Unterdrückung. Gewalt im Namen der Religion sei eine Reaktion auf aktuelle, menschengemachte Umstände und kein unabwendbares Naturphänomen, sie sei auch nicht historisch in einer Religion angelegt.

Dem widerspricht Michael Schmidt-Salomon, Philosoph und religions- und kulturkritischer Publizist. Er sieht den „wahren Kern" der Religionen nicht im „Humanum", sondern in der konfliktträchtigen Differenzierung zwischen Ingroup- und Outgroup-Mitgliedern (vgl. Schmidt-Salomon 2010). Während die humanistische Ethik notwendigerweise auf alle Menschen die gleichen Prinzipien anwende, um auf diese Weise Diskriminierungen aufgrund von Hautfarbe, Geschlecht, Nationalität, Bildung, sozialer Herkunft, sexueller Präferenz, Religionszugehörigkeit etc. aufzuheben, seien die Religionen geradezu darauf ausgerichtet, weltanschauliche Diskriminierungen und damit Verstöße gegen die Grundwerte vorzunehmen.

Christen ziehen die Bibel heran, um Gewalt gegen sexuelle Minderheiten zu begründen oder um fragwürdige militärische Feldzüge zu rechtfertigen. Muslime rotten Gemeinschaften aus, weil sie meinen, sie würden im Sinne des Koran handeln. Und Juden berufen sich auf ihre religiösen Quellen, wenn sie koloniale Unterdrückung von Bevölkerungsgruppen, Vertreibungen, Enteignungen und Entrechtungen vor sich und der Welt zu legitimieren versuchen.

Baudler erkennt in diesem religiös begründeten Verhalten die „Vergöttlichung durch Aneignung des Raubtierstatus" sowie das „(Sich-)Einverleiben des Göttlichen", das sich in eine „archaische Gewaltvergöttlichung" niedergeschlagen habe (Baudler 2005), deren wesentliche Quelle in einer humanistisch-ethischen Suche nach einer gerechteren Gesellschaft nach Maßgabe einer transzendenten Vision sei.

Dieser Weg führt im religiösen Fundamentalismus zu Ab- und Ausgrenzung sowie zu Gewalt im Namen von Religionen. Alle zur „Identitätskonstruktion verwendeten Glaubensinhalte", insbesondere von Judentum, Christentum und Islam, haben im Laufe der Zeit unterschiedliche fundamentalistische Bewegungen hervorgerufen (Schäfer 2008). Diese zeichnen sich dadurch aus, dass sie ihr Leben (und die ganze Gesellschaft) ausschließlich an ihren eigenen religiösen Überzeugungen ausrichten wollen. Privates und öffentliches Leben soll demnach diesen Glaubensinhalten unterworfen werden. Ein apodiktisches Textverständnis, ein „Schließen etwaiger Lücken" durch die Tradition sowie ein auf esoterischen/ nicht-wissenschaftlichen Überzeugungen basierter Glaube sind Merkmale von Fundamentalismus. Religiöse Fundamentalisten empfänden die gegebene Welt als „verderbte Gegenwelt" zur wahren, gottgewollten Ordnung, die sie mit allen Mitteln verwirklichen wollten. Sie deuteten terroristische Zerstörung als einen Akt „gottgewollten Neuschaffens" (Graf 2014).

Religiöser Fundamentalismus ist wirkungsgeschichtlich eine Entwicklung der Neuzeit, die vielfältige Ursachen hat (vgl. Tepe 2017), und damit auch den Blick öffnet für Ursachen, die über das Religiöse hinausgehen. Dazu gehören die soziale und ökonomische Verelendung ganzer Bevölkerungsschichten und enttäuschte Aufstiegserwartungen bei Eliten, der Wegfall gesellschaftlicher und politischer Orientierungen, eine sich rasch vollziehende Globalisierung, die kulturelle Werte und Traditionen infrage stellt und nicht zuletzt fehlende politische Mitsprachemöglichkeiten. Religiöser Fundamentalismus ist aber eben nicht nur ein Phänomen von Entwicklungsländern, wie die angeführten Beispiele zeigen.

Die drei monotheistischen Religionen verkörpern auf der einen Seite eine Friedensbotschaft, ihnen wird ein mehr oder weniger großes Friedenspotenzial nachgesagt. Gleichwohl wird religiöser Fundamentalismus auch aus religiösen Quellen der drei monotheistischen Religionen gespeist, was einen kurzen Blick darauf rechtfertigt.

Die monotheistische Wende

„Am Anfang unserer Gotteserfahrung steht nicht nur das Wort; am Anfang wütet auch die Gewalt. Und der Prophet Mose ist der Täter – vorsätzlich und berechnend. Als er eines Tages seine Brüder bei der Fronarbeit besucht, sieht er, wie ein ägyptischer Vorarbeiter einen Hebräer, also einen Stammesbruder, schlägt. Und Mose handelt prompt, wie es im zweiten Buch der Bibel steht: Er, sah sich nach allen Seiten um, und als er sah, dass sonst niemand da war, erschlug er den Ägypter und verscharrte ihn im Sand" (Schröder 2015).

Später folgte ein wahrer Gewaltexzess, in dessen Verlauf 3000 Angehörige des eigenen Volkes an einem Tag unter dem Schwert ihrer Landsleute ihr Leben verloren (vgl. Buch Exodus, Kap. 32). Was im Alten Testament und im Tanach von Gott gesagt wird, klingt grauenhaft: Dort „rottet" Gott aus, er „vernichtet", „schlägt", „zerschmettert", „reißt nieder", „tötet", „schlachtet", „zerreißt", „durchbohrt", „verschlingt" und „frisst". Und der Koran, in den viele Texte aus dem Alten Testament eingegangen sind, verbindet damit Judentum, Christentum und Islam, es ist ihre gemeinsame Wurzel.

Kein Tag vergeht, an dem nicht im Namen einer Religion Leid angerichtet wird. Und immer wieder sind es die drei abrahamischen Religionen Judentum, Christentum und Islam, von denen die Rede ist. Das rechtfertigt die Frage, ob diese Religionen selbst einen Keim zur Gewaltanwendung in sich tragen. Es scheint in der Wissenschaft unstrittig, dass Gewalt dem Monotheismus inhärent ist. Dies ergebe sich aus dem Wunsch des Menschen, die Herrschaft eines Gottes anzuerkennen, dessen Macht auch mit politischen und militärischen Mitteln durchgesetzt werde, so der Theologe Wolf Krötke.

Zunächst einmal formulieren die „Heiligen Bücher" der drei großen monotheistischen Religionen normative Gebäude, Richtlinien, Dogmen, Lebens- und Heilslehren, um ihren Anhängern Wege für ein gottgefälliges Leben aufzuzeigen, ihnen eine Richtschnur für einen religiös geprägten Alltag zu geben, das Glaubens gut zu hüten, alle Menschen zum Suchen und Aufnehmen der jeweiligen Botschaft anzuleiten und allen Suchenden zugänglich zu machen. Damit einher geht bei jeder monotheistischen Religion ein Alleinstellungsmerkmal, das nicht zwischen dem Einen und den vielen Göttern unterscheidet, sondern zwischen „wahr" und „falsch", zwischen Glaube und Unglaube, der wahren Lehre und den Irrlehren, zwischen Wissen und Unwissenheit.

Dieses Merkmal, das der Heidelberger Ägyptologe Jan Assmann die „Mosaische Unterscheidung" nennt, hebt primäre von sekundären Religionen ab (Assmann von Sundermeier 1987, S. 411 ff.). Er bezeichnet diesen Prozess als „monotheistische Wende". Irgendwann im Laufe des Altertums – die Datierungen schwanken zwischen der späten Bronzezeit und der Spätantike – ereignete sich diese Wende, die er als entscheidender als alle politischen Veränderungen der Welt ansieht: die Wende von den „polytheistischen" zu den „monotheistischen" Religionen, von Kultur- zu Buchreligionen, von kulturspezifischen Religionen zu Weltreligionen, also von „primären" zu „sekundären" Religionen (Assmann 2003, S. 11).

Die sekundären Religionen haben zugleich mit der Wahrheit, die sie verkünden, auch ein Gegenüber, das sie bekämpfen. Mit ihr werden antagonistische Energien freigesetzt gegen eigene Glaubensanhänger, die von der „reinen" Lehre abweichen, gegen „Häretiker", „Heiden", „Götzendiener" und vor allem gegen „Ungläubige".

„Sekundäre Religionen müssen intolerant sein, das heißt sie müssen einen klaren Begriff von dem haben, was sie als mit ihren Wahrheiten unvereinbar empfinden, wenn anders diese Wahrheiten jene lebensgestaltende Autorität, Normativität und Verbindlichkeit haben sollen, die sie beanspruchen. Diese kritische und umgestaltende Gewalt speist sich aus ihrer negativen Energie, das heißt ihrer Kraft der Verneinung und der Ausgrenzung" (Assmann 2003, S. 26).

Damit wird nicht behauptet, die primären Religionen seien frei von Hass und Gewalt. Ebenso wenig ließe sich aber bestreiten, dass mit dem Monotheismus im wahren Sinne des Wortes die Stunde der Glaubenswahrheit Einzug gehalten habe, mit der sie eine neue Form von Hass in die Welt gebracht hätten: den Hass auf Heiden, Ketzer, Götzendiener und ihre Tempel, Riten und Götter. „Die Wende von der primären zur sekundären Religion spielt sich in der Bibel selbst ab" (Assmann 2003, S. 19) und ist eng mit der Figur Moses verbunden, weil er die Unterscheidung zwischen wahr und falsch in der Religion repräsentiert. In dem Bund kamen jene Gebote zum blutigen Vollzug, die Gott selbst Moses anvertraut hatte: „Du sollst neben mir keine anderen Götter haben", „Du sollst dich nicht vor anderen Göttern niederwerfen und dich nicht verpflichten, ihnen zu dienen." Schließlich bezeugt der Dekalog, dass Gott, der auf Einzigartigkeit und Unverwechselbarkeit besteht, „ein eifersüchtiger Gott" ist und darum jene, die ihm feind sind, bis zur vierten Generation verfolgen werde.

Den Ursprung für die Gewaltbereitschaft sieht der Theologe Friedrich Wilhelm Graf in der Fixierung von Religion auf Macht, Ordnung und Struktur: „Glaube an Gott kann den Menschen enthemmen, brutalisieren, mit Ekel und Hass erfüllen" (Graf, ebd.). Assmanns Ausführungen, dass offenbar auf dem Bund zwischen Moses und dem einen Gott, auf der dreitausend Jahre alten Grundlogik aller monotheistischen Religionen, kein Segen ruht, haben zu heftigen, nicht nur theologischen, Reaktionen geführt. So wurde politisch der Antimonotheismus etwa von der politischen Rechten instrumentalisiert, die behauptet, genealogisch betrachtet seien die Juden für den Antisemitismus des 20. Jahrhunderts selbst verantwortlich. Ohne auf diese perfiden und abstrusen Vorhaltungen näher einzugehen, lohnt es sich, die Gewaltmuster in den drei großen monotheistischen Religionen näher zu betrachten. Denn Kriege, denen Heiligkeit zugeschrieben wurden, haben eine endlose Geschichte. Bis zur Gegenwart dauern sie an (vgl. Schreiner 2008).

a) Kriegstheorien im Kontext der jüdischen Religion
Die jüdische Religion kennt den Begriff des „Milḥemet Qodesch", des heiligen Krieges, der ebenso wie der „Qiddusch haSchem", der Märtyrertod, den mit der monotheistischen Glaubensvorstellung in Zusammenhang stehenden Begriff der Heiligkeit enthält (Abb. 2).

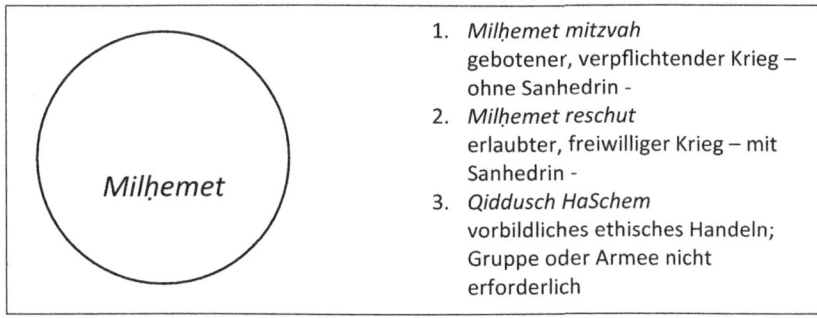

1. *Milḥemet mitzvah*
   gebotener, verpflichtender Krieg –
   ohne Sanhedrin -
2. *Milḥemet reschut*
   erlaubter, freiwilliger Krieg – mit
   Sanhedrin -
3. *Qiddusch HaSchem*
   vorbildliches ethisches Handeln;
   Gruppe oder Armee nicht
   erforderlich

Abb. 2 Milḥemet. (Eigene Darstellung)

Jüdische Schriftgelehrte unterscheiden zudem die Begriffe „Milḥemet mitzvah" und „Milḥḥemet reschut". Mit Milḥemet mitzvah werden Kriege in den Zeiten des Tanach bezeichnet, die ein Herrscher eines Königreichs in Israel führte, auf dieser Basis und legitimiert durch die Tora und ohne Genehmigung des Hohen Rates, des Sanhedrin. Er verstand sich als verpflichtender Verteidigungskrieg. Als Milḥemet reschut hingegen wurde freiwilliger Krieg verstanden. Alle die genannten Begriffe beziehen sich wesentlich auf die biblische Zeit und die Zeit des zweiten Tempels. Zudem äußern sich die verschiedenen jüdischen Denominationen sehr unterschiedlich zu Kriegsfragen. Höchstens ultraorthodoxe Juden würden auf diese alten Begriffe zurückgreifen.

Dafür mögen als aktuelles Beispiel die Landnahmen durch Israel dienen: Seit den 1970er Jahren treten religiöse Zionisten auf, die die Besetzung von Gebieten Palästinas, die einst zum biblischen Land gehört hatten, heilsgeschichtlich deuten: als Etappe im messianischen Prozess der Rückkehr Israels ins verheißene Land. Dabei haben sie die Berichte über die kriegerische Landnahme unter Leitung Josuas vor Augen (Dtn 32, 8). Und der jüdische Attentäter Amir, der 1995 den damaligen israelischen Ministerpräsidenten Jitzchak Rabin ermordete, rechtfertigte seine Tat mit dem Begriff „Din Rodef" (hebräisch für „Urteil gegen einen Verfolger"). Dabei bezog er sich auf eine Passage aus dem Religionskodex „Mischnei Tora" von Maimonides aus dem 12. Jahrhundert. Darin wird ohne Gerichtsverfahren die Tötung eines „Verfolgers" erlaubt, der andere Menschen in Lebensgefahr bringt. Rabin, so Amir, habe das jüdische Volk in Gefahr gebracht, weil er Siedlungen aufgeben wollte, und deswegen den Tod verdient. Allerdings sind Konzepte wie dieses sowie des „Qiddusch ha-Shem" umstritten, wie die kontroverse und umfangreiche Literatur dazu belegt.

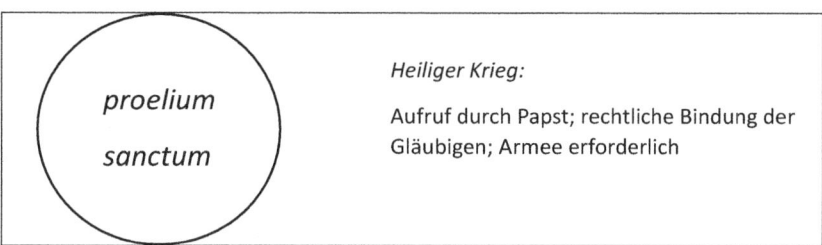

Heiliger Krieg:

Aufruf durch Papst; rechtliche Bindung der Gläubigen; Armee erforderlich

Abb. 3 Der „Heilige Krieg". (Eigene Darstellung)

b) Kriegstheorien im Kontext der christlichen Religionen

Mit dem Begriff „proelium sanctum" werden die Kreuzzüge des Mittelalters belegt, also ein „Heiliger Krieg", zu dem der Papst rechtlich bindend aufgerufen hatte. Nach gängiger Geschichtsdarstellung war es Papst Urban II., der 1095 dazu aufrief, die heiligen Stätten mit Waffengewalt zu erobern. „Kreuzfahrt als bewaffnete Pilgerschaft wurde damit zum gottgefälligen Werk […]" (Gemein 2011, S. 202; Abb. 3).

Nach den Erfahrungen moderner Kriegsführung schien es immer weniger möglich, Zugang zum Verständnis des Heiligen Krieges zu finden; gleichwohl findet er bis in unsere Zeit hinein statt. So reichte die politische Instrumentalisierung der Kreuzzugsidee über das 19. bis weit in das 20. Jahrhundert hinein, etwa, als Kreuzzugsmotivik in Berichten über den Dardanellenkrieg (1915), im Spanischen Bürgerkrieg (1936–1939) oder in der Bezeichnung des Überfalls der Wehrmacht auf die Sowjetunion (ab 1941) als „Unternehmen Barbarossa" verwendet wurde. Schließlich hat George W. Bush mitten im Präsidentenwahlkampf 2000 auf die Frage, wer seiner Meinung nach der größte Philosoph der Welt sei, mit „Jesus Christus" geantwortet. Glaubt man der BBC, dann soll Bush seine göttlichen Eingebungen im Juni 2003 bei einem Treffen mit den Palästinenserführern Nabil Shaath und Mahmoud Abbas offenbart haben: „Gott hat mir aufgetragen, George geh' los und bekämpfe die Terroristen in Afghanistan und ich habe es getan" (sic!), zitiert Saath den US-Präsidenten, und „dann hat Gott mir aufgetragen, George geh' los und beende die Tyrannei im Irak und ich habe es getan" (sic!) (Gruber 2005; Abb. 4).

Die Lehre vom gerechten Krieg (lat. bellum iustum) hat römische Wurzeln und geht auf Cicero zurück, wurde später aber von Augustinus und Thomas von Aquin wirkungsmächtig weiterentwickelt und damit in den christlich-abendländischen Wertekanon aufgenommen. Sie wurde in der spätscholastischen Theologie verfeinert, ist in die völkerrechtliche Diskussion eingegangen und ist die bis heute maßgebliche ethische Theorie, die Prinzipien für die normative Beurteilung zwischenstaatlicher Gewaltanwendung enthält. Die Tradition des bellum iustum

Abb. 4 *Bellum iustum.* (Eigene Darstellung)

unterscheidet zwischen den Kriterien des Rechts zum Kriegseintritt, ob es also gerechtfertigt ist, einen Krieg zu beginnen und den Kriterien der Gerechtigkeit im Krieg, wie und mit welchen Mitteln in einem gerechten Krieg gekämpft werden muss. Dabei ist ein zentrales Prüfkriterium das der Verhältnismäßigkeit der Mittel.

Als bellum iustum können Kriege in Geschichte und Gegenwart angeführt werden, nicht zuletzt der völkerrechtswidrige Krieg auf Befehl des amerikanischen Präsidenten der USA und ihrer Verbündeten im Irak ab 2003 (auch Zweiter Irakkrieg oder Dritter Golfkrieg), der als Präventivkrieg zur Beseitigung von Massenvernichtungsmitteln, Krieg gegen islamistischen Terror und zur Durchsetzung „westlicher Werte" gegen „die Achse des Bösen" legitimiert wurde: „Unsere Sache ist gerecht, und wir werden uns weiter für sie einsetzen [...]. Diese Zeit der Unbilden bietet einen einzigartigen Augenblick der Chance – einen Augenblick, den wir ergreifen müssen, um unsere Kultur zu verändern. Ich weiß, dass wir durch die gesamte Dynamik von Millionen von Akten des Dienstes, der Würde und der Freundlichkeit das Böse mit einem größeren Guten überwinden können. Und in dieser Zeit des Krieges haben wir eine große Chance, die Welt zu den Werten zu führen, die dauerhaften Frieden mit sich bringen werden."[1]

c) Kriegstheorien im Kontext des Islam
Ausführungen über den Dschihad (auch Ĝihâd, Dschihād, Djihad oder Jihad) füllen ganze Bibliothekswände. Darin wird unter anderem klargestellt, dass Dschihad

---

[1]Vgl. zur Begründung des Feldzugs gegen die „Achse des Bösen" den Ersten Bericht zur Lage der Nation vom damaligen US-Präsidenten George W. Bush vom 29. Januar 2002, online abrufbar unter: http://www.ag-friedensforschung.de/regionen/USA/bush-rede.html (zul. abg.: 10.04.2019).

Abb. 5 Kleiner Dschihad.
(Eigene Darstellung)

„kleiner ǧihād"

Anstrengung:
Strategisches Ziel:
„Haus des Islam";
individuelle Entscheidung;
Gruppe oder Armee
nicht erforderlich

nicht mit „Heiliger Krieg" übersetzt werden kann, sondern mit „Anstrengung", „Bemühen", „Einsatz", auch „Kampf". Er ist fester Bestandteil des islamischen Rechts, des *fiqh* (Abb. 5).

Islamische Rechtsgelehrte unterscheiden vier *Ǧihâd*-Theorien: 1) Der *Ǧihâd* des Herzens („großer *Ĝihâd*") ist die Anstrengung jedes einzelnen Muslim, sich anzustrengen, ein besserer Mensch zu werden und auf dem Weg, ein rechtgeleitetes Leben zu führen, möglichst viele andere Menschen mitzunehmen. 2) der *Ǧihâd* der Zunge zielt darauf, die Lehren von Koran und Sunna durch *da'wa* zu verbreiten, den „Ruf zum Islam" bzw. den „Ruf zu Gott" durch missionarische Aktivitäten zu unterstützen. 3) der *Ǧihâd* der Hände zielt darauf, Allah durch Menschenwerke zu preisen. Als Beispiele können sowohl The Museum of Islamic Art in Doha und aktives Engagement, etwa im Bildungsbereich, genannt werden. 4) Der *Ǧihâd* des Schwertes wird als „kleiner *Ĝihâd*" bezeichnet. Er verlässt die friedliche Mission und meint kriegerische, gewaltsame, heute auch terroristische Auseinandersetzungen. Dieses Verständnis geht auf die medinensische Ära zurück, in der der Prophet mit seinen Anhängern zahlreiche kriegerische Konflikte mit den Juden Medinas und arabischen Stämmen geführt hat. Die Auswahl von drei Suren in der Übersetzung von Rudi Paret soll dies belegen:

Sure 2, Vers 190: „Und kämpft um Allahs willen gegen diejenigen, die gegen euch kämpfen! Aber begeht keine Übertretung (indem ihr den Kampf auf unrechtmäßige Weise führt)! Allah liebt die nicht, die Übertretungen begehen."[2]

---

[2]Koranzitate beziehen sich auf die Übersetzung von Rudi Paret.

Sure 2, Vers 191: „Und tötet sie, wo (immer) ihr sie zu fassen bekommt, und vertreibt sie, von wo sie euch vertrieben haben! Der Versuch (Gläubige zum Abfall vom Islam) zu verführen ist schlimmer als Töten. Jedoch kämpft nicht bei der heiligen Kultstätte (von Mekka) gegen sie, solange sie nicht (ihrerseits) dort gegen euch kämpfen! Aber wenn sie (dort) gegen euch kämpfen dann tötet sie! Derart ist der Lohn der Ungläubigen."

Heutige Islamisten und Neo-*Salafisten* verstehen den *Ǧihâd* als sechste Säule des Islam, mithin als Verpflichtung, den Islam im Zweifel auch herbeizubomben und zu morden. Dabei berufen sie sich auf Sure 49:15:

„Die (wahren) Gläubigen sind diejenigen, die an Allah und seinen Gesandten glauben und hierauf nicht (wieder unsicher werden und) Zweifel hegen, und die mit ihrem Vermögen und in eigener Person um Allahs willen Krieg führen. Sie sind es, die es ehrlich meinen."

Auch die Überlieferung hebt den *Ǧihâd* lobend hervor, wenn *Bukhari* in V4 B52 N196, bezeugt: „Allahs Prophet sagte: ‚Mir wurde geboten, die Menschen zu bekämpfen bis sie sagen: ‚Es gibt keinen Gott außer Allah.'" Obwohl islamistischer Terror eine religiöse Dimension habe, stelle es dennoch eine Verkürzung dar, terroristische Gewalt vorschnell mit dem Islam zu verknüpfen, betont Olivier Roy, Soziologe am Robert Schuman Zentrum des Europäischen Hochschulinstituts in Florenz, in einem ZEIT-Interview am 26.03.2016: „Selbst in ihrem Bruch mit der Gesellschaft bleiben die europäischen Dschihadisten einem sehr westlichen Modell verbunden. Es ist nihilistisch, was überhaupt nicht der islamischen Tradition entspricht. Sie entwickeln eine Faszination für die Ästhetik der Gewalt, die sie aus Filmen und Videos kennen. Darin ähneln sie mehr den Amokläufern an der Columbine Highschool oder dem Massenmörder Anders Behring Breivik." Vielmehr sieht er in dem hohen Anteil von Konvertiten unter den *Ǧihâdisten* deren Beweggründe in einer Uminterpretation des Nihilismus in die Verheißung des Paradieses (vgl. Roy in FAZ 2016).

Ausblick

Religionen gehen von einer äußeren oder den Dingen innewohnenden Wirkkraft aus. Aus den Gewissheiten des Glaubens und seiner rituellen oder dogmatischen Bekräftigung folgen Welterklärung, sinnhafte Orientierung und normative Verhaltensregeln. Jeder Religion geht es um die Bestärkung des Glaubens, um

Lebens- und Existenzerfüllung im Glauben, es geht um Konsistenz der Glaubens-sätze, um die Erhaltung geoffenbarter Wahrheiten, um die stete Präsenz des Unbeobachtbaren in der beobachtbaren Welt (vgl. Luhmann 2003, S. 29).

Es ist deshalb nicht zwingend, darauf zu vertrauen, dass aktuelle Religions-funktionäre oder Würdenträger einer der drei großen monotheistischen Reli-gionen für alle Zeit auf die Proklamation von Gewalt im Namen der Religion verzichten. Dennoch gibt es positive Signale. So benannte etwa der orthodoxe (!) Rabbiner Eugene B. Korn im Oktober 2013 in Madrid anlässlich des 22. Tref-fens des Internationalen katholisch-jüdischen Verbindungskomitees eine Reihe von kritischen Herausforderungen, von denen die Religionen betroffen seien Sie sähen sich durch religiöse Irrationalitäten bedroht, die sich in Form von Extremismus, Fundamentalismus, Intoleranz und Gewalt Ausdruck verschafften. Gegenüber einem zunehmend militanten Säkularismus sowie in Anbetracht einer wachsenden eigenen moralischen Schwäche innerhalb der jüdischen und christ-lichen Welt mahnte Korn zu einer verstärkten Betonung der Sinnhaftigkeit des Lebens und einer aktiven Wahrnehmung von Verantwortung gegenüber dem Leben.[3]

Das Christentum wiederum hat sich 1965 in der Erklärung „Dignitatis huma-nae" zu einer Kultur der Versöhnung bekannt. Kurz vor Schluss des Zweiten Vatikanischen Konzils verabschiedeten die Bischöfe das folgenreiche Dokument und erklärten, „dass alle Menschen frei sein müssen von jedem Zwang [...] wie jeglicher menschlicher Gewalt, sodass in religiösen Dingen niemand gezwungen wird, gegen sein Gewissen zu handeln" (2.Vatikanisches Konzil). Auch im Koran gibt es neben den gewalttätigen und nur historisch zu verstehenden Versen Suren, die sich klar dagegen positionieren. Die bekannteste ist Sure 5:32: „Aus diesem Grund haben wir den Kindern Israel vorgeschrieben, dass, wenn einer jemanden tötet, (und zwar) nicht (etwa zur Rache) für jemand (anderes, der von diesem getötet worden ist) oder (zur Strafe für) Unheil (das er) auf der Erde (angerichtet hat), es so sein soll, als ob er die Menschen alle getötet hätte".

Aus unserer Zeit ist noch die Wiener Erklärung „Vereint gegen Gewalt im Namen der Religion" vom 19. November 2014 zu nennen, in der es heißt:

---

[3]Vgl. Rabbiner Korn, E. (2014): Aktuelle ethnische und religiöse Herausforderungen der Religion. Online-Extra Nr. 213. Online abrufbar unter: https://www.compass-in-fodienst.de/Rabbiner-Eugene-Korn-Aktuelle-ethische-und-religioese-Herausforderun-gen-der-Rel.13514.0.html (zul. abg.: 10.04.2019).

„Als geistliche und gesellschaftliche Würdenträger aus arabischen Staaten und
dem Rest der Welt versammeln wir uns heute unter der Schirmherrschaft des
Internationalen König Abdullah Bin Abdulaziz Zentrums für Interreligiösen und
Interkulturellen Dialog (King Abdullah Bin Abdulaziz International Centre for
Interreligious and Intercultural Dialogue – KAICIID). Gemeinsam wollen wir uns
auf Programme und Initiativen einigen, die zur Stärkung eines einheitlichen Vor-
gehens gegen Gewalt im Namen der Religion beitragen und die religiöse wie auch
kulturelle Vielfalt im Irak und in Syrien festigen" (Wiener Erklärung: Vereint gegen
Gewalt im Namen der Religion, S. 1).

Die jüngsten Flüchtlingsströme aus dem Nahen Osten, Nordafrika, Afghanistan und dem Balkan können auch religiöse Gewalt in Europa verstärkt befeuern,
nicht nur die der drei großen monotheistischen Religionen. Denn diese besitzen
nicht das Gewaltmonopol, wie Krieg und Gewalt im Namen des Buddhismus,
Hinduismus, von Voodoo unter anderem zeigen, denn auch anderen Religionen
sind Lehren, die Gewalt und Krieg als Pflicht ansehen, nicht fremd.

Deshalb ist es mehr denn je erforderlich, „Gewalt im Namen der Religion […]
von staatlichen Institutionen, den Religionsgemeinschaften, den Gläubigen selbst,
den Medien sowie der Zivilgesellschaft gemeinsam" zu verhindern.

„Der Staat muss dazu beitragen, für präventive Programme und Mechanismen die
erforderlichen finanziellen und gesetzlichen Rahmenbedingungen zu schaffen.
Religionsgemeinschaften, interreligiöse Initiativen, zivilgesellschaftliche Organisa-
tionen, Menschenrechtsverteidigerinnen und die Medien können so ihr spezifisches
Potential am besten zur Geltung bringen […]. Ebenso ist eine umfassende präventive
Zusammenarbeit erforderlich, um den Anreiz, an bewaffneten Konflikten teilzunehmen,
sowie das Gefährdungspotential von (gewalterprobten, Anmerkung des Verfassers)
Rückkehrern […] zu minimieren." (sic!) (vgl. UN-Report A/HRC/28/66 2014).

Erkenntnisaustausche über Koraninterpretationen werden eher nicht dazu führen,
den aktuellen kriegerischen Prozess der Verweltlichung des Islamismus zwischen
rivalisierenden Lagern weltweit zu beeinflussen, und auch vereinzelte Appelle
muslimischer Würdenträger zur Friedfertigkeit laufen Gefahr, eher im Symbol-
haften stecken zu bleiben. Deshalb fallen Eltern, Jugendbildung sowie Schulen
und schulischem Ethik- und Religionsunterricht hier besondere Aufgaben der
Reflexion und Gewissensbildung zu. An diesen und weiteren Orten muss der Diskurs geführt werden, dass Gott oftmals missachtet, verhöhnt und instrumentalisiert wird, indem Menschen in seinem Namen unterjocht, vertrieben und getötet
wurden und noch immer werden. Schließlich ist unverzichtbar, mehr jedenfalls als
bislang geschehen, eine systematische „pluridisziplinäre Auseinandersetzung mit
dem Phänomen der islamistischen Radikalisierung" zu führen (Roy in FAZ 2016).

Literatur

Anschütz, G. (1933): Die Verfassung des Deutschen Reichs vom 11. August 1919. Ein Kommentar für Wissenschaft und Praxis. Berlin.

Assmann, J. (2003): Die Mosaische Unterscheidung oder der Preis des Monotheismus. München und Wien: Hanser Verlag.

Badura, P. (1989): Der Schutz von Religion und Weltanschauung durch das Grundgesetz: Verfassungsfragen zur Existenz und Tätigkeit der neuen „Jugendreligionen". Tübingen: Mohr.

Baudler, G. (2005): Gewalt in den Weltreligionen. Darmstadt: Wissenschaftliche Buchgesellschaft.

Berger, P. L. (2008): Secularization falsified. In: First Things: A Monthly Journal of Religion & Public Life; February 2008. Abrufbar unter: http://www.firstthings.com/article/2008/02/002-secularization-falsified (zuletzt geprüft am 01.03.2017).

Casanova, J./Joas, H. u. a. (2010): Religion und die umstrittene Moderne. Stuttgart: Verlag W. Kohlhammer.

Casanova, J. (1996): Chancen und Gefahren öffentlicher Religionen. Ost- und Westeuropa im Vergleich. In: Kallscheuer, O. [Hrsg.]: Das Europa der Religionen. Ein Kontinent zwischen Säkularisierung und Fundamentalismus. Frankfurt am Main: S. Fischer, S. 181–212.

Chlosta, C./Ostermann, T./Schroeder, C. (2003): Die „Durchschnittsschule" und ihre Sprachen: Ergebnisse des Projekts Spracherhebung Essener Grundschulen (SPREEG). In: Essener Linguistische Texte – elektronisch. 3. Jg. Nr. 1.

Gabriel, K./Reuter, H.-R. (2004): Religion und Gesellschaft. Texte zur Religionssoziologie. Paderborn: Schöningh.

Gemein, G. [Hrsg.] (2011): Kulturkonflikte – Kulturbegegnungen. Juden, Christen und Muslime in Geschichte und Gegenwart. In: Schriftenreihe der Bundeszentrale für politische Bildung. Band 1062. Bonn.

Graf, F. W (2014): Religion und Gewalt. Mord als Gottesdienst. In: Frankfurter Allgemeine Zeitung vom 07.08.2014. Abrufbar unter: http://www.faz.net/aktuell/feuilleton/religi-on-und-gewalt-mord-als-gottesdienst-13084596-p5.html (zuletzt geprüft am 01.03.2017).

Gruber, P. (2005): „Gott spricht durch mich". Bushs göttliche Eingebungen. Abrufbar unter: http://www.focus.de/politik/ausland/gott-spricht-durch-mich_aid_100097.html (zuletzt geprüft am 01.03.2017).

Hero, M./Krech, V./Zander, H. [Hrsg.] (2008): Religiöse Vielfalt in Nordrhein-Westfalen. Empirische Befunde und Perspektiven der Globalisierung vor Ort. Paderborn und München: Schöningh.

Kallscheuer, O. [Hrsg.] (1996): Das Europa der Religionen. Ein Kontinent zwischen Säkularisierung und Fundamentalismus. Frankfurt am Main: Fischer Verlag.

King Abdullah bin Abdulaziz International Centre for Interreligious and Intercultural Dialogue (2014): Wiener Erklärung. Vereint gegen Gewalt im Namen der Religionen. Abrufbar unter: http://religionsunite.org/wp-content/uploads/2014/12/Declaration-in-german.pdf (zuletzt geprüft am 01.03.2017).

Krötke, W. (2004): Tagung zu „Religionen und Gewalt" am 7. Dezember 2004 im Berliner Haus der Friedrich-Ebert-Stiftung. Abrufbar unter: http://christineschirrmacher.info/wp-content/uploads/2012/08/PM_Simone_Scheps.pdf (zuletzt geprüft am 01.03.2017).

Luhmann, N. (2003): Die Religion der Gesellschaft. Frankfurt am Main: Suhrkamp.

Meyer-Hubbert, K. A. (2010): Muslime in der Diaspora. Ein Untergang der religiösen Rituale? In: SIAK-Journal – Zeitschrift für Polizeiwissenschaft und polizeiliche Praxis (2), S. 35–45.

Ministerium für Schule und Weiterbildung NRW (2018): Das Schulwesen in Nordrhein-Westfalen aus quantitativer Sicht 2017/18. Statistische Übersicht Nr. 388. Düsseldorf.

Munsonius, H. (2012): Beziehungen zwischen Kirche und Staat in Deutschland und in der Perspektive der Errichtung eines neuen Europas. In: Göttinger E-Papers zu Religion und Recht (GöPRR). Nr. 3. Göttingen.

Paret, R. (2004): Der Koran. 9. Auflage. Stuttgart: Kohlhammer.

Roy, O. in FAZ-Interview vom 26.03.2016. „Radikalisierung ist keine Folge gescheiterter Integration". Abrufbar unter: http://www.faz.net/aktuell/politik/ausland/islamfor-scher-im-gespraech-radikalisierung-ist-keine-folge-gescheiterter-integration-14145388.html (zuletzt geprüft am 01.03.2017).

Schäfer, H. W. (2008): Kampf der Fundamentalismen. Radikales Christentum, radikaler Islam und Europas Moderne. Frankfurt am Main und Leipzig: Insel Verlag.

Schlee, G. (2006): Wie Feindbilder entstehen. Eine Theorie ethnischer und religiöser Konflikte. München: C. H. Beck.

Schmidt-Salomon, M. (2010): Religion und Gewalt. Warum die Religionen keine „treibende Kraft für eine Kultur des Friedens" sind. Vortrag am 19.10.2010 in Osnabrück.

Schreiner, K. [Hrsg.] (2008): Heilige Kriege. Religiöse Begründungen militärischer Gewaltanwendung: Judentum, Christentum und Islam im Vergleich. München: De Gruyter Oldenbourg.

Schröder, L. (2015): In Gottes Namen. In: Rheinische Post: Serie „Glaube & Gewalt" (1), 17. Januar 2015.

Sundermeier, T. (1987): Artikel Religion, Religionen. In: Müller, K./Sundermeier, T. [Hrsg.]: Lexikon missionstheologischer Begriffe. Berlin: Reimer.

Stöckl, K. (2009): Erlebnis, Tradition, Institution: Die drei Dimensionen der Rückkehr der Religion. In: Guggenberger, W./Regensburger, D./Stöckl, K. [Hrsg.]: Politik, Religion, Markt: Die Rückkehr der Religion als Anfrage an den politisch-philosophischen Diskurs der Moderne. Innsbruck: University Press.

Tepe, P. (2017): Zur Kritik des Fundamentalismus. In: Barz, H./Spenlen, K. [Hrsg.]: Islam und Bildung. Wiesbaden: Springer VS (im Erscheinen).

United Nations (2014): Report of the Special Rapporteur on freedom of religion or belief, Heiner Bielefeldt. Abrufbar unter: http://www.ohchr.org/EN/HRBodies/HRC/RegularSessions/Session28/Documents/A_HRC_28_66_ENG.doc (zuletzt geprüft am 08.08.2017).

Wasmuth, U. C. (1992): Friedensforschung als Konfliktforschung. Zur Notwendigkeit einer Rückbesinnung auf den Konflikt als zentrale Kategorie. AFB-Texte, Nr. 1/1992. Arbeitsstelle Friedensforschung (Bonn 1992).

Dr. Klaus Spenlen Islamforscher und Lehrbeauftragter an der Heinrich-Heine-Universität Düsseldorf.

Debatte über Beschneidungen – Triumph des Vulgärrationalismus

Navid Kermani

Vor kurzem hat der Schriftsteller Martin Mosebach einen Beitrag über eine etwaige Strafbarkeit der Blasphemie publiziert. Dieser ist in der veröffentlichten Meinung auf vollständige Ablehnung gestoßen. Was die Empörung über Martin Mosebach mit dem Verbot der Beschneidung zu tun hat. Mut ist in den öffentlichen Debatten zu einer Kategorie geworden, die das Gegenteil besagt. Wer die Ressentiments ausspricht, die ohnehin von dem meisten gehegt werden, wer gegen Migranten, Hartz-IV-Empfänger, Flüchtlinge, Sinti und Roma, wahlweise den Islam oder den Staat Israel, vormals die Osteuropäer, neuerdings eher die Griechen, und seit jeher gegen das europäische Projekt polemisiert, wer Pauschalurteile scheinbar empirisch mit zurechtfrisierten Statistiken belegt, dem Nationalismus zuarbeitet und ganze Bevölkerungsgruppen zur Bedrohung erklärt, der hat nicht nur beste Aussichten, von den beiden größten Medienkonzernen des Landes vermarktet und, obschon mit zwangskritischem Einschlag, auch vom öffentlich-rechtlichen Rundfunk prominent ins Bild gerückt zu werden – wer all dies tut, dem sind nicht nur hohe Auflagen, überfüllte Lesungen, sprudelnde Tantiemen und die vielen lobenden Zuschriften sicher, die beinah schon rituell den Nörglern entgegenhalten werden, die mit der jeweiligen Sache akademisch befasst sind.

Dieser Text erschien in der Süddeutschen Zeitung vom 02.08.2012. Für die Abdruckgenehmigung danken die Herausgeber Navid Kermani. Online abrufbar unter: https://www.sueddeutsche.de/kultur/debatte-ueber-beschneidungen-triumph-des-vulgaerrati onalismus-1.1397713 (zul. abg.: 10.04.2019).

N. Kermani (✉)
Köln, Deutschland
E-Mail: buero@navidkermani.de

© Springer Fachmedien Wiesbaden GmbH, ein Teil von Springer Nature 2019
H. Barz und K. Spenlen (Hrsg.), *Islam und Bildung*,
https://doi.org/10.1007/978-3-658-26229-7_12

Nein, wer als Sprachrohr der Mehrheit gegen diese oder jene Minderheit hetzt, tut dies stets im Gestus eines Wagnisses. Selbst Thilo Sarrazin, der in aller Offenheit auf völkisches Gedankengut rekurriert, mochte der heutige Bundespräsident bei allem Widerspruch eines nicht absprechen: den Mut. Aber was ist daran mutig, etwas zu schreiben, wofür einem Geld, Ruhm und millionenfache Zustimmung sicher sind?

Am 18. Juni hat der Frankfurter Schriftsteller Martin Mosebach in der Frankfurter Rundschau (für Berlin: in der Berliner Zeitung) einen Beitrag über eine etwaige Strafbarkeit der Blasphemie publiziert, der in der veröffentlichten Meinung auf vollständige Ablehnung gestoßen ist. Viele der Gegenartikel weiteten die Schmähung auf das gesamte Werk Mosebachs aus und bemühten sich unter Herbeizitierung negativer Rezensionen, den Schriftsteller als solchen unmöglich zu machen. Ob Linksintellektuelle wie Ingo Schulze oder Sibylle Berg, ob rechtsstehende Foren wie political incorrect oder achgut- sie alle kritisieren Mosebach nicht nur, sondern sprechen ihm die publizistische Satisfaktionsfähigkeit ab.

Durchweg im Konjunktiv formuliert

Scrollt man dann im Internet die Leserkommentare unter den Artikeln herunter, die den angeblichen Provokateuren der politischen Korrektheit sonst zuverlässig Beistand leisten, steigert sich die Verurteilung Mosebachs rasch zur Beleidigung und zu regelrechten Hasstiraden. Dass aus den Kirchen keine Zustimmung kommt, wenn jemand auf den Schutz religiöser Gefühle abhebt, versteht sich beinah von selbst. Aber selbst die konservativen Verbände der Muslime schweigen, denen der Schriftsteller doch aus dem Herzen gesprochen haben müsste. Hier wäre das Attribut des Muts tatsächlich einmal angebracht: Für die religiös entleerte Öffentlichkeit scheint es kaum Blasphemischeres zu geben, als das Recht auf Blasphemie infrage zu stellen.

Nun fordert Mosebachs Beitrag tatsächlich zum Widerspruch auf. Das Mitgefühl mit empörten Muslimen, „die blasphemischen Künstlern – wenn wir es einmal so nennen wollen – einen gewaltigen Schrecken einjagen", ist schwer erträglich, wenn gleichzeitig in Deutschland ein Rapper nach Mordaufrufen iranischer Ajatollahs um sein Leben fürchtet (siehe SZ vom 29. Juni). Die Vorstellung, dass die Beschränkung ihrer Freiheit der Kunst gerade förderlich sei, mag historisch zu belegen oder genieästhetischer Kitsch sein – daraus den Wunsch nach Unfreiheit abzuleiten, wäre nicht nur politisch fatal, sondern degradierte den ästhetischen Vorgang zu einem masochistischen Akt. Vor allem jedoch gibt es eine Reihe von guten und übrigens auch religiösen Gründen, warum Blasphemie keine

Angelegenheit des Strafgesetzes sein sollte. Die Geschichte des Christentums oder die Gegenwart Irans führen anschaulich vor, dass diejenigen, die andere als Gotteslästerer verurteilen, sehr selten spirituell und sehr häufig politisch motiviert sind.

Aber fordert Mosebach überhaupt eine Verschärfung des Blasphemiegesetzes, wie es allerorten entsetzt heißt? Die entsprechenden Sätze seines Artikels sind durchweg im Konjunktiv formuliert – als eine Möglichkeit, ein Gedankenspiel. Im Kontrast zu dem Bild eines dumpfen weltläufigen unter den deutschen Gegenwartsschriftstellern. Seine Beschreibung fremder und gerade auch hierzulande gering geschätzter Kulturen suchen ihresgleichen in ihrer Einfühlsamkeit und dem Respekt vor dem Andersartigen. Mosebach ist viel zu erfahren, um angesichts der religionsfeindlichen Stimmung in der Gesellschaft, die er ausführlich genug beklagt, und der politischen Mehrheiten selbst innerhalb der Christdemokratie nicht zu wissen, dass ein Verbot der Blasphemie in Deutschland außerhalb jeder Praktikabilität liegt.

„Der Glaube derjenigen, für die Gott anwesend ist"

Der eigentliche Punkt seines Beitrags, der allerdings über die Ungehörigkeit, die Schmähung des Glaubens für problematisch zu halten, undiskutiert blieb, ist der Hinweis auf die Entwertung der Religionskritik dort, wo die Religion selbst als tendenziell wertlos oder sogar schädlich angesehen wird. Schließlich rechtfertigt Martin Mosebach moralisch wie ästhetisch jene Künstler, die aus einem wahrhaft inneren Antrieb, aufgrund einer ernsthaften Auseinandersetzung meinen, „den Glauben derjenigen, für die Gott anwesend ist", beleidigen zu müssen. „Was ihn umtreibt, ist die Blasphemie als lässige Attitüde oder als kalkulierte Spielerei".

Wer als Leser, Operngänger oder Theaterbesucher je den Kopf geschüttelt hat über die Unkenntnis, die Beliebigkeit und vor allem das marktwirtschaftliche Kalkül, mit dem das Heilige im Kunstbetrieb verächtlich gemacht wird, kann Mosebachs Zorn nicht nur verstehen – er wird ihm schon aus ästhetischen Gründen zustimmen. Es ist kein Zufall, dass auf dem Podium des Kulturwissenschaftlichen Instituts Essen, für das Mosebach seinen Beitrag verfasst hat, weitgehende Übereinstimmung ausgerechnet mit dem Philosophen Carl Hegemann herrscht, der als langjähriger Chefredakteur der Berliner Volksbühne und enger Weggefährte Christoph Schlingensiefs oft genug Inszenierungen mitgeprägt hat, die im Verdacht des Gotteslästerlichen standen. Und vielleicht darf ich an dieser Stelle daran erinnern, dass mir vor drei Jahren selbst vorgeworfen wurde, das Christentum geschmäht zu haben. Damals war Martin Mosebach der Erste, der mich gegen den Vertreter seiner eigenen Kirche verteidigte.

Aufklärung würde heißen, die eigene Weltanschauung zu relativieren

Aber die frappante Verständnislosigkeit für alles, was sich aus anderen als dies-
seitigen Beweggründen herleitet, ist nicht nur ästhetisch verheerend, insofern
sie etwa den Zugang zu weiten Teilen der menschlichen, damit auch abend-
ländlichen und noch modernen deutschen Kunst- und Literaturgeschichte ver-
barrikadiert. Die religiöse Unmusikalität, die in der Regel mit einer Unkenntnis
der je eigenen Tradition einhergeht, wirft auch für den Zusammenhalt, der Gesellschaft gravierende Probleme auf, solange Gotte noch nicht allen Bürgern oder
Bevölkerungsteilen gleichgültig ist. Denn was gerne Indifferenz genannt wird, ist
es ja gerade nicht, sondern häufig höchst fundamentalistisch gegenüber denen, die
die Welt nicht so indifferent sehen. Das Urteil des Kölner Landgerichts, das die
Beschneidung von jüdischen und muslimischen Kindern verbietet, weil sie diese
ausschließlich für Körperverletzung hält, ist hierfür das jüngste Beispiel.

Natürlich: Wenn man die Wirklichkeit des Glaubens, der Tradition, der für hei-
lig gehaltene Schriften, des vorgeschichtlichen Rituals und des religiösen Geset-
zes einmal außer Acht lässt, die Angelegenheiten als rein vom Hier und Jetzt, mit
der Ratio jenes Menschenverstandes betrachtet, der sich selbst für gesund hält
und dabei auch Geschichten des Antisemitismus nicht kennt, für die das Verbot
der Beschneidung zentral ist, kann man, muss man vielleicht sogar in dem hoch-
heiligen Akt nur eine Körperverletzung und einen unzulässigen Eingriff in die
Autonomie eines Kindes sehen.

Eben mal so viertausend Jahre Religionsgeschichte obsolet

Wenn ein Gottesgebot nicht mehr als Hokuspokus ist und jedweder Ritus sich
an dem Anspruch des aktuell herrschenden Common Sense messen lassen
muss, wird die Anmaßung eines deutschen Landgerichts erklärbar, mal eben so
im Handstreich viertausend Jahre Religionsunterricht für obsolet zu erklären.
In einer solchen Logik ist auch die Blasphemie etwa so schlimm wie die
Beschimpfung einer Wand. Aufklärung ist etwas anderes. Aufklärung, wie sie
gerade auch die deutsche Philosophie gelehrt hat, würde heißen, die eigene Weltanschauung zu relativieren und also im eigenen Handeln und Reden immer in
Rechnung stellen, dass andere die Welt ganz anders sehen: Ich mag an keinen

Gott glauben, aber ich nehme Rücksicht darauf, dass andere es tun; uns fehlen die Möglichkeiten, letztgültig zu beurteilen, wer im Recht ist. Aufklärung ist nicht nur die Herrschaft der Vernunft, sondern zugleich das Einsehen in deren Begrenztheit.

Der Vulgärrationalismus hingegen, der sich im Urteil des Kölner Landgerichts ausgedrückt, setzt den eigenen, also heutigen Verstand absolut. Von dort ist es bekanntlich nicht weit zum Biologismus, der eine rein naturwissenschaftliche Betrachtung der Schöpfung auf die Gesellschaftsanalyse überträgt. Es fällt auf, dass die gleichen rechtsgerichteten Foren, die gegen Martin Mosebach wüten, Thilo Sarrazin am vehementesten unterstützten. Aber auch von jenen Linksintellektuellen, die öffentlich gegen ihren Kollegen Stellung beziehen, ist nicht bekannt, dass sie sich so prompt auch über „Die Abschaffung Deutschlands" erregt hätten. Es hätte allerdings auch Mut erfordert, sich mit den Medienkonzernen anzulegen, von denen man als Schriftsteller abhängig ist.

PD Dr. phil. habil. Navid Kermani Deutsch-iranischer Schriftsteller, Publizist und habilitierter Orientalist. Er wurde mit zahlreichen renommierten Kultur- und Literaturpreisen ausgezeichnet. 2015 erhielt er den Friedenspreis des Deutschen Buchhandels.

Beschneidung in Deutschland

Eine Zwischenbilanz aus ärztlicher Sicht

Matthias Franz

Der Konflikt um die Jungenbeschneidung ist erstarrt in einem Minenfeld aus Desinteresse, aggressiver Ignoranz, patriarchalischer Loyalität, religiösen Machtansprüchen, soziokulturellem Gruppenzwang, Kastrationsangst, historischer Schuld und politischer Korrektheit – mit dem Ergebnis fast völliger Denk- und Diskussionsunfähigkeit. Politik und Medien wollen dieses Thema nicht und die leidvoll betroffenen Jungen und Männer bleiben auf der Strecke. Dabei ist nichts wirklich geklärt und verstanden.

Ein Patient

In meiner Sprechstunde erscheint ein 30-jähriger lediger Mann. Seine Eltern waren in den 1970er Jahren arbeitssuchend aus der Türkei eingewandert. Einige Jahre später wurde er hier in Deutschland geboren, im beruflichen Bereich mehrere Abbrüche, jetzt aber in fester Anstellung in einem sozialen Berufsfeld. Er berichtet unter erheblichem Leidensdruck von depressiven Beschwerden und Erektionsstörungen, die seit der Pubertät bestünden. Selbstbefriedigung sei zwar mit einigen Schwierigkeiten möglich, eine partnerbezogene Sexualität könne er jedoch aufgrund der Erektionsprobleme nicht erleben. Um die Genitalregion herum bestünden „Erregungsbarrieren". Organisch sei mit seinem Glied eigentlich alles in Ordnung, es bestünden aber eine deutlich reduzierte Empfindsamkeit und an der Beschneidungsnarbe auch Missempfindungen bei Berührungen.

M. Franz (✉)
Klinisches Institut für Psychosomatische Medizin und Psychotherapie,
Universitätsklinikum, Düsseldorf, Deutschland
E-Mail: matthias.franz@med.uni-duesseldorf.de

© Springer Fachmedien Wiesbaden GmbH, ein Teil von Springer Nature 2019   207
H. Barz und K. Spenlen (Hrsg.), *Islam und Bildung*,
https://doi.org/10.1007/978-3-658-26229-7_13

Aufgrund seiner Beschwerden habe er sich schon als Jugendlicher zurückgezogen. Als Kind habe er an einer Hundephobie und Dunkelängsten gelitten,
es finden sich weitere Hinweise auf kindliche Ängste. Das Verhältnis zu den
Eltern ist bis heute gespannt und seitens des Patienten von Vorwürfen wegen
deren Unverständnis und emotionaler Einfühlungsarmut gekennzeichnet. Auf
weiteres Nachfragen berichtet der Patient von seiner Beschneidung, die im Alter
von sechs Jahren vor der Einschulung stattfand. Der Patient wurde damals unter
Versprechungen schöner „Überraschungen" in ein weit entferntes Krankenhaus gefahren, nicht informiert, was dort passieren würde. Er sei in einen Raum
gekommen, habe sich auf eine Liege legen müssen, dann sei ihm eine Maske
aufgesetzt worden. Während des ganzen Vorgangs habe er große Angst gehabt,
sei festgehalten worden. Anschließend sei er mit schmerzendem, verbundenem
Penis wach geworden, habe überhaupt nicht verstanden, was vor sich gegangen
sei. Es sei etwas geschehen, was er auf keinen Fall gewollt habe. Besonders von
der Mutter, die die Beschneidung betrieben habe, wie er später erfuhr, habe er
sich verraten und betrogen gefühlt. Seine Beziehung zu ihr sei durch diesen Ver-
trauensbruch bis heute schwer beschädigt und manchmal hasse er sie regelrecht
dafür, zeige ihr das auch in bedrohlicher Weise. Nach der Beschneidung sei es
zu Nachblutungen gekommen, er habe deshalb einen Rock anziehen müssen und
sei von den Cousins „als Mädchen" gehänselt worden. Der Kontakt zur Mutter
habe danach etwas ekelhaft Sexuelles gehabt, vor Berührungen durch andere
sei er lange Zeit ängstlich zurückgeschreckt. Als er in der Pubertät dann andere
Jungen mit unbeschädigtem Penis gesehen habe, habe er seine Eltern konfrontiert und wissen wollen, warum sie ihm das angetan hätten. Sie hätten ihm keinen nachvollziehbaren Grund nennen können, er sei unglaublich wütend auf sie
geworden und habe die Mutter sogar einmal bedroht. Heute schäme er sich für
den unreflektierten Traditionalismus seiner Eltern und deren Einfühlungsarmut.
Er selbst würde seinen Sohn auf keinen Fall beschneiden lassen.

Der Patient kommentiert im Rückblick: „Man wird vergewaltigt und kann es
nicht vergessen." Hierzu passend berichtet er von wiederkehrenden Albträumen
und intrusiven, szenisch ausgestalteten Angstfantasien. In manchen panischen
Kinderträumen sei er von Riesen verfolgt worden. Im Alter von etwa zehn Jahren habe er abends im Bett liegend plötzlich einen hohen Pfeifton vernommen,
Todesängste erlebt und sich nicht mehr bewegen können. Dann habe er vier hell
leuchtende Punkte wahrgenommen und sehr komische, wie Außerirdische aus-
sehende Wesen seien auf ihn zugekommen. Ihre Geschlechtsregion sei ausgespart
gewesen. Unmittelbar vor seinem Bett hätten sie sich aufgelöst. Plötzlich sei alles
weg gewesen. Derartige szenische Wahrnehmungen, verbunden mit völliger Hilf-
losigkeit und Bewegungsunfähigkeit, habe er auch später noch, zuletzt mit etwa

Mitte zwanzig erlebt, einmal mit dem Gefühl, im Kopfkissen ersticken zu müssen. „Ich dachte, ich müsste sterben." Der Patient selbst bringt diese Erlebnisse mit seiner Beschneidung in Verbindung.

Die Geschichte dieses beschneidungstraumatisierten erwachsenen Mannes ist kein untypischer Einzelfall. Es lassen sich an diesem Fallbeispiel eindrucksvoll mögliche Komplikationen und Spätfolgen zeigen, die mit einer Genitalbeschneidung im Vorschulalter einhergehen können. Dazu muss man sich klar machen, dass in dieser psychosexuellen Entwicklungsphase der kindlichen Identitätsentwicklung die Ängste des Jungen um das hoch besetzte Genital sehr groß sind und dass diese (Kastrations-)Ängste nicht nur durch äußere Bedrohungen, sondern auch durch die lebhaften kindlichen Fantasien und vor allem auch durch ein infrage gestelltes Sicherheitsversprechen der Eltern verstärkt werden können.

Wir können einiges aus dieser Fallgeschichte lernen. Zum einen, dass ein Kind in diesem Alter bemerkt, wenn es manipulativ von Erwachsenen und sogar seinen Eltern betrogen wird. Der Patient hat durchaus einige, sicherlich durch Ängste verzerrte, aber trotzdem auch faktische Erinnerungen an die traumatische Situation der Beschneidung, in der er nicht nur seine Vorhaut, sondern auch das Vertrauen in seine Eltern verlor. Er erinnert in Albträumen bis heute die Zwangssituation auf der OP-Liege, das Zerplatzen der Illusion einer erfreulichen Überraschung, die Übermacht der fremden Männer („Außerirdische"), die Atemmaske, das helle vierstrahlige Licht der OP-Lampe. Er erinnert den anschließenden Schrecken über sein schmerzendes und blutendes Glied, er erinnert die Komplikation der Nachblutung und dass er aus diesem Grund ein rockartiges Gewand tragen musste, wodurch er sich in seiner Männlichkeit lächerlich gemacht und ein weiteres Mal infrage gestellt sah. Er beschreibt auch sehr eindrucksvoll den tiefen Riss in seiner Beziehung zu seinen Eltern, insbesondere zu seiner Mutter, die für den Jungen im Alter zwischen etwa fünf und sieben Jahren eine besonders begehrenswerte und umworbene Bezugsperson darstellt. Der Patient ist bis heute voller Groll und Verachtung gegenüber seiner als trügerisch empfundenen Mutter, die ihn als Jungen auf dem Höhepunkt dessen kindlicher Verliebtheit in sie der Beschneidung, tiefer Verängstigung und Demütigung auslieferte. Er schildert weiterhin erhebliche körperliche Spätfolgen der Beschneidung in Form einer herabgesetzten Empfindsamkeit des Genitalbereichs und in Form von Missempfindungen im Bereich der Beschneidungsnarbe.

Der kindliche Horror des Erlebens der Narkosevorbereitungen, die Bewegungslosigkeit, die Atemnot unter der Maske, das blendende Licht der OP- Lampe, die genitalen Schmerzen sind in den szenischen Intrusionen, in den wiederkehrenden Albträumen des Patienten kaum verhüllt konserviert. Aufgrund seiner tiefen Verunsicherung und seiner Ängste habe er über Jahre hinweg auf

körperliche Berührungen schreckhaft reagiert, sich von Beziehungen zurückgezogen. Die partnerbezogenen Erektionsstörungen des Patienten könnten einem
sexuellen „Totstellreflex" zur Verhütung weitergehender Traumatisierungen entsprechen.

Geschichtlich-kultureller Hintergrund

Die Beschneidung der männlichen Vorhaut ist der älteste und wohl der am häufigsten durchgeführte operative Eingriff überhaupt. Die Erhellung der vorgeschichtlichen Hintergründe der männlichen Genitalbeschneidung jenseits der
Darstellung und Erwähnung in etwa 5000 Jahre alten ägyptischen Artefakten
und in den deutlich jüngeren mythologischen Texten der drei abrahamitischen
Religionen ist Gegenstand humanethologischer, anthropologischer sowie reli-
gions- und kulturgeschichtlicher Forschung. Diese haben aufgrund schwieriger
Beleglagen notwendigerweise auch spekulativen Charakter (Alanis/Lucidi 2004;
Zampieri et al. 2008).

Auch in afrikanischen, vorderasiatisch-orientalischen Kulturen oder bei den
australischen Ureinwohnern und anderen indigenen Ethnien wurde und wird die
männliche Genitalbeschneidung praktiziert, was die möglicherweise weltweite
Verbreitung dieser Ritualpraxis bereits in prähistorischen Zeiten nahelegt. Alt-
ägyptische Quellen belegen die Jünglingsbeschneidung. Möglicherweise fun-
gierte die männliche Genitalbeschneidung auch im Sinne einer Körpertrophäe
als Mindervariante der Tötung des Feindes oder der praktizierten Kastration
nach kriegerischer Gefangennahme oder auch zur Kennzeichnung von Sklaven
(vgl. Alanis/Lucidi 2004). Die Rekonstruktion der archaischen Aspekte und der
ursprünglichen Funktion des männlichen Beschneidungsrituals verliert sich im
Dunkel prähistorischer Jägertraditionen.

Der Begründungsdiskurs der rituellen Jungenbeschneidung wird demgegenüber bis heute beherrscht von vorgeblichen hygienisch-medizinischen Vorteilen,
vor allem aber von religiösen Vorstellungen, zuweilen noch juristisch untermauert
mit dem Grundrecht auf freie Religionsausübung. Der Ritus wird mit kollektiv
verbindlichen Gesetzen und Traditionen begründet, welche auf die Absicherung
der kulturellen Identität, ein gottgefälliges Verhalten oder die Vermeidung ent-
setzlicher Strafen zielen. Referenziell verbindliche Vorbilder, beispielsweise im
Judentum und Islam, sind dabei der beschnittene religiöse Erzvater Abraham oder
der möglicherweise bereits vorhautlos geborene Prophet Mohammed. Denen,
die diesen Vorbildern folgen und dem Beschneidungsritual unterworfen werden,
werden außerordentliche Gratifikationen in Aussicht gestellt, wie zum Beispiel

die Zugehörigkeit zu einer besonderen göttlichen Bundesgemeinschaft oder jen-
seitige Freuden.

Zunächst möchte ich demgegenüber meine kulturhistorische Sichtweise auf die
Entstehung und Funktion sakraler Ritualhandlungen im Allgemeinen darstellen.
Aufgrund fehlender prädiktiver Realitätsmodelle war das Dasein vorgeschicht-
licher Menschen alltagsnah durch den Terror unvorhersehbarer und unerklärlicher
Naturerscheinungen und tödlicher Gefahren gekennzeichnet. Die Bewältigung
der im Alltagserleben ständig präsenten Gefahr eines frühen unvorhersehbaren
Todes und der damit verbundenen existenziellen Angstzustände war im Rahmen
eines animistisch-magischen Realitätsverständnisses lediglich mithilfe zwanghaft
wiederholter Ritualhandlungen möglich. Das mit diesen Bedrohungen und Katas-
trophen einhergehende Grauen soll durch die Wendung des Schreckens in einen
Modus aktiven rituellen Gestaltens bewältigt, eingegrenzt oder zumindest erträg-
licher gestaltet werden (Burkert 1997; Türcke 2012).

In Anlehnung an den Verhaltenswissenschaftler Norbert Bischof (1973,
2009) beginnt der Lebenszyklus eines Rituals unter derartigen angsterzeugenden
Umweltbedingungen oder unbeherrschbar erscheinenden Gefahrensituationen
zunächst als vorsprachlich-intuitive Inszenierung. Diese Inszenierung greift einerseits Elemente der befürchteten Bedrohung auf, dient andererseits gleichzeitig
als zunächst funktionaler Organisator dem Schutz sozialer Bindungen und Über-
gänge angesichts der im Ritual thematisierten verunsichernden Bedrohungen.
So könnte beispielsweise die patriarchalisch erzwungene Beschneidung heran-
wachsender Jungen der aggressiven und sexuellen Triebkontrolle in einer prähistorischen Jägerkultur mit hoher alltäglicher Gewalt- und Tötungsbereitschaft
dienen. Derartige initial anpassungsfördernde Verhaltensmuster werden im Weiteren in einem normativen und legitimierenden Mythos verdichtet. Zum Beispiel
schließt der Urvater einen Pakt mit der Gottheit, die bei Wohlverhalten beschenkt,
bei Ungehorsam allerdings grausame Strafen androht. Diese Drohung zielt auf
eine der stärksten Ängste von Männern: die Angst vor Kastration und dem Verlust der genitalen Integrität[1]. Die ultimative Strafe für Illoyalität – die Kastration

---

[1]Die mit der Beschneidung immer auch thematisierte Kastrationsangst ist wohl auch aus
evolutionsbiologischen Gründen die vielleicht stärkste Angst, die Männer überhaupt empfinden können. Eine Absicherung des arterhaltenden aber bei Jagd und Kampf gefährlich
exponierten männlichen Genitales durch eine starke Angstbereitschaft ist sicher sinnvoll.
Die Kastrationsangst erzeugt, gerade weil sie so schwer zu ertragen ist, aber reflexhafte
Wahrnehmungshemmungen und bewirkt so eine eher angstverzerrte und weniger fakten-
basierte Verhaltenssteuerung. Männer, die mit der Diagnose eines Hoden- oder Prostata-
krebses konfrontiert sind, weisen beispielsweise eine stark erhöhte Suizidrate auf.

– wird im symbolischen Beschneidungsakt thematisiert: Sexualität und Fortpflanzung ja – aber nur unter dem strafbewehrten Primat patriarchalischer Triebkontrolle: eine klare Kastrationsandrohung. Aggression und Tötungsbereitschaft nach außen ja – aber nicht innerhalb der vom patriarchalischen Führer und seinen Drohungen dominierten Bezugsgruppe (Burkert 1997, S. 88 ff.). Die Botschaft der Beschneidung, die sich an den jugendlichen Initianden (und an die zuschauende Gruppe) richten würde, wäre dann:

> „Schau her, ich schneide einen Teil deiner Männlichkeit ab, weil du nur den großen Tieren und unseren Feinden, aber nicht mir, dem Vater oder unserer Gruppe gefährlich werden darfst, wenn du nun zum Mann und Jäger wirst und lernen musst, zu töten. Weil du aber diesen Teil deines Gliedes dahin gegeben hast, darfst du auf der Jagd und im Kampf gegen unsere Feinde ohne bleibende Schuld töten. Solltest du später aber auf den Gedanken kommen, deinen Vater oder andere Mitglieder deiner Gruppe anzugreifen, wirst du wieder die große Angst erleben, die du während deiner von der Gruppe gewollten und durchgeführten Beschneidung erlitten hast."

Ursprünglich besitzen Rituale also eine bindungssichernde und impulskontrollierende Funktion insbesondere in Übergangssituationen, die mit der Aktualisierung heftiger Affektimpulse einhergehen könnten. Sie dienen der magischen Bewältigung existenzieller Ängste und Gefahren durch aktiv wiederholende symbolische Inszenierung des primär passiv erlittenen, angsterzeugenden Vorgangs (Türcke 2012). Insofern besitzen religiöse Rituale einen sozial regulativen, magisch-archaischen Kernaspekt und stellen – ähnlich wie Mythen – veränderungsträge Archive frühgeschichtlicher sozialer Organisation dar.

Kulturgeschichtliche und psychoanalytische Betrachtungen legen verschiedene mächtige archaische Gestaltungsmotive des Beschneidungsrituals nahe:

- die patriarchalische Reglementierung der Sexualität durch Kastrationsandrohung,
- der Schutz der Gruppe und ihrer Ordnung vor impulsiver Aggression junger Männer,
- die Kanalisierung der Aggression nach außen (Jagd, territoriale Absicherung),
- die transgenerationale Festigung der männlichen Rolle und der Gruppenidentität,
- die magische Beherrschung existenzieller Gefahren durch Opfer für salvatorisch zuständige Götter.

Es geht bei der Beschneidung – als einem archaischen Rechtsinstitut zur Sicherung gruppaler Funktionalität und Identität – also in erster Linie um die zumeist religiös verbrämte Aufrechterhaltung des patriarchalischen Rechts des Stärkeren

auf Kosten des Schwächeren durch körperliche und psychische Bedrohung seiner Sexualität. Die Wirkmächtigkeit dieses Rituals liegt in der Größe der in ihm
angesprochenen Ängste und in seiner expliziten wie auch impliziten Gewalt, in
deren Kern das Kind sich von den eigenen Eltern an zentraler Stelle seines Körpers und seiner Emotionalität angegriffen und verlassen erlebt. Insofern ist die
Beschneidung das normative Kernritual des Patriarchats.

Transgenerationale Weitergabe traumatischer Kindheitserfahrungen

Die Forschung zeigt, dass die Erfahrung elterlicher Gewalt während der Kindheit Brüche in der emotionalen Wahrnehmung und Empathiefähigkeit des später erwachsenen Kindes und wiederholende eigene Gewalthandlungen bewirken
kann (zum Beispiel Duke et al. 2010). Kindheitlich von den Eltern erfahrene
Traumata können verinnerlicht und später selbst reinszenierend wiederholt werden. Kollektiv rituell vermittelte traumatische kindliche Erfahrungen können
daher auch zu kollektiven Empathiebrüchen führen und zu religiösen Überzeugungen mit Abwehrfunktion organisiert werden.

Kollektive Überzeugungen und Rituale werden besonders dann unreflektier-
bar tradiert, wenn der Gewaltaspekt des ausgeübten Rituals aufgrund eigener
Abwehrbedürfnisse der selbst traumatisch befangenen Eltern verleugnet werden
muss. Dann kann das emotionale Erleben von Angst und Schmerz des kindlichen
Opfers von den handelnden Erwachsenen eben nicht mehr empathisch erfasst und
die Einfühlung in das Erleben der nächsten kindlichen Opfergeneration beeinträchtigt werden. Letztlich kann sich dann eine Täter-Opfer-Kette transgene-
rational über historische Zeiträume hinweg etablieren.

Bezogen auf das religiös motivierte Beschneidungsritual halten also zwei sich
ergänzende und durch Konformitätsdruck vermittelte Mechanismen die wiederholende Reinszenierung des Rituals aufrecht: zum einen die durch das eigene
Beschneidungstrauma bewirkte Empathie- und Wahrnehmungsstörung der Eltern
und Beschneider gegenüber den Schmerzen, Ängsten und Gefahren, denen sie
ihre Kinder aussetzen; zum anderen eben die daraus folgende unbewusste Identifikation der betroffenen Kinder mit dem elterlichen Aggressor. Dies mündet
konklusiv in die transgenerationale Agenda: „Es kann und darf nicht schlecht
gewesen sein, was meine Eltern damals mit mir gemacht haben. Deshalb tue
ich es jetzt mit meinen Kindern auch. Und wenn ich es ihnen dann auch angetan
habe, kann ich nicht mehr zurück und einsehen, dass das unter anderem auch

ein schlimmer Gewaltakt war. Dafür festigt sich aber der Zusammenhalt und die Loyalität innerhalb unserer Gruppe." Replikative Loyalität statt individueller Selbstbestimmung sind die Folge. Aufgrund der hohen emotionalen Eigenbetroffenheit der Ritualausübenden und der religiösen Referenzialität des Rituals entziehen sich solche Zusammenhänge in der Regel einer argumentativ-rationalen und faktenbasierten Auseinandersetzung.

Soll aber das Verletzen des Gliedes kleiner Jungen durch Erwachsene wirklich auch noch heute und auf alle Zeit als der Kern der kollektiven Identität religiöser Gruppierungen begriffen und toleriert werden? Ist das wirklich alles? Geht es letztlich nur um das Hineinschneiden, um das Abschneiden? Sollten nicht auch Jungen im Geltungsbereich des Deutschen Grundgesetzes und der UN-Kinderschutzkonvention geschützt vor Verletzungen aller Art aufzuwachsen, bis sie selbst entscheiden können, welchem Gott sie welchen Körperteil opfern wollen oder eben auch nicht? Handelt es sich bei der religiös motivierten Beschneidung nicht auch um etwas, zu dem später einmal – ähnlich wie nach der Überwindung der Prügelstrafe oder der Aufdeckung institutionell getragener sexueller Gewalt gegen Kinder – gefragt werden wird: „Wie konnten wir das nur so lange Zeit zulassen?"

Im Gegensatz zu archaischen Ritualen, die eine bleibende Verletzung kindlicher Genitalien bewirken, ist der Schutzanspruch des Kindes vor jeglicher Misshandlung, Missbrauch und Vernachlässigung sowie die Achtung seiner Würde und körperlichen Integrität als ethischer Standard juristisch und wissenschaftlich heute gut begründbar. Was den normativ-menschenrechtlich zu fordernden Schutz kleiner Kinder vor jeglichen Übergriffen auf deren genitale Integrität angeht, wissen wir heute aus der Gewaltopferforschung und aus entwicklungspsychologischer Sicht mit Gewissheit zwei Dinge: Erstens, man tut kleinen Kindern nicht weh, beschädigt sie nicht, weil jeglicher Schmerz Spuren hinterlässt. Zweitens, Erwachsene haben an den Genitalien von Kindern nichts zu suchen. Das gilt auch für Jungen. Man tut Kindern nicht weh, man macht ihnen keine Angst. Warum fällt es so vielen Vertretern abrahamitischer Religionen – christliche Amtsträger eingeschlossen – immer noch so schwer, diese elementaren Grundsätze des Kinderschutzes vorbehaltlos zu akzeptieren?

Medizinische Aspekte

Ähnlich wie bei anderen Gesundheitsrisiken, die mit dem männlichen Geschlecht assoziiert sind (z. B. die deutlich erhöhte Suizidrate oder die um viele Jahre verringerte Lebenserwartung), bestehen auch in Bezug auf die leidvollen Aspekte der medizinisch nicht indizierten Genitalbeschneidung von Jungen eine deutlich verringerte öffentliche Anteilnahme und Aufmerksamkeit. Demgegenüber erfährt jegliche Form der rituellen Verletzung weiblicher Genitalien international eine ganz erhebliche Aufmerksamkeit und strafrechtliche Ahndung. Eine Ursache für diese Ungleichbehandlung von Kindern in Abhängigkeit von ihrem Geschlecht und die Ausblendung des sexuellen Gewaltaspektes bei der Genitalbeschneidung von Jungen auch in Deutschland besteht auch in der, verglichen mit einigen Formen der weiblichen Genitalbeschneidung, weniger verstümmelnden männlichen Beschneidung. Allerdings sind manche, relativ weniger verletzende – jedoch zu Recht verbotene – Varianten der weiblichen Genitalbeschneidung in ihrem traumatisierenden Ausmaß durchaus vergleichbar mit der Beschneidung des männlichen Genitales. Die fachgerecht ärztlich durchgeführte Zirkumzision bei einem volljährigen, einwilligungsfähigen Mann aus medizinischen Gründen, aber auch aufgrund persönlicher Präferenzen nach vollständiger Aufklärung über mögliche Risiken ist ethisch unproblematisch.

Es existiert aber kein rationaler, auch kein medizinischer Grund dafür, einem gesunden kleinen Jungen seine gesunde Vorhaut, also biologisch funktionales und hochempfindsames Körpergewebe, abzuschneiden. Trotzdem werden zur Rechtfertigung der rituellen Jungenbeschneidung eine Fülle nachgeschobener, pseudorationaler oder scheinmedizinischer Begründungen angeführt.[2] Diese beziehen sich auf angebliche hygienische oder gesundheitliche Risiken (Franz 2014). Ein Beispiel hierfür ist die schon erwähnte höchst tendenziöse und interessengeleitete Stellungnahme „Task Force on Circumcision" der „American Academy of Pediatrics" von 2012.

Angeführt werden beispielsweise als vorgebliche medizinische Vorteile der Beschneidung die Vorbeugung von (sehr seltenen) Entzündungen der kindlichen Harnwege und von (extrem seltenen und erst in höherem Alter auftretenden) Peniskarzinomen.

Die Erkrankungswahrscheinlichkeiten sind hier so gering, dass sie deutlich unterhalb der Komplikationsrate des Beschneidungseingriffs liegen (Stehr et al. 2001; Kupferschmid 2014).

---

[2]Ein besonders krasses Negativbeispiel hierfür bietet der die allgemeine Beschneidung neugeborener Jungen auf Krankenkassenkosten befürwortende Beitrag des Sozialwissenschaftlers Voß ausgerechnet im dritten Männergesundheitsbericht (Stiftung Männergesundheit (Hg.) 2017: Sexualität von Männern. Dritter Deutscher Männergesundheitsbericht. Psychosozial-Verlag). Zur Kritik an diesem Beitrag vgl. die Rezension des Autors online unter http://www.jungenbeschneidung.de/ (zul. abg.: 10.04.2019).

Weiterhin wird auf die durch die Zirkumzision erschwerte Übertragung von HIV hingewiesen (Auvert et al. 2006; Bailey et al. 2007; Gray et al. 2007; Siegfried et al. 2009). Allerdings können diese Studien nicht zur Rechtfertigung einer generellen Beschneidung sexuell noch gar nicht aktiver Jungen oder gar Neugeborener heran gezogen werden. Außerdem kann das Abschneiden der Vorhaut nicht als hinreichend wirksame Präventionsmaßnahme zur Vorbeugung von HIV-Infektionen angesehen werden (Hallett et al. 2011). Die HIV-Infektionsrate zählt ausgerechnet in den USA trotz der dort hohen Beschneidungshäufigkeit bei Erwachsenen zu den höchsten überhaupt. Kondome schützen demgegenüber weitaus zuverlässiger vor einer Infektion mit sexuell übertragbaren Krankheiten.

Die pseudomedizinischen Begründungsfiguren wechseln interessanterweise auch mit dem Zeitgeist. Heute nicht mehr übliche Argumentationen bezogen sich auf die angeblich gesundheitsförderliche Verhütung von Masturbation, Hysterie oder Epilepsie. Sehr illustrativ – auch zum Verständnis des sexualfeindlichen Aspekts der Beschneidung – ist hier die Person und Handlungsweise des christlich-freikirchlich erzogenen Arztes John Harvey Kellogg, der in der zweiten Hälfte des 19. Jahrhunderts maßgeblich und unermüdlich daran beteiligt war, in Nordamerika die bis heute – mit allerdings abnehmender Tendenz – weit verbreitete protestantische Variante der Jungenbeschneidung zu etablieren. Kellogg – uns heute vor allem durch die von ihm und seinem Bruder erfundenen „Corn Flakes" ein Begriff – begründete diese Maßnahme mit sexualhygienischen Argumenten, die sich insbesondere auf die Verhinderung der kindlichen Masturbation richteten. Heimliche Masturbation sah er als zentrale Ursache zahlreicher Krankheiten an (Kellogg 1877) und empfahl deshalb zu ihrer Verhinderung die Beschneidung dezidiert ohne Schmerzbetäubung. Kellogg war offensichtlich sexualneurotisch schwer beeinträchtigt, er vermied lebenslänglich den Geschlechtsverkehr mit seiner Frau und ließ sich ersatzweise tägliche Klistiere verabreichen. Sehr wahrscheinlich übertrug er eigene sexuelle Ängste in sein pseudomedizinisches Lehrgebäude.

Ein heute noch verbreiteter medizinischer Begründungsmythos ist die angebliche Vorhautverengung oder Phimose. Eine Phimose als echte Erkrankungsfolge liegt nur bei etwa 2 % aller Jungen vor. Die inflationäre Stellung dieser Scheindiagnose erfolgt heute, weil sie die Kostenerstattung eigentlich rituell motivierter Beschneidungen durch die Krankenkassen ermöglicht. Übersehen wird dabei, dass die innere Vorhautfalte bei jedem neugeborenen Jungen von Natur aus mit der Eichel fest verklebt ist. Diese normale Fixierung der Vorhaut, hat eine Schutzfunktion und bewirkt, dass die Vorhaut zunächst noch nicht hinter die Eichel zurückgezogen werden kann. Das Aufreißen dieser Verklebung bei der Beschneidung verursacht schon bei Neugeborenen extreme Schmerzen, die mit dafür verantwortlich sind, dass beschnittene Babys noch Monate später eine stärkere Stressreaktion auf Impfschmerzen zeigen als unversehrte Babys. Diese natürliche Vorhautverklebung löst sich fast immer spontan bis zur Pubertät. Wird sie vorher durch ein zu frühes und gewaltsames Zurückziehen der Vorhaut aufgesprengt, und das geschieht leider nicht selten, sogar auch in Arztpraxen, kommt es zu Mikroeinreißungen im Vorhautgewebe mit der Folge von Vernarbungen. Diese können sich dann tatsächlich zu einer pathologischen und schließlich auch behandlungsbedürftigen Phimose entwickeln.

Man soll das Genitale von Jungen deshalb in Ruhe lassen, die übliche Hygiene beim Baden beachten, es gelegentlich einmal ärztlich auf echte Erkrankungen anschauen lassen und im Übrigen abwarten bis es sich von selber entwickelt. Die letzten Verklebungen bzw. Falten verschwinden dann in aller Regel bis zur Pubertät.

Es ist bemerkenswert, dass die bei der (Er)Findung von angeblichen medizinischen Vorteilen der rituellen Frühbeschneidung aufgebrachte Akribie und Kreativität durch eifrige Befürworter der Beschneidung die Bemühungen um Einfühlung in die Ängste und Risiken des Kindes bei Weitem übersteigen. Die biologische Bedeutung des Vorhautgewebes für die sexuelle Funktion und Empfindungsfähigkeit wird von den Verfechtern der Beschneidung dabei einfach verleugnet, wenn die Vorhaut des Jungen zu einem überflüssigen, störenden, ja sogar krankmachenden Stück Haut erklärt wird. Dies sind phantasmatische Konstruktionen, die Risiken der Beschneidung sind Realität. Im Übrigen bringt die Evolution keine überflüssigen Körperteile hervor.

Die Beschneidung in religiösen Kontexten

Die jüdische Tradition der Beschneidung des neugeborenen Kindes am achten Lebenstag hat für die Einschreibung in das implizite körperliche Schmerz- und Angstgedächtnis andere entwicklungspsychologische Konsequenzen als die Beschneidung von Jungen im Alter von etwa fünf bis sieben Jahren, wie sie in weiten Bereichen des Islam praktiziert wird.

Das Kind in dieser Entwicklungsstufe verfügt im Gegensatz zum Neugeborenen über eine recht differenzierte Wahrnehmung von Beziehungen, Fakten und Ursachen von Vorgängen in seiner Umgebung. Andererseits ist es aber auch noch bestimmt von kindlich-triebhaften Fantasien, Grandiosität, magischem Denken und frühen Ängsten, die es auf den empathischen Schutz durch kompetente und Sicherheit gebende erwachsene Bezugspersonen angewiesen sein lassen. Gegenüber aggressiven Zumutungen und Übergriffen – gerade durch diese Bezugspersonen – ist das Kind immer ein ohnmächtiges und passives Opfer. Um innerhalb dieser für sie lebensnotwendigen Beziehung überhaupt existieren zu können und um die Beziehung zu ihren Bindungs- und Bezugspersonen nicht zu gefährden, passen sich Kinder aus Loyalität auch an neurotische Bedürfnisse oder destruktive Verhaltensweisen ihrer Eltern an.

Kinder lassen aus Bindungstreue fast alles, bis hin zu inzestuösem Missbrauch, mit sich machen, wenn es ihre Bezugspersonen von ihnen fordern. Ihnen zuliebe simulieren Kinder sogar noch Zustimmung zum Schrecklichen, wenn sie bemerken, dass ihre Bezugspersonen auch dies noch benötigen. Ihre Einsamkeit ist dann unvorstellbar. Diese Zusammenhänge sind grundsätzlich auch bedeutsam für das traumatische Erleben der eigenen Beschneidung auf dem Höhepunkt der phantasmatisch und von großen Ängsten um das eigene Genitale bestimmten Konsolidierungsphase der sexuellen Identitätsentwicklung des Jungen im Alter von etwa fünf bis sieben Jahren.

Die Zurüstung der Jungen für das islamische Beschneidungsritual besteht häufig in ihrer demonstrativ überbetonten Ausstaffierung mit phallischen Attributen. Die Jungen, die sich nicht immer freiwillig oder gar freudig diesem Eingriff unterziehen, treten entweder einzeln oder auch in Gruppen während dieser von der Familie oder Gemeinde oft festlich ausgestalteten Zeremonie auf – manchmal als kleine Sultane, Generäle oder soldatische Kämpfer mit entsprechender Bewaffnung verkleidet. Der Gewaltaspekt unterliegt dabei wiederum einer ganz erstaunlichen Verleugnung. Er wird kleingeredet und rationalisiert als Männlichkeitsritus durch die Ausstaffierung des kleinen Jungen (der ja noch in keiner Weise an der Schwelle zum Mannesalter steht) mit hypermaskulinen Attributen und Kostümierungen. Ihnen werden häufig große Geschenke versprochen und es wird ihnen zugesagt, dass sie nun ja bald zu einem richtigen Mann werden würden. Manche Kinder erfahren aber überhaupt nicht, was ihnen bevorsteht. Die Festgemeinde der Erwachsenen begleitet den Vorgang vielleicht auch noch mit einer eindrucksvollen Kulisse aus Freudengesängen und Tänzen, deren manipulativer Macht sich ein Kind im Vorschulalter nicht entziehen kann. Aber auch bei der islamischen Beschneidung handelt es sich um eine durch traditionelle Forderungen motivierte rituelle Veranstaltung letztlich zur Befriedigung der Bedürfnisse von Erwachsenen auf Kosten des Kindes.

Man gebe sich keinen Illusionen hin. Ein nicht geringer Teil der so manipulierten Jungen wird diese Manöver intuitiv durchschauen. Ein Teil wird die verdrängten eigenen kindlichen Affekte, die impulsive abwehrgetriebene Übersteuerung im Affektausdruck der Feiernden und die dahinter stehenden Ängste der beteiligten Erwachsenen spüren und Vertrauen in die (Behauptungen von) Erwachsenen verlieren. Viele Jungen wissen ja genau, dass sie eben nicht zu einem richtigen Mann werden, sondern ein Kind bleiben, wenn auch ein beschnittenes. Und viele Jungen spüren, dass sie hier mitspielen müssen, um die unbewussten Wünsche der Erwachsenen zu erfüllen.

Die genitale Beschneidung des Jungen auf dem Höhepunkt der infantilen Sexualentwicklung bringt jedenfalls besondere Entwicklungsrisiken mit sich. Im Alter von etwa 5 Jahren erreichen die auf die Mutter und den eigenen Penis zentrierte infantile Sexualität des Jungen und die damit verbundenen Ängste um das hochbesetzte Genitale ihren Höhepunkt. Dazu wird in patriarchalisch geprägten Kulturen der Junge von Müttern in bevorzugter Weise erwartet und geliebt. Diese Mutter verehrt den besonders erwünschten und für das Selbstwertgefühl der Mutter deshalb auch hoch bedeutsamen Jungen. Diese durch die patriarchalische Idealisierung des Jungen verstärkten frühen zärtlichen Gefühle für die Mutter können (und sollen?) durch die traumatische Beschneidung abrupt beschädigt werden, was aus Sicht des Jungen wie eine schwere Bestrafung oder Enttäuschung erlebt werden kann. Lässt sie also trotz dieser wechselseitig idealisierenden Liebesbeziehung die Beschneidung des ödipal verliebten Jungen zu, kann dies von ihm als abgrundtiefer weiblicher Verrat erlebt werden: „Erst verführt sie mich und dann lässt sie mich kastrieren." So erlebte es auch der eingangs geschilderte Patient. Diese einschneidende Erfahrung und die nach diesem abrupten Bruch auf die geliebte und verräterische Mutter gerichtete Enttäuschungswut bewirkt sicher nicht selten später tiefgreifende Ängste vor einer unkontrollierbar erscheinenden Weiblichkeit und einer unverhüllten, wieder gefährlich verführerischen und selbstbestimmten weiblichen Sexualität.

Durch die von den Eltern des Kindes gewollte und dann auch noch real vollzogene Beschneidung kann es zur Internalisierung der Gewalt kommen, gefolgt von der trotzigen Unterordnung unter die bedrohliche väterliche Autorität und zu einer tiefen Enttäuschung am Verrat der zuvor als liebevoll, zärtlich oder auch verführerisch erlebten Mutter. Schließlich resultiert als Ausweg eine prononcierte Identifikation mit den aggressiven und maskulin-patriarchalischen Aspekten der männlichen Rolle und Ehre, verbunden mit den entsprechenden latenten Ängsten hinsichtlich deren Gefährdung. Die Identifikation mit dem schneidenden väterlichen Aggressor kann sich auch in der Ausbildung eines hochkränkbaren männlichen Ehrbegriffes niederschlagen, der im späteren Leben insbesondere bei impliziter Thematisierung des Beschnittenwordenseins eine heftige, auch aggressive narzisstische Stabilisierungsreaktion bewirken kann, um so die Wiederbewusstwerdung eigener realtraumatisch erlittener Kastrationsängste abzuwehren. Handeln im Tätermodus erspart dann das Erinnern im Opfermodus.

Aus tiefenpsychologischer Sicht erscheint die im fundamentalistischen Islam und im radikalislamistischen Bereich bis heute propagierte Trias aus phallischer Demonstration, rigider Kontrolle der weiblichen Sexualität und dem Interesse an verstümmelnden Strafmaßnahmen jedenfalls als bemerkenswert.

Entwicklung seit dem Kölner Urteil

Religion kann nicht auf Dauer ein Freibrief zur Anwendung von Gewalt gegenüber Kindern sein. Klar ist: Der gewaltfreie Umgang mit Kindern ist zentral für die Entwicklung sich zivilisierender und empathiefähiger Gesellschaften. Frühkindlich erlittene Gewalt verletzt ein Leben lang und führt oft zu neuer Gewalt. Wenn wir neue Männer haben wollen, müssen die alten endlich aufhören die jungen zu beschädigen. Der Schutz der genitalen Sphäre kann nicht nur exklusiv den Mädchen zugute kommen. Bei der Jungenbeschneidung hat der deutsche Gesetzgeber jedoch bisher gründlich versagt.

Natürlich ist das Thema angesichts der entsetzlichen historischen Abgründe des Antisemitismus und des Holocaust hochbelastet. Auch deshalb ist der Blick vieler deutscher Politikerinnen und Politiker auf die problematischen und leidvollen Aspekte der Beschneidung verhangen. 2012 nach dem berühmten Kölner Urteil wurden die Kritiker samt der leidvoll betroffenen Beschneidungsopfer von der Bundeskanzlerin als „Komiker" abgetan. Höchste Repräsentanten staatlicher Verfassungsorgane sahen sie in der Nähe zu einem „Vulgärrationalismus". Ein trotz zahlreicher Skandale immer noch prominenter Grüner, der es in der Vergangenheit schon schwer hatte, sich auf die Seite pädosexuell missbrauchter Kinder zu stellen, bestritt – gegen alle Evidenz – die Möglichkeit beschneidungsbedingter gesundheitlicher Schädigungen und rückte Beschneidungskritiker sogar in die Nähe von Antisemiten. Und Deutschlands bekannteste Frauenrechtlerin befürwortete aus feministischer Sicht die Jungenbeschneidung mit schrecklichen Argumenten.

Eine Veränderung kann wohl am ehesten aus der Gruppe der Praktizierenden erwachsen. Aufgrund der geschilderten Zusammenhänge entzieht sich das Ritual aber weitgehend der kritischen Reflexion, es wird zum Tabu, an dem das Nachfühlen aber auch das Nachdenken erlischt. Die Ängste, die mit dem Aufgeben oder der kindgerechten Transformation des Rituals verbunden sind, sind jedenfalls überaus groß. Für die destruktive kulturelle Tiefenwirkung und die individuell möglichen sexualneurotischen Ausformungen dieser kollektiven Gewalterfahrung besteht im islamischen Kulturkreis kein intellektuelles Bewusstsein. Man wagt nicht zu wissen und duckt sich vor der Wucht und der ausagierten Aggressivität radikalreligiöser Phantasmen. Kritiker werden verfolgt, bedroht und diffamiert. Sogar in den Büchern von Abdel-Samad und Kermani sucht man kritische Hinweise auf diese Zusammenhänge vergebens.

Es bleibt zu hoffen, dass endlich eine kritische Diskussion innerhalb der islamischen Gemeinden über die Ursachen und Folgen von Gewalt (Mönninger 2006) unter der Perspektive einer kindgerechten, einfühlsamen Lösung der Beschneidungsproblematik beginnt. Ein Beispiel geben die mutigen Beiträge von Necla Kelek (2006, 2012), auch zu den deformierenden Aspekten der patriarchalisch-islamischen Sozialisation. Necla Kelek stellt eine einsame, bewundernswert mutige Ausnahmeerscheinung dar, weil sie sich als Muslimin klar gegen die islamische Jungenbeschneidung ausspricht. Es existiert im Islam keine verbindliche Festlegung des Zeitpunktes wie im Judentum. Die symbolische Beschneidung des Kindes und die Verschiebung des Zeitpunktes der Beschneidung bis zur Volljährigkeit könnten also diskutiert werden. Im Interesse des Kindes und seines Rechtes auf eine unbeschädigte körperliche Integrität und Sexualität wären der gänzliche Verzicht auch auf die männliche Genitalbeschneidung im Kindesalter und die freie Entscheidung des Erwachsenen sicherlich die beste Variante.

Im jüdischen Bereich ist man vielleicht etwas weiter. Nicht nur der entschiedene Religionskritiker Sigmund Freud ersparte seinen Söhnen die Beschneidung. Auch der Wegbereiter des Staates Israel, Theodor Herzl, ließ seinen Sohn Hans nicht beschneiden. Abraham Geiger, prominenter Vertreter des Reformjudentums in Deutschland bezeichnete Mitte des 19. Jahrhunderts die Beschneidung als einen „barbarischen blutigen Akt". Man sollte – so formuliert es heute auch der jüdische in Wien arbeitende Kulturwissenschaftler Jérôme Segal (2014) – Jungenbabys nicht mehr mit dem Messer begrüßen. Und manche jüdischen Eltern wagen die kritische Frage: „Was tue ich da meinem Sohn eigentlich an? Sollte er nicht später selbst entscheiden dürfen, was er tun möchte?" So gewinnt die Bewegung Ben Schalem – das heißt intakter Sohn – in Israel langsam aber stetig Zulauf. Mittlerweile verweigern in Israel etwa 2 % der Eltern die Beschneidung, zum größten Ärger der Orthodoxen. Sie feiern für ihr Jungenbaby ein freudiges Begrüßungsfest – den Brit Shalom – ohne Beschneidung.

Der jetzige § 1631d BGB wurde 2012 unter enormen Druck religiöser Lobbygruppen durchs Parlament gedrückt. Dabei wurde explizit abgelehnt, in der Sitzung des Rechtsausschusses des Deutschen Bundestages auch negativ betroffene Beschneidungsopfer zu Wort kommen zu lassen. Erlaubt ist nun die Beschneidung des nicht einsichts- und urteilsfähigen männlichen Kindes aus jeglichem Grund. Die medizinische Fachkunde des Durchführenden, Fragen der Befunddokumentation, der Aufklärung und Schmerzbetäubung blieben auf der Strecke. Jungen können jetzt auf Wunsch der Eltern auch aus anderen als religiösen Gründen, sowie gegen ihren offensichtlichen Willen beschnitten werden. Laut

Verfassungsrechtler Reinhard Merkel dürfen Eltern heute in Deutschland ihren Jungen nicht mehr schlagen um seine Selbstbefriedigung zu unterbinden. Sie dürfen ihn aber straflos beschneiden um dieses Ziel zu erreichen. Es ist ein Elend. Derzeit zeigt keine der im Deutschen Bundestag vertretenen Fraktionen Bereitschaft, sich mit den Folgen dieser Gesetzgebung für die einzig davon Betroffenen – die Jungen – auseinanderzusetzen. In den dafür zuständigen Ministerien werden jegliche darauf abzielende Initiativen betroffener Beschneidungsopfer zurück gewiesen, sogar wenn es nur um eine Evaluation der Gesetzesfolgen geht.

Demgegenüber verabschiedete die Parlamentarische Versammlung des Europarates 2013 auf Initiative der SPD-Politikerin Marianne Ruprecht eine Resolution gegen die Beschneidung. Ein ermutigendes Beispiel geben auch die Erklärungen der sexualtherapeutischen Fachverbände Skandinaviens, die die Jungenbeschneidung klar ablehnen. Dass dies religiösen Hardlinern nicht gefällt, liegt auf der Hand. Es bleibt zu hoffen, dass sich die Beschneidungsopfer und ihre Plattformen (zum Beispiel Mogis[3] und Beschneidungsforum) weiter formieren, öffentlich einmischen, Gehör bei Politikerinnen und Politikern finden und vielleicht eines Tages zu rechtlichen Mitteln greifen um die Kompensation des erfahrenen Leides auch haftungsmäßig durchzusetzen. Rechtlich gesehen handelt es sich bei der Beschneidung jedenfalls um eine Körperverletzung bei Minderjährigen mit potenziell bedrohlichen medizinischen Komplikationen (Putzke 2008; Stehr et al. 2008; Herzberg 2009).

Das Kölner Urteil von 2012 signalisierte den männlichen Beschneidungsopfern jedenfalls zum ersten Mal in der Öffentlichkeit gehört zu werden. Es ist – zumal in Deutschland – relativ selten, dass die empathische Avantgarde einer Gesellschaft gerade im Bereich der Jurisdiktion lokalisierbar ist. Hier war das aber offensichtlich der Fall. Anschließend an dieses international für Aufsehen sorgende Urteil kam es zunehmend und kontinuierlich zu Solidaritätsbekundungen und Kooperationen zum Beispiel durch Frauenrechtsorganisationen wie TERRE DES FEMMES, (I)NTACT, TABU sowie pädiatrischen Verbänden und Fachgesellschaften. Das OLG Hamm konnte mit Berufung auf § 1631d BGB einen Jungen vor einer nicht medizinisch indizierten Vorhautamputation bewahren. Diese Entscheidung wurde aber nur möglich, weil Belange der Eltern (Uneinigkeit zwischen Sorgeberechtigten) bestanden. Die Vorhautamputation als solche stünde ja laut Gesetz nicht dem Kindeswohl entgegen. Der Jahrestag des Kölner

---

[3]Der Autor dankt Herrn Schiering von Mogis für seine Hinweise auf die aktuellen Entwicklungen seit dem Kölner Urteil von 2012.

Urteils, als „Worldwide Day of Genital Autonomy" für gleiche Rechte aller Kinder unabhängig vom Geschlecht, am 7. Mai in Köln als Kundgebung mit begleitenden Veranstaltungen gefeiert, wurde 2016 bereits von vierzig Organisationen aus zehn Ländern und fünf Kontinenten unterstützt. Zu diesem Anlass sprachen in Köln Rednerinnen und Redner aus Deutschland, den USA, der Türkei, Israel, Dänemark, Frankreich und England auf. Auch in New York, Vancouver, London, Washington, Sydney, Denver und San Francisco wird dieser Tag für unteilbare Kinderrechte begangen. Am 08.05.2017 wurde an der Universität Düsseldorf gegen den massiven Widerstand religiöser Gruppen eine international besetzte wissenschaftliche Fachtagung zum Thema der Jungenbeschneidung durchgeführt, die eine erhebliche und weit überwiegend positive Resonanz in der Öffentlichkeit fand (die Beiträge sind unter www.jungenbeschneidung.de abrufbar).

Beratungsstellen für Jungen, die sexualisierte Gewalt erlebt haben, bekommen mittlerweile zunehmend Anfragen von leidvoll Beschneidungsbetroffenen. So beginnen diese Einrichtungen, sich auch des Themas Vorhautamputation an Jungen anzunehmen und sehen die Notwendigkeit, für betroffene Jugendliche Hilfsangebote zu entwickeln. Auch das Bundesforum Männer öffnete sich diesem Thema und veranstaltete hierzu Workshops. In der größten deutschsprachigen Internetplattform „beschneidungsforum.de" melden sich stetig mehr Betroffene, berichten von ihrem Erleben und Leid und tauschen sich über Hilfen aus. Auch über die Interessenvertretung Mogis melden sich zunehmend betroffene Opfer der Jungenbeschneidung zu Wort und suchen den Kontakt zu Politik und Medien. Andere gesellschaftlich bedeutsame Organisationen tragen bislang wenig oder gar nichts zu einer angemessenen Faktenwahrnehmung bei. Offensichtlich und bedauerlich ist das jetzt schon jahrelange Ignorieren der Beschneidung von Jungen durch den Deutschen Kinderschutzbund, PLAN und das Deutsche Kinderhilfswerk. Noch fataler sind die fast schon neokolonialistisch anmutenden Kampagnen zur Vorhautamputationen an Jungen durch UNICEF in afrikanischen Ländern als angebliche Vorbeugungsmaßnahme gegen sexuell übertragbare Krankheiten (vgl. Nicolai 2015; vgl. Obert 2015).

Während die Verletzung der Genitalien von Mädchen momentan im Zusammenhang mit dem Zustrom von Menschen aus entsprechenden Kulturen thematisiert wird, bleibt das, was Jungen an Verletzungen zugefügt wird, weiter tabuisiert. So wird männlichen Betroffenen signalisiert, dass ihre Rechte weniger zählen, dass man ihretwegen nicht bereit ist, sich schwierigen gesellschaftlichen Debatten zu stellen. In Deutschland bietet selbst die Bundeszentrale für gesundheitliche Aufklärung keine Information über die Risiken und negativen Folgen der Jungenbeschneidung auf aktuellem medizinisch-wissenschaftlichen

Stand. Das Wegschauen und Verschweigen wird in den Printmedien mittlerweile wenigstens gelegentlich durchbrochen. Es existiert Fachliteratur und es finden sich zunehmend erschütternde Fallberichte in der Betroffenenliteratur (Bergner 2016). Leider aber besteht weithin eine mediale Tendenz des Wegschauens, was das alltägliche, durchaus auch ärztlich dokumentierte Leid von Jungen in Deutschland angeht. Dabei würde schon eine einfache Recherche in einer kinderchirurgischen Krankenhausabteilung ausreichen, um von den zahlreichen (allein in Deutschland ca. 400 pro Jahr) notwendigen Nachoperationen beschneidungstraumatisierter Jungen berichten zu können (vgl. Zöller et al. 2014). Ähnliche Tendenzen führten zur Auszeichnung von Filmen, welche die Vorhautamputation verharmlosend darstellen oder sogar für die Akzeptanz der rituellen Jungenbeschneidung werben sollen[4]. Demgegenüber hat das Theater Dortmund (vgl. Beschneidungsbetroffene in MOGIS e. V. 2016) mit einem muslimischen Ensemble mit dem Schauspiel „Der Goldene Schnitt" einen differenzierten Beitrag zur Diskussion gestellt.

Die deutschen pädiatrischen Fachverbände treten kontinuierlich für das Recht von Jungen auf genitale Unversehrtheit ein und sind sehr aktiv um Aufklärung bemüht, um die in Deutschland im internationalen Vergleich viel zu häufigen Vorhautamputationen aufgrund nur vorgeblicher kindlicher Phimosen zu reduzieren. Demgegenüber verharren die psychotherapeutischen Fachgesellschaften in Deutschland in beklommener Ratlosigkeit und vielsagendem Schweigen, obwohl gerade sie am besten wissen, wie beeinträchtigend sich kindheitlich erlittene Gewalt lebenslang auswirken kann. Der Schutz kindlicher Genitalien gehört zu den Entwicklungsaufgaben einer sich in Richtung Gewaltfreiheit zivilisierenden Gesellschaft. Hier können wir Ärzte mit einer klaren Haltung unseren Beitrag liefern. Wir sollten ohne medizinische Indikation nicht beschneiden und keine abrechnungsrelevanten Gefälligkeitsdiagnosen stellen. Dies ist unethisch und vermittelt dem Jungen letztlich: So wie Du bist, bist Du nicht in Ordnung. Sei so wie Deine Eltern Dich brauchen und hör auf darüber nachzudenken.

Dass Nachdenken dann auch später Angst macht, macht die Auseinandersetzung mit verletzenden Bräuchen und Ritualen und deren Überwindung zu einem langwierigen zivilisatorischen Projekt, das möglicherweise gerade erst begonnen hat.

---

[4]Vgl. online unter: https://www.medienprojekt-wuppertal.de/site.php?site=t/v_35 (zul. abg.: 10.04.2019).

Literatur

Alanis, M. C./Lucidi, R. S. (2004): Neonatal circumcision: A review of the world's oldest and most controversial operation. Obstetrical & Gynecological Survey 59 (5), S. 379–395.

Auvert, B./Taljaard, D./Lagarde, E./Sobngwi-Tambekou, J./Sitta, R., Puren, A. (2006): Randomized, Controlled Intervention Trial of Male Circumcision for Reduction of HIV Infection Risk: The ANRS 1265 Trial. PLoS Medicine, 3 (5), e298. Abrufbar unter: http://journals.plos.org/plosmedicine/article/file?id=10.1371/journal.pmed.0020298&type=prin-table (zuletzt geprüft am 16.06.2017).

Bailey, R. C./Moses, S./Parker, C. B./Agot, K./Maclean, I./Krieger, J. N./Williams, C. F./Campbell, R. T./Ndinya-Achola, J. O. (2007): Male circumcision for HIV prevention in young men in Kisumu, Kenya: a randomised controlled trial. The Lancet 369 (9562), S. 643–656.

Bergner, C. (2016): Ent-hüllt! Die Beschneidung von Jungen – Nur ein kleiner Schnitt? Betroffene packen aus über – Schmerzen – Verlust – Scham. Hamburg: Tredition.

Beschneidungsbetroffene im MOGIS e. V. (2016): „Der goldene Schnitt – ein Fest rund um die Vorhaut" von Tugsal Mogul am Schauspielhaus Dortmund. Abrufbar unter: https://beschneidung.die-betroffenen.de/blog/der-goldene-schnitt/ (zuletzt geprüft am 13.03.2017).

Bischof, N. (1973): Die biologischen Grundlagen des Inzesttabus. In: Reinert, G. [Hrsg.]: Bericht über den 27. Kongress der Deutschen Gesellschaft für Psychologie. Göttingen: Hogrefe, S. 115–142.

Bischof, N. (2009): Psychologie: Ein Grundkurs für Anspruchsvolle. 2. Auflage. Stuttgart: Kohlhammer.

Burkert, W. (1997): Homo Necans. Interpretation altgriechischer Opferriten und Mythen. Berlin: De Gruyter.

Duke, N. N./Pettingell, S. L./McMorris, B. J./Borowsky, I. W. (2010): Adolescent Violence Perpetration: Associations With Multiple Types of Adverse Childhood Experiences. Pediatrics, 125 (4), e778–786. Abrufbar unter: http://pediatrics.aappublications.org/content/125/4/e778.full.pdf (zuletzt geprüft am 13.03.2017).

Franz, M. (2014): Beschneidung ohne Ende? In: Franz, M. [Hrsg.]: Die Beschneidung von Jungen. Ein trauriges Vermächtnis. Göttingen: Vandenhoeck & Ruprecht, S. 130–189.

Gray, R. H./Kigozi, G./Serwadda, D./Makumbi, F./Watya, S./Nalugoda, F./Kiwanuka, N./Moulton, L. H./Chaudhary, M. A./Chen, M. Z./Sewankambo, N. K./Wabwire-Mangen, F./Bacon, M. C./Williams, C. F./Opendi, P./Reynolds, S. J./Laeyendecker, O./Quinn, T. C./Wawer, M. J. (2007): Male circumcision for HIV prevention in men in Rakai, Uganda: a randomised trial. The Lancet 369 (9562), S. 657–666.

Hallett, T. B./Baeten, J. M./Heffron, R./Barnabas, R./de Bruyn, G./Cremin, Í./Delany, S./Garnett, G. P./Gray, G./Johnson, L./McIntyre, J./Rees, H./Celum, C. (2011): Optimal Uses of Antiretrovirals for Prevention in HIV-1 Serodiscordant Heterosexual Couples in South Africa: A Modelling Study. PLoS Medicine, 8 (11), e1001123. Epub 2011 Nov 15. Abrufbar unter: http://www.plosmedicine.org/article/info%3Adoi%2F10.1371%2Fjournal.pmed.1001123 (zuletzt geprüft am 13.03.2017).

Herzberg, R. D. (2009): Rechtliche Probleme der rituellen Beschneidung. JuristenZeitung (JZ) 7, S. 332–339.

Kelek, N. (2006): Die verlorenen Söhne. Plädoyer für die Befreiung des türkisch-muslimischen Mannes. Köln: Kiepenheuer & Witsch.

Kelek, N. (2012): Akt der Unterwerfung. Der Spiegel, 51, S. 74–75. Abrufbar unter: http://www.spiegel.de/spiegel/print/d-90157564.html (zuletzt geprüft am 13.03.2017).

Kellogg, J. H. (1877): Plain facts for old and young: embracing the natural history and hygiene of organic life. Abrufbar unter: http://web.archive.org/web/20081005104925/http://etext.lib.virginia.edu/toc/modeng/public/KelPlai.html (zuletzt geprüft am 13.03.2017).

Kupferschmid, C. (2014): Die Beschneidung von Knaben aus kinder- und jugendärztlicher Sicht. In: Franz, M. [Hrsg.]: Die Beschneidung von Jungen. Ein trauriges Vermächtnis. Göttingen: Vandenhoeck & Ruprecht, S. 82–108.

Mönninger, M. (2006): Interview mit Abdelwahab Meddeb. „Dem Islam ist die Gewalt in die Wiege gelegt." Ein Gespräch mit dem französischen Schriftsteller Abdelwahab Meddeb über die Quellen des Fanatismus und die überfällige Neuinterpretation des Korans. Die Zeit, 39, vom 21.09.2006. Abrufbar unter: http://zeus.zeit.de/text/2006/39/Interview-Meddeb (zuletzt geprüft am 13.03.2017).

Nicolai, F. (2015): Tödlicher Beschneidungslobbyismus in Sambia. Abrufbar unter: http://hpd.de/artikel/11878 (zuletzt geprüft am 13.03.2017).

Obert, M. (2015): Ein Einschnitt fürs Leben? Abrufbar unter: http://www.obert.de/fileadmin/user_upload/text/pdf/Sambia.pdf (zuletzt geprüft am 13.03.2017).

Putzke, H. (2008): Rechtliche Grenzen der Zirkumzision bei Minderjährigen. Zur Frage der Strafbarkeit des Operateurs nach § 223 des Strafgesetzbuches. Medizinrecht 26, S. 268–272.

Segal, J. (2014): Die Beschneidung aus jüdisch-humanistischer Perspektive. In: Franz, M. [Hrsg.]: Die Beschneidung von Jungen. Ein trauriges Vermächtnis. Göttingen: Vanden-hoeck & Ruprecht, S. 211–227.

Siegfried, N./Muller, M./Deeks, J. J./Volmink, J. (2009): Male circumcision for prevention of heterosexual acquisition of HIV in men. Cochrane Database of Systematic Reviews, 15 (2).

Stehr, M./Schuster, T./Dietz, H. G./Joppich, I. (2001): Die Zirkumzision – Kritik an der Routine. Klinische Pädiatrie 213 (2), S. 50–5.

Stehr, M./Putzke, H./Dietz, H.-G. (2008): Zirkumzision bei nicht einwilligungsfähigen Jungen: Strafrechtliche Konsequenzen auch bei religiöser Begründung. Deutsches Ärzteblatt 105 (34–35), A-1778/B-1535/C-1503.

Türcke, C. (2012): Hyperaktiv! Kritik der Aufmerksamkeitsdefizitkultur. München: Beck.

Zampieri, N./Pianezzola, E./Zampieri, C. (2008): Male circumcision through the ages: the role of tradition. Acta Pediatrica 97, S. 1305–1307.

Zöller, C./Fernandez, G./Ludwikowski, B./Petersen, C./Ure, B. (2014): Stationäre Behandlung bei Komplikationen nach männlicher Beschneidung: Retrospektive Analyse eines deutschen Referenzzentrums. Abrufbar unter: http://www.egms.de/static/de/meetings/dgch2014/14dgch256.shtml (zuletzt geprüft am 13.03.2017).

Prof. Dr. Matthias Franz Universitätsprofessor, Psychoanalytiker und Facharzt für Psychosomatische Medizin am Universitätsklinikum Düsseldorf. Arbeitsschwerpunkte: Affektverarbeitung, psychosoziale Präventionsprogramme, Bedeutung des Vaters. Herausgeber des ersten Handbuchs zur Beschneidungsthematik „Die Beschneidung von Jungen. Ein trauriges Vermächtnis" (2014).

Ist der Islam mit europäischen Werten und Lebensweisen vereinbar?

Klaus Spenlen

„Der Islam" ist kein monolithischer Block, es gibt innerhalb des Islam weltweit unterschiedliche Glaubensrichtungen, Bekenntnisse, Mentalitäten, Riten und Überlieferungen sowie unterschiedlich intensiv gelebte Religiosität von Muslimen. Allein in Deutschland hat der Islam ca. 70–80 Organisationen und Strömungen (vgl. Krech 2009, S. 11). Deshalb verbietet es sich, generalisierend von „dem" Islam und „den" Muslimen zu sprechen (vgl. Spenlen 2015).

Aber gerade im Alltag erfolgt die Bewertung religiöser Vielfalt und ihrer Erscheinungs- und Präsentationsformen häufig zentriert im Hinblick auf ihre Verträglichkeit mit der Rechts- und Werteordnung. Ob Angehörige einer Religion sich in Übereinstimmung mit europäischen Werten und Lebensweisen befinden, gerät so zu einem Kriterium der Beschreibung von religiöser Heterogenität als tolerierbarer Differenz oder gefährlicher Devianz. Deshalb erfolgen zunächst einige Grundinformationen über den Islam in Deutschland.

K. Spenlen (✉)
Abteilung für Bildungsforschung und Bildungsmanagement,
Heinrich-Heine-Universität, Düsseldorf, Deutschland
E-Mail: spenlen@phil.hhu.de

© Springer Fachmedien Wiesbaden GmbH, ein Teil von Springer Nature 2019   229
H. Barz und K. Spenlen (Hrsg.), *Islam und Bildung*,
https://doi.org/10.1007/978-3-658-26229-7_14

Zahlen, Daten und Fakten

Die deutliche Mehrheit der Muslime in Deutschland bilden mit ca. 74,1 % die Sunniten, gefolgt von Aleviten mit ca. Prozent[1], den Schiiten mit 7,1 % sowie sonstigen Glaubensrichtungen innerhalb des Islam, zum Beispiel der Ahmadiyya, Sufigemeinschaften u. a. m., die ca. 6,1 % der hier lebenden Muslime ausmachen (vgl. BAMF 2009, S. 59 ff.). Der muslimische Bevölkerungsanteil in Deutschland beträgt aktuell ca. 5 % der Gesamtbevölkerung, mithin also ungefähr 4–4,5 Mio.. Nicht eingerechnet sind die muslimischen Flüchtlinge, die verstärkt seit 2015 nach Europa/Deutschland kommen (Abb. 1).

Die meisten der hier lebenden Muslime sind Migranten aus der Türkei oder deren Nachfahren, gefolgt von Menschen, deren Heimat ursprünglich die Staaten Südosteuropas waren. Die Mehrzahl der Muslime in Deutschland besitzt die deutsche Staatsangehörigkeit (vgl. BAMF 2009, S. 70, 76 ff.). Wenn man sich ansieht, wo sie in Deutschland leben, fällt ins Auge, dass in den alten Bundesländern und dort in Nordrhein-Westfalen überproportionalviele Muslime leben (BAMF 2009, Abb. 17, S. 108). Anders ausgedrückt: In den neuen Bundesländern gibt es kaum Muslime. Diese Klarstellung erscheint notwendig, da sich die Vorbehalte der Bevölkerung in Ost- und Westdeutschland gegenüber dem Islam kaum unterscheiden.[2] Das legt die Vermutung nahe, dass sich das Islambild von Teilen der „bio-deutschen" Bevölkerung nicht durch unmittelbare eigene Erfahrungen entwickelt hat, sondern eher auf mediale Einwirkung zurückzuführen ist (Tab. 1).

Als weiterer Sachverhalt, der zu Beginn geklärt werden muss, ist das in Teilen der Bevölkerung angenommene hohe Bevölkerungswachstum von Muslimen, das dazu führen soll, dass sie in 30 bis 40 Jahren in Deutschland die Mehrheit bilden. Dass die Geburtenrate bei Migranten, also nicht nur Muslimen, ihre Todesrate übersteigt

---

[1]Dass die Aleviten hier als Muslime aufgeführt werden, hängt damit zusammen, dass sich Teile der Aleviten als Muslime verstehen. Andere sehen sich hingegen als eigenständige Religionsgemeinschaft außerhalb des Islam, insbesondere diejenigen, die in der AABF (Almanya Alevi Birlikleri Federasyonu) organisiert sind.

[2]Vgl. die 2010 durchgeführte Studie zur religiösen Vielfalt in Europa von Detlef Pollack online unter: https://www.uni-muenster.de/imperia/md/content/religion_und_politik/aktuelles/2010/12_2010/studie_wahrnehmung_und_akzeptanz_religioeser_vielfalt.pdf (zul. abg.: 10.04.2019).

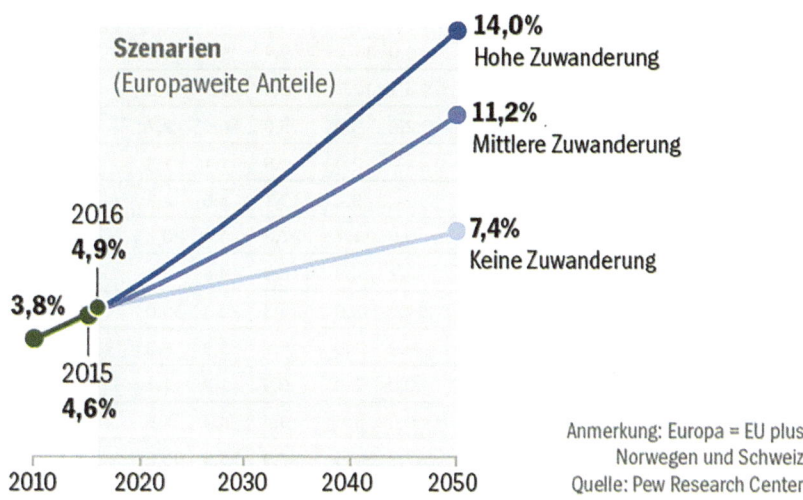

Szenarien: Muslimische Bevölkerung in Europa abhängig von Zuwanderung

Abb. 1 Muslimische Bevölkerung in Europa abhängig von Zuwanderung. (Quelle: https://www.spiegel.de/politik/ausland/deutschland-anteil-der-muslime-steigt-laut-pew-studie-auch-ohne-migration-a-1181018.html, zuletzt geprüft am 11.07.2019)

und gegenüber der „bio-deutschen" Bevölkerung höher ist, ist hinreichend publiziert worden. Bekannt ist aus diesen Untersuchungen aber auch, dass mit zunehmendem Wohlstand die Geburtenrate abnimmt.[3]

Das Bevölkerungswachstum von Muslimen in Deutschland sowie deren Prognose für die nächsten 15 Jahre verhalten sich jedenfalls proportional zu denen anderer europäischer Staaten und zudem im Rahmen der demografischen Entwicklung von Gesellschaften. In diese Prognose eingebunden sind auch die muslimischen

---

[3]Vgl. exemplarisch die Studie The Future oft he Global Muslim Population des US-amerikanischen Pew Research Center und seinem Forum Religion & Public Life online unter: http://www.citizentimes.eu/2011/02/01/muslimische-bevoelkerungsentwicklung-1990-2030 (zul. abg.: 10.04.2019).

Tab. 1 Anteil der Muslime nach Bundesländern. (Quelle: BAMF 2009, S. 107)

	Südost-Europa	Türkei	Zentral-Asien/GUS	Iran	Süd-/Südost-Asien	Naher Osten	Nord-afrika	Sonstiges Afrika	Gesamt
					alte Bundesländer				
Baden-Württemberg	21,7	18,3	0,0	11,7	9,4	9,5	8,2	5,6	16,6
Bayern	12,7	14,1	26,1	12,7	9,4	11,3	7,6	16,8	13,2
Berlin	3,5	6,9	2,2	5,9	5,0	16,4	2,7	15,0	6,9
Bremen	0,5	1,8	–	2,0	1,8	1,1	1,3	3,7	1,6
Hamburg	1,2	3,2	–	5,4	13,1	3,5	2,3	15,0	3,5
Hessen	14,3	8,3	0,0	11,7	27,2	5,4	20,3	8,4	10,3
Niedersachsen	12,8	5,0	2,2	4,9	6,3	9,8	5,1	6,5	6,2
NRW	23,9	35,3	54,3	38,0	18,3	29,3	39,0	17,8	33,1
Rheinland-Pfalz	4,2	3,9	2,2	1,5	3,7	3,9	6,3	4,7	4,0
Saarland	1,2	0,6	0,0	2,4	0,5	1,2	1,1	1,9	0,8
Schleswig-Holstein	0,4	2,1	0,0	1,5	3,4	4,4	1,5	3,7	2,1
alte BuLä insg.	**96,7**	**99,4**	**87,2**	**97,5**	**97,9**	**95,5**	**95,2**	**99,1**	**98,4**
					neue Bundesländer				
Brandenburg	0,3	0,1	–	0,5	0,3	0,3	0,2	–	0,1
MVP	0,4	–	6,5	–	–	0,6	–	–	0,1
Sachsen	0,6	0,3	–	2,0	1,0	2,4	3,0	0,9	0,7
Sachsen-Anhalt	2,0	0,2	2,2	–	–	0,6	0,8	–	0,4
Thüringen	–	0,1	4,3	–	0,8	0,5	0,6	–	0,2
neue BuLä insg.	**3,3**	**0,6**	**12,8**	**2,5**	**2,1**	**4,5**	**4,8**	**0,9**	**1,6**

Flüchtlinge und Asylbewerber, da sich auch in den meisten ihrer Herkunftsländer die ehemals eher hohe Geburtenzahl aktuell deutlich gemindert und den europäischen Fertilitätsraten annähert hat (Abb. 2).[4]

Als Basis für die folgenden Ausführungen ist deshalb festzuhalten: Muslime und ihre Religion, der Islam, präsentieren sich nicht nur in Deutschland vielfältig. Gleichwohl gibt es für alle Muslime gemeinsame religiöse Quellen, die sich im

---

[4]Vgl. exemplarisch die Geburtenzahlen samt Prognosen von Syrien online unter: http://www.factfish.com/de/statistik-land/syrien/geburtenrate (zul. abg.: 10.04.2019).

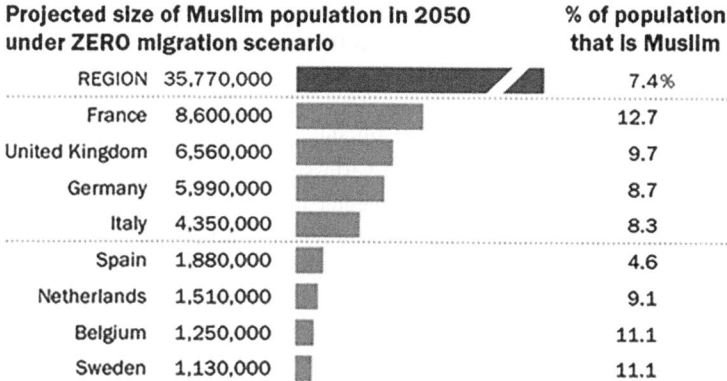

Projected size of Muslim population in 2050 under ZERO migration scenario		% of population that is Muslim
REGION	35,770,000	7.4%
France	8,600,000	12.7
United Kingdom	6,560,000	9.7
Germany	5,990,000	8.7
Italy	4,350,000	8.3
Spain	1,880,000	4.6
Netherlands	1,510,000	9.1
Belgium	1,250,000	11.1
Sweden	1,130,000	11.1

Note: In zero migration scenario, no migration of any kind takes place to or from Europe. "Size of Muslim population in 2050 ..." column lists only countries with at least 1 million Muslims.
Source: Pew Research Center projections. See Methodology for details.
"Europe's Growing Muslim Population"

PEW RESEARCH CENTER

Abb. 2 Voraussichtliche Entwicklung der muslimischen Bevölkerung in Europa bis 2050. (Quelle: https://deutsch.rt.com/europa/61481-auch-ohne-neuzuwanderung-zahl-muslime/, zuletzt geprüft am 11.07.2019)

Koran als Gottes unmittelbare Offenbarung manifestieren. Der Koran wird von gläubigen Muslimen als verbindliche Rechtleitung, Belehrung, Urteilshilfe, praktische Anweisung und als „Zusammenfassung aller religiösen Lehren aller Zeiten" angesehen. Hinzu kommt als zweite Offenbarungsquelle die *Sunna al-Mutahhara,* „die heilige Lebensart des Propheten". Sie versammelt Aussprüche, Anordnungen und Handlungen des Propheten, deren Überlieferung auf seine Gefährten *(Šahâba)* zurückgeführt wird. Wegen der vielen Regeln für das tägliche Leben, die Gläubige zu befolgen haben, haben diese *Hadîthe* häufig größeren Einfluss auf das Leben von Muslimen als der Koran. Durch Flüchtlinge und Asylbewerber, die dauerhaft in Deutschland bleiben werden, wird der Islam hier heterogener werden, gegebenenfalls auch archaischer, weil zu erwarten ist, dass diese Menschen in den ersten Jahren in der Diaspora besonders festhalten, was sie als ihren Glauben ansehen. Dadurch werden die Integrationsleistungen von Zuwanderern und Aufnahmegesellschaft allerdings nicht leichter.

Das Grundgesetz – verbindende und verbindliche Richtlinie des Zusammenlebens in Deutschland

Das Grundgesetz (GG) bildet die Grundlage des Zusammenlebens in Deutschland. Gleichwohl können Rechte und Pflichten, die sich aus einer Verfassungsnorm ergeben, in Kollision mit anderen Verfassungsnormen geraten. Deshalb gilt: „Verfassungsrechtlich geschützte Rechtsgüter müssen in der Problemlösung einander so zugeordnet werden, dass jedes von ihnen Wirklichkeit gewinnt. Wo Kollisionen entstehen, darf nicht in vorschneller ‚Güterabwägung' oder gar abstrakter ‚Werteabwägung' eines auf Kosten des anderen realisiert werden. Vielmehr stellt das Prinzip der Einheit der Verfassung die Aufgabe einer Optimierung: Beiden Gütern müssen Grenzen gezogen werden, damit beide zu optimaler Wirksamkeit gelangen können" (Hesse 1999, S. 28, Rn 72).

Anders ausgedrückt: Die für die Verfassungsrechtsprechung der Gegenwart vielleicht wichtigste Einsicht liegt darin, dass bei kollidierenden Verfassungswerten nicht nach dem Vorrang zu fragen ist, sondern nach einem Ausgleich im Sinne praktischer Konkordanz. Grundrechte, die im Zusammenhang mit religiösem Leben betroffen sein können, sind im Wesentlichen die Art. 2 (Persönliche Freiheitsrechte), 3 (Gleichheitsgrundsatz), 4 (Glaubens- und Gewissensfreiheit), 5 (Meinungsfreiheit), 6 (Elternrecht), 7 (Bildungs- und Erziehungsauftrag des Staates durch Schulen), 8 (Versammlungsfreiheit) sowie 20 (Staatsgewalt, Widerstandsrecht).

Beispiele aus verschiedenen Religionen (Judentum, Islam, Mennoniten- und Jesidentum u. a. m.) und Lebensbereichen mögen dies verdeutlichen: Bei der Frage der rituellen Beschneidung von Jungen kollidieren unter anderem das Grundrecht von Art. 4 mit Art. 2 Abs. 2 (Recht auf Leben und körperliche Unversehrtheit). Bei der Frage der Bedeckung von Frauen und Mädchen durch sog. religiöse Schleier („Kopftücher") oder ihrer Teilnahme am koedukativen Sportunterricht muss zwischen Art. 4, Art. 6 sowie Art 7 abgewogen werden. Schließlich muss gegebenenfalls bei der Frage, ob es gegen Demonstrationen für religiöse Belange Vorbehalte gibt, zwischen Art. 4 und Art. 8 (Versammlungsfreiheit) ein Ausgleich im Sinne praktischer Konkordanz gesucht werden.

Beispiele von Unvereinbarkeiten des Islam mit europäischen Grundwerten

Den Rechtsrahmen für gedeihliches Zusammenleben in Deutschland bildet der Begriff der freiheitlichen demokratischen Grundordnung. Er wird in Art. 10 Abs. 2, Art. 11 Abs. 2, Art. 18, Art. 21 Abs. 2, Art. 87a Abs. 4, Art. 73 und Art. 91

Abs. 1 GG verwendet und ist ein Begriff, der die unabänderliche Kernstruktur der Grundordnung beschreibt. Er bezeichnet die Grundprinzipien der politischen Ordnungs- und Wertvorstellungen, auf denen die liberale und rechtstaatliche Demokratie in Deutschland beruht. Ihre grundsätzliche Anerkennung ist eine notwendige Bedingung für die Teilnahme am politischen Leben, ausdrücklich gilt dies insbesondere für Parteien, Vereine und Verbände und wurde vom Bundesverfassungsgericht im Jahr 1952 wie folgt präzisiert:

> „Freiheitliche demokratische Grundordnung im Sinne des […] GG ist eine Ordnung, die unter Ausschluss jeglicher Gewalt und Willkürherrschaft eine rechtsstaatliche Herrschaftsordnung auf der Grundlage der Selbstbestimmung des Volkes nach dem Willen der jeweiligen Mehrheit und der Freiheit und Gleichheit darstellt. Zu den grundlegenden Prinzipien dieser Ordnung sind mindestens zu rechnen: die Achtung vor den im Grundgesetz konkretisierten Menschenrechten, vor allem vor dem Recht der Persönlichkeit auf Leben und freie Entfaltung, die Volkssouveränität, die Gewaltenteilung, die Verantwortlichkeit der Regierung, die Gesetzmäßigkeit der Verwaltung, die Unabhängigkeit der Gerichte, das Mehrparteienprinzip und die Chancengleichheit für alle politischen Parteien mit dem Recht auf verfassungsmäßige Bildung und Ausübung einer Opposition."

Im Folgenden werden einige Sachverhalte benannt, die häufig als unvereinbar mit europäischen Grundwerten herangezogen werden:

1. In Deutschland nehmen islamische Verbände, insbesondere die Dachverbände, das Recht für sich in Anspruch, den Islam und die Muslime in Deutschland zu repräsentieren, obwohl sich lediglich etwas mehr als drei Prozent aller Muslime in Deutschland durch die islamischen Dachverbände VIKZ, ZMD und IR (DİTİB: 15,8 %) vertreten fühlen (vgl. BAMF 2009, S. 179).
   Einige islamische Verbände in Deutschland streben eine Gesellschaft auf islamischer Grundlage an, was nicht nur zur Abschottung auf sog. „islamischen Inseln" führen, sondern auch gegen die genannten Prinzipien des GG gerichtet sein kann.
   Diese Einschätzung bezog der damalige Leiter des Berliner Verfassungsschutzes Eduard Vermander auf die Islamische Föderation Berlin (IFB), die den dortigen islamischen Religionsunterricht verantwortete. Er sieht „in dieser Gruppe Anhaltspunkte für extremistische Bestrebungen", nicht zuletzt wegen deren Verflechtung mit der IGMG (Millî Görüş) (Berliner Zeitung 1998).
   Und über diese Gruppierung entschied das OVG Rheinland-Pfalz – 7 A 10953/04 OVG – am 24.05.2005, dass die Islamische Gemeinschaft Millî Görüş eine sich gegen die freiheitliche demokratische Grundordnung der Bundesrepublik

Deutschland richtende Organisation sei. Langjährige Mitgliedschaft in der IGMG und Tätigkeit als Sekretär eines Ortsvereins sah das Gericht als ausreichend für den Versagungstatbestand des § 11 Satz 1 Nr. 2 StAG an (Zuerkennung der deutschen Staatsangehörigkeit).

Zudem ist DİTİB in letzter Zeit massiv in die Kritik gekommen: Zum einen haben einige ihrer Imame Namen von Gläubigen nach Ankara gemeldet, die angeblich der Gülen-Bewegung angehören (vgl. ZEIT Online 2017). Und zum anderen publizierte der Verband im September 2016 unter der Überschrift „Möge Allah unsere Märtyrer belohnen, mögen sie in Frieden ruhen" einen Comic von DIYANET, der Religionsbehörde der Türkei, in dem der Märtyrertod von Allah belohnt wird und der Todesschmerz „bloß so stark wie ein Zwicken" sei (vgl. Jacobs/Reisener 2016).

2. Als weiteres Beispiel von Unvereinbarkeit wird der auch in Deutschland agierende Neo-*Salafismus* genannt.[5] Bestandteile seiner Ideologie sind eine Polarisierungs-Rhetorik (islamische Welt vs. „Westen" bzw. „Ungläubige"); eine Stigmatisierung von Juden und Christen; das Verbot des Kontakts zu „Ungläubigen"; ein extremer Antisemitismus; der Versuch, die *Šariʿa* (die islamische Rechts- und Werteordnung) vor allem in ihrer ursprünglichen Form vorrangig anzuwenden; die Ablehnung politischer Parteien, westlicher Demokratiemodelle und Wahlen sowie der Gleichberechtigung von Frauen; die Propagierung des militanten *Ǧihâd* als sechsten Glaubenspfeiler des Islam sowie schließlich das Verständnis einer Höherwertigkeitsideologie gegenüber christlichen, jüdischen sowie anderen islamischen und nicht-islamischen Glaubenslehren.

3. Außerdem kollidieren etliche Koranverse mit dem Grundgesetz, insbesondere die sog. medinensischen Suren: Jede Sure, in der eine Auseinandersetzung mit Juden und Christen vorkommt, ist eine medinensische Sure. Zu ihnen gehören auch Verse mit *Šariʿa*-Normen, dem *Ǧihâd,* mit Kommentaren über Kriege, der Aufteilung der Beute und solche, die sich mit Heuchlern *(Munafiq)* sowie mit Angelegenheiten des Regierens und dem Einhalten von Koran und Sunna beschäftigen.[6]

---

[5]Der Begriff „Neo-Salafismus" wird in Abgrenzung der klassischen Salafiya für Gruppierungen verwendet, die mit allen Mitteln die imaginierten medinensischen Zustände wiederherstellen wollen.

[6]Exemplarisch: Sure 2, Vers 191, in der Übersetzung von Paret, Rudi, 2004: „Und tötet sie (das heißt die heidnischen Gegner), wo (immer) ihr sie zu fassen bekommt, und vertreibt sie, von wo sie euch vertrieben haben!"

4. Schließlich wird die Antwort des Bundesministers des Innern (BMI) auf eine Anfrage der Grünen-Bundestagsfraktion zu Kinderehen in Deutschland herangezogen: Registriert seien 1475 minderjährig Verheirate, davon 361 unter 14 Jahren. Bei den meisten minderjährig Verheirateten handelt es sich um Syrer – hier waren 664 Fälle bekannt (vgl. Deutscher Bundestag Drucksache 18/9595 vom 09.09.2016).

In manchen Gesellschaften wird das Heiratsalter auf den Zeitpunkt der Geschlechtsreife datiert, bei Mädchen neun und bei Jungen zwölf Jahre. Zwar gibt es auch in islamisch geprägten Staaten wie der Türkei, Ägypten, Algerien, Marokko, Tunesien unter anderem Zivilgesetze, die das Heiratsalter höher ansetzen. Gleichwohl ist gerade in traditionell-ländlichen islamischen Gesellschaften die Bedeutung der Sunna, die das Leben und Wirken Mohammeds umfasst, sehr groß. Danach ist der Prophet mit seiner dritten Frau Aischa eine Ehe eingegangen, die nach islamischer Überlieferung zum Zeitpunkt des Eheschließungsvertrages sechs Jahre und bei der Hochzeit neun Jahre alt gewesen sein soll. In einem *Hadîth* von Muslim zitiert dieser eine Aussage von Aischa:

„Der Gesandte Gottes, Gottes Segen und Heil sei auf ihm, heiratete mich, als ich sechs (Jahre) war. Er führte mich in sein Haus, als ich ein Mädchen von neun Jahren war."

Der letzte Satz ist die Umschreibung des Vollzugs der Ehe.

Ohne im Einzelnen an dieser Stelle auf Ursachen und Folgen von Kinderehen einzugehen, so viel: Kinderehen gibt es im hinduistisch geprägten Indien, unter christlichen Roma, bei Jesiden, besonders häufig jedoch im islamisch geprägten Kulturkreis. Und bei allen Kinderehen geht es um die Frage: Wann verstößt eine Ehe gegen die guten Sitten, wann gegen die Rechtsordnung?

5. Inwiefern vereinzelte Muslime, Organisationen, Vereine und Verbände in Deutschland in ihren Satzungen oder ihrer Praxis gegen das GG verstoßen, müssen im Streitfall Gerichte klären.

Rauschen im Blätterwald

Insbesondere durch die Medien sind einer breiten Öffentlichkeit die Themen „islamisches Kopftuch", „Schächten" sowie die rituelle Beschneidung von Jungen bekannt geworden. Alle drei Themen wurden öffentlich mit der Diktion diskutiert, sie seien mit der Rechts- und Werteordnung des Grundgesetzes unvereinbar.

1 Die Kopftuchfrage

Die auf die Kurzform „Kopftuch" gebrachte Verschleierung religiöser Mädchen und Frauen etwa im Judentum, im Islam und bei Mennoniten, beschäftigt Gerichte und Medien in Deutschland intensiv bereits seit mehr als zehn Jahren. Dabei geht es im Kern um die Frage, ob Mädchen und Frauen in Schulen und darüber hinaus im gesamten öffentlichen Dienst als Zeichen ihrer Religionszugehörigkeit das „Kopftuch" tragen dürfen.

Allerdings waren für viele Medien ausschließlich Streitfälle über das „islamische Kopftuch" von Interesse, über die Gerichte zu entscheiden hatten. Bei der „Kopftuchfrage" ging es um einen Ausgleich der Grundrechte aus Art. 4 und 12 sowie um die Rechtmäßigkeit von Schulgesetzen. Das Kopftuch von Muslima ist Zeichen religiöser Zugehörigkeit. Die „Kopftuchfrage" wird als Gradmesser für gelungene oder misslungene Integration und auf islamischer Seite zum Beleg für Ausgrenzung angeführt (vgl. Spenlen 2011).

Unstreitig ist, dass dieses Zeichen von der Religionsfreiheit im Grundgesetz gewährleistet wird. Zwar kennt der Islam weitere Bekleidungsvorschriften. In den Schulen geht es jedoch um das Tragen von *Ḥiğāb, Ḫimār, al-Amira* und der *Schaila,* im Ausnahmefall auch um das Tragen von *Niqab* und *Burka* durch Schülermütter (vgl. Spenlen 2016).

Für Schülerinnen gilt: Von Schule und Elternhaus muss darauf geachtet werden, dass sowohl das Tragen als auch das Nicht-Tragen eines Kopftuches nicht zu Ausgrenzungen oder einem Rechtfertigungsdruck auf muslimische Mädchen führt. Eine Verhüllung des Gesichts bzw. des ganzen Körpers ist allerdings mit der offenen Kommunikation, die den Unterricht und den Erziehungsprozess in der Schule bestimmt, unvereinbar. Daher sind das Tragen von *Niqab* und *Burka* in der Schule verboten.

Religionsmündigen Schülerinnen und Schülern steht es in Ausübung ihres Grundrechts auf freie Religionsausübung aus Art. 4 GG allerdings frei, Zeichen ihrer Religionszugehörigkeit zu tragen oder sich religiösen Vorschriften gemäß zu kleiden, soweit nicht gewichtige sachliche Gründe entgegenstehen. Das Tragen des Kopftuches kann daher nicht in Schulgesetzen, Schulordnungen, Elternverträgen o. ä. untersagt werden.

Zudem bestätigte der Europäische Menschenrechtsgerichthof (EMGR – 29086/12) am 10.01.2017) die Rechtspraxis in Deutschland, nach der Schulen muslimische Mädchen vor der Pubertät zum gemischten Schwimmunterricht verpflichten dürfen. Dem Gericht zufolge schränkt die Teilnahmepflicht zwar die

Religionsfreiheit ein. Das staatliche Interesse einer sozialen Integration durch den gemeinsamen Unterricht rechtfertige aber, die religiös begründete Bitte der muslimischen Eltern um Befreiung ihrer Tochter abzulehnen. Das Urteil ist laut Artikel 46 der Europäischen Menschrechtskonvention für alle Mitgliedsstaaten bindend.

Für Bedienstete des öffentlichen Dienstes, insbesondere Lehrerinnen, hat das Bundesverfassungsgerichts letztinstanzlich entschieden (Entscheidung vom 27.01.2015 – 1 BvR 471/10, 1 BvR 1181/10), dass ein pauschales Verbot religiöser Bekundungen in öffentlichen Schulen durch das äußere Erscheinungsbild von Lehrkräften mit Art. 4 Abs. 1 und 2 GG nicht vereinbar ist. Vielmehr müsse, um ein Verbot zu rechtfertigen, von einer äußeren religiösen Bekundung nicht nur eine abstrakte, sondern eine hinreichend konkrete Gefahr der Beeinträchtigung des Schulfriedens oder der staatlichen Neutralität ausgehen. Für öffentliche Schulen bedeutet dies: Lehrkräfte aller Religionen und Glaubensrichtungen dürfen in jedem beliebigen Unterrichtsfach Symbole ihrer Religion zeigen, mithin dürfen auch muslimische Lehrerinnen das sog. islamische Kopftuch in Schulen und im Unterricht tragen. Diese Entscheidung hat entsprechende Auswirkungen für den gesamten öffentlichen Dienst. Die gelegentlichen Forderungen aus der Politik nach einem generellen Verbot von *Burka* und *Niqab* (vgl. exemplarisch FOCUS-Online 2015) stehen verfassungsrechtlich ebenfalls auf wackligen Füßen. So hat das Bundesverfassungsgericht bereits 2003 klargestellt: „Die in Art. 4 Abs. 1 und 2 GG verbürgte Glaubensfreiheit ist vorbehaltlos gewährleistet. Einschränkungen müssen sich daher aus der Verfassung selbst ergeben. Hierzu zählen die Grundrechte Dritter sowie Gemeinschaftswerte von Verfassungsrang […]. Die Einschränkung der vorbehaltlos gewährleisteten Glaubensfreiheit bedarf überdies einer hinreichend bestimmten gesetzlichen Grundlage" (2 BvR 1436/02 vom 24. September 2003). Und es hat weiter ausgeführt:

„Art. 4 GG garantiert in Absatz 1 die Freiheit des Glaubens, des Gewissens und des religiösen und weltanschaulichen Bekenntnisses, in Absatz 2 das Recht der ungestörten Religionsausübung. Beide Absätze des Art. 4 GG enthalten ein umfassend zu verstehendes einheitliches Grundrecht. Es erstreckt sich nicht nur auf die innere Freiheit, zu glauben oder nicht zu glauben, sondern auch auf die äußere Freiheit, den Glauben zu bekunden und zu verbreiten. Dazu gehört auch das Recht des Einzelnen, sein gesamtes Verhalten an den Lehren seines Glaubens auszurichten und seiner inneren Glaubensüberzeugung gemäß zu handeln. Dies betrifft nicht nur imperative Glaubenssätze, sondern auch solche religiösen Überzeugungen, die ein Verhalten als das zur Bewältigung einer Lebenslage richtige bestimmen)."

2 Das Schächten

Schächten wird das betäubungslose Schlachten warmblütiger Tiere genannt. Es ist in Deutschland nach § 4 des Tierschutzgesetzes (TierSchG) grundsätzlich verboten. Allerdings gibt es Ausnahmeregelungen für die Angehörigen bestimmter Religionsgemeinschaften, denen ihre Religion zwingend vorschreibt, dass nur Fleisch gegessen werden darf, wenn das Tier ohne Betäubung durch einen Kehlschnitt getötet wurde und vollständig ausgeblutet war.

Das Schächten, das meist mit dem Islam in Verbindung gebracht wird, ist aber auch in der jüdischen Religion vorgeschrieben und wird vorwiegend von orthodoxen Juden befolgt. Bei Muslimen wird das so gewonnene Fleisch als *halāl,* bei Juden als koscher bezeichnet.

Während die Ausnahmegenehmigung Mitbürgern jüdischen Glaubens früher problemlos erteilt wurde, wurde sie Muslimen meist nicht gewährt. Der Konflikt berührt die Art. 2, 4 und 20a GG sowie die §§ 1 und 4a TierSchG.

Der Erste Senat des Bundesverfassungsgerichts hat in seiner Entscheidung vom 15. Januar 2002 – 1 BvR 1783/99 – dazu festgestellt, dass die „Tätigkeit eines nichtdeutschen gläubigen muslimischen Metzgers, der Tiere ohne Betäubung schlachten (schächten) will, um seinen Kunden in Übereinstimmung mit ihrer Glaubensüberzeugung den Genuss von Fleisch geschächteter Tiere zu ermöglichen, […] verfassungsrechtlich anhand von Art. 2 Abs. 1 in Verbindung mit Art. 4 Abs. 1 und 2 GG zu beurteilen" sei. „Im Lichte dieser Verfassungsnormen", so führte der Senat seine Leitsätze aus, sei „§ 4 a Abs. 1 in Verbindung mit Abs. 2 Nr. 2 Alternative 2 des Tierschutzgesetzes so auszulegen, dass muslimische Metzger eine Ausnahmegenehmigung für das Schächten erhalten" könnten.

Erst nach dieser Entscheidung fand der Tierschutz als Staatsziel Aufnahme ins Grundgesetz, sodass das Bundesverwaltungsgericht, das nunmehr angerufen wurde, in seiner Entscheidung vom 23.11.2006 – BVerwG 3 C 30.05 – entschied, dass es die Aufnahme des Tierschutzes als Staatsziel in Art. 20a GG nicht ausschlösse, „einem muslimischen Metzger eine Ausnahmegenehmigung nach § 4a Abs. 2 Nr. 2 Alt. 2 TierSchG zum betäubungslosen Schlachten (Schächten) von Rindern und Schafen zu erteilen, um seine Kunden entsprechend ihrer Glaubensüberzeugung mit Fleisch zu versorgen. Auf der Grundlage von § 4a Abs. 2 Nr. 2 TierSchG (sei) der erforderliche Ausgleich zwischen dem zur Staatszielbestimmung erhobenen Tierschutz und den betroffenen Grundrechten weiterhin so herzustellen, dass beide Wirkung entfalten können". Zudem führte die Kammer aus, dass als Religionsgemeinschaften im Sinne des § 4a Abs. 2 Nr. 2 TierSchG auch Gruppen innerhalb des Islam in Betracht kämen, deren Glaubensrichtung sich von derjenigen anderer islamischer Gemeinschaften unterschiede, wenn diese Glaubensrichtung für sich die zwingende Notwendigkeit des betäubungslosen rituellen Schächtens als anerkannte bindende Verhaltensregel betrachte.

Damit ist der Konflikt zwischen verschiedenen Grundrechten zum Schächten abschließend im Sinne praktischer Konkordanz entschieden.

3 Die rituelle Beschneidung von Jungen

Die rituelle Beschneidung von Jungen ist im Islam wie im Judentum gängige Religionspraxis (vgl. die Beiträge von Matthias Franz sowie von Navid Kermani in diesem Band). An dieser Stelle wird lediglich der Frage der (Un-)Vereinbarkeit der Beschneidung mit dem GG nachgegangen: Das Thema „Beschneidung von Jungen" war ein medialer Aufreger 2012, der durch die Entscheidung des Landgerichts Köln erst richtig angeheizt wurde. Das LG Köln hatte am 07.05.2012 – 151 Ns 169/11 – im Rechtsstreit um die Anwendungen von Art. 2, 4 und 6 sowie §§ 17, 223 StGB sowie §§ 1626 BGB entschieden:

a) Die Beschneidung eines Knaben aus religiösen Gründen durch einen Arzt erfüllt den Tatbestand des § 223 Abs. 1 StGB, auch wenn die Eltern in den Eingriff eingewilligt haben. Beschneidungen sind insbesondere nicht sozialadäquat.

b) Dem elterlichen Recht auf religiöse Kindererziehung kommt gegenüber dem Recht auf körperliche Unversehrtheit des Kindes in Fällen der religiösen Knabenbeschneidung kein rechtlicher Vorrang zu.

c) Eine gleichwohl erteilte elterliche Einwilligung in die Beschneidung durch den Arzt verletzt daher das Wohl des Kindes.

Der hierdurch erzeugte mediale Shitstorm veranlasste den Bundestag, die von Juden und Muslimen in Deutschland geforderte Rechtssicherheit in Sachen Beschneidung wiederherzustellen. Dazu hat er in namentlicher Abstimmung am 12. Dezember 2012 den Gesetzentwurf der Bundesregierung über den „Umfang der Personensorge bei einer Beschneidung des männlichen Kindes" (17/11295) in dritter Beratung verabschiedet und § 1631 d BGB neu eingefügt:

„(1) Die Personensorge umfasst auch das Recht, in eine medizinisch nicht erforderliche Beschneidung des nicht einsichts- und urteilsfähigen männlichen Kindes einzuwilligen, wenn diese nach den Regeln der ärztlichen Kunst durchgeführt werden soll. Dies gilt nicht, wenn durch die Beschneidung auch unter Berücksichtigung ihres Zwecks das Kindeswohl gefährdet wird.

(2) In den ersten sechs Monaten nach der Geburt des Kindes dürfen auch von einer Religionsgesellschaft dazu vorgesehene Personen Beschneidungen gemäß Absatz 1 durchführen, wenn sie dafür besonders ausgebildet und, ohne Arzt zu sein, für die Durchführung der Beschneidung vergleichbar befähigt sind."

Damit legte sich das Rauschen im Blätterwald, dessen wichtigste Erkenntnis neben der Straffreiheit ritueller Beschneidungen unter den genannten Bedingungen für Teile der Medien darin bestand, dass Muslime von der ebenfalls religiös begründeten Beschneidung von Juden profitierten.

„Wir wenden hier in Deutschland täglich die Scharia an"[7]

„Berichte von islamischer Paralleljustiz in Deutschland sind politisch brisant und erwecken Zweifel am Rechtsstaat. Sobald diese Zweifel laut werden, betreffen sie direkt die Polizei. Diese wird mit der Forderung konfrontiert, härter durchzugreifen und den Gesetzen des Landes zur Geltung verhelfen zu müssen. Allerdings sehen sich auch Polizisten vereinzelten Phänomenen von parallelem Rechtsverständnis ausgesetzt, denen sie scheinbar hilflos gegenüberstehen. Straftaten, die außerhalb der deutschen Gerichtsbarkeit durch sogenannte Friedensrichter und mit Geldzahlungen geklärt werden, sind indes keine typische Begleiterscheinung muslimisch geprägter Migranten. In patriarchischen Strukturen und zunehmend innerhalb als Problemvierteln bekannter Stadtteile entwickeln sich jedoch eigene Regeln, die den Rechtsstaat und damit auch die Exekutive aushebeln" (Dienstbühl 2013, S. 1).

„Gegenjustiz" wäre für diese Sachverhalte wohl der präzisere Begriff, denn gemeint ist ein islamisch fundiertes System der Streitschlichtung, das Fälle an sich zieht und entscheidet, die nach rechtsstaatlichen Grundsätzen originär der deutschen Justiz vorbehalten sind. Hierdurch drohen institutionell verfestigte Strukturen, die mit dem deutschen Justizsystem in Konkurrenz oder Konflikt stehen und auch quantitativ ein gewichtiges Maß erreichen können. Die Fälle „islamischer Streitschlichtung" haben vielfach gemein, dass Lösungen für Konflikte nicht auf gerichtlichem Wege gesucht, sondern von einem islamischen Streitschlichter entschieden werden. Manchmal geben diese Vertrauenspersonen lediglich telefonisch eine Auskunft, manchmal müssen sie sich zwischen Prügelnde werfen.

---

[7]Rohe, Mathias in Frankfurter Rundschau online, 28.11.2002, online abrufbar unter: http://www.bpb.de/politik/ innenpolitik/konfliktstoff-kopftuch/63264/mathias-rohe (zul. abg.: 10.04.2019).

Hilfe suchen bei islamischen Streitschlichtern vor allem verlassene Ehemänner oder Väter zerstrittener Paare. Oft klagen sie über ihre Frauen oder Töchter. Zudem suchen Muslima Rat, die gegen Prügel oder die Bindung an die Wohnung aufbegehren.

Ob Konfliktlösungen von Privatpersonen außerhalb von Offizialdelikten tatsächlich problematisch sind, bedarf der Einzelfallprüfung. Denn die Rechtsordnung lässt den Bürgerinnen und Bürgern, wo immer es geht, Freiräume zur außergerichtlichen Konfliktbearbeitung und ermutigt sie geradezu zu deren Ausschöpfung. Daher kann die außergerichtliche Konfliktlösung als solche nicht per se als problematisch angesehen werden.

„Hier gilt es, rechtsstaatlich Zulässiges von Unvertretbarem zu unterscheiden. Rechtsstaatlich nicht akzeptabel sind folgende Fallgruppen:

- Die Regulierung von Konflikten erfolgt unter Einsatz von Zwang (Drohungen, Gewalt), insbesondere um zu verhindern, dass Betroffene Hilfe der Justiz in Anspruch nehmen (Verhinderung von Justiz), um den Ausgang von Verfahren zu beeinflussen oder um zu erzwingen, dass gerichtliche Verfahren enden (Behinderung von Justiz).
- Das Ergebnis der Regulierung von Konflikten verlässt den weiten Rahmen des rechtlich Akzeptierten, namentlich indem eine Konfliktlösung einen sittenwidrigen Inhalt hat" (BMJV, S. 3/4).

Der hier beschriebenen Gegenjustiz wird an dieser Stelle nicht weiter nachgegangen, da sie zwar in islamischen Communities verbreitet, eher aber kein islamisches, sondern vielmehr ein Milieu- und Herkunft bedingtes Phänomen ist und deshalb auch in nicht-islamischen Communities praktiziert wird.

Bereits durch diesen Exkurs zur „Gegenjustiz" erfüllt sich der fromme Wunsch der Bundeskanzlerin von 2010 nicht: „Es gilt das Grundgesetz und nicht die Scharia". Ein Blick in die hiesige Rechtspraxis gibt weitere Aufschlüsse: Vor allem im Familien- und Erbrecht finden Normen von Herkunftsländern in Deutschland Anwendung, mithin für Muslime auch die Scharia *(Šari'a)*. So können etwa Jordanier in Deutschland nach jordanischem Recht verheiratet und geschieden werden. Ebenfalls erkannte ein Gericht eine Heirat an, die in Tunesien per Handschlag zustande gekommen war. Selbst Frauen, die in ihrem Herkunftsland rechtmäßig eine polygame Ehe eingehen, können in Deutschland Ansprüche geltend machen: Unterhaltszahlungen, vom Ehemann erworbene Anrechte auf Sozialleistungen und einen Teil des Erbes.

In diesen und weiteren Fällen berufen sich deutsche Richter auf die Scharia: So lehnte das Bundessozialgericht in Kassel vor einigen Jahren die Klage einer Marokkanerin mit dem Verweis auf islamisches Recht ab. Die Witwe hatte sich geweigert, die Rente ihres Mannes mit der Zweitfrau zu teilen. Beiden Frauen stehe der gleiche Rentenanteil zu, betonten die Richter. In einem anderen Verfahren gestand das OVG Koblenz auch der Zweitfrau eines Irakers eine Aufenthaltsbefugnis zu. Nach fünf Jahren Ehe in Deutschland sei es ihr nicht zuzumuten, allein in den Irak zurückzukehren. Und in Köln verpflichtete das OLG einen Iraner, nach der Scheidung 600 Goldmünzen Morgengabe an seine Ex-Frau zu zahlen. Die Richter stützten sich dabei auf die in Iran geltende Scharia. Zu einem ähnlichen Urteil kam das OLG Düsseldorf, das einen Türken zu 30.000 EUR Morgengabe an seine ehemalige Schwiegertochter verurteilte (vgl. Spiegel-Online 2010).

Das Nebeneinander verschiedener Rechtsvorstellungen sei Ausdruck der Globalisierung, sagt der Islamwissenschaftler, Richter am OLG und Professor für Bürgerliches und Internationales Recht an der Universität Erlangen, Mathias Rohe. „Das Recht schafft allerdings in der Verfassung Religionsfreiheit, das heißt unter dem breitem Dach des Rechts gibt es religiöse Entfaltungsmöglichkeiten. Die Letztherrschaft, insbesondere des Verfassungsrechts, aber ist nicht anzutasten. Selbst dann nicht, wenn wir eine muslimische Mehrheit hätten. Im Grundgesetz, Artikel 79, Absatz 3, steht, dass die fundamentalen Werte – Achtung der Menschenwürde, Demokratie, Rechtsstaatsprinzip, Sozialstaatsprinzip – einer so genannten Ewigkeitsgarantie unterliegen […]. Wir wenden islamisches Recht genauso an wie französisches." Doch während etwa Kanada für seine Einwanderer grundsätzlich keine ausländischen Rechtsregeln anerkennt, lässt das deutsche Recht – wie beschrieben – solche Normen gelten, solange sie nicht der öffentlichen Ordnung und den Grundrechten zuwiderlaufen. Zwangsehen und Steinigungen sind deshalb verboten (vgl. Rohe in SPIEGEL-Online 2010).

Der Ordre public-Vorbehalt

In den meisten Staaten des islamischen Kulturkreises sind die Rechtsordnungen zumindest teilweise noch vom traditionellen islamischen Recht (dem sog. *Fiqh*), geprägt, das in Teilen in der Scharia zum Ausdruck kommt. Gemeint sind vor allem das Familien- und Erbrecht, das zumeist aus mehr oder weniger stark reformierten und in staatliche Gesetze gegossenen traditionellen Regelungen besteht (vgl. Ebert 2005, S. 199 ff.).

Wer allerdings die bisherigen Ausführungen so versteht, als würde ausländisches, mithin auch islamisches Recht in Deutschland uneingeschränkt angewendet, der hat den Grundsatz des ordre public bislang nicht berücksichtigt.

Wenn deutsches Internationales Privatrecht (IPR) sich auf islamisch geprägte Rechtsnormen beruft und diese zur Anwendung bringt, stellt sich i. d. R. die Frage nach der Vereinbarkeit der konkreten Rechtsfolgen mit einem in Art. 6 des Einführungsgesetzes zum Bürgerlichen Gesetzbuch (EGBGB) verankerten Grundsatz. Gemeint ist der Grundsatz des deutschen ordre public. Die Norm des ordre public stellt die Anwendung ausländischen Rechts unter den Vorbehalt, dass ihr Ergebnis nicht offensichtlich mit den wesentlichen Grundsätzen des deutschen Rechts unvereinbar ist. Das heißt, der Prüfungsgang bei der Grundrechtsprüfung im Rahmen der Anwendung der Vorbehaltsklausel ist so durchzuführen, dass zunächst nicht die ausländische Norm, sondern das beabsichtigte Urteil eines deutschen Gerichts Gegenstand der Grundrechtsprüfung sein muss. Denn dieses soll ja gegebenenfalls auf der Grundlage des ausländischen Rechts getroffen werden. Dabei ist zunächst zu prüfen, ob ein Eingriff in das Grundrecht vorliegt. Danach ist zu untersuchen, ob das Ergebnis des Eingriffs im konkreten Fall untragbar wäre. Schließlich ist zu klären, ob ein wirksamer Verzicht auf Ausübung des Grundrechts vorliegt sowie ob der untragbare Grundrechtseingriff gerechtfertigt ist. Im Rahmen der Rechtfertigungsprüfung sind vor allem Grundrechtskollisionen zu erörtern und zu lösen (vgl. Scholz 2010, S. 186).

Ahndungen von Verstößen gegen die Rechts- und Werteordnung des GG

Ungeachtet dieses spezifischen Rechtssystems wird selbstverständlich deutsches Recht in Fällen der Unvereinbarkeit mit der deutschen Rechtsordnung durchgesetzt. Hier wird das Konzept der „militant democracy" bedeutsam: Dieses Konzept ist bereits seit fast 80 Jahren bekannt, wurde von Karl Loewenstein vorgestellt und später von Karl Mannheim in den begrifflichen Zusammenhang einer „streitbaren" Demokratie gebracht. Beide traten dafür ein, dass man Demokratiegegnern durch Partei- und Organisationsverbote Rechte im Sinne der hier beschriebenen Fälle beschneiden sollte. Sie wandten sich damit prinzipiell gegen einen „Laissez-faire-Liberalismus", der Toleranz mit Neutralität verwechselte (vgl. Kissler 2015).

Das Prinzip der streitbaren oder wehrhaften Demokratie hat drei Wesensmerkmale: **Wertegebundenheit,** d. h. der Staat bekennt sich zu Werten, denen er eine besondere Bedeutung beimisst und die deshalb nicht zur Disposition stehen. **Abwehrbereitschaft,** d. h. der Staat ist gewillt, diese wichtigsten Werte gegenüber extremistischen Positionen zu verteidigen sowie Verlagerung des Verfassungsschutzes in den Bereich der **Vorfeldaufklärung,** d. h. der Staat reagiert nicht erst dann, wenn Extremisten gegen gesetzliche Bestimmungen verstoßen (vgl. Maaßen 2014).

Einige Beispiele mögen dies verdeutlichen:

1. Art. 18 GG, der bei Missbrauch der Grundrechte die Möglichkeit ihrer Verwirkung vorsieht, stellt die stärkste Keule des deutschen Rechtsstaates dar. Aus dem Wortlaut der gesamten Bestimmung ergibt sich, dass das allgemeine Menschenrecht nach Art. 1 GG, die Würde des Menschen, weiter unantastbar bleibt. Auch die Religionsfreiheit ist ausgenommen, was ihren hohen Stellenwert im Verfassungsgefüge verdeutlicht. „Diese Verwirkung und ihr Ausmaß werden durch das Bundesverfassungsgericht ausgesprochen" (Art. 18 letzter Satz). Das Grundrechtsverwirkungsverfahren nimmt unter den übrigen Verfahren vor dem Bundesverfassungsgericht allerdings einen geringen Stellenwert ein. Bislang wurden erst vier Verfahren beim Bundesverfassungsgericht angestrengt. Die Anträge wurden aber sämtlich zurückgewiesen; es wurde demnach noch keine Grundrechtsverwirkung ausgesprochen.

2. Als Beispiel für die Ahndung strafrechtlicher Verstöße gegen Art. 2, 5, 8 und 9 GG werden die Verbote der neo-*salafistischen* Vereine „Millatu Ibrahim" von 2012 und „Die wahre Religion" von 2016 genannt, die die jeweiligen Bundesinnenminister aussprachen.
   Ebenfalls verboten wurde die neo-*salafistische* Gruppierung „Dawa FFM". Auch hier hatte 2013 der Bundesinnenminister die in Frankfurt/M. ansässige Vereinigung DawaFFM verboten, weil sie sich gegen die verfassungsmäßige Ordnung und den Gedanken der Völkerverständigung richtet. Das Verbot dieser Vereinigung erstreckt sich auch auf ihre Teilorganisation, den Internationalen Jugendverein – *Dar al Schabab* e. V. Dies hat das Bundesverwaltungsgericht, das in erster und letzter Instanz für Klagen gegen Vereinsverbote des Bundesministeriums des Innern zuständig ist, am 14. Mai 2014 entschieden (BVerwG 6 A 3.13).

3. Als weiteres Fallbeispiel wird das Verbot des Tragens von Westen mit der Aufschrift Shariah Police" 2014 durch Erlass des nordrhein-westfälischen Innenministers genannt. Hintergrund: Eine selbsternannte „Sharī'a-Polizei", angeführt von dem Neo-*Salafisten* Sven Lau alias Abu Adam, war nachts mehrfach durch Wuppertal patrouilliert. Die Islamisten trugen orangefarbene Westen mit dem Aufdruck „Shariah Police" und versuchten nach Polizeiangaben, junge Leute zu beeinflussen und anzuwerben. Die Islamisten hatten mit gelben Verbotshinweisen den Anspruch auf eine „Shariah Controlled Zone" erhoben. Darauf waren Verhaltensregeln der radikalen Muslime aufgeführt: kein Alkohol, kein Glücksspiel, keine Musik und Konzerte, keine Pornografie und Prostitution, keine Drogen. Gegen elf Personen wurde ein Verfahren wegen Verstoßes gegen das Versammlungsgesetz eingeleitet.

Das Grundgesetz gewährt Bürgerinnen und Bürgern eine Vielzahl von Freiheits-
rechten. Sie stehen allerdings als Grundrechte auch Personen zu, die diese freiheitliche demokratische Grundordnung ablehnen oder es darauf abgesehen haben,
sie aktiv abzuschaffen. Die letztgenannten drei Fallbeispiele zeigen, dass eine
klare Grenze dort gezogen werden kann, wo diese Rechte dazu missbraucht werden, die freiheitliche demokratische Grundordnung zu untergraben und damit das
Fundament dieser Freiheitsrechte zu beseitigen.   '

Zugleich werden damit Positionen wie der von Günther Jakobs der Boden entzogen. Jakobs unterscheidet als Minderheitenmeinung zwischen *Bürger-* und
*Feind*strafrecht: Derjenige, der den – im Sinne Thomas Hobbes' gedachten –
Gesellschaftsvertrag durch seine Handlungen aufkündige, verlasse aus freien Stü-
cken die Gesellschaft und begebe sich in den gesetzlosen Naturzustand. Damit
verliere er zugleich seine Eigenschaft als Person und werde zum Feind. Als Feind
gelte für ihn nicht das *Bürger-*, sondern das *Feind*strafrecht, er müsse von der
Gesellschaft mit allen Mitteln bekämpft werden. „‚Recht' heißt die Bindung zwischen Personen, die ihrerseits Träger von Rechten und Pflichten sind, während
das Verhältnis zu einem Feind nicht durch Recht, sondern durch Zwang bestimmt
wird" (Jakobs 2004, S. 88). Und an anderer Stelle führt Jakobs aus: „Das Feindstrafrecht folgt anderen Regeln als ein rechtsstaatliches Binnenstrafrecht, und es ist
überhaupt noch nicht ausgemacht, dass es sich, auf den Begriff gebracht, als Recht
erweist" (Jacobs 2000, (Fn. 4), S. 51). Es kann hier nicht die komplexe Diskussion
von Rechtswissenschaftlern zu Jakobs Gedanken auch nur ansatzweise aufgegriffen
werden. Ebenfalls soll hier nicht auf Tendenzen zum Feindstrafrecht eingegangen
werden, die Rechtswissenschaftler in allen Begrenzungen der Geltung rechtsstaat-
licher Garantien ausmachen. Nur so viel an dieser Stelle: Wo es Recht gibt, gibt es
zugleich und eben deswegen auch Außerrechtliches, und beide müssen in ein Verhältnis zueinander gesetzt werden. Und die Konzeption des Feindstrafrechts richtet
sich gegen die Außerkraftsetzung grundlegender rechtlicher Standards. Somit steht
es in Deutschland im „Widerspruch zu elementaren Verfassungsgrundsätzen durch
die Forderung einer partiellen, aber permanenten Aufhebung von Rechtssätzen für
die ‚Feinde des Systems'" (Singelnstein/Stolle 2006, S. 106 ff.).

Resümee

Kinderehen werden zwar am häufigsten von Menschen aus dem islamischen
Kulturkreis geschlossen, der Hintergrund von Kinderehen ist aber eher weniger
in Religionen, als vielmehr in traditionell-ländlichen und existenziell gefährdeten
Gesellschaften zu suchen. Mit dem vom Bundestag verabschiedeten Gesetz zur

Bekämpfung von Kinderehen vom 02.06.2017 sollen Kinderehen in Deutschland künftig von den Behörden nicht mehr anerkannt werden. Das neue Gesetz sieht vor, dass Ehen zwischen unter 16-Jährigen künftig für nichtig erklärt werden. Ehen von 16- und 17-Jährigen sollen in aller Regel aufgehoben werden. Nur in besonderen Härtefällen sollen sie bestehen bleiben.

Wenn Kinder- sowie Formen von Zwangsehen zukünftig ausgeschlossen werden können, bleibt nicht viel übrig von dem, was der großen Mehrheit von Muslimen hierzulande als „Strategie der Islamisierung Deutschlands" vorgehalten werden kann, die lediglich ihren Glauben leben wollen. Ganz anders verhält es sich mit den Beispielen von Unvereinbarkeiten, die unter 3. genannt werden. Sie prägen anscheinend die Wahrnehmung „des" Islam, wie auch die zitierte Studie von Detlef Pollack zeigt. Danach gibt es in Deutschland und weiteren europäischen Staaten hartnäckig Vorbehalte gegen „den" Islam und „die" Muslime. Viele Deutsche (und Europäer) scheinen sich zu wünschen, dass der Islam ebenso wie das ihnen beiläufig oder gut bekannte Christentum darauf verzichtet, gottesstaatliche Postulate zu formulieren und auf den Anspruch, alleiniger Inhaber religiöser Wahrheit zu sein.[8] Daran könnten die islamischen Dachverbände in Deutschland an herausgehobener Stelle mitwirken, müssten dazu jedoch ihren Mainstream-Islam und die türkisch geprägten Dachverbände zudem ihre Ankara-Hörigkeit aufgeben. In Abwandlung eines Zitats von Udo Steinbach liegt das ganze Problem der Dachverbände darin, sich selbst und den europäischen Muslimen klarzumachen, dass sie nicht automatisch zwischen dem Glauben ihrer Väter und der Vernunft zu wählen haben. Allein deshalb wären die islamischen Dachverbände gut beraten, sich mit den geistigen Strömungen unserer Zeit zu verbinden und Widersprüche des islamischen Rechts *Fiqh* sowie der Scharia zur deutschen bzw. europäischen Rechtsordnung aufzuzeigen und für die Lebenspraxis zu harmonisieren. Denn ihre Funktionäre sind nicht nur dem Islam, sondern auch der Freiheit und dem Recht verpflichtet, gerade auch, um den zahlreichen muslimischen Flüchtlingen und Asylbewerbern Orientierung und Sicherheit für ein Leben in Deutschland zu geben. Mit einer Aufgabe ihres Mainstreams und dem Anspruch der Türkeibindung von Auslandstürken würden die Dachverbände auch einen wichtigen Beitrag dazu leisten, den Islam in Deutschland als Minderheitenreligion von breiter gesellschaftlicher Akzeptanz getragen zu etablieren.

Dies erscheint politisch wie pädagogisch zwingend notwendig, denn die Zunahme politischer Reaktionen auf „den" Islam und gegen „die" Muslime, die sich

---

[8]Vgl. Sure 3. Vers 19, in der Übersetzung von Paret, Rudi, 2015: „Als (einzig wahre) Religion gilt bei Allah der Islam."

beispielhaft in den sozialen Netzwerken, bei Demonstrationen von Pegida und ihren lokalen Ablegern sowie im Ersten Grundsatzprogramm der AfD vom 01.05.2016 zeigt, droht die Gesellschaft zu spalten und den Islam in Deutschland dauerhaft zu diskreditieren. Ein „weiter so" ist deshalb keine Option mehr. Und Schulen allein schaffen es nicht, das Islambild in den Köpfen vieler zu differenzieren.

Literatur

BAMF – Bundesamt für Migration und Flüchtlinge [Hrsg.] (2009): Muslimisches Leben in Deutschland. Im Auftrag der Deutschen Islamkonferenz. Nürnberg.

Berliner Zeitung (1998): Verfassungsschutz will Organisatoren des Islam-Unterrichts über- prüfen. Abrufbar unter: http://www.berliner-zeitung.de/verfassungsschutz-will-organisat oren-des-islam-unterrichts-ueberpruefen-16509110 (zuletzt geprüft am 01.03.2017).

BMJV – Bundesministerium der Justiz und für Verbraucherschutz (o. J.): Gibt es eine Paralleljustiz in Deutschland? Streitbeilegung im Rechtsstaat und muslimische Tradi- tionen. Berlin. Deutscher Bundestag (2016): Schriftliche Fragen mit den in der Woche vom 5. September 2016 eingegangenen Antworten der Bundesregierung. Abrufbar unter: http://dip21.bundestag.de/dip21/btd/18/095/1809595.pdf (zuletzt geprüft am 01.03.2017).

Dienstbühl, D. (2013): Paralleljustiz in Deutschland – Machtlose Polizei? In: Deutsche Polizei. Zeitschrift der Gewerkschaft der Polizei. Nr. 10. Berlin.

Ebert, H.-G. (2005): Tendenzen der Rechtsentwicklung. In: Ende, W./Steinbach, U. [Hrsg.]: Der Islam in der Gegenwart. München: C. H. Beck, S. 199–228.

FOCUS-Online (2015): „Fehlender Wille zur Integration": Jetzt fordert auch Bosbach das Burka-verbot. Abrufbar unter: http://www.focus.de/politik/videos/cdu-und-csu-forde- rungen-nach-einem-burka-verbot-in-deutschland-werden-immer-lauter_id_5123309. html (zuletzt geprüft am 01.03.2017).

Frindte, W./Boehnke, K./Kreikenbom, H./Wagner, W. (2011): Lebenswelten junger Muslime in Deutschland: Abschlussbericht. In: Bundesministerium des Innern [Hrsg.]. Berlin.

Hesse, K. (1999): Grundzüge des Verfassungsrechts der Bundesrepublik Deutschland. Neu- druck 20. Auflage. Heidelberg: C. F. Müller.

Institut für Demoskopie Allensbach (2006): IfD-Umfrage 7087, Allensbacher Archiv, vom Februar/März 2006. In: Bundesministerium für Familie, Senioren, Frauen und Jugend [Hrsg.]: Einstellungen zur Erziehung. Kurzbericht zu einer repräsentativen Bevölkerungsumfrage im Frühjahr 2006. Allensbach am Bodensee.

Jacobs, P./Reisener, T. (2016): Ende der Zusammenarbeit mit Islamverband. Ditib spaltet die Landesregierung in NRW. Abrufbar unter: http://www.rp-online.de/nrw/landes- politik/ditib-spaltet-nrw-landesregierung-ende-der-zusammenarbeit-aid-1.6239515 (zuletzt geprüft am 01.03.2017).

Jakobs, G. (2000): Das Selbstverständnis der Strafrechtswissenschaft vor den Heraus- forderungen der Gegenwart, Kommentar. In: Eser, A./Hassemer, W./Burkhardt, B. [Hrsg.]: Die deutsche Strafrechtswissenschaft vor der Jahrtausendwende. Rück- besinnung und Ausblick. München: C. H. Beck, S. 47–57.

Jakobs, G. (2004): Bürgerstrafrecht und Feindstrafrecht. In: Onlinezeitschrift für Höchst- richterliche Rechtsprechung zum Strafrecht. 5. Jg. Nr. 3, S. 88–95.

Kissler, A. (2015): Keine Toleranz den Intoleranten. Warum der Westen seine Werte verteidigen muss. Gütersloh: Gütersloher Verlagshaus.

Krech, V. (2009): Islam und Integration – 12 Thesen. In: Friedrich-Ebert-Stiftung [Hrsg.]: Policy Nr. 30. Migration – Religion – Integration. Berlin, S. 10–12.

Maaßen, H.-G. (2014): Verfassungsschutz und Verfassungsrecht. Vortrag am 23. Januar an der Universität Konstanz. Abrufbar unter: http://www.verfassungsschutz.de/print/de/oeffentlichkeitsarbeit/vortraege/rede-p-uni-konstanz-2014-01-23 (zuletzt geprüft am 01.03.2017).

Paret, R. (2015): Der Koran. Stuttgart: Kohlhammer.

Putnam, R. D. (1993): Making Democracy Work. Civic Traditions in Modern Italy. Princeton, New Jersey: Princeton University Press.

Rohe, M. (2005): In Deutschland wenden wir jeden Tag die Scharia an. Interview mit der Frankfurter Rundschau vom 28.06.2005. Abrufbar unter: http://www.bpb.de/politik/innenpolitik/konfliktstoff-kopftuch/63264/mathias-rohe (zuletzt geprüft am 01.03.2017) Rohe, M. in SPIEGEL-Online vom 09.10.2010. Abrufbar unter: http://www.spiegel.de/ politik/ deutschland/familien-und-erbrechtsfaelle-deutsche-gerichte-wenden-scharia-an-a-722220. html (zuletzt geprüft am 01.03.2017).

Scholz, P. (2010): Grundfälle zum IPR: Ordre public-Vorbehalt und islamisch geprägtes Recht – Teil 1 – (Allgemeiner Teil). In: Zeitschrift für das juristische Studium. Nr. 2, S. 185–197.

Singelnstein, T./Stolle, P. (2006): Die Sicherheitsgesellschaft. Soziale Kontrolle im 21. Jahrhundert. Wiesbaden: VS Verlag für Sozialwissenschaften.

Spenlen, K. (2011): Das Kopftuch – religiöses Symbol oder politischer Ausdruck? In: Gemein, G. u. a. [Hrsg.]: Kulturkonflikte – Kulturbegegnungen. Schriftenreihe der Bundeszentrale für politische Bildung. Band 1062, S. 285–296. Bonn.

Spenlen, K. [Hrsg] (2015): Gehört der Islam zu Deutschland? Fakten und Analysen zu einem Meinungsstreit. Düsseldorf: Düsseldorf University Press.

Spenlen, K. (2016): Islam in Deutschland. Ein Leitfaden für Schule, Aus- und Weiterbildung, Essen: Neue Deutsche Schule Verlagsgesellschaft.

SPIEGEL-Online (2010): Familien- und Erbrechtsfälle: Deutsche Gerichte wenden Scharia an. Abrufbar unter: http://www.spiegel.de/politik/deutschland/0,1518,722220,00.html (zuletzt geprüft am 01.03.2017).

Unabhängiges Meinungsforschungsinstitut INFO und LILJEBERG Research International (2010): Wertewelten von Deutschen und Migrant/innen – Migration zwischen Integration und Ausgrenzung. Berlin und Ankara.

Weisse, W. (2008): Islamischer Religionsunterricht in Deutschland – ein Beitrag zur Integration? – Religionspädagogischer Kommentar mit Bezug zu Alternativen in Deutschland und Europa. Berlin.

ZEIT-Online (2017): Islamverband Ditib bestätigt Spitzel-Vorwürfe. Abrufbar unter: http:// www.zeit.de/politik/2017-01/tuerkei-ditib-deutsch-tuerkischer-islamverband-spitzelei-guelen-anhaenger (zuletzt geprüft am 01.03.2017).

Dr. Klaus Spenlen Islamforscher und Lehrbeauftragter an der Heinrich-Heine-Universität Düsseldorf, Herausgeber und Autor zahlreicher Aufsätze und Bücher zu Islam und Bildung.

Islam und Bildung

Bemerkungen zu einem ambivalenten Verhältnis

Heiner Barz

Die Kategorie der „Bildungsarmut" hat sich als neuer Topos in der Bildungs-forschung etabliert. Für die davon Betroffenen wird oft nicht nur eine prekäre soziale Lage oder ein Migrationshintergrund als typische Konstellation berichtet, sondern auch der islamische Glaube als Faktor ins Feld geführt. Die islamische Religion als solche sei nun einmal bildungs- und wissenschaftsfeindlich, isla-misch geprägte Länder präsentierten sich dementsprechend gesellschaftlich und technisch rückständig. Von daher sei es kein Wunder, dass auch muslimische Schülerinnen und Schüler in ihren Bildungserfolgen vor allem am unteren Ende der Skala stünden. Derartige Einschätzungen sind oft zu lesen und zu hören.

Zweifellos gehören viele muslimische Schüler in Deutschland zu den sogenannten Bildungsverlierern. Dass die These von der generellen Wissen-schaftsfeindlichkeit und Bildungsferne für den Islam aber durchaus mit guten Gründen in Zweifel gezogen werden kann, soll im Folgenden erläutert wer-den. Am Anfang stehen einige grundsätzliche Bemerkungen zum Verhältnis von Bildung und Religion, von Glauben und Wissen. Auch wird ein Blick auf die Blütezeit der islamischen Wissenschaften, insbesondere in der Zeit des ara-bisch-muslimisch beherrschten Südens der iberischen Halbinsel (al-Andalus) geworfen. Hier wird deutlich, dass neben der jüdisch-christlichen und der grie-chisch-römischen Tradition, der Islam als fünfte Wurzel der mit der Renais-sance einsetzenden neuzeitlichen Entwicklungsschübe angesehen werden kann,

H. Barz (✉)
Abteilung für Bildungsforschung und Bildungsmanagement,
Heinrich-Heine-Universität, Düsseldorf, Deutschland
E-Mail: barz@phil.hhu.de

© Springer Fachmedien Wiesbaden GmbH, ein Teil von Springer Nature 2019   251
H. Barz und K. Spenlen (Hrsg.), *Islam und Bildung,*
https://doi.org/10.1007/978-3-658-26229-7_15

in der Wissenschaft und Bildung eine zentrale Rolle einnehmen. Ergänzt werden die systematischen und historischen Bemerkungen durch Ergebnisse aus neueren Versuchen, die Verknüpfung von Religion, Arbeitsethik und Bildungsinteresse empirisch zu überprüfen. Nicht nur die berühmte These Max Webers vom Protestantismus als „Geist des Kapitalismus", auch die fast ebenso berühmte „katholische Arbeitertochter vom Lande" und der „muslimische Migrantensohn aus der Vorstadt" als Inbegriff der Bildungsbenachteiligung erscheinen durch die Ergebnisse neuerer Studien in einem anderen Licht.

Wenn heute immer wieder das prekäre Verhältnis von Islam und moderner Wissenschaft bzw. Islam und Bildung angesprochen wird, dann sollte man sich zunächst erinnern, dass das Verhältnis von religiösen und säkularen Wissensformen sich auch im abendländischen Kontext alles andere als spannungsfrei entwickelt hat. Das ambivalente Verhältnis von Bildung und Religion kann auch im Christentum gleichsam als konstitutives Merkmal gelten (vgl. Faschingeder 2015). So waren z. B. die christlichen Kirchen lange Zeit der Motor für die abendländische Bildungsentwicklung. In den Klöstern und Klosterschulen des Mittelalters wurde übersetzt, abgeschrieben, gelehrt, gelernt, gedacht, diskutiert und philosophiert. Das gesamte Bildungswesen war eigentlich ein kirchliches Bildungswesen.

Bildung und Religion im christlichen Kontext

Schon der Entstehungskontext des Begriffs der Bildung, die Herkunft der deutschen Bildungsidee also, deutet auf die religiöse Sphäre. Denn der Begriff „Bildung" steht der Sache und dem Worte nach zwischen den Polen rein pragmatischer „Ausbildung" und äußerst ambitionierter Gottesebenbildlichkeit. In ihm klingt die Vorstellung der Einswerdung des Menschen mit Gott aus der mittelalterlichen Mystik ebenso nach, wie in ihm die Erwartungen von Wirtschaft und Gesellschaft kondensiert sind, Menschen in brauchbares und adäquat qualifiziertes Personal zu verwandeln. Ursprünglich und vom Wortstamme her kommt der Bildungsbegriff aus der christlichen Imago-dei-Lehre, aus der etwa von Meister Eckhart vertretenen Auffassung also, dass die menschliche Seele sich ihrer selbst „entbilden", sich von allem Kreatürlichen lösen solle, um in Gott zum Bilde Gottes „überbildet" zu werden. Erst in der zweiten Hälfte des 18. Jahrhunderts wird „Bildung" im geistesgeschichtlichen Umkreis der Aufklärung zum Grundwort einer sich aus traditionellen und religiösen Bindungen lösenden und nach Autonomie strebenden Vernunft – und zum Leitbegriff einer bürgerlichen

Oberschicht. „Bildung", „Charakterbildung", „Bildung der Persönlichkeit", „allgemeine Bildung" und „Menschenbildung" werden zum Inbegriff menschlicher Selbstentfaltung und Selbstvollendung.
Die ersten der Kirche nicht direkt unterstehenden bzw. angegliederten Hochschulen entstanden erst spät. Die erste mitteleuropäische Universität entstand in Prag 1348; die erste Universität im heutigen Deutschland in Heidelberg 1386. Waren Theologen und Philosophen in kirchlichen Diensten also über viele Jahrhunderte diejenigen, die systematisches Denken und kluges Argumentieren weiter vermittelten, so erwiesen sich die kirchlichen Strukturen später als Fessel. Sie wurden zum Hemmschuh, zur Denkbarriere, zum Denkverbot – und diejenigen, die sich nicht an die Vorgaben zu halten bereit waren, wurden gebremst, gemaßregelt, bedroht oder sogar gefoltert und getötet. Berühmte Schicksale wie das von Giordano Bruno, der von der Inquisition der Magie und der Ketzerei für schuldig befunden und im Jahre 1600 auf dem Scheiterhaufen verbrannt wurde, zeugen davon. Galileo Galilei (1564–1642), dessen wissenschaftliche Methoden und philosophische Thesen ebenfalls in Konflikt mit der Inquisition gerieten, kam mit Hausarrest davon.

Glauben und Wissen

Die Ambivalenz im Verhältnis von Glauben und Wissen hat sich auch im christlichen Kontext bis heute erhalten und zeigt sich beispielsweise darin, dass einerseits christliche Fundamentalisten, sprichwörtlich z. B. im amerikanischen „bible belt", eine dogmatische kreationistische Sichtweise der Evolutionstheorie entgegenstellen und alle dazu im Widerspruch stehenden Fakten ignorieren oder leugnen. Anderseits aber gelten christliche Schulen in vielen Ländern zurecht bis heute als pädagogische Vorzeigeanstalten. Der Besuch eines Jesuitenkollegs ist noch immer fast so etwas wie eine Karrieregarantie. Die 2007 neu gegründete Evangelische Schule Berlin Zentrum (esbz) ist zum Kristallisationskern der länderübergreifen- den pädagogischen Erneuerungsbewegung „Schulen im Aufbruch" geworden. Ihr Konzept inspiriert tausende von Lehrerinnen und Lehrern im deutschsprachigen Raum und weit darüber hinaus.
Das Spannungsverhältnis von Wissen und Glauben, von Dogma und Erneuerung ist in der langen Geschichte des Christentums auch immer wieder Gegenstand der Reflexion geworden. Auch die bildenden Künste haben sich dieser Ambivalenz immer wieder angenommen. Ein schönes Beispiel bietet etwa das Relief der sogenannten Wolfsschule vom Freiburger Münster (vgl. Schiffler 1991). In diesem Motiv kommen Macht und Ohnmacht der Gelehrsamkeit zum Ausdruck.

Abb. 1 Die „Wolfsschule" – Freiburger Münster (ca. 1210). (Quelle: (Ausschnitt) Schiffler 1991, S. 167)

Wie der sich – aller unterrichtlichen Belehrung zum Trotz – lüstern zum Lamm umdrehende Wolf illustriert, setzt sich die menschliche animalische Natur ungeachtet aller rein moralisch-rationalen Belehrungsversuche doch immer wieder durch. Die Botschaft der Darstellung wurde oft so gedeutet, dass nur der Glaube die Hoffnung auf Überwindung der Wolfsnatur bietet – denn die Vernunft bleibt machtlos. Das Spannungsverhältnis von Rationalität und Religion kommt hier beispielhaft zur Entfaltung (Abb. 1).

Die Frage, in welchem Verhältnis religiöser Glaube und wissenschaftliche Erkenntnis stehen, bleibt eine immerwährende Herausforderung. Ist der Glaube das letztendlich Entscheidende – oder die Vernunft? Unterstützt Vernunft den Glauben – oder unterminiert sie ihn? Wieviel vernünftige, wieviel wissenschaftliche Durchdringung tun dem religiösen Glaubenssystem gut? Ob sich Religion letztlich überhaupt historisch-kritisch verstehen und vermitteln lässt, ist gerade in den letzten Jahren insbesondere für die deutsche Islamwissenschaft von großer Bedeutung. Sie findet sich etwa in den Exkommunikationsanstrengungen gegenüber muslimischen Gelehrten, die historisch-kritisch an den Koran herangehen. Auf Druck einer Reihe von Islamverbänden wurde beispielsweise Prof. Dr. Sven Kalisch, der als erster Islamwissenschaftler an der Universität Münster für die Ausbildung der Lehrer für den islamischen Religionsunterricht zuständig war, 2008 von seiner Funktion entbunden.

„Der Koordinierungsrat der Muslime (KRM), ein Dachverband der vier größten muslimischen Verbände in Deutschland, hatte empört die Zusammenarbeit mit Kalisch aufgekündigt und beklagt, der Professor entferne sich immer weiter von den Grundsätzen der islamischen Lehre."[1]

Den im Jahr 2010 als Nachfolger von Kalisch berufene Prof. Dr. Mouhanad Khorchide ereilte inzwischen ein ähnliches Schicksal. Ende 2013 protestierten islamische Verbände gegen Khorchide, weil dieser den Islam als „Religion der Barmherzigkeit" interpretiert hatte. Konservative Muslime sehen darin eine unzulässige Annäherung an das Christentum. Wie schon Kalisch plädiert auch Khorchide dafür, den Koran mit den Mitteln der historisch-kritischen Methode wissenschaftlich zu untersuchen, was im Gegensatz zu der traditionellen Auffassung vom Koran als göttlicher Offenbarung steht. Aus der Sicht eines traditionsverhafteten Islamverständnisses gilt jedenfalls eindeutig: Allzu viel Analyse schadet dem (blinden) Glauben. Wenn heute gerade auch in den islamischen Verbänden in Deutschland derartige, wissenschaftsfeindliche Einstellungen die Oberhand zu haben scheinen, dann muss man daran erinnern, dass es in früheren Zeiten auch schon Jahrhunderte gab, in denen islamische Gelehrte sozusagen an der Spitze des wissenschaftlichen Fortschritts standen und der Islam gewissermaßen als die Bildungs- und Kulturreligion schlechthin galt.

Blüte der Wissenschaften in al-Andalus

Denn in den Jahrhunderten nach Mohammeds Tod errichteten muslimische Eroberer nicht nur ein weite Teile der damals bekannten Welt umspannendes Imperium. Sie schufen mit den Metropolen Bagdad und Cordoba auch einflussreiche Zentren des wissenschaftlichen und zivilisatorischen Fortschritts. Etliche hunderttausend Einwohner zählten beide Städte um das Jahr 1000 jeweils und die Chroniken berichten von dutzenden Krankenhäusern mit Operationssälen, von Apotheken, Badeanstalten und Schwitzräumen. Krankengeschichten wurden protokolliert und in Lehrbüchern festgehalten. Zahllose Bibliotheken stellten das gesammelte Wissen der Griechen und Römer bereit, das um eigene Forschungen ergänzt wurde. Die antiken Traditionen, die im christlichen Europa weitgehend in Vergessenheit gerieten, wurden hier aufrechterhalten. Die ersten abendländischen

---

[1]Online abrufbar unter: https://www.welt.de/politik/article2473870/Mohammed-Leugner-fuerchtet-um-sein-Leben.html (zul. abg.: 10.04.2019).

Hochschulen wurden in al-Andalus gegründet, wie man die arabisch beherrschten und muslimisch dominierten Gebiete auf der iberischen Halbinsel (711–1492) auf Arabisch nannte. Die andalusischen Städte Cordoba, Toledo und Granada waren im „Siglo de Oro", im goldenen 10. Jahrhundert, in der Zeit des Kalifats von Cordoba (929–1031) lebensbejahende und sinnesfreudige Zentren der Gelehrsamkeit, die einen regen kulturellen Austausch mit dem gesamten Mittelmeerraum und der islamischen Welt pflegten. Ein sichtbares Zeichen der kulturellen und wirtschaftlichen Blüte war die Papierherstellung und der große Papierbedarf, der mit der Produktion von Büchern einherging:

„Da sowohl für eine funktionierende Verwaltung als auch für die Verbreitung wissenschaftlicher Erkenntnisse und Meinungen preiswertes Schreibmaterial benötigt wurde, übernahmen und entwickelten die Araber die Papierherstellung, die sie von den Chinesen gelernt hatten. 794 n.Chr. wurde in Bagdad die erste Papiermühle gebaut [...]. Das Abendland war noch lange auf das kostbarere Pergament (ungegerbte, geschabte Tierhaut) angewiesen, denn erst 1340 wurde in Italien die erste Papiermühle Europas errichtet [...]." (Mrosek 1992, S. 28)

„In the era when Europe had no knowledge of paper-making and the few books available were found in scattered monasteries and royal libraries, the Islamic world produced the first ever wide-ranging book publishing industry. During the middle of the eighth century, almost a thousand years before the West began its own book industry, books on all types of sciences were being produced in both quality and quantity. These books found their homes in palace, mosque, madrasah and hospital libraries, in the private collections of scholars and students and in the hands of the book-dealers, who were at times also publishers employing a corps of copyists." (Hussain 2013, S. 124)

Dank künstlicher Bewässerungssysteme im Umland und Nahrungsmittelimporten aus dem Orient wuchs Cordoba mit einer halben Million Einwohnern in dieser Zeit zur größten und wohlhabendsten Stadt Europas und überflügelte sogar Konstantinopel.

„Zwischen dem 7. und 13. Jahrhundert war der islamische Kulturkreis mit Bagdad, Damaskus, Kairo und Cordova als den vier glänzenden Mittelpunkten die am höchsten entwickelte Zivilisation der mediterranen Welt. Er war einem katholischen Europa, das sich 1098 in einem Anfall unchristlichen Fremdenhasses, Verblendung und Gier anschickte, mittels der Kreuzzüge Jerusalem von ‚Ungläubigen und Heiden' zu befreien, weit überlegen – sowohl technisch und ökonomisch, als auch an Toleranz gegenüber Andersgläubigen." (Tetzlaff 2005, S. 23)

Der den Mittelmeerraum bis nach Damaskus und bis nach Bagdad umfassende islamische Herrschaftsbereich wird als eine ungeheuer wissensdurstige und aufnahmebereite, gleichzeitig aber auch kreative und schaffensfreudige Wissenschaftskultur beschrieben.

„Die Herstellung und der Handel mit Büchern wurde ein wichtiger Wirtschaftszweig, im Basar von Bagdad gab es um das Jahr 1000 über einhundert Buchhandlungen. Zur gleichen Zeit besaßen die beiden großen Bibliotheken in Kairo zusammen etwa zwei Millionen Bände; die Bibliothek in Cordoba verfügte, dank der Sammelleidenschaft des Kalifen al-Hakam II (961–976), über etwa eine halbe Million Bände." (Mrosek 1992, S. 29)

Glauben und Wissen bei Averroës

Unter den zahllosen Gelehrten der großen Zentren Bagdad, Cordoba, Fez, Kairo oder Damaskus ragen einige Namen wie Avicenna (vgl. Abb. 2) oder Averroës besonders heraus. Echte Universalgelehrte wie Ibn Ruschd (Averroës) hatten erheblichen Einfluss auf die wissenschaftliche Entwicklung des mittelalterlichen Europa. Insbesondere die von muslimischen Gelehrten für die arabisch-muslimische Wissenschaft und Technik erschlossenen Werke der Philosophie, der Medizin, der Astronomie aus griechisch-römischer Zeit fanden durch Übersetzungen aus dem Arabischen ins Lateinische wieder Zugang ins christliche Europa. Der in Cordoba geborene Averroës lebte längere Zeit in Marokko und war Philosoph, Mediziner, Jurist, Physiker, Astronom. Er gewann vor allem auch als Aristoteles-Kommentator einen großen Einfluss.

„Vor allem war der Einfluss der arabischen Gelehrten auf die Entwicklung von Mathematik, Chemie und Medizin beachtlich: Es war ein bewundernswert hohes Niveau, das bereits im 12. Jahrhundert die Spezialisierung in der Medizin erreicht hatte: die Chirurgie, die Anästhesie, die Augenheilkunde, die Seuchenforschung schulden ihre Entstehung der arabischen Wissenschaft. Ärzte und Philosophen aus diesem Kulturraum waren streckenweise ,die Lehrmeister der medizinischen Fakultäten in Europa' […]. Es mag heute merkwürdig anmuten, dass das Ideal von Freiheit der Forschung und Lehre im islamischen Bereich anfangs kaum politischen Beschränkungen unterlegen hat, während in Europa bis hin zu den Experimenten von Galileo Galilei die allgegenwärtige Papstkirche bezüglich der Wissenschaftsfreiheit eine große, keineswegs immer rühmliche Rolle spielte." (Tetzlaff 2005, S. 25)

Abb. 2 Briefmarken verschiedener Länder mit Avicenna-Motiv. (Quelle: Eigene Darstellung)

Übersicht

Averroës (1126–1198), lat. Name des arab. Philos. Ibn Rushd aus Andalusien, dessen Aristoteles Kommentare bereits um 1220 ins Lat. übersetzt wurden und großen Einfluss auf die christliche Scholastik in Westeuropa ausübten, wo er oft schlicht als „der Kommentator" bezeichnet wurde. Im Gegensatz zu Ghazali verteidigte A. die Vereinbarkeit der aristotelischen Philosophie mit dem Islam. Wenn auch der Koran und die aristotelische Philosophie sprachlich anders gefasst sind, so sind sie doch vereinbar und widersprechen einander nicht. Obwohl A. nicht ganz frei war von neuplatonischen Einflüssen, war er bestrebt, diese zu eliminieren zugunsten einer direkt auf Aristoteles sich stützenden Philosophie.

Philosophielexikon (Hügli/Lübcke 2013)

Obwohl der große Einfluss islamischer Gelehrsamkeit als Brücke zwischen der Antike und dem neuzeitlichen Aufschwung von Wissenschaft und Technik schon lange als Topos in der Geistesgeschichte bekannt ist, findet er kaum den Weg in eine breitere Öffentlichkeit.[2] Die Anerkennung, ja Auszeichnung der auf Experiment und Vernunft, statt auf Glaube und Dogma gegründeten wissenschaftlichen Einstellung, war etwa für Ernst Bloch Anlass für sein Traktat „Avicenna und die Aristotelische Linke" (1963; Erstveröffentlichung 1949), in dem er u. a. einen klaren Gegensatz zwischen der christlich-scholastischen und der an Aristoteles anknüpfenden islamischen Wissenschaftsauffassung konstatiert. Wo die christliche Philosophie die Vernunft gegenüber dem Glauben als zweitrangig und untergeordnet versteht, steht bei den großen Denkern des islamischen Mittelalters die Wissenschaft unangefochten an der Spitze:

> „Nicht Mohammed, sondern Aristoteles ist für Avicenna und ganz scharf bei Averroës die höchste Inkarnation des Menschengeists; deutlicher kann die Wissenschaft als absolut nicht ausgedrückt werden. [...] Wie so ganz anders steht darum dieses Glauben-Wissen-Verhältnis gegen das christlich-scholastische da." (Bloch 1963, S. 18)

Das Primat des Glaubens im muslimischen Erziehungsalltag heute

In seiner Sozialgeschichte der islamischen Erziehung stellt – ganz anders als es Blochs Averroës-Interpretation nahelegt – der an der Universität Wales, Trinity Saint David, lehrende Islamwissenschaftler Amjad M. Hussain immer wieder die enge Verbundenheit von Glauben und Wissen in den Vordergrund, die im islamischen Raum bis heute eine elementare Bedeutung habe und einen wichtigen Unterschied zu dem im Westen seit der Aufklärung und spätestens seit der Religionskritik eines Feuerbach, Marx und Freud verbreiteten Verständnis markiert. Hierin, so Hussain, liege auch die Zukunft der islamischen Erziehung:

---

[2]Ein Beispiel: In einem langen Aufsatz in der FAZ vom 23.01.2017 unter der Überschrift „Vom Aufgang des Abendlandes" behandelt der prominente Philosoph Otfried Höffe die jüdisch-christlichen und griechisch-römischen Einflüsse ohne auch nur die geringsten Hinweis auf die arabisch-muslimische Mittlerrolle.

„Thus, Islamic education for Muslims is just an element of the wider Islamic theo-
logy in which the self-proclaimed primacy of science and of the autonomous human
and secular reality is non-existent." (Hussain 2013, S. 228)

Die Studie von Rauf Ceylan zur heutigen Bildungspraxis von in Deutschland
arbeitenden Koranschulen, die sich im Umfeld von Moscheen angesiedelt haben,
bilanziert:

> „Nicht die Erziehung zur Selbständigkeit und zur kritischen Reflexion steht im
> Vordergrund, sondern es wird primär zur Imitation und Nachahmung erzogen. Eine
> inhaltlich-systematische Auseinandersetzung mit den islamischen Quellen findet
> nicht statt. Der Intellekt wird kaum angesprochen, vielmehr die Emotionalität."
> (Ceylan 2008, S. 143 f.)

Auch ein von Toprak und El-Mafaalani erstellter sozialwissenschaftlicher Literatur-
bericht über die Lebenswelten, die Bildungs- und Erziehungserfahrungen muslimischer Kinder und Jugendlicher in Deutschland und anderen Ländern resümiert:

> „Lehrkräfte genießen in praktisch allen muslimisch geprägten Gesellschaften eine
> derart besondere Autorität, dass von den Eltern Erziehungsmaßnahmen in der
> Schule niemals in Frage gestellt werden." (El-Mafaalani/Toprak 2011, S. 45)

Demgegenüber weisen Islamwissenschaftler immer wieder darauf hin, dass
es weder im Koran noch in der sonstigen islamischen Überlieferung eine
Abgrenzung oder Ausgrenzung von Bildung und Wissenschaft gebe. Im Gegen-
teil betonen viele Koran-Suren (Abschnitte) und Hadithen (Überlieferung von
Aussprüchen oder Handlungen des Propheten Mohammed) die Bedeutung von
Wissen, Bildung, Forschung. Einige Beispiele:

- „Suchet Wissen von der Wiege bis zum Grabe." (Hadith)
- „Wer nach Wissen strebt, betet Gott an." (Hadith)
- „… und darum fürchten Gott von seinen Dienern nur die Wissenden." (Koran:
  Sure 35, 28)
- „Strebe nach Wissen, selbst wenn du zu diesem Zweck bis nach China gehen
  müsstest." (Hadith)
- „Das Streben nach Wissen ist eine Pflicht für jeden Muslim, Mann oder Frau."
  (Hadith)
- „Die Suche nach Wissen eine Stunde lang ist wertvoller als eine ganze Nacht
  lang im Gebet zu verbringen, und die Suche nach Wissen einen Tag lang ist
  besser als drei Monate zu fasten." (Hadith)

Es ist also mehr die heute real praktizierte islamische Unterweisung und nicht unbedingt eine dem Islam immanente strukturelle Bildungs- und Wissenschaftsfeindlichkeit, die sich als Problem und Barriere konstatieren lässt. Gleichwohl finden sich heute immer wieder schwer zu widerlegende Berichte darüber, dass aus den islamisch geprägten Ländern vergleichsweise wenig Impulse für Wissenschaft, Technik und Innovation kommen. Ob dafür der heutige Anteil an der weltweiten Buchproduktion angeführt wird (vgl. Mitterauer 2008), die Zahl der Übersetzungen oder Zeitungen, die Seltenheit, in denen muslimische Forscher mit einem Nobelpreis[3] ausgezeichnet wurden oder die Zahl der Patentanmeldungen pro Kopf der Bevölkerung (Hirzel 2014) – die Befunde zeigen ein deutliches Gefälle, was Wohlstand, Produktivität, Innovationskraft sowie die Wertschätzung von Bildung und Wissenschaft jenseits ihrer Funktion für Glaube und Religion anbetrifft. Aus dem Vorsprung der islamischen Welt im späten Mittelalter ist ein „Sturz in den Schatten" (Traub 2010) geworden, dessen Erklärung eine Herausforderung bleibt.

Der okzidentale Sonderweg in Gesellschaft, Bildung und Wissenschaft

Einen Erklärungsansatz bietet der Harvard-Historiker Niall Ferguson mit seiner These der sechs „Killerapplikationen". Er geht davon aus, dass es bestimmte Ideen und bestimmte Institutionen waren, die in ihrer einzigartigen Kombination ursächlich für den Entwicklungsunterschied zwischen der westlichen und übrigen Welt seien.

Die Idee des **Wettbewerbs,** die uns heute im politischen Denken und auch im wirtschaftlichen Leben so selbstverständlich erscheint, setzt sich erst in der Zeit der Reformation und Renaissance durch.

Die **wissenschaftlichen Revolutionen,** die in den naturwissenschaftlichen Disziplinen und technischen Anwendungen vielfältige Neuerungen mit weitreichenden Folgen ermöglichten. Von den wissenschaftlichen Entdeckungen eines Galileo Galilei oder Isaac Newton bis zu technischen Innovationen wie Druckerpresse und Dampfmaschine.

---

[3]Nobelpreise für Muslime verzeichnet die Wikipedia-Website die Wikipedia-Website online unter: https://en.wikipedia.org/wiki/List_of_Muslim_Nobel_laureates (zul. abg.: 10.04.2019). -- Nobelpreise gingen für Literatur (z. B. Orhan Pamuk 2006) oder Frieden (Yasser Arafat 1994, Malala 2014) schon deutlich öfter an Muslime als für Physik, Chemie oder Medizin.

„Ohne die wissenschaftliche Revolution des 17. Jahrhunderts hätte der Westen sicherlich nicht den Rest der Welt dominiert. Betrachten wir nur die Laufbahn von Benjamin Robins, einem der großen Physiker seiner Zeit und Autor des 1742 erschienenen Buches Neue Prinzipien des Schießwesens. Der Titel illustriert vortrefflich, wie Macht aus Wissenschaft erwächst. Robins wendete die Newtonsche Physik auf die Ballistik an. Und kaum hatte er das getan, da wurden die Kanonen des Westens präzise – eine echte Killerapplikation. Kein nichtwestlicher Gelehrter war in der Lage, zu Robins' Erkenntnissen zu gelangen oder sie auch nur gedanklich nachzuvollziehen. Zu ungefähr derselben Zeit schrieb ein osmanischer Gelehrter mit dem Namen Ibrahim Müteferrika ein Buch, in dem er versuchte, dem Sultan zu erklären, wie es kam, dass die osmanischen Armeen gegen christliche Armeen neuerdings fortwährend den Kürzeren zogen. Zutreffend wies Müteferrika darauf hin, dass der wesentliche Grund dafür die Überlegenheit der Gesetze und Institutionen des christlichen Abendlandes war: Während das Osmanische Reich den Gesetzen der Scharia unterliege, seien die Gesetze und Vorschriften der Europäer ‚von der Vernunft erfunden'." (Ferguson 2013)

Die **Rechtsstaatlichkeit** als das Bestreben, privates Eigentum zu schützen und juristisch zu verteidigen. Auch für diesen Gedanken ist für Ferguson das 16. und 17. Jahrhundert eine entscheidende Zeit, wie er mit Hinweis auf die rasante Erschließung Nordamerikas durch mit Landrechten ausgestatteten Kolonisten betont.

Schließlich verbesserte sich durch die **moderne Medizin** seit dem 19. Jahrhundert die Lebenserwartung der Menschen in der westlichen Welt in deutlichem Ausmaß.

Die **Konsumgesellschaft,** also die Ausdehnung des Zugriffs auf Verbrauchsgüter und z. B. Kleidung in modischen Varianten, der einst nur den Wohlhabenden möglich war, auf die breite Masse, ist laut Ferguson ebenfalls ein zuerst und ausschließlich im Westen entstandenes Phänomen.

„Meine sechste und letzte Killerapplikation ist die **Arbeitsmoral.** Vor etwas mehr als hundert Jahren veröffentlichte Max Weber seinen großartigen Essay Die protestantische Ethik und der Geist des Kapitalismus. Er lag richtig im Hinblick auf die besondere Bedeutung der Arbeitsethik, aber es war ein Irrtum, diese Arbeitsethik allein den Protestanten zuzuschreiben. Selbst zu Webers eigener Zeit war die Arbeitsmoral von Juden genauso ausgeprägt wie die von Nichtjuden. Aber was Weber beobachtete, stimmte tatsächlich: Die Menschen im Westen arbeiteten härter, intensiver, effizienter und länger als alle anderen." (Ferguson 2013; Hervorhebung von HB)

Unverkennbar setzt Ferguson die Tradition Max Webers fort, der gleichsam die Religionssoziologie als Wirtschaftsgeografie erfand und den Siegeszug des okzidentalen Rationalismus für die Entfesselung einzigartiger Produktivkräfte in den

Tab. 9: Überproportionale Bildungsbeteiligung von Protestanten und Juden
gegenüber den Katholiken

Von der Bevölkerung Badens waren 1895: 37,0 Proz. Protestanten, 61,3 Proz. Katholiken, 1,5 Proz. Juden. Die Konfessionalität der Schüler aber stellte sich 1885/91 auf den über die Volksschulen hinausgehenden und n i c h t obligatorisch zu besuchenden Schulen wie folgt (nach Offenbacher a. a. O. S. 16):			
	Protestanten	Katholiken	Juden
Gymnasien	43 Proz.	46 Proz.	9,5 Proz.
Realgymnasien	**69** »	31 »	9 »
Oberrealschulen	**52** »	41 »	7 »
Realschulen	49 »	40 »	11 »
höhere Bürgerschulen	51 »	37 »	12 »
Durchschnitt	48 Proz.	42 Proz.	10 Proz.
Genau die gleichen Erscheinungen in Preußen, Bayern, Württemberg, den Reichslanden, Ungarn (s. die Zahlen bei Offenbacher a. a. O. S. 18 f.).			

Abb. 3 Max Weber: Die protestantische Ethik und der Geist des Kapitalismus
(1904/1905). (Quelle: Weber 1904, S. 4)

modernen kapitalistischen Gesellschaften verantwortlich machte. Und der der
protestantischen Religion einen ganz entscheidenden Anteil an diesem Durch-
bruch zumaß. Aus der Doktorarbeit seines Schülers Offenbacher belegte er die
noch Ende des 19. Jahrhunderts nach seiner Einschätzung gültige Unterscheidung
hinsichtlich der religiös grundierten Erfolgsethik mittels Statistiken zur über-
proportionalen Bildungsbeteiligung von Protestanten und Juden gegenüber
Katholiken (vgl. Abb. 3).

Dass sich in die Statistik ein Fehler eingeschlichen hatte, der erst Jahrzehnte
später aufgefallen war (statt 69 % für Protestanten müsste es richtig 59 % heißen
in der Zeile Realgymnasien), lässt die religionsgeprägten Differenzen zwar etwas
weniger deutlich ausfallen. Sie bleiben allerdings dennoch auffallend genug.
Schwerer wiegen andere spätere Einwände, die z. B. darauf abheben, dass nicht
die religiös begründete Arbeitsethik die Ursache für wirtschaftlichen und für
Bildungserfolg war – sondern umgekehrt die Betonung einer guten Bildung durch
die Protestanten den wirtschaftlichen Erfolg erklären könne. Jedenfalls hat der
Bildungsökonom Ludger Wößmann vom Münchener Ifo-Institut für Wirtschafts-
forschung mit dieser These vor einigen Jahren für Aufsehen gesorgt (Becker/
Wößmann 2007). Gestützt auf erstmals ausgewertete Daten preußischer Volks-
zählungen im 19. Jahrhundert wird Max Weber zwar darin recht gegeben, dass
sich wirtschaftliche Differenzen zwischen Katholiken und Protestanten bestätigen.
Allerdings wird Weber in der Zuordnung des Ursachengefüges widersprochen,

insofern nun der höhere Bildungsanspruch mit der großen Bedeutung der individuellen Bibellektüre begründet wird. Luther hat ja bekanntlich die Bibel ins Deutsche übersetzt, um jedem Christenmenschen den Zugang zu ihr zu ermöglichen. Voraussetzung ist selbstredend die Lesefähigkeit, weshalb Luther – was bislang weniger bekannt war – ganz ausdrücklich die Errichtung und den Besuch von Schulen gefordert hat. Offenbar mit Erfolg, wie Auswertung und Analyse der historischen Mikroregionaldaten von 450 preußischen Kreisen belegen.

Die These von der Singularität der abendländischen Blüte von Bildung und Wissenschaft ist indessen für die Soziologie im 20. Jahrhundert herrschende Lehrmeinung geblieben und zuletzt noch einmal von Helmut Fend explizit auf die Bildungs- und Hochschulentwicklung (siehe auch Orthmann 2003) angewendet worden.

> „Außer im jüdisch-christlichen Kulturkreis ist in keiner anderen Religion bereits ab dem 16. Jahrhundert ein Bildungssystem geschaffen worden, das für alle Kinder eines Volkes über Jahre systematisches Lehren und Lernen organisierte und damit den Zugang zu einer Schriftkultur ermöglichen wollte. Parallel ist schon viel früher ein hoch spezialisiertes Expertentum entstanden, das einer langen Ausbildung bedurfte. […] Eine These […] ist die, dass die Schulen im Okzident ihre Entstehung und Kontinuität den im Christentum angelegten Besonderheiten verdanken:

> - der Kanonisierung eines Korpus gültigen Wissens,
> - der Notwendigkeit von Experten, dieses Wissen zu sichern und zu bewahren sowie
> - der Institutionalisierung dieser Verwaltung von Expertenwissen, die aus zölibatären Gründen nicht in familialen Generationslinien erfolgen konnte, sondern immer wieder neue Begabungsrekrutierungen erforderte." (Fend 2006, S. 15)

Für Fend liegen die Gründe weiter in einem Menschenbild, das den Menschen als schaffenden und selbstverantwortlichen sieht, der planvoll und diszipliniert seine Emotionen, Instinkte und affektiven Strebungen kontrolliert:

> „Schließlich hat das im Christentum durch die Rezeption der Antike erzeugte Spannungsverhältnis von Glauben und Wissen zur Entwicklung der modernen Wissenschaften geführt. Es enthielt den Nukleus eines Menschenbildes, in dem der Mensch zum Agens der verantwortlichen und methodischen Lebensführung wurde. In der Verbindung von Selbstdenken und methodischer Lebensführung sind dann die modernen Wissenschaften zum Motor der abendländischen Bildungssysteme geworden." (Fend 2006, S. 15 f.)

Der Islam als fünfte Wurzel des Abendlandes

Im Gegensatz zu einer verbreiteten Auffassung, die den Islam per se als rückwärtsgewandt und fortschrittsfeindlich einordnet, steht die belegte Tatsache, dass es eine ganze Reihe von Erkenntnissen, von Erfindungen und Ideen gab, die sich vermittelt durch islamische Wissenschaftler und gemeinsam mit dem Islam ausbreiteten. Dafür gibt es viele Beispiele aus Medizin, Mathematik, Astronomie, Musik, Technik, Hygiene, von denen einige im Folgenden kurz vorgestellt werden[4].

Das Ziffernsystem
Das uns heute selbstverständlich scheinende System der Ziffern von 1 bis 9 und dazu noch die 0 stammt vermutlich aus Indien, kam aber über muslimische Händler auf dem Weg über den Orient und Nordafrika nach Europa. Einer der großen islamischen Mathematik-Gelehrten war Abu Dscha'far Muhammad ibn Musa al-Chwarizmi (lat. Algorsismi; ca. 780–ca. 850), dessen Name auch im mathematischen Begriff des Algorithmus verewigt wurde.

Die Zahnbürste
Körperhygiene wird im Islam großgeschrieben. Der Islam gilt als erste der Weltreligionen, die auf Körperhygiene Wert legt. Rituelle Waschungen sind im Koran als Anweisungen vorgegeben. Auch die Zahnpflege mittels eines Zweiges vom „Zahn- bürstenbaum" soll durch Mohammed und seine Anhänger Popularität erlangt haben, wie es die islamische Überlieferung berichtet. Sie benutzten „Miswak"-Zweige von einem speziellen Baum zur regelmäßigen Mundhygiene.

Lupe/Brille
Der aus Basra stammende Abu al-Hasan (Alhazen) beschäftigte sich mit der Funktionsweise des Auges. Er führte Experimente zur Reflexion durch und erkannte, dass sich gewölbte Glasoberflächen zur Vergrößerung eignen. Er gilt als Erfinder der Lupe, weil er die ersten sog. „Lesesteine" aus Glas herstellte. Rund 200 Jahre später griff der englische Franziskanermönch Roger Bacon auf die Arbeiten Alhazens zurück und erfand die Brille.

---

[4]Die Beschreibungen und Interpretationen im Folgenden sind weitgehend den einschlägigen Berichten und Listen entnommen, die sich z. B. hier finden: Borgolte (2011), Müller (2017), sowie www.n-tv.de/mediathek/bilderserien/wissen/Diese-Erfindungen-verdanken-wir-dem-Islam-article14363946.html (zul. abg.: 10.04.2019).

Die Gitarre

Der Ursprung unserer heutigen Gitarre liegt in der arabischen „Oud" (arabisch für „Holz"), einer bis heute gespielten Laute mit abgeknicktem Hals. Anfang des 9. Jahrhunderts kam dieses Instrument durch persische Musiker nach Cordoba und wurde im andalusischen Arabisch „qitara" genannt. Anfangs wurde sie mit 4 oder 5 Saiten gespielt, erst im 19 Jh. kam die 6. Saite dazu.

Kaffee

Der in früheren Zeiten vielleicht bekannteste Exportartikel aus der muslimischen Welt dürfte Kaffee sein. Das kultivierte Kaffee-Trinken war tatsächlich eine Idee der Araber – die ersten Kaffeehäuser entstanden Anfang des 16. Jahrhunderts in Mekka, wohin sie über Äthiopien und den Jemen eingeführt worden war. Ein wichtiges Handelszentrum war die jemenitische Stadt Mocha – besser bekannt als „Mokka". Nach Europa kam die Kaffeebohne dann über Syrien. In Italien fand man zuerst am Kaffeetrinken Gefallen: Ab der Mitte des 17. Jahrhunderts gab es in Venedig Kaffeehäuser.

Fliegen

Der erste Mensch, dem ein mehr oder weniger erfolgreicher Gleitflug gelungen sein soll, ist Abbas Ibn Firnas – ein muslimischer Gelehrter. Nahe dem spanischen Cordoba soll er 875 mit einer Flügel-Konstruktion kurze Zeit erfolgreich abgehoben haben. Die Landung allerdings misslang gründlich. Er brach sich beide Beine. Seine grundlegende Struktur eines „Ornithopters" aber hat spätere Forschungen geprägt.

Astronomie und Trigonometrie

Einem Mann mit dem klangvollen Namen Abū ʿAbdullāh Muhammad ibn Dschābir ibn Sinān al-Harrānī as-Sābī al-Battānī (lateinisch Albategnius) etwa gelang es, die Dauer zu berechnen, die die Erde braucht, um einmal um die Sonne zu kreisen. 365 Tage, 5 h, 46 min und 24 s – damit lag er nur zwei Minuten daneben. Auch in der Trigonometrie legte Albategnius (850–869), der als einer der größten Astronomen im Nahen Osten gilt, wichtige Grundlagen.

Universitäten

Die 737 gegründete, heute in einem Stadtteil der tunesischen Hauptstadt Tunis gelegene Universität Ez-Zitouna gilt als die älteste islamische Universität und als die weltweit älteste kontinuierlich unterrichtende Bildungsstätte. Während man mit dem Islam oftmals nur Koranschulen (Medressen) verbindet und der persische Plural des arabischen Wortes für (Koran-)Schüler, Student oder Suchender

(Taliban) zum gefürchteten Synonym für Gotteskrieger wurde, finden sich die ältesten Vorläufer unserer Hochschulen in der Blütezeit der arabisch-islamischen Herrschaft.

Krankenhäuser

Das erste Krankenhaus mit Pflegern und einem Ausbildungsbetrieb, das als Vorläufer unserer Kliniken gelten kann, stand in Kairo. Es wurde im Jahr 872 gegründet und alle Patienten erhielten eine kostenlose Krankenversorgung – eine muslimische Tradition, die durch die Erfindung des Krankenhauses institutionalisiert wurde. Etwas einfachere Krankenhäuser gab es zuvor schon in Bagdad. Aber das Kairoer Modell stand später Pate für Hospitäler rund um den Globus.

Chirurgie

Der in Andalusien geborene Arzt Abu al-Kasim (latinisiert Albucasis) gilt als einer der bedeutendsten Mediziner des Mittelalters. Er beschrieb den Gebrauch von über 200 chirurgischen Instrumenten, von denen er einen großen Teil selbst erfand. Ferner erfand er Methoden zur chirurgischen Behandlung von Erkrankungen der Harnröhre, des Ohrs und der Speiseröhre und beschrieb als erster eine Eileiterschwangerschaft. Seine Ideen prägten die moderne Chirurgie. Unter seinen zahlreichen Erfindungen war auch die Verwendung von sich auflösenden Tierdärmen zum Vernähen von Wunden. Auch der Augenheilkunde widmete sich eine umfangreiche Spezialliteratur. Der in Mossul geborene Ammar Bin Ali al-Mausili erfand im 11. Jh. eine metallische Hohlnadel, mit deren Hilfe der Grüne Star operiert werden konnte.

Psychosomatik, Psychotherapie

Erstaunlicherweise widmeten sich viele arabisch-islamische Gelehrte wie Ibn Sina auch der engen Beziehung zwischen Körper und Seele und werden daher gelegentlich auch als Vorreiter von Psychosomatik, Psychoanalyse und Psychotherapie angesprochen. Die große Bedeutung der Arzt-Patient-Beziehung wurde thematisiert und auch Fragen der Bewegung, der Ernährung, ja der Sexualität wurden erörtert (Empfängnisverhütung, Therapien gegen Impotenz).

Es ist für jemand, der nicht Mathematiker, nicht Astronom, nicht Medizinhistoriker etc. ist, nicht ganz einfach, die Berechtigung und die Tragweite der Behauptung nachzuprüfen, dass Europa wichtige wissenschaftliche, technische und medizinische Impulse den Erfindungen und der Übermittlungsrolle der Araber verdankt. Wenn aber auch nur ein Bruchteil der Neuerungen und Errungenschaften der Realität entspricht, dann dürfte damit deutlich sein, dass der kulturelle und wirtschaftliche Austausch zwischen Orient und Okzident jedenfalls in früheren Jahrhunderten sicherlich keine Einbahnstraße war. Und es dürfte auch klar sein, dass die These des Hamburger Politikwissenschaftlers Rainer Tetzlaff vom Islam als 5. Wurzel unserer abendländischen Kultur eine gewisse Plausibilität beanspruchen kann:

> „Europa kann sich auf Grund seiner langen und historisch wechselvollen Genese nicht als ‚christliches Abendland' verstehen – das verriete eine eurozentrisch verengte Weltsicht und könnte leicht als kulturelle Arroganz diffamiert und dekonstruiert werden. Vielmehr hat der griechisch-lateinische, jüdisch-christliche Okzident als fünfte Wurzel noch die Importe aus der islamischen Kultur und Wissenschaft aus dem Mittelalter." (Tetzlaff 2005, S. 9)

Dies scheint unstrittig, auch ohne dass man sich der Behauptung Erdogans anschließen müsste, dass Amerika von Muslimen und nicht von Kolumbus entdeckt worden wäre. Immerhin könnte es sein, dass Kolumbus Karten benutzte, die von muslimischen Seefahrern angefertigt wurden, wie der Frankfurter Orientalist Fuat Sezgin meint (Stark 2014).

Ist Religion die Ursache von Bildungsarmut?

Es passt gut ins Bild der statischen islamischen Gesellschaftsordnungen und ihrer Betonung von Autorität und Dogma, der Ausrichtung von Bildung auf das Auswendiglernen des Korans und die Abwesenheit jeglicher kritischer Reflexion, wenn die neuere bildungssoziologische Forschung aus der sprichwörtlichen „katholischen Arbeitertochter vom Lande" als Inbegriff der Bildungsbenachteiligung den „muslimischen Migrantensohn aus dem sozialen Brennpunkt" gemacht hat (vgl. Geißler 2005). Bekanntlich war ja die Bildungsreformdebatte der 60er und 70er Jahre in Deutschland ausgelöst worden nicht nur von der Befürchtung eines wissenschaftlich-technischen Rückstands gegenüber den Staaten des Warschauer Pakts („Sputnik-Schock"), sondern auch von der These einer fehlenden Chancengleichheit. Zugang zu höherer Bildung, so die damaligen Befunde, sei für Mädchen deutlich schwieriger im Vergleich zu Jungen, für die Landbevölkerung im Vergleich zu Ballungszentren und für Arbeiterkinder im Vergleich zu den Kindern von Beamten, Akademikern oder Unternehmern. Und auch die Zugehörigkeit der Familie zum katholischen Glauben wurde im Vergleich zum protestantischen Glauben als chancenmindernd beschrieben. Der Vollständigkeit halber muss angemerkt werden, dass auch diese – damals als herrschende Lehrmeinung weithin akzeptierte – These inzwischen in Zweifel gezogen wurde (vgl. Becker 2007). Helbig und Schneider präsentieren jedenfalls „starke Hinweise darauf, dass die Benachteiligung von katholischen Kindern in den katholisch geprägten Bundesländern in sehr hohem Maße über ihre schlechtere sozioökonomische Lage erklärt werden kann." (Helbig/Schneider 2014a, S. 92).

Ähnlich ist nun auch die These von der Benachteiligung der muslimischen Schülerinnen und Schüler mit Migrationshintergrund in Zweifel gezogen worden. Wenn man nicht Schüler mit Migrationshintergrund und Schüler ohne Migrationshintergrund vergleicht, sondern Schüler mit Migrationshintergrund aus niederen sozialen Schichten mit Schülern ohne Migrationshintergrund aus niederen sozialen Schichten, dann verlieren sich die Effekte des Migrationshintergrundes. Denn diese, so zeigen die neueren Regressionsanalysen einhellig, kommen als künstliche Befunde zustande, weil Migranten in Deutschland aufgrund der besonderen Geschichte der Migration als „Gastarbeiter"-Migration, die eben hauptsächlich eine Hilfsarbeiter-Migration war, zu großen Teilen niederen sozialen Schichten angehören (vgl. Geißler 2015). Und Schüler aus einheimischen Familien ohne Migrationshintergrund sind mit denselben Bildungsbarrieren konfrontiert wie Schüler aus Familien mit Migrationshintergrund. Dies zeigt sich z. B. auch beim Übergang von der Grundschule auf weiterführende Schulen:

> „Ein Migrationshintergrund spielt dagegen keine eigene Rolle; bei gleicher Leistung und gleicher sozialer Herkunft erhalten Schüler mit Migrationshintergrund sogar häufiger eine Gymnasialempfehlung. Allerdings stammen Schüler mit Migrationshintergrund überdurchschnittlich häufig aus niedrigeren sozialen Schichten und werden damit beim Übergang in die weiterführenden Schulen benachteiligt. " (Morris-Lange et al. 2013, S. 17)

Was generell für Schüler aus Migrantenfamilien festgestellt werden kann, wurden inzwischen auch für die Unterschiede zwischen muslimischen und nicht-muslimischen Schülern berichtet: Sie verschwinden, wenn man die jeweilige soziale Lage, operationalisiert beispielsweise über den Bildungsabschluss, den Berufsstatus oder das Einkommen der Eltern berücksichtigt. „Das schlechtere Abschneiden muslimischer Kinder ist in Westdeutschland vollständig durch die schlechtere soziale Lage ihrer Eltern zu erklären. Auch in den meisten anderen Ländern Westeuropas lässt sich der niedrigere Bildungserfolg vollständig über die soziale Herkunft erklären." (Helbig/Schneider 2014b, S. 4).

Ausblick

Richtigstellungen, die das vermeintliche muslimische Bildungsdefizit als Artefakt entzaubern, können für die neuen Bildungsaufbrüche, die wir auch in Deutschland beobachten können, unterstützend wirken. Denn: Es gibt Anzeichen, dass auch in der Welt des Islams die Kräfte stärker werden, die den Anschluss an die produktiven, Bildung und Wissenschaft gegenüber offenen Strömungen, suchen. Als in dieser Hinsicht hoffnungsvolle Entwicklungen können etwa die breit gestreuten Bildungsaktivitäten der Hizmet-Bewegung auch in Deutschland gelten. Von Nachhilfezentren über die Unterstützung von Studierenden bis zur Gründung von Schulen und großen Kulturolympiaden reicht die Palette der beträchtlichen Aktivitäten der Anhänger Fethullah Gülens, die einen tief empfundenen Glauben mit gesellschaftlicher Partizipation und einer wirtschaftlichen Erfolgsethik verbinden (Barz 2016, vgl. den Beitrag von Geier/Frank in diesem Band). Aber auch unabhängig von dieser stark auf den Prediger Gülen bezogenen internationalen Bildungsbewegung mit weltweit über 1000 Schulen und zahlreichen Hochschulen und jenseits der seit dem Putschversuch am 15. Juli 2016 in der Türkei einsetzenden Hexenjagd gegen Gülen-Anhänger (vgl. Barz 2017) haben sich neue produktive Hybrid-Lebensentwürfe herausgebildet. In einer Expertise der European Stability Initiative (ESI 2005) werden etwa die „islamischen Calvinisten" porträtiert, die in Zentralanatolien in und um die Stadt Kayseri eine starke wirtschaftliche Produktivität entfalten. Auch in Deutschland finden sich viele von Muslimen getragene Initiativen, die sich der Unterstützung von Bildungskarrieren verschrieben haben. Etwa das seit 2013 vom Bundesbildungsministerium offiziell als Begabtenförderungseinrichtung anerkannte und geförderte Avicenna-Studienwerk, das nun als muslimisches Pendant zum katholischen Cusanus-Werk oder zum evangelischen Studienwerk Villigst arbeitet. All das sind zukunftsweisende Tendenzen und wichtige Meilensteine auf dem Weg zur Selbstverständlichkeit.

Literatur

Barz, H. (2016): Die Schulen der sog. Gülen-Bewegung. In: Schulverwaltung NRW, S. 281–283.

Barz, H. (2017): Feindbild Gülen. In: Merkur. Deutsche Zeitschrift für europäisches Denken. 71. Jg. Nr. 812, S. 31–43.

Becker, R. (2007): ‚Das katholische Arbeitermädchen vom Lande' – Ist die Bildungspolitik ein Opfer einer bildungssoziologischen Legende geworden? In: Herzog, W./Crotti, C./Gonon, P. [Hrsg.]: Pädagogik und Politik. Festschrift für Fritz Osterwalder. Bern, S. 177–204.

Becker, S. O./Wößmann, L. (2007): Was Weber wrong? A human capital theory of pro-testant economic history. CESIFO WORKING PAPER NO. 1987. CATEGORY 4: LABOUR MARKETS. München.

Bloch, E. (1963): Avicenna und die Aristotelische Linke. Frankfurt am Main: Suhrkamp.

Borgolte, M. (2011): Der Islam als Geburtshelfer Europas. In: Aus Politik und Zeit-geschichte. Heft 13–14/2011, S. 41–46. Abrufbar unter: http://www.bpb.de/apuz/33398/der-islam-als-geburtshelfer-europas?p=all (zuletzt geprüft am 02.07.2017).

Ceylan, R. (2008): Islamische Religionspädagogik in Moscheen und Schulen. Hamburg: Verlag Dr. Kovac.

El-Mafaalani, A./Toprak, A. (2011): Muslimische Kinder und Jugendliche in Deutsch-land. Lebenswelten – Denkmuster – Herausforderungen. Sankt Augustin/Berlin: Kon-rad-Adenauer-Stiftung.

European Stability Initiative (ESI) (2005): Islamische Calvinisten. Umbruch und Konservatismus in Zentralanatolien. Berlin – Istanbul. Abrufbar unter: www.fairychim-ney.com/Texte/esi_document_id_71de.pdf (zuletzt geprüft am 02.07.2017).

Faschingeder, G. (2015): Die Geburt der Bildung aus den Religionen. Zur ambivalenten Wirkung von religiös motivierter Bildung auf Entwicklungsprozesse. Abrufbar unter: http://vgs.univie.ac.at/_TCgi_Images/vgs/20150519115912_HSK34_Faschingeder.pdf (zuletzt geprüft am 02.07.2017).

Fend, H. (2006): Geschichte des Bildungswesens. Der Sonderweg im europäischen Kultur-raum. Wiesbaden (insbesondere „Exkurs: Die Vergesellschaftung von Lehren und Ler-nen im Islam und im Christentum", S. 90–94).

Ferguson, N. (2013): Wir löschen unseren Erfolg. In: Die Zeit Nr. 20. Abrufbar unter: http:// www.zeit.de/2013/20/der-niedergang-des-westens/komplettansicht (zuletzt geprüft am 02.07.2017).

Geißler, R. (2005): Die Metamorphose der Arbeitertochter zum Migrantensohn. Zum Wandel der Chancenstruktur im Bildungssystem nach Schicht, Geschlecht, Ethnie und deren Verknüpfungen. In: Berger, P.A./Kahlert, H. [Hrsg.]: Institutionalisierte Ungleich-heiten. Wie das Bildungswesen Chancen blockiert. Weinheim und München: Juventa, S. 71–100.

Geißler, R. (2015): Verschenkte Bildungsressourcen und ihre Ursachen – leistungsfremder sozialer Filter, tendenzielle Unterschichtung und unterentwickelte Förderkultur. In: Barz, H./Jung, M. [Hrsg.]: Ausländische Fachkräfte gesucht. Voreilig? Notwendig? Willkommen? Düsseldorf: duesseldorf university press, S. 183–202.

Helbig, M./Schneider, T. (2014a): Auf der Suche nach dem katholischen Arbeitermädchen vom Lande. Religion und Bildungserfolg im regionalen, historischen und inter-nationalen Vergleich. Wiesbaden: Springer VS.

Helbig, M./Schneider, T. (2014b): Religion und Bildung Schlaglichter auf eine komplexe Beziehung. In: WZ Brief Bildung. (Hrsg.: Wissenschaftszentrum Berlin) Nr. 29.

Hirzel, J. (2014): Fortschritt? Ketzerei! In: Focus Nr. 45, 2014, S. 30.

Höffe, O. (2017): Vom Aufgang des Abendlandes. In: Frankfurter Allgemeine Zeitung vom 23.01.2017.

Hügli, A./Lübcke, P. [Hrsg.] (2013): Philosophielexikon. Personen und Begriffe der abend-ländischen Philosophie von der Antike bis zur Gegenwart. Reinbek bei Hamburg: Rowohlt.

Hussain, A. M. (2013): A Social History of Education in the Muslim World. London: Ta-Ha Publishers Ltd.

Mitterauer, M. (2008): Schreibrohr und Druckerpresse. Transferprobleme einer Kommunikationstechnologie. In: Edelmayer, F. et al. [Hrsg.]: Plus ultra. Die Welt der Neuzeit. Festschrift für Alfred Kohler zum 65. Geburtstag. Münster: Aschendorff, S. 383–406.

Morris-Lange, S./Wendt, H./Wohlfahrt, C. (2013): Segregation an deutschen Schulen. [Hrsg. vom Sachverständigenrat deutscher Stiftungen für Integration und Migration, SVR]. Berlin.

Mrosek, J. (1992): Islam – was ist das? Anmerkungen zur Entstehungsgeschichte, Verbreitung, Kunst und Kultur. Pädagogischer Dienst der Staatlichen Museen Preußischer Kulturbesitz. Berlin: Staatliche Museen zu Berlin.

Müller, M. U. (2017): Experten fürs Auge. In: Der Islam und die Europäer. Machtkampf, Handel und Kultur seit 1300 Jahren. Der Spiegel Geschichte Nr. 1/2017, S. 36–39.

Orthmann, E. (2003): Islamische Bildungstradition. Individuelle und kollektive Wissensvermittlung an den Koranschulen. In: Neue Zürcher Zeitung vom 16./17. Februar 2002.

Schiffler, H. (1991): Welches Wissen braucht der Mensch? – Die „Wolfsschule" im Freiburger Münster. In: Rittelmeyer, C./Wiersing, E. [Hrsg.]: Bild und Bildung: ikonologische Interpretationen vormoderner Dokumente von Erziehung und Bildung. Wiesbaden, S. 155–171.

Stark, F. (2014): Muslime in Amerika. Wieso Erdogan Kolumbus Entdeckerruhm abspricht. In: Die Welt vom 17.11.2014. Abrufbar unter: https://www.welt.de/geschichte/article134422444/Wieso-Erdogan-Kolumbus-Entdeckerruhm-abspricht.html (zuletzt geprüft am 02.07.2017).

Tetzlaff, R. (2005): Europas islamisches Erbe. Orient und Okzident zwischen Kooperation und Konkurrenz. Hamburg. Abrufbar unter: http://ifsh.de/pdf/publikationen/hb/hb138.pdf (zuletzt geprüft am 02.07.2017).

Traub, R. (2010): Sturz in den Schatten. In: Spiegel Geschichte. Heft 5, S. 96–101.

Weber, M. (1904/05): Die protestantische Ethik und der Geist des Kapitalismus. In: Archiv für Sozialwissenschaft und Sozialpolitik [Hrsg.]: Tübingen, Band 20/21.

Prof. Dr. Heiner Barz Leiter der Abteilung für Bildungsforschung und Bildungsmanagement an der Universität Düsseldorf, zuletzt erschien die Studie „Große Vielfalt, weniger Chancen" (2015) und das „Handbuch Bildungsreform und Reformpädagogik" (2018).

The manufacturer's authorised representative in the EU is Springer
Nature Customer Service Centre GmbH, Europaplatz 3, 69115 Heidelberg,
Germany. If you have any concerns regarding our products, please
contact ProductSafety@springernature.com

Printed and bound by CPI Group (UK) Ltd, Croydon, CR0 4YY
05/05/2026
02097668-0001